학습전략

LEARNING TO LEARN

전명남 저

학지사

머리말

　현대사회의 급속한 지식팽창과 다양한 학문분야의 발달 및 고차적인 정보처리로 인해 학습방법에 대한 학습이 더욱 요구되고 있습니다. 이미 오래전부터 교육자들은 학생들에게 물고기를 그냥 주는 것보다 잡는 방법을 가르쳐 주는 것이 진정한 교육이라고 입버릇처럼 말해 왔습니다. 그러나 과연 교육현장에서 물고기를 잡는 방법을 올바르게 교육하였는지에 대해서는 의문이 생깁니다.

　학교는 학생들이 함께 어울리며 고군분투하고 있는 세상인 동시에 다양한 세상을 경험하는 둥지입니다. 현대의 학습이론에서는 사회문화적 공동체 안에서 학습자가 '오롯이 내 것으로 만드는 학습'이 진정한 학습이라고 제안하고 있습니다. 이러한 학습은 학교와 지역사회 안에서 학습자가 즐기고 몰입하는 가운데 자연스럽게 이루어지며, 궁극에 가서는 새로운 지식을 창출해 내는 것을 가리킵니다. 일찍이 공자는 '지지자 불여호지자 호지자 불여락지자(知之者 不如好之者 好之者 不如樂之者)', 즉 '아는 사람은 좋아하는 사람만 못하고, 좋아하는 사람은 즐기는 사람만 못하다.'라고 했습니다. 즐기는 학습을 하는 가운데 내 것으로 만드는 학습이 진행됩니다. 학습전략은 학습자 개인과 집단이 주도적으로 즐기는 학습의 세계를 열고 학교와 사회에서 진정한 학습이 이루어지도록 하는 방법입니다.

　학생들은 학교를 나갈 때 내 손 안에 무엇을 쥐고 세상으로 뛰어갈지를 고민하는 것이 필요합니다. 지식정보화 세대이기에 변화가 더 빠르게 진행될 것입니다. 그러므로 학창시절에 그 힘을 키워야 합니다. 나만의 '히든 카드(Hidden Card)'를 만들려면 힘들고 지속적이며 때로는 진부하리만 큰 깊이 있게 매달리는 공부가 있어야 합니다. 1년, 2년, 3년…… 이렇게 그 공부한 결과만이 비로소 자신만의 학습전략이라는 자동적인 마음의 습관으로 자리 잡을 수 있습니다.

학습 및 수행에 대한 개선에 초점을 두는 연구자들은 학습자 개인의 발달과 관련된 주요 핵심 역량의 신장을 중시해 왔으며, 이들이 개발한 주요 학습전략들은 대학 졸업자들이 필요한 능력을 구축하는 데 매우 중요한 역할을 했습니다. 최근 가장 큰 변화는 학습전략이나 기술의 교육이 학생에 대한 결손 모형 내에서 '치료적인 지원'을 의미하던 방식에서 변모하여, 학교 교육과정의 개선이나 사회적 요구에 대처하는 교육이 되고 있다는 점입니다. 교육과정 속에서 공부하는 데 필요한 전략들을 상세히 계획·전달·교수·평가하는 방법이 발달하고 있습니다. 학습전략 교육은 학생들이 현재의 공부를 잘할 수 있는 데에만 머물지 않고, 사회와 기관 및 기업에서 요구되는 역량 개발로 고려되고 있는 것입니다.

최초의 학습전략에 대한 형식적 교육은 미국에서 1894년에 웨슬리(Wellesley) 대학에서 강좌로 개설되었습니다. 이후 고등교육에서 학습전략 교육은 1980년대와 1990년대에 와서 점차 인기가 높아졌습니다(Hadwin, 1996). 많은 대학에서는 공부기술에 대한 강좌를 개발해 왔으며, 학습지원센터를 설립해 왔고, 학업상담 프로그램을 기관화해 왔으며, 공부 기술에 초점 맞춘 워크숍을 제공해 왔습니다. 현재 미국 대학에서 실시되는 학습전략의 교육 방법은 한 학기의 형식적인 학점이수 강좌인 'University 101'이며 이것은 고등학교 학생들이 대학생활에 이행하는 것을 목표로 하고 있는 공식적인 강좌로 진행되어 왔습니다. 국내·외의 많은 연구자들에 의해 학습전략의 활용이 학업성적을 향상시키고 좋은 학습습관을 길러 줄 수 있음이 밝혀졌습니다. 높은 학업성취를 보여 주는 학생들이 낮은 학업성취를 보여 주는 학생들보다 학습전략을 활용하는 비율이 높다는 연구결과들이 많이 나오고 있습니다. 2003년부터 지금까지 대학에서 개최한 학습전략 워크숍에 참가한 많은 학생들이 공부 방법을 알게 되었다고 만족하고 있으며 학업에 도움이 되었다고 보고하였습니다. 따라서 보다 많은 학생들이 학습전략을 이해할 수 있는 기회가 필요합니다.

이 책은 2004년에 연세대학교 출판부에서 저자가 발간했던 학습전략 실천서인 『학습전략 업그레이드』에서 부족한 부분을 보완하고 그동안 새로 공부해 놓은 자료들을 정리하여 학생들의 학습전략에 대한 이해와 실제 활용을 위해 나오게 되었습니다. 또한 현재 근무하고 있는 대학교 교양 과정으로 생긴 '학습전략과 탐색'이라는 교과목을 담당하게 되면서 한 학기 동안 이루어지는 학생들의 학습을 어떻게 도울까 고민하다가 다음 학기에 만날 새로운 학생들을 위해 이 책을 발간하게 되었습니다. 이외에도 교재나 부교재 또는 전문성 개발 코스에서 쉽게 활용할 수 있도록 하기 위해 총 15장으로 구성했습니다. 보다 나은 학습에 대한 구체적인 기법과 접근, 보다 나은 이해와 사고, 동기와 정서 조절을 할 수 있는 학습전략들을 포함시켰습니다. 이 전략들은 교재공부, 과제, 시험, 커리어 관련 의사결정, 생활 관리과정과 기술들을 증진시키기 위해 적용되는 전략입니다. 이 책이 보다 효과적으로 학습하기를 원하는 모든 학생에게 지식과 지혜를 줄 수 있게 되기를 바랍니다.

이 책의 출판은 많은 분들의 도움으로 가능했습니다. 특히, 지난 30년간 쉼 없이 학문적인 가르침을 주셨던 영원한 스승이자 멘토(mentor)이신 변창진 교수님, 교육자로서의 삶을 이끌어 주신 윤정륜 교수님과 한국학술진흥재단의 박사후 과정(post-doc.)을 지도해 주셨던 김영채 교수님께 진심으로 깊은 감사를 드립니다. 변창진 교수님은 1995년에「학습기술검사」를 초·중·고등학생용으로 개발하시고 저자에게는 학습심리학의 세계로 길을 열어 주셨습니다. 1989년에 O'Neil과 Spielberger(1979)의 저서인『인지 및 정의적 학습전략(cognitive and affective learning strategies)』을 주시면서 대학원생들끼리 공부해 보라고 하셔서 이 분야의 눈을 뜨게 해 주셨습니다. 윤정륜 교수님은 동료들과 함께 1990년『학습과 사고의 전략: 훈련지침서』를 만드셨습니다. 또한 특별히 학습에 대한 김영채 교수님의 열정과 선행 연구나 자료 제공이 없었다면 현재의 공부도 없었을 것이라 생각됩니다. 김영채 교수님은 1990년에『학습과 사고의 전략』을 저술하셨으며 이후에서 한국의 학습심리학 분야를 깊고도 넓게 확장하셨습니다. 또한 호남대 박혜숙 교수님의 학문적 동료애와 노력에도 존경을 보냅니다. 자기조절학습을 연구하신 서울여대 박승호 교수님과 경희대 양명희 교수님의 진지한 학구열에도 감사의 마음을 전합니다. 미국 노스이스턴 대학교(Northeastern University) 존슨(Johnson) 교수님의 학문적 성취와 변함없는 격려에도 고마운 마음입니다. 저의 조그만 학문적 발자국이 거장들의 어깨 위에서 가능했음을 다시 한 번 감사한 마음으로 고백합니다. 이외에도 학부와 대학원에서 세미나를 열어 가며 공부하도록 했던 학문적 선·후배님들이 없었다면 이 작은 책이 나올 수 없었을 것입니다. 학지사의 김진환 사장님, 박용호 전무님, 편집부의 이하나 담당자님에게도 깊이 감사드립니다. 마지막으로 원고를 정독하고 열심히 교정해 준 양현숙, 문지영, 박성훈, 김유리, 박보성에게도 지면을 빌려 감사의 마음을 전합니다.

2015년 대구한의대 삼성캠퍼스에서 저자

차 례

제1장

왜 학습전략인가

    학습의 궁극적인 목적은 배우고 익혀 다양한 상황에 활용하고 문제해결하며 새로운 지식을 창의해 내는 데 있다. 경험이나 참여 또는 연습을 통해 인간을 내적·외적으로 변화시키고 이를 다른 상황에 적용하는 것이다. 옛 선조들이 물려준 고전을 읽고 습득하는 데 그치는 학습은 자기만족에 그치고 만다. 지식을 습득하고 활용하면서 새로운 지식 생성을 해낼 수 있는 학습이야말로 진정한 학습이 될 수 있다. 따라서 인간의 학습은 아무것도 없는 상태에서 새로운 세계를 만들어 내는 과정이며, 그 결과 또한 인간의 삶에 가치 있는 것일 때 의미가 있다.

    지식의 수명이 짧아지고 고난도의 문제해결을 요구하는 현대와 미래의 사회적 상황을 살아갈 학생들에게는 학습을 해낼 수 있는 전략이 요구된다. 학습은 의미구성과 새로운 세상 만들기의 과정이며 결과이다. 학습전략의 활용은 끊임없이 변화하고 노력하며 새롭게 만들어 내는 학습을 이끈다. 학습한다는 것은 기존의 생각이나 개념들을 의식적·무의식적으로 새롭게 조합·변형해 내거나 이전에 없던 새로운 무언가를 만들어 내는 것이다. 학습을 일컬을 때 시험 점수를 받는 공부만을 생각하기 쉬운데, 정규 교과목에서 수업을 받고 시험을 치는 아주 좁은 의미의 공부에 국한되지 않는다. 오히려 낯선 학습과제와 문제에서의 발견, 세상의 다각적인 측면을 체험하기, 관심 있는 분야에 대해 깊숙이 파기 등과 같이 새로운 세계 만들기(new world making) 등이 포함된다. 공부한 내용을 시험지에 받아 적는 방식의 시험뿐만 아니라 자신에게 닥친 문제를 스스로 해결하는 것도 중요한 학습이다. 학습전략은 새로운 앎의 세계에 접하는 학생들의 성장과 발전을 위한 학습방법의 학습은 물론이고, 이를 확장하여 문제해결하고 새로운 앎과 실제를 창출해 내기까지에 이르는 우리의 힘을 의미한다.

1. 학이시습지 불역열호

우리는 왜 학습과 학문의 세계에 들어가는가? 그리스의 철학자 아리스토텔레스(Aristotle)가 '가장 행복한 삶은 진리를 탐구하는 삶'이라고 한 데서 그 해답을 찾아볼 수 있다. 아리스토텔레스는 육체적 오감을 통한 즐거움과 만족을 추구하는 향락적 삶, 사회 속에서 맡은 직무와 책임을 다하고 명예를 추구하는 정치적 삶과 구분하여, 진리를 추구하는 관조적 삶에서 인간이 지혜를 추구하는 행복한 생활을 영위할 수 있다고 보았다. 한편, 동양의 공자는 『논어』의 「학이(學而)」 편에서 도(道)에 이르는 입구로 덕의 근본과 배우는 사람의 덕목에 대해 언급하고 있다. 참다운 삶의 도는 배움에서 시작되며, 모르는 것을 부끄러워하지 말고 배움을 익히면 마음에 기쁨이 가득 찬다고 말하고 있다.

子曰

學而時習之, 不亦說乎(학이시습지 불역열호)?
공자가 말하기를 "배우고 때로 (그것을) 익히니, 기쁘지 아니한가.

有朋自遠方來, 不亦樂乎(유붕자원방래 불역락호)?
벗이 멀리에서 바야흐로 오니, 즐겁지 아니한가.

人不知而不慍, 不亦君子乎(인부지이불온 불역군자호)?
남이 (나를) 알아주지 않아도 성내지 않으니, 또한 군자답지 아니한가."라고 했다.

이외에도 『논어』에 나오는 학습에 대한 설명은 현대에도 시사하는 바가 크다. '弟子入則孝, 出則弟, 謹而信, 汎愛衆, 而親仁. 行有餘力, 則以學文(제자입즉효 출즉제 근이신 범애중 이친인 행유여력 즉이학문)'의 문구는 '젊은이는 집에서는 효도

하고 밖에서는 공손하며, 행실을 삼가고 말을 성실하게 하며, 널리 사람들을 사랑하되 어진 이와 친해야 한다. 이를 행하고 남는 힘이 있으면 학문을 한다.'를 의미한다. '學而不思則罔 思而不學則殆(학이불사즉망, 사이불학즉태)'의 문구는 '배우기만 하고 생각하지 않으면 얻는 게 없고, 생각하기만 하고 배우지 않으면 위태롭다.'로 논하고 있다. 또한 우리나라 교육에서 학습과 학문의 길을 제시한 대표적인 사례 중의 하나로 이황의 이이의 사상을 들 수 있다. 이황은 학문하는 것을 거울을 닦는 데 비유하였다. 이황은 이치를 궁구하는 것[窮理]과 마음을 기르는 것[居敬]을 강조하였는데, 이 두 공부는 머리와 꼬리로 서로 이어져 있는 것이기는 하지만 실은 두 가지 공부이니, 반드시 두 가지를 병행하여야 한다고 했다. 이이는 공부를 하지 않으면 사람다운 사람이 될 수 없다고 하였는데, 공부는 일상생활과 일 속에 모두 존재하는 것으로 보았다. 평소 행동을 공손히 하고 일을 공경히 하며 남을 진실되게 대하는 것, 이것이 곧 공부라고 할 수 있다. 또한 이이의『격몽요결(擊蒙要訣)』은 학문의 길을 제안하고 있다.

이이의『격몽요결』과 학문의 길

1. 입지(立志): 학문에 뜻을 둔 사람은 성인(聖人)이 되겠다고 기약
2. 혁구습(革舊習): 학문 성취를 향해 구습을 타파하고 용감히 나아감
3. 지신(持身): 세속의 잡된 일로 자신의 뜻을 어지럽히지 않음
4. 독서(讀書): 독서가 도에 들어가기 위한 방법과 독서 순서
5. 사친(事親): 부모 섬기기
6. 상제(喪祭)
7. 제례(祭禮)
8. 거가(居家): 부부간의 예, 집안을 다스리고 가산을 관리하는 방법
9. 접인(接人): 사회생활을 하는 데 필요한 기본적인 교양
10. 처세(處世): 과거를 거쳐 벼슬생활을 하는 데 필요한 자세

일찍이 고대 로마의 퀸탈리아누스(Quintilianus, 35~100)는 "새는 날 수 있게 세상에 태어났으며, 말은 달릴 수 있게, 사람은 배우며 이해할 수 있게 세상에 태어났다."라고 했다. 『명심보감』에 "옥은 다듬지 않으면 그릇이 되지 못하고, 사람은 배우지 않으면 의를 알지 못하느니라."라는 말이 있다. '玉不琢(옥불탁)이면 不成器(불성기)하고 人不學(인불학)이면 不知義(부지의)'라는 글귀다. 학습의 세계에 들어왔을 때 학생들은 다듬지 않은 옥과 같은 상태다. 그 옥을 갈고 닦을 때 멋진 그릇이 될 수 있다. 학습은 때로 갈고 닦는 어려움을 극복하고 노력하는 과정을 필요로 한다. 정신능력을 훈련하기 위해 그리스어, 라틴어, 수학 등을 학습하는 형식도야는 19세기부터 20세기에 이르기까지 대학을 지배하고 있는 주요 이데올로기였다(Ross, 1976).

현실적으로 학습은 교양이나 전공 또는 직업 교육과 더불어, 삶의 습관과 태도 및 봉사하는 마음이 형성되도록 하여 결과적으로는 '잘 교육받은 사람(well educated person)'을 길러 내는 데 기여한다. 초·중·고등학교와 대학과 사회에서의 학습은 변혁과 창조의 주도적인 인물이 된다는 것을 의미하며, 창의적 학습전략은 이러한 학습자로 성장하는 데 도움을 줄 수 있는 하나의 도구다.

잘 교육받은 사람의 지식

교육받은 사람의 지식이 '무기력한' 지식이어서는 안 된다. 여기에는 두 가지 의미가 있다. 첫째, 그 지식은 서로 유리되어 있는 것이 아니라 전체적으로 사물을 보는 안목을 이루어야 한다는 것이다. 역사에 관해서 이것저것 많이 알고 있어서 역사 시간이나 역사시험에 정답을 할 수 있는 사람이라고 해서 반드시 자기 주위의 건물이나 제도를 역사적인 안목으로 볼 수 있는 것은 아니다. 이런 사람은 '아는 것이 많은' 사람일지언정 '교육받은' 사람이라고 볼 수 없다. …… 또 하나의 의미는 소크라테스나 플라톤이 '지식은 덕'이라고 한 말에서 찾아볼 수 있다. 교육받은 사람의 지식은 어떤 '사고의 형식' 안에 들어와 있는 데서 당연히 따라오는 그러한 헌신을 내포하고 있어야 한다. …… 과학적으로 사고하는 것이 어떤 것인가를 참으로 아는 사람이 되기 위해서는 가정을 뒷받침하는 증거가 있어야 할 뿐 아니라 어떤 것이 올바른 증거가 되는가를 알아야 하고, 또 그 증거를 찾는 일이 중요한 일이라는 것을 믿어야 한다. …… 이러한 헌신이 없을 때, 사고의 형식이란 전혀 무의미해진다. 우리는 이와 같이 순전히 피상적인 데만 그치는 무기력한 지식을 가지고 있는 사람을 "교육받은" 사람이라고 부르지는 않을 것이다. 〈출처: 김병희, 1991; Peters, 1980〉

2. 학습방법의 학습

학습방법의 학습은 이미 100여 년의 세월을 넘어 발전하고 있다. 고등교육에서 최초의 학습전략에 대한 형식 교육은 1894년 미국의 웨슬리(Wellesley) 대학에서 강좌로 개설되었다. 이후 국내·외의 많은 연구자들에 의해 학습전략의 활용이 학업성적을 향상시키고 좋은 학습습관을 길러 줄 수 있음이 밝혀졌다. 높은 학업성취를 보여 주는 학생들이 낮은 학업성취를 보여 주는 학생들보다 학습전략을 활용하는 비율이 높다는 연구결과들이 나왔으며 대학생은 물론 대학원생들도 적절한 학습전략을 획득하고 있지 못하다는 결과들이 제시되었다.

학습방법의 학습에 대한 교육은 물고기를 잡아 주는 것이 아닌 물고기를 잡는 방법을 교육하는 것이다. 이 물고기를 잡는 방법도 한 가지가 아니므로 장소, 시기 및 사용하는 도구에 따라 각기 다른 방법을 적용할 수 있는 방법을 교육하는 것까지 이른다. 그러므로 학습방법의 학습이야말로 학습의 전이(transfer of learning)가 높다. 학습의 전이는 A라는 상황에서 학습한 것을 다른 B라는 상황에 적용하는 것을 가리킨다. 학습의 전이야말로 모든 학습의 최종 목표인 것이다. 학생들이 자신의 수행을 개선하는 방법을 확신하지 못하고 있을 때 그들은 유능하고 숙련된 사람이 된다는 것이 무엇인지, 하나의 맥락에서 다른 맥락으로 지식을 전이시킬 수 있다는 것이 무엇인지에 대해 더 깊이 깨달아야 한다. 학습방법의 학습을 통해 물고기를 잡는 방법을 배우는 학생이 되어 졸업한 이후에도 다양한 상황에 학습한 것을 전이시킬 수 있는 능력을 갖출 수 있다.

3. 자율적인 학습자로 발달하기

현대의 학습이론에서는 독립적이고 자율적인 학습자로 발달시키기 위해서 학생들의 능동적인 참여를 증가시키는 것을 강조하고 있다. 이는 사회에 진출하는 신입사원들이 더욱더 자립심 강한 사람이기를 바라는 사회와 기업 고용주들의 요구에 대한 대응이라 할 수 있다. 사회나 기업에서는 개인의 자율성이 현대사회에서 성공적으로 살아남기 위한 필요조건이라고 주장(McNair, 1996)하고 있다. 하지만 항상 처음부터 학생들이 독자적인 역할을 떠맡을 수 있는 준비가 되어 있는 것은 아니다. Little(1991)은 결코 학생들은 천성적으로 독립성을 타고나는 것이 아니며, 분리 · 비판적인 반성 · 의사 결정 · 독자적인 행위 등을 할 수 있는 능력을 훈련받아야 한다고 주장한다. 뿐만 아니라 윤리적으로 다른 배경을 지니고 있는 학생들에게 자율성을 갑작스럽게 요구한다면 형식적인 교육구조에 대해서 다른 기대를 가지게 될 것이며 동기를 부여받지 못할 수도 있다. 특히, 한국의 학생들은 부모나 학교시스템이 자신을 규제하거나 참여하지 않게 되는 것을 어려워할 수도 있다.

언어학습을 연구해 왔던 Hurd(1999)는 "어느 정도의 자율적인 학습이 성공적으로 이행되기 전까지는, 학습자와 교수가 주의 깊게 준비를 해야 한다."고 경고하고 있다. 미국 학생들에 대한 Perry의 연구(1970)에서는, 엘리트 학생들이 '절대자적'이고 '권력을 추구하는' 태도에서 '더 상대주의적'이고 '인간 지향적인' 성향으로 발달해 나가는 데 어느 정도 시간이 걸릴지 밝혀내었다. 일부 학생들의 경우에는 자신의 기술 발달의 일부분으로서 자율성을 발달시킬 수 있도록 인도해 주는 것을 필요로 한다.

자율성이 발달될 수 있는 방향으로 이끌어 주는 기술로 ① 학문적인 기술, ② 개인적인 관리 기술, ③ 자기인식, ④ 메타인지가 제안되어 왔다. 학습 활동에 대한 개인적인 통제의 의미를 깨닫기 위해서, 학생들이 서로 간에 관계를 맺고 있고, '나'는 자아의 구성 요소임을 인지하는 훈련을 받아야 한다고 주장하는 연구들이 이를 지지하고 있다(McComb & Marzano, 1990). 따라서 교육과정 내에서뿐만 아니라 학문적 과정을 통해서 학생들은 반성 · 계획하기 · 자기평가에 대한 기회를 가질 수 있어야 한다.

4. 학습전략 연구

학교에서의 학업적 성취는 학생들 자신의 책임이 크다(Davis & Murrell, 1993)는 주장에도 불구하고 실제적인 학생들의 학업성취에 관련된 수행 효과는 혼합된 연구결과들을 보여 주고 있다. 이미 많은 연구자들이 학습전략은 대학생들의 학업성취를 예언할 수 있는 변인이라는 결과를 보고하고 있지만(Garavalia & Gredler, 2002), Onwuegbuzie, Slate와 Schwartz(2001) 등은 대학공부를 마친 대학원생들도 적절한 학습전략을 가지고 있지 않다고 했다. Peverly와 Brobst(2003)도 대학생들이 시험 준비와 같은 학습전략에서 빈약한 수행을 보인다고 했고, 또한 성인학생에게 메타인지적 능력이 없다는 연구들도 많이 나오고 있다(전명남, 2003).

학습전략(學習戰略, learning strategy; study strategy)은 공부기술(study skills), 학습기술 혹은 학습기능(learning skills), 방략학습(strategoc learning), 학습기법(study techniques), 공부방법(study method)이라는 용어와 상호 교환적으로 사용되는 경우가 많으며 '학습자가 의도적으로 스스로 학습하고 새로운 무언가를 이해할 수 있도록 하기 위해 활용하는 정신적 과정'을 일컫는다. 학습기법이나 학습기술의 경우 학습과제를 수행하는 데 사용되는 일정한 절차를 가리키는 데 반해, 학습전략은 학습기법을 적절하고 효과적으로 사용하는 능력이다. 일반적으로 학습전략은 구체적인 하위책략(tactics)을 포함하고 있다. 학습전략과 학습기술(learning skills)의 이분체계로 구분하는 접근들도 있으나, 이에 대해 Kirby(1984)는 실제적인 구분보다는 이론적 구분에 가깝다고 지적했다.

McKeachie(1988)는 전략(strategy)이라는 용어는 특별한 조건하에서 과제를 완수하기 위해 선택적으로 적용하는 학습방법의 레퍼토리 면에서 기술을 가리키는 용어라고 제안했다. 그는 전략의 특징들을 규명했는데, 이는 목표를 성취하기 위한 방법만은 아니며 그러한 방법들의 단순한 조합도 아니다. 오히려 그 이상이다. 전략은 의도(deliberation)와 계획(planning)과 관련된다. Mayer(1988, p. 11)에 따르면, "학습전략은 학습 동안에 개인의 인지적 과정을 조작하도록 의도된 행동이다."라고 제안했으며, 우리에게 전략이라는 용어는, 학생이 공부하기 위해 자신의 단기기억(지역) 목표와 전체적 목표(전체적)를 정의하고, 이러한 목표를 성취하는 데 도움이 된다고 생각되는 공부책략을 선택하고 선택적으로 조정하는 것을 가리킨다. 학생들이 부가해서 자신의 공부를 모니터하고 그들이 각 학습이 가능하도록 기여할 책략을 선택할 때, 그들은 자기조절(self-regulating)을 하고 있는 것이다.

일반적으로 학습전략의 핵심적인 하위구성요소로 학습책략 혹은 공부책략

(study tactics)을 들 수 있다. 학습책략은 수업 중에 교재에 줄을 긋거나 요약하는 등과 같은 단계의 계열 혹은 구체적인 절차로서, 관찰 가능하고 분리된 행동 계열로 제시·조작될 수 있다. 학습책략이나 기법이 학습과정의 한 측면을 가리키는 반면에 학습전략은 총체적 학습과정을 의미한다. 예를 들면, 리포트를 작성할 때 주제를 정하고 아이디어를 구현해 내고 자료를 조사하여 내용을 요약하고 보고서를 작성하기 위해서는 여러 가지 학습책략들이 필요하다. 이러한 책략이나 기술들을 중요한 순서를 정해 수행해 나가는 것이 학습전략이다. 또한 학습전략에는 학습태도(study attitude)나 학습동기(learning motivation)가 포함된다.

한국에서 일찍이 학습전략 연구를 수행했던 김영채(1989, 1990a, 1990b)는 학습과 사고의 전략을 "학습을 보다 효과적으로 하기 위하여 학습자 자신이 취하는 모든 방법적 사고 또는 행동"이라고 했다. Dansereau(1978)에 따르면, 학습전략(learning strategy)은 "정보의 획득, 저장, 유용화를 촉진시킬 수 있는 일련의 과정이나 단계"이고, Weinstein과 Mayer(1986)는 학습전략을 "학습자가 정보의 약호화 과정에 영향을 미치거나, 자신의 학습에 관여하는 모든 사고와 행동"이라 했다. Jones(1988)는 "학습전략이란 학습을 촉진시키기 위하여 학습자가 사용하는 정신적 조작이다. 그러므로 학습전략은 의식적이든 무의식적이든 목표지향적인 구체적 행동이다."라고 규명하였다. Hoover와 Patton(1995)은 학습전략이란 "정보를 획득하고, 기록하고, 조직화하고, 종합하고, 기억하며, 사용하는 능력"이라고 정의하고 있다. Lenz 등(1996)은 학습전략은 "학습과제의 수행과 그 결과들을 계획하고 실행하고 평가할 때 어떻게 개인이 생각하고 행동하는지를 포함하는 것으로, 학습과제들에 대한 개개인의 접근법이다. 이것은 학생이 전략사용에 있어서 계획하고 수행하고 평가하도록 이끄는 인지적(사고과정) 및 행동적(겉으로 드러나는 행동)인 요소들을 모두 포함한다"고 개념화하고 있다.

학습전략은 기술이나 기법을 포함하며, 의도성, 자기지시적, 환경관리와 같은 개인의 포괄적인 접근을 포함하고 있다(Zimmerman, Bonner, & Kovach, 1996). 학습은 기술적(skillful)이다. 즉, 학습자가 정보를 획득하고, 조직하고, 기억하고, 사용할 수 있도록 돕는 구체적인 기법으로 훈련과 연습을 필요로 한다. 학습은 의도적이다. 효과적인 학습은 지식과 기술을 적용할 뿐만 아니라 의지(volition)를 필요로 한다. 우연적인 학습보다는 학생들의 의도적이고 의식적인 노력을 목적으로 하며 필요로 하고 있다. 학습전략은 자기주도적이고, 지속적이며, 목표 설정을 하는 차원과 관련된다. 학습전략은 과제에 대한 개인의 포괄적인 접근과 연관된다. 학습전략은 학습 상황에 달려 있으며 학생들에 의해 채택되는 융통성 과 목적적으로 사용되는 다양한 책략들을 포함하고 있다. 또한 학습전략은 개 인이 자신의 학습 행위를 계획하고 평가할 때 사고하고 행위하는 방법을 포함한 다. 학습전략은 그 활용에서 최고의 책략을 선택하고 의사결정을 하는 것과 관 련된 가이드라인과 규칙들로 이루어져 있다. 학습전략은 개인이나 집단이 학습 상황에서 효과적으로 상호작용하는 과정이다. 학습전략은 무엇을 학습하느냐의 학습내용에 관한 것이라기보다는 어떻게 학습하는가의 학습방법에 초점을 맞춘 다. 최적화된 학습전략은 능동적, 성찰적, 동기화된 창의적인 학습 접근을 가리 킨다.

학습전략은 학습과제를 마치는 데 요구되는 적절한 기법들을 효과적으로 활 용하는 능력과 관련된다. 학습과제는 학생들이 학습목표를 달성하기 위한 활동 이다. 학교에서의 학습전략을 발휘해야 할 주요한 학습과제로는 학습시간, 학습 자료, 자기관리, 교실에서 수업을 듣고 노트하기, 교수의 질문에 응답하고 학습 활동에 참여하는 문제, 교과서나 다른 학습참고자료를 독해하는 문제, 과제물을 해결하고 보고서를 쓰는 문제, 시험을 준비하고 시험을 치르는 문제 등이 제안 되고 있다. 대학생의 경우는 특별 활동에 이르기까지 다양한 학습과제에 직면해 있는 상황이다.

학습전략을 활용하는 학습자는 목표를 세우고, 개발하고, 이러한 목표를 위해 노력하는 다양한 방법을 채택하며, 이러한 과정에 동기적으로 관여하고, 메타인 지적으로 자신의 의사결정, 과정, 그 과정들이 창출해 낸 성과에 대해 자각한다. 학습전략의 교육은 학생들에게 보다 깊이 정보를 처리하는 전략들을 가르치는 것을 목적으로 해야만 한다. 또한 학생들은 하나의 전략 조합 이상을 배울 필요 가 있다. 학생들은 선택하고, 채택하며, 그 책략을 이행하는 면에서 전략적이 되 는 방법을 배울 필요가 있다.

하나의 일에 숙련된 사람이 된다는 것은, 학습했던 활동을 자기 의지에 따라 서 잘 수행해 낼 수 있다는 것을 의미한다(Cottrell, 1999). 학습전략은 수행뿐만 아니라 어떤 행위가 이루어지고 있는 상황에서 지식 및 경험을 이용하는 방법과도 연관되어 있다. 능력 수준은 전략에 대한 관념 내에서 은연중에 나타나게 된다. 전략은 더 많이 또는 더 적게 성취될 수 있을 것이다. 뿐만 아니라 통제에 대한 요소도 있다. 숙련되게 수행할 수 있는 능력은 단순히 우연하게 운이 좋아 성취되는 것이 아니라 결의에 찬 행위를 통해서, 그리고 이전의 지식 및 경험을 활용하는 것을 통해서 성취해 낼 수 있는 것이다. 그 결과, 거의 대등한 수행을 반복할 것이라고 예측하는 것이 합당한 것이라 여겨지게 되었다. 학습전략은 '연습·훈련·경험을 통해서 발달되는 수행에 대한 자질'을 의미하는 것이다. 하지만 학습전략을 적절하게 조정하기 위해서는 동기·헌신·요구되는 것에 대한 인지·인내력·방해 요소들을 처리할 수 있는 능력 등과 같은 개인적인 자질들도 요구된다.

5. 학습전략과 학습스타일

내부에 있는 자원을 발견하여 자신만의 학습전략을 개발하는 일은 다른 사람과 구별된 특징 있는 방법과 습관을 형성하는 것이다. '자기를 발견하라'는 학생들이 학문적 목표(academic goal)로 도달하는 하나의 통로를 이끈다.

사람들은 누구나 자신을 잘 안다고 보지만 실제 자신이 어떤 사람이고 어떠한 스타일을 가지고 있는지를 이해한다는 것은 쉬운 일이 아니다. 왜 자신을 이해해야 하고 자신만의 공부법을 찾아야 할까? 나는 과연 어떻게 공부하고 있는가? 패턴이 어떠한가? 이에 대한 하나의 답은 결코 있을 수 없을 것이다. 그러나 이러한 탐색이 나의 학습스타일에 따른 학습전략이 될 것이다.

나는 언제, 어떤 방식으로, 어떤 환경에서 공부할 때 가장 공부가 잘 되는가? 도서관 같은 조용한 곳에서 아무도 없는 구석자리에서 공부하기를 원할 수도 있고, 시끄러운 식당, 맥도날드, 커피숍 같은 곳에서 다른 사람을 구경하면서 공부하기를 원할 수도 있다.

자신이 공부하는 형태, 즉 학습스타일이란 내가 어떻게 학습환경을 인지하고 적용하고 반응하느냐에 관한 심리학적인 특징이다. 학생들은 자기 자신만의 학습스타일을 누구나 갖고 있다. 즉, 특정 학습 방식, 또는 언제 누구와 혹은 학습

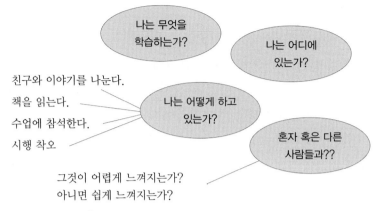

그림 1-1 학습스타일에 접근하는 관점

출처: Kolb(2007).

환경에 대한 개인적인 선호도나 학습패턴이다.

- 학습스타일은 학습 상황에서 정보를 처리하고 느끼고 행동하는 개인적 특성이다.
- 학습스타일은 학습맥락과 관계된 특정한 행동 및 태도이다.
- 학습스타일은 학습자가 학습환경에 반응하고 인식하고 상호작용하는 방법에 대한 상대적으로 안정된 지침으로 작용하는 인지적·정의적·신체적 요소이다.

나는 어떤 상태에서 가장 잘 학습하는지를 생각해 보자.

(예) 나는 일찍 일어나서 학습하는 것을 선호한다.
    내 스스로 시간을 정해 놓고 일을 마치려고 한다.
    동료와 함께 학습하는 것을 좋아하지만, 집에서 공부할 때 가장 효과적이다.

학습스타일의 중요성을 지지하는 학자들은 지능과 같은 학습능력보다 개인의 학습스타일이 학업성취도에 영향을 준다고 주장한다. 하지만 학습자의 각자의 학습스타일 특성에 꼭 맞는 학습전략은 밝혀지지 않았을 뿐만 아니라 학습자 개인의 학습스타일 및 인지양식을 측정한다는 것은 매우 어려운 일이다. 그 이유는 사람이 너무나 다양하고 모든 사람 각자에게 맞는 학습스타일을 밝힌다는 것은 참으로 어려운 일이라는 것이다.

학습자의 학습스타일을 고려할 때 일반적인 감각적 선호도, 정보를 처리하는 습관, 동기적 요인 등을 고려한다. 학습스타일을 알고자 연구하는 사람들이 학습스타일을 측정하는 많은 도구들을 개발하기도 했다. 성인 학습자를 대상으로 한 Kolb(1984)는 학습스타일을 구체적 경험(Concrete Experience), 사고적 관찰(Reflective Observation), 추상적 개념화(Abstract Conceptualization), 능동적 실행(active experimentation) 스타일로 구분하였다.

Kolb는 모든 사람들의 학습성향(learning orientation)은 차별화될 수 있으며 개별화 될 수 있다는 기본 입장이다. 학생은 누구나 학습할 때 행동으로 수행하면서 학습이 이루어지고 있다. 학습이 이루어지는 과정은 계속적 실행, 실제 경험에 근거하여 시작, 관찰하고 사고하면서 추상적인 개념을 이루는 네 가지 과정으로 이루어진다.

지식을 습득하는 4개의 학습과정은 비교적 순환적이다. 즉, 개개인은 경험에 근거하여 유사한 상황에 일반화시키거나 비교할 때 이러한 지침들을 사용한다.

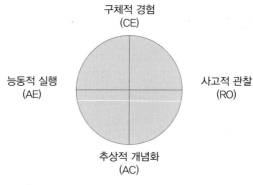

그림 1-2 학습스타일에 접근하는 관점

출처: Kolb(2007).

또한 특정한 행위에 관한 결론을 내릴 때도 그들의 경험을 사용한다. 다음 그림은 문제해결에서 Kolb의 학습 순환과정을 나타낸 것이다.

1) 구체적 경험 학습스타일

구체적 학습스타일 차원에서는 일상생활에서 다른 사람들의 일에 관여하는 것을 강조한다. 제시된 상황과 문제에 대처하여 체계적으로 대처하기보다는 감정에 더욱 의존하는 경향이 있다. 학습 상황에서 학습자는 개방적이고 변화에 적응하는 능력을 이용하게 된다.

2) 사고적 관찰 학습스타일

사고적 관찰의 학습스타일 차원에서 학습자는 다양한 견해를 고려하여 개념과 상황을 이해한다. 학습 상황에서 인내, 객관성, 사려 깊은 판단에 의존하지만, 어떠한 실천도 하지 않는 특징이 있다. 학습자는 자신의 생각과 의견을 형성하는 데 감정에 의존한다.

3) 추상적 개념화 학습스타일

추상적 개념화 학습스타일 차원에서는 문제와 상황을 이해해야 하는 학습 상황에서 감정보다는 논리와 개념을 사용한다. 학습자는 체계적인 계획에 의존하고 문제를 해결하기 위하여 이론과 개념을 개발한다.

4) 능동적 실행 학습스타일

능동적 실행의 학습스타일 차원에서 학습은 행동적인 형태를 취한다. 상황에 영향을 주거나 변화시키는 것을 실험하면서, 학습자는 실제적인 접근을 택하며, 단지 상황을 관찰하는 것에 반대하여 실제로 행하는 것에 관심을 갖는다. 학습자는 일이 실행되는 것에 가치를 두고 자신의 영향력과 창의력의 결과를 알고자 한다.

학습자의 학습스타일이 어느 한쪽으로 나타나는 것이 일반적이다. 그러나 Kolb에 따르면, 효과적인 학습이 이루어지기 위해서 개인은 학습스타일을 상황에 따라서 다르게 사용해야 한다. 네 가지의 학습스타일을 상황에 따라서 융통성 있게 사용할수록, 학습자는 더욱 효과적으로 학습을 수행할 수 있을 것이다. 따라서 유능한 학습자는 학습의 4영역을 모두 사용할 수 있으며, 각 학습에 상응하는 접근법을 사용할 수 있다. 이론적으로 학습자는 이 4가지를 모두 사용할 수 있다. 때와 상황에 맞추어 자신에게 맞는 학습스타일을 활용할 수 있도록 하기 위해서는 끊임없는 자기 계발이 필요한 것이다.

다른 사람과 다른 독특한 학습양식은 여러 가지 유형의 학습스타일을 제안해 주고 있다. 다음에 나오는 항목들은 자기점검만으로도 학생들의 기초적인 학습스타일을 규명하는 데 도움을 줄 수 있다. 각 문항을 보고, 자신의 스타일에 가장 가까운 기호에 동그라미해 본다.

- 나는 보다 잘 공부한다. (a) 혼자 (b) 그룹 (c) '혼자'와 '그룹'의 병합
- 나는 가장 잘 기억한다. (a) 무언가를 들음으로써 (b) 무언가를 읽거나 봄으로써 (c) 문제해결과 같은 무언가 활동적인 것을 행함으로써
- 나는 생각한다. (a) 이름이나 날짜와 같은 '사실적인 것(fact)'을 보다 잘 생각할 수 있다 (b) 개념, 아이디어, 주제와 같은 것으로 보다 잘할 수 있다 (c) 두 가지 모두 같다
- 나는 보다 잘 학습할 수 있다. (a) 천천히 읽을 때 (b) 빨리 읽을 때 (c) 두 가지 모두
- 나는 보다 효율적으로 공부할 수 있다. (a) 고립된 공부 기간 동안 (b) 짧은 시간 블록 동안
- 나는 공부한다. (a) 압력(press)하에서 더 잘한다 (b) 압력(press)하에서 더 빈약하다
- 나는 공부한다 (a) 짧은 시간 동안 아주 재빨리 (b) 보다 긴 시간 동안 보다 천천히
- 나는 (a) 교실이나 실험실과 같은 구조화된 상황에서 가장 잘 학습할 수 있다 (b) 구조화된 상황에서 가장 잘 학습할 수 없다
- 나의 학습스타일의 가장 큰 장점은 _____이라고 생각한다.
- 나의 학습스타일에서 가장 최대의 약점이 _____이라고 생각한다.

6. 디지털 세대의 심층학습 증진 전략

디지털 세대에게는 표면학습이 쉽게 일어나고 심층학습이 일어나기 어려워지고 있다. 디지털 환경에서는 깊은 이해에 도달하지 않는 표면학습을 해 놓고 공부를 다했다고 그쳐 버리게 되는 성향이 많다.

심층처리와 표면처리를 하는 학습스타일의 차이: 리포트 작성의 예시

심층: '나는 내가 해야 되는 것보다 훨씬 더 깊이 사물들을 탐구하는 것을 좋아한다. 그것이 문제다. 그것에 내 자신을 너무 몰두하지 않도록 해야만 한다. ……나는 'A'를 받기를 바란다. 사실은 'A⁺'를 받고 싶다.

표면: 나는 단지 끝내기 위하여 리포트를 쓴다. ……왜냐하면 그것을 써야 하기 때문이다. ……합격하면 운이 좋은 것이다.

그러나 심층학습이 일어나야 학습자에게 의미 있는 학습이 이루어지기 때문에 디지털 세대를 위한 심층학습 증진 전략이 요구된다. 표면학습과 심층학습의 차이는 〈표 1-1〉과 같다.

표 1-1 표면학습과 심층학습

표면학습	심층학습
• 현재 공부하고 있는 내용을 기존의 지식과는 무관한 것으로 다룸	• 새로운 아이디어를 이전 지식과 경험에 연관시킴
• 사실을 기억하고 절차를 규칙적으로 수행	• 패턴이나 기저에 깔린 원리들을 탐색
• 새로운 아이디어를 제시하면 그 아이디어를 유의미하게 만드는 데 어려워함	• 증거를 체크하고 그 증거를 결론에 관련시킴
• 수업내용이나 과제에서 가치나 의미를 거의 가지지 않음	• 논리와 논쟁을 조심스럽고 비판적으로 검토
• 목적이나 전략에 대한 성찰 없이 공부	• 학습하는 동안 이루어진 이해에 대해 자각
• 공부에 대해 막연한 압력이나 걱정	• 능동적으로 수업내용에 관심을 보임

제2장
내 안의 학습동기와 동기조절 활용하기

　어떤 학생은 자발적으로 공부를 하는 데 반하여 어떤 학생은 외부의 간섭을 받아야만 공부를 한다. 같은 학생이라 할지라도 어떤 때는 자발적으로 또 어떤 때는 마지못해서 공부를 한다. 좋지 못한 성적을 같이 받았는데도 어떤 학생은 더욱 열심히 공부하는 데 반하여 어떤 학생은 자포자기한다. 이러한 행동과 밀접하게 관련된 것이 동기개념이다.

　일반적으로 동기는 행동을 유발, 방향 제시, 유지시키는 내적 상태라고 정의할 수 있다(Pintrich & Schunk, 1996). 동기는 인간행동의 방향과 강도를 정해 주는 심리적 요인이다. 동기는 다양한 이론을 가진 방대하고 복잡한 주제이기도 하다. 학습동기를 Woolfolk는 '학습 활동을 가치 있는 것으로 여겨 열심히 하려는 경향'이라고 정의했고, Brothy는 '학습 활동을 의미 있고 가치 있는 것으로 인식하여 의도한 학습목표를 성취하려는 경향'으로 정의했다. 즉, '학습동기(learning motivation)'란 학습 활동을 가치 있는 것으로 보며 학습 활동을 열심히 하려는 경향성으로서 계획 세우기, 목표에 집중하기, 새로운 정보에 대한 능동적 탐구, 성취에서 오는 자부심과 만족, 그리고 실패에 대한 두려움이나 불안감 등의 요소를 포함하고 있다(김아영 외, 2001).

　학습동기는 직접적인 경험, 부모와 교사, 친구 등 중요한 타인으로부터 받는 기대, 직접적 지시, 피드백, 상과 벌 등을 통하여 서서히 발달한다. 학습동기는 계획, 집중, 공부에 대한 초인지적 지식, 정보탐색, 성공에 대한 자부심, 실패에 대한 불안감 제거 등 정의적 측면은 물론 인지적 측면을 모두 포함하고 있으며 의욕이나 희망에서 끝나는 것이 아니라 구체적인 행위를 통해서 결과가 나타난다.

1. 내 안의 학습동기 읽어 내기

   자신의 동기를 이해하기를 원한다면, 다음의 세 가지 영역 면에서 자신의 행동을 평가해 봄으로써 시작해 볼 수 있다.

- 행동선택
- 활동의 수준과 관여
- 노력 지속 및 노력 관리

   동기화된 행동은 행동선택, 활동의 수준과 관여, 노력 지속 및 관리의 세 가지를 포함하고 있다. 이 가운에 어느 것이 하나라도 충족되지 않는다면 동기화된 행동으로 표면화되기 어렵다.

   동기(motivation)란 용어는 라틴어의 'movere'란 단어에서 유래한 것으로 '움직이다'라는 의미를 지닌다. 이러한 의미에서 볼 때 인간이 일정한 행동을 하도록 움직이게 하는 근원이 동기임을 알 수 있다. 동기란 인간행동의 에너지이고 행동의 활성을 증감시키며 행동의 방향을 정해 주는 심리적 요인으로서, 자동차에 비유한다면 핸들과 엔진에 해당된다. 즉, 에너지의 방향이 동기개념의 핵심적 요소다. 다음의 요소들이 동기의 기본적 속성이며 정의라고 볼 수 있다.

- 행동을 활성화(energizes)시키는 측면: 일정한 방식으로 행동하도록 촉발시키는 개인 내의 활성적인 힘이다. 이 측면은 동기가 지니는 추동(drive) 또는 각성촉발(arousal)의 차원이다.
- 행동의 방향을 설정하거나 목표를 지향하도록 통로화(channels)시키는 측면: 행동이 어떤 목표를 지향하여 이루어지는 현상이다. 이 측면은 동기가 지니는 방향(direction) 또는 목표(goal)의 차원이다.

• 행동을 유지시키거나 지속시키는 측면: 추동의 강도와 에너지의 방향을 계속
  해서 유지시키려는 힘이다. 이 측면은 동기가 지니는 지속성 또는 행동적인
  차원이다.

동기라는 말은 흥미(interest), 욕구(need), 가치(value), 태도(attitude), 포부
(aspiration), 유인가(誘引價, incentive) 등과 함께 쓰인다. 흥미란 어떤 사물이나
사건 혹은 견해를 선택하여 주의를 기울이는 것이며, 욕구란 어떤 특정한 활동
이나 결과가 제공해 줄 수 있는 무엇인가가 결핍된 상태이며, 가치란 자기의 삶
에서 중요하다고 여기는 모든 종류의 목표에 대한 지향(orientation)이며, 태도란
정서(감정)·대상(어떤 것)·인지(학생이 그 대상을 무엇이라고 지각하는가)를 포함하
고 있는 것으로 개인이 현재 지각하고 있는 것에 대한 호의적 혹은 비호의적 감정
이며, 포부란 어떤 종류의 성취에 대한 개인의 희망이나 열망이고, 유인가란 각
성된 동기를 만족시키는 힘을 가진 것으로 개인에 의해 지각되는 그 무엇이다.

학생들이 학습에 대해 가지는 동기는 중요하다. 왜냐하면 학습동기는 그 자체
가 현재의 공부에 대한 목표인 동시에 다른 삶을 위한 목표 성취를 촉진하는 수
단으로 기여할 수 있기 때문이다. 학생들이 어떤 지적·예술적 활동에 관심을
가지고 또한 학교를 졸업한 후에도 그러한 관심이 지속되는 것은 교육의 결과로
서의 정의적 교육목표이다.

하나의 수단으로서의 동기는 학생들이 지식, 이해, 기술을 성취할 것인가를 결
정하는 요인의 하나가 된다. Ugurogla와 Walberg(1979)는 동기수준과 학업성취도
간의 상관에 관한 232편의 연구를 분석 검토한 결과, 두 변인 간에는 약 $r = +.34$
정도의 관계가 있음을 보고하였다. 이 자료는 두 변인 간의 인과관계를 분명히
밝히지는 못했으나, 높은 동기수준은 학업성취도를 높여 주고, 또한 높은 학업
성취도는 높은 동기를 유발시킨다는 것을 시사하고 있다.

성취동기를 오랫동안 다루었던 Atkinson(1966)의 연구로부터 도출된 가장 중
요한 결론 중 하나는 특정과제에 투입되는 시간량과 그 과제에 대한 동기강도
사이에는 정비례의 관계가 있다는 것이다. 또한 Carroll(1965)의 연구에 따르면,
어떤 활동에 종사하려는 학생들의 동기강도는 그들이 학습과제에 투입하려고
하는 시간량으로 측정될 수 있다. 따라서 특정과제를 학습하기 위해서 학생이

얼마나 많은 시간을 투입하는가에 따라 동기강도가 얼마나 강한지를 측정할 수 있을 것이다. 즉, 과제에 투입하는 시간이 많거나 길수록 그 과제를 하고자 하는 동기의 강도가 세다는 것을 알 수 있으며, 반대로 동기가 강할수록 해당과제에 투입하는 시간량도 많을 것이라고 볼 수 있다. 그러므로 학생이 학업수행에 투입하는 시간량은 학업성취도의 훌륭한 예측 지표 중의 하나임이 밝혀졌다.

2. 하는 일 자체가 재미있고 좋아서 하는 내재적 동기

과제나 활동을 수행할 때 욕구, 흥미, 호기심, 즐거움과 같은 개인적 요인들에 의존하는 경우도 있고, 보상, 사회적 압력, 벌과 같은 환경적 요인들에 의존하는 경우도 있다. 흥미나 호기심에서 유래하는 동기를 내재적 동기(intrinsic motivation) 또는 내발적 동기라 부른다. 우리가 내재적으로 동기화되었을 때는 일을 하기 위한 어떤 유인이나 벌을 필요로 하지 않는다. 왜냐하면 활동 그 자체가 보상이기 때문이다. 즉, 우리는 과제 그 자체 혹은 과제가 가져다주는 성취감을 즐기게 되는 것이다. 이와 반대로 보상을 받기 위해, 벌을 피하기 위해, 부모님과 선생님을 기쁘게 해 드리기 위해서, 혹은 과제 그 자체와는 아무런 관계가 없는 어떤 다른 이유 때문에 무엇인가를 하기도 하는데, 이때 우리는 외재적 동기(extrinsic motivation)를 경험하게 된다. 이 경우 우리는 활동 그 자체엔 아무런 관심이 없고, 오로지 그것이 가져다줄 결과에만 관심을 기울인다.

내재적 동기는 과제나 활동 자체에서 만족감을 느끼는 경향성을 의미한다. 예를 들면, 과제 자체에 대한 욕구, 흥미, 호기심, 즐거움 때문에 지속되는 학습 등이 그것이다. 한편 외재적 동기는 활동 그 자체에 대해서는 흥미가 없고 활동이 가져다줄 결과물에만 관심을 가지는 경향성을 뜻한다. 예를 들면, 성적이나 보상을 받기 위해, 처벌을 피하기 위해, 선생님을 만족시키기 위해, 혹은 과제 그 자체와 별 관계가 없는 다른 이유 때문에 일어나는 학습 등을 가리킨다. 외재적 동기로 학습이 이루어지는 학생들은 좋은 점수, 학점 등에만 관심을 가질 것이고, 내재적 동기로 학습이 이루어지는 학생들은 수업 내용 자체에 흥미와 재미를 느낄 것이다. 수업 내용 중에 이해가 가지 않거나 더 궁금한 것이 있어도 시험에 나오지 않는 부분이라면 관심을 가지지 않는 학생과 시험 범위에는 들어가지 않지만 수업 내용 자체에 의미를 두는 학생을 비교해서 생각해 보면 내재적 동기와 외재적 동기의 차이를 더 쉽게 알 수 있을 것이다.

외재적 동기 유발이 가지는 한계 때문에, 내재적 동기 유발을 바람직한 것으로 본다. 외재적 동기의 한계를 보면, 학습자가 자신이 남에 의해 조정당하고 있다는 것을 느낄 수 있다. 또한 다른 사람의 인정을 받기 위해 애쓰는 자신의 모습을 부정적으로 보게 될 수도 있다. 외재적 동기로 학습을 하게 되면 A라는 상황에서 공부한 것이 B라는 상황에서 활용될 수 있는 학습의 전이(transfer of learning)가 쉽게 일어나지 않는다. 학습이 목적이 아니라 일시적인 수단이 된다.

3. 동기의 패턴

수업이나 과제에 참여하고 있는 학생들 중 상당수는 "나는 동기가 없어." "나는 동기화될 필요가 있어."라는 상황에 대해 빈번히 말하고 있다. Covington과 Roberts(1994)는 학생들의 학업성취와 요구를 분석하여 일반적으로 가지게 되는 '동기 패턴(motivational pattern)'을 연구하였다. 이 연구에서는 실패 회피 동기와 성공에 대한 접근 동기의 높고 낮음을 기준으로 네 가지 학습자 유형을 제시하였다([그림 2-1] 참조). 학업성취에서 성공에 대한 접근 동기와 실패 회피 동기는 각각 다른 형태의 학습자들을 설명해 주고 있다.

성공에 대한 접근 동기도 낮고 실패 회피 동기도 낮은 학생들은 대개 '실패 수용자'로 나타난다. 이들은 학업에 대해 무기력함을 보여 준다. 성공에 대한 접근 동기가 높고 실패 회피 동기가 낮은 경우 일반적으로 '성공 지향 학생'으로 보인다. 이들은 학업에 도전적이며 자신감 있게 학습을 계획하고 지속하며 성취해 낸다. 학업성취에서 성공에 대한 접근 동기가 낮고 실패 회피 동기가 높은 경우 '실패 회피자'로 간주해 볼 수 있다. 이들은 노력을 했는데도 실패하여 능력이 낮은 사람이 되는 것보다 아예 노력을 안 해서 실패에 대한 변명의 여지를 남기는 것이 비난을 면하는 방법이라고 생각하는 방어적인 행동을 보인다. 성공에 대한 접근 동기가 높고 실패 회피 동기도 높은 경우는 '과노력형'의 학습자다. 이러한 학습자는 자신이 하고 있는 학업에 대해 불안하며 걱정이 많다.

	높음	실패 회피자 (방어적인 행동)	과노력형 (불안과 걱정)
〈실패 회피 동기〉	낮음	실패 수용자 (무기력함)	성공 지향 학생 (학업의 성공적 수행)
		낮음	높음

〈성공에 대한 접근 동기〉

🎬 **그림 2-1** 학업성취-요구의 4분면 모델에 따른 학습자 패턴

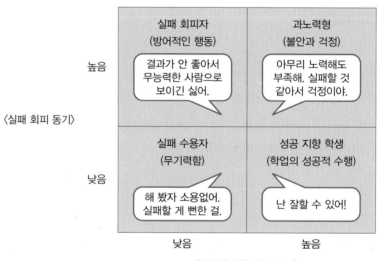

	높음	실패 회피자 (방어적인 행동) 결과가 안 좋아서 무능력한 사람으로 보이긴 싫어.	과노력형 (불안과 걱정) 아무리 노력해도 부족해. 실패할 것 같아서 걱정이야.
〈실패 회피 동기〉	낮음	실패 수용자 (무기력함) 해 봤자 소용없어. 실패할 게 뻔한 걸.	성공 지향 학생 (학업의 성공적 수행) 난 잘할 수 있어!
		낮음	높음

〈성공에 대한 접근 동기〉

🎬 **그림 2-2** 학업성취-요구의 4분면 모델에 따른 학습자 패턴 사례

Covington과 Roberts(1994)의 동기 패턴 면에서 보면 학습에 어려움을 가지는 학습자의 패턴을 찾아볼 수 있다. 학습동기에서 어려움을 겪고 있는 3가지 유형의 학생들에게 친구로서 도움을 제공해 보자. 이 친구들은 학교에서 같이 공부하는 또래 친구들이다. 여러분은 방어적인 미숙, 걱정이 많은 창수, 무기력한 현미와 같은 친구들의 동기와 행동을 이해해 보자.

높음	방어적인 미숙	걱정이 많은 창수
낮음	무기력한 현미	성공적인 학업수행 학생

〈실패 회피 동기〉

　　　　낮음　　　　　　　　높음

〈성공에 대한 접근 동기〉

Covington과 Roberts(1994)의 동기 패턴으로 학습에 어려움을 가지는 또래 친구에게 도움 주기

학습동기에서 어려움을 겪고 있는 세 가지 유형의 학생들에게 친구로서 도움을 제공해 보자. 이 친구들은 각각 여러분과 만나기로 약속이 되어 있다. 여러분은 친구들에게 어떻게 동기와 행동을 설명해 주겠는가?

방어적인 미숙	걱정이 많은 창수	무기력한 현미

미숙은 공부를 했을 때 공부한 만큼 성적이 나오지 않는 것을 걱정하며 친구들보다 좋지 않은 성적이 나오는 것을 싫어한다. 그래서 시험공부를 하러 와서는 친구들이 보는 앞에서 지금 놀러 갈 것이라고 하고 자신은 공부를 하지 않았다는 것을 표현하여 미리 결과에 대한 방어를 해 두려 한다.

열심히 노력을 하지만 실패할까 봐 항상 두려워하고 있다. 그래서 매일 밤을 세워 책을 보고 공부를 한다. 책을 보면 모르는 내용이 없을 만큼 다 아는 것 같아도 좋은 결과가 나오지 않을 것을 불안해 하고 걱정하여 마음이 놓이지 않는다.

열심히 해서 성공하고 싶은 욕구도 낮은 데다가 실패를 하고 싶지 않다는 생각도 그다지 많지 않다. 공부에 대한 뚜렷한 동기나 자극이 없고 성취에 대한 욕구도 낮아 무기력한 상태이다.

To. 미숙
"실패가늘 부정적인 것만은 아니야. 너를 성숙시키는 거름과 같은 영양분이 될 수 있어. 실패는 누구나 겪으니까 실패에 너무 연연하지 말았으면 해."

To. 창수
"힘을 좀 빼고 네가 한 만큼 좋은 결과가 나올 거야. 넌 충분히 지금 잘하고 있어."

To. 현미
"네가 가장 잘할 수 있는 것, 하면서 즐거웠던 것을 떠올려 봐. 그중에서 해 보고 싶었던 것을 하나씩 해 보는 게 어떨까? 너라면 잘할 것 같아."

To. 미숙
"사람은 누구나 실패를 겪어. 실패를 피하기만 할 수는 없어. 실패를 인정하고 더 노력하면 해낼 수 있어."

To. 창수
"네가 공부를 열심히 하는 것은 좋은데 너무 과한 것 같고 부담이 커 보여. 자신감을 가지고 긍정적으로 생각해. 너 자신을 믿어."

4. 목표

목표는 일반적으로 다음의 다섯 가지 방식으로 동기를 자극하여 수행을 증진시킨다(Locke & Latham, 1990). 첫째, 학생들이 노력할 수 있도록 이끈다. 둘째, 지속 또는 유지를 돕는다. 셋째, 여러 가지의 상황이 얽혀 있어도 목표를 향한 주의의 방향을 일관되게 가도록 해 준다. 넷째, 과제 또는 상황에 대해 전략적 계획을 설계하거나 전개할 수 있도록 만든다. 다섯째, 학습에서 달성하고자 하는 참조 기준이 된다.

목표와 관련해서 학생들이 흔히 가지는 오해는 대개 '숙달목표'와 '수행목표'를 구분하지 못하는 데서 생긴다. 자신이 어떠한 목표를 설정해 왔고 향후 설정하는 목표에 대해 스스로 이해할 수 있기 위해서는 숙달목표와 수행목표를 분명하게 구분해서 자신의 목표를 설정할 필요가 있다.

숙달목표(mastery goal)는 학습과제 자체를 마스터함으로써 새로운 지식이나 기술을 습득하고 능력을 높이며 도전적인 과제를 성취하는 데 주안을 두는 목표지향성이다. 학자에 따라 이러한 목표지향성을 과제지향성, 학습목표, 과제관여목표로 부르기도 한다. 한편 수행목표(performance goal)는 자기 자신이 다른 사람들보다 상대적으로 능력이 더 높다는 것을 입증 내지 과시하려고 하거나 다른 사람들이 자신의 능력이 낮다고 인식하는 것을 회피하는 데 주안을 두는 목표지향성이다. 학자들은 이러한 목표지향성을 자아지향성, 혹은 자아관여목표로 부르기도 한다(권대훈, 2006).

표 2-1 숙달목표와 수행목표를 설정하는 마음의 이해

숙달목표	• 학습과제 자체를 완수 • 새로운 지식이나 기술을 습득 • 능력 증진 • 도전적인 과제를 성취
수행목표	• 상대적으로 능력이 더 높음을 입증 또는 과시 • 자신의 능력이 다른 사람들에 의해 낮다고 인식되는 것을 회피하기 위한 목표설정

● **다음을 읽어 보고 숙달목표와 수행목표를 구분해 보자.**

다음을 읽고 숙달목표이면 '숙달', 수행목표이면 '수행'을 써라.

1 나는 이 수업에서 새로운 관련 자료들을 발견해 내기를 좋아한다. (   )
2 내 친구보다 더 좋은 점수를 받는 것은 중요하다. (   )
3 만약 잘해 낼 능력을 가지지 못했다면, 보다 많은 노력은 시간 낭비야. (   )
4 내가 할 수 있는 만큼 잘해 내고 있지 않다. 그러나 나는 증진될 것이다. (   )
5 지도하시는 교수님은 내가 고급수학을 수강해야 된다고 생각하신다. 그러나 어려운 과목은 나의 평균 점수를 낮추기 때문에 수강하기를 원하지 않는다. (   )

정답 1 숙달, 2 수행, 3 수행, 4 숙달, 5 수행

  학생의 목표지향성은 숙달목표지향성과 수행목표지향성으로 크게 나누어지며, 이는 다시 접근 초점과 회피 초점으로 구분할 수 있다(Elliot & McGregor, 2001). 목표지향성에 따라 학습자의 학습참여 및 태도가 달라진다.

표 2-2 목표지향성: 접근 초점 대 회피 초점

구분	접근 초점	회피 초점
숙달목표 지향성	• 학습 내용을 숙달하고 배우고 이해하는 데 초점 • 학습목표, 과제 목표, 과제 관련 목표와 관련지어 자기 향상, 진보, 과제에 대한 심층적 이해	• 과제를 숙달하기보다는 잘못되지만 않으면 된다고 함(예, 완벽주의자)
수행목표 지향성	• 다른 사람과 비교해서 우위에 서거나 똑똑한 것, 우월해지는 데 목표 • 최고의 점수를 얻는 것, 일등을 하는 것, 남보다 잘하는 것	• 다른 사람과 비교해서 열등하게 보이는 것을 피하려는 것이 아니라 열등한 것을 피하는 데 초점. 꼴찌 또는 급우들 중에서 가장 나쁜 점수를 피하려 함

5. 좌절로부터 일어서는 회복탄력성

회복탄력성(回復彈力性, psychological resilience)은 1950년대에 스트레스나 역경, 어려운 환경에서도 잘 적응하는 사람을 설명하기 위하여 Block이 제안한 자아탄력성(ego-resiliency)의 개념이 시초라고 볼 수 있다(Block & Kremen, 1996). 회복탄력성에 대한 정의는 연구자마다 조금씩 다르지만 결국 역경을 성숙한 경험으로 바꾸는 능력이나 스트레스를 견뎌 내고 다시 제자리로 돌아오는 힘(Borysenko, 2006)이라고 정의할 수 있다.

우리나라에서는 신우철 등(2009)이 회복탄력성 검사 지수를 개발하면서 어려움에서 적응 상태로 다시 돌아온다는 의미인 '회복'과 정신적 저항력의 향상, 즉 성장을 나타내는 개념인 '탄력성'을 합쳐 '회복탄력성'이라고 정의하고 있다. 학자마다 회복탄력성을 심리적 안정성, 적응 유연성, 탄력성, 자아탄력성, 회복력, 극복력 등으로 다양하게 번역해서 사용하기는 하지만, 환경에 적응하는 인간의 총체적 능력을 의미한다는 점과 상황에 유연하게 대응하는 개인의 능력과 자원에 초점을 둔다는 개념으로 이해하는 것이 타당하다(김주환, 2011; 홍은숙, 2006).

학업적 도전에 대해 기꺼이 해 보겠다는 학습자가 있는 반면에 불안해하는 학습자들도 있다. 학업과제에 직면하여 우리는 각기 다른 생각이나 느낌을 가지게 된다. 이를 설명하고 있는 이론 중의 하나가 Covington의 '자기-가치 이론(self-worth theory)'이다. '자기-가치'는 개인 스스로 자기 자신을 평가하는 것이다. 자기존중감, 자기경외감과 같은 말이다. 자기-가치 이론에 따르면, 개개인은 사회에 의해 가치화된다는 것을 배운다. 사람들은 스스로에 대한 가치를 유지하기 위해 노력하며, 개인의 성공 경험은 가치감을 증진시켜 준다. 그러나 실패 경험을 하게 되면 능력 부족의 가능성과 무가치함, 자기 부정 또는 자기 거부 등을 만들어 낸다(Covington, 1992).

학업은 성공적일 때도 있지만, 경우에 따라서 실패하는 경우가 다반사다. 학업적 실패로 인해 능력 부족이나 자기 부정 또는 자기 거부를 만들어 낸다면, 오히려 삶에 더 큰 어려움을 가지게 되는 문제가 생긴다. 학업적 실패에 대한 공포를 제거하고 좌절로부터 일어서는 회복탄력성을 기르는 것이 새로운 학업과제를 수행하는 것보다 더 중요할 수도 있다.

이와 유사한 맥락에서 Dweck(2006)은 '고착마인드 셋(fixed mindset)'과 '성장 마인드 셋(growth mindset)'으로 구분하여 설명하면서 비범한 사람들은 자신의 실패를 미래의 성공으로 바꾸는 특별한 재능이 있다고 하였다. 특히, 성장마인 드 셋을 가지고 있는 사람은 노력하면 재능과 능력이 변화할 수 있다는 믿음을 가지고 있기 때문에 결과가 안 좋거나 실패했어도 끝까지 노력하고 자신이 관심을 가지는 분야에 도전하려는 경향을 보인다고 하였다(류형선, 2013).

회복탄력성이 높은 사람들의 특성을 보면 스스로의 실수에 대해 보다 긍정적인 태도를 지니며 습관적으로 보다 더 과감하게 도전하고 늘 새로움을 추구하며 자신의 실수에 대하여 예민하게 반응하지만 실수를 두려워하지는 않는다(김주환, 2011). 이는 회복탄력성이 높은 사람들이 실수를 하지만 실수로부터 적극적으로 피드백을 받고 긍정적으로 수용하여 좌절하지 않고 새로움에 도전하는 특성을 가지고 있다고 볼 수 있다.

6. 학업에서의 귀인 다루기

사람들은 일생 동안 여러 가지 일을 경험할 때마다 다양한 결과를 접하게 되며, 그때마다 그런 결과가 어떻게 해서 일어났는지에 대해 의문을 가지며 원인을 탐색하려 한다. 학생들은 학교학습에서 성공하기도 하고 실패하기도 하며, 이러한 성공과 실패에 대해서 나름대로의 이유를 가지고 있다. 성공·실패에 대하여 어떤 종류의 이유를 대느냐에 따라 학생들의 정서적 반응이나 미래의 학습동기는 달라진다. 어떤 학생이 중요한 시험에서 좋은 성적을 받았을 때 자신의 능력이 뛰어난 것이라고 원인을 탐색한 후 자부심을 가질 수도 있지만, 한편 운이 있었기 때문이라고 생각할 수도 있다. 귀인이론은 이러한 현상을 잘 설명해 주고 있다. 사람들의 성공과 실패의 원인에 대한 믿음인 귀인(attribution)은 다음 행동의 동기에 영향을 끼친다.

귀인이론을 체계화시키고 학습 장면의 성취 활동과 관련된 인간의 동기이론으로 발전시킨 사람은 Weiner다. Weiner(1979)는 귀인 유형에 대해서 인과의 소재(locus of causality), 인과의 안정성(stability of causality), 인과의 통제가능성

(controllability of causality)의 3차원으로 접근을 시도하였다.

인과의 소재는 행동의 원인을 학생들 자신에서 찾는가, 아니면 환경에서 찾는 가의 문제로서 내-외차원(內-外次元)으로 특징지을 수 있다. 예컨대, 능력과 노력은 학생 자신에서 발생된 것이기 때문에 내적 요인으로 분류되고, 학습과제의 난이도와 운(luck)은 외부 환경에서 발생된 것이기 때문에 외적 요인으로 분류된다.

인과의 안정성은 행동의 원인이 시간이 경과하거나 상황이 바뀌어도 비교적 항상성을 띠는 안정적인 요인인가, 아니면 때와 상황에 따라 수시로 변할 수 있는 불안정한 요인인가의 문제로서 안정-불안정 차원으로 특징지어진다. 예컨대, 능력과 학습과제의 난이도는 시간과 상황이 바뀌어도 크게 변하지 않기 때문에 안정적 요인으로 분류된다. 그러나 노력과 운은 상황에 따라 변할 수 있기 때문에 불안정한 요인으로 분류된다.

인과의 통제가능성 차원이란 행동의 원인을 학생의 의지에 따라서 통제할 수 있는가의 문제로서 통제가능-통제불가능 차원으로 분류된다. 예컨대, 노력은 학생의 의지에 따라서 통제가 가능하지만, 운이나 능력, 학습과제의 난이도는 통제가 불가능하다.

이상에서 살펴본 귀인의 세 가지 차원의 구분법과 이들 각각에 해당되는 요인들을 표로 나타내면 〈표 2-3〉과 같다. 능력은 내적이며 안정적 귀인 요인으로 분류된다. 노력은 내적 요인이며, 불안정적 요인으로 분류된다. 과제 난이도는 외적이며 안정적 요인이지만, 운은 외적이며 불안정적 요인이다.

이처럼 분류되지만 이들 중 어떤 요인도 상황에 따라서 달리 분류될 수 있음을 알아야 한다. 예를 들면, 능력수준은 대체로 내적이며 안정적이지만, 특히 어떤 일에서만 능력이 잘 나타나서 잘했다고 귀인한다면 내적이면서 불안정적 요인이 될 수 있다. 또한 노력도 일시적으로 노력을 쏟을 경우에는 내적이면서 불안정적이지만, 근면성과 같이 결합하면 내적이며 안정적이 될 수도 있다. 그러나 기분, 운, 노력 등은 모두가 불안정한 요인이다. 그러나 노력은 의도적인 통제가 가능하다는 점에서 기분, 운 등과 구분이 되며, 내적 및 안정적 요인 사이에도 같은 추리가 적용된다. 게으름, 인내 같은 기질은 종종 의도적이거나 선택적 통제하에 있는 것으로 지각된다.

🎬 표 2-3 귀인의 3차원적 분류

	통제할 수 있는 것		통제할 수 없는 것	
	안정적	불안정적	안정적	불안정적
내적		노력	능력	기분, 피로
외적			과제 난이도	운

● 다음의 귀인이 3차원 중 어디에 해당되는지 알아보고, 어떻게 도와줄 수 있는지 제안해 보자.

귀인	제안 반응
• 나는 능력이 부족해.	
• 나는 좋다고 느끼지 못해.	
• 나는 기분이 좋지 않아.	
• 난 과제에 관심이 없어.	
• 나는 시험을 잘 치를 수 없어.	
• 공부내용이 지루해.	
• 시험은 공정하지 않아.	
• 나는 공부할 시간이 충분하지 않아.	

7. 자기효능감과 신념

Bandura는 인간 행동의 변화는 외적인 자극에 의해 수동적으로 일어나는 것이 아니라 개인의 효능기대(efficacy expectancy)라는 인지적 평가과정을 매개로 하여 일어난다고 보고, 행동을 수행할 수 있는 가능성에 대한 믿음을 '자기효능감(self-efficacy)'이라고 하였다. 학생들은 성취 상황에서 여러 방법을 통하여 자신의 효능수준에 관한 정보를 획득하여 자기효능감을 갖게 되고, 이 자기효능감은 동기 유발의 효과를 가져와 성취상황에서 과제에 대한 동기를 일으키고 그에 따라서 수행수준도 높아진다고 여러 학자들은 보고하였다.

자기효능감은 Self(자아)와 Efficacy(효력이 있는)가 합성된 용어로, 자아가 효력이 있다는 것, 즉 자아가 자신에게 능력이 있다고 판단한다는 의미라고 할 수 있다. 우리나라에서는 자기효능감, 자기효력감의 용어로 사용되고 있다. 자기효능감은 인간 행동 변화가 결국 행위자 자신이 그 행동을 능히 해낼 수 있다는 기대 때문에 일어난다는 것을 강조하는데, 이것은 행위자가 일정한 행동을 해낼 수 있다는 기대가 행동 변화에 효과를 준다는 것을 의미한다.

Bandura는 '효능기대(efficacy expectation)'와 '결과기대(outcome expectation)'로 구분하여 효능이론을 설명했다. 효능기대는 개인이 결과를 성취하는 데 요구되는 행동을 성공적으로 수행할 수 있다고 믿는 확신이다. 즉, 결과를 얻기 위해 필요한 행동을 성공적으로 수행할 수 있다는 개인의 신념이다. 행동 수행에 얼마의 노력을 기울일 것이며, 또 역경에 직면했을 때 얼마만큼 저항할 것인가를 처음으로 결정하는 단계이기 때문에 행동 변화에서 가장 강력한 결정요인이 된다. 예를 들면, 체중 조절을 위해서 저녁 6시 이후에는 절대로 먹지 않겠다고 스스로 다짐하는 것이나 좋아하는 사람에게 고백을 했지만 거절당했을 때를 대비하는 것이라든지, 좋은 성적을 위해서 밤을 새워 공부를 할 수 있을 것이라는 신념 등이 있다. 반면에 결과기대는 주어진 행동이 어떤 결과를 이끌 것이라는 개인의 평가로 정의 내릴 수 있는데, 주어진 상황에서 과업을 성공적으로 수행하기 위해서 어떤 행동들이 필요할 것인가에 대한 평가, 판단, 예상, 기대가 결과기대의 내용이다. 예를 들어, 음식량을 조절하면 체중 조절이 될 것이라고 예상

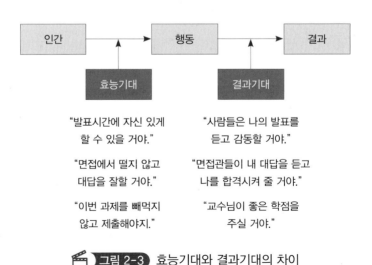

그림 2-3 효능기대와 결과기대의 차이

출처: Bandura(1977b, p. 193).

하는 것이나, 멋진 이벤트와 선물을 준비하면 좋아하는 사람에게 성공적으로 고백할 수 있을 것이라고 기대하는 것, 매일 밤새워 공부하면 시험에 좋은 성적을 받을 것이라고 예상하는 것 등을 들 수 있다.

8. 동기조절 전략 활용하기

학생들이 활용하는 학습동기에 대해 보다 구체적으로 이해해 보면 다음 〈표 2-4〉와 같다.

표 2-4 학습동기의 개념정립

	학습동기에 최적의 특성	학습동기를 감소시키는 특성
동기의 근원	내재적: 흥미, 욕구, 호기심, 즐김과 같은 개인적 요인들	외재적: 보상, 사회적 압력, 처벌과 같은 환경적 요인들
목표의 유형	학습목표: 도전과 향상 속에서 얻는 개인적 만족. 적당히 어렵고 도전할 만한 목표를 선택	수행목표: 수행한 것에 대해 타인의 인정을 받고자 하는 욕구. 아주 쉽거나 어려운 목표를 선택
성취동기	성취동기: 숙달 지향	실패 회피 동기: 불안하기 쉬움
귀인	성공과 실패는 통제가능한 노력과 능력에 귀인	성공과 실패는 통제불가능한 원인들에 귀인

학습은 노력이 드는 과정이다. 학습과제는 학생들이 적정의 동기 수준을 유지하는 것을 간섭할 수도 있다. 학생들은 흥미가 없는 지루한 학업과제를 하거나, 반복된다고 느끼거나 어려워 할 수도 있으며, 중요하지 않은 것으로 보이는 과제나 자료를 학습하도록 요구받을 수도 있다. 또한 교실에서 이루어지는 수업 이외에도 학습과제나 자료를 공부하고 시간 안에 완성해야 하는 경우에 처할 수도 있다. 이런 경우 동기조절 전략이 필요하다. 동기조절(regulation of motivation) 전략은 현대의 자기조절학습(self-regulated learning) 모델에서 핵심 구성요소로 간주되어 왔다. 그러나 학습과정에서 그 중요성에도 불구하고 학

습자 자신들의 동기를 조절하는 학생들의 능력은 자신의 인지 및 초인지 처리를 관리하는 능력만큼 주목을 끌지 못해 왔다. 동기조절 전략은 자신의 동기를 지속시키거나 증진시키는 것 혹은 동기과정을 관리하고자 하는 능동적인 노력이다. 대학생을 대상으로 한 연구에서 Wolters(1998)는 동기에 미치는 동기조절 전략에 관한 연구에서 여러 상황, 즉 수업 중 책 읽기, 리포트 작성, 시험의 세 가지 상황에 직면했을 때(따분한 내용, 흥미 없는 내용, 어려운 내용) 그들의 동기를 조절하기 위하여 사용하는 전략사용 양태가 다르다는 것을 보여 주고 있다(전명남, 박혜숙, 2012).

학생들은 자신의 동기를 조절하기 위해 아주 많은 다양한 전략을 알고 있으며, 또한 사용하고 있다. 2003년에 Wolters는 동기조절 전략으로 자기결과적 조치, 목표지향적인 자기지시, 흥미 강화, 환경 통제, 자기 방해, 귀인 통제, 효능감 관리, 정서 조절 전략과 같은 여러 가지 유형을 제시하였다. 최근에는 가치조절, 시험과 과제에서 수행목표 조절, 자기결과적 조치, 환경 통제, 상황적 흥미조절, 숙달목표 조절 등의 동기조절 전략이 제안되고 있다. Wolters(1998)의 연구를 기반으로 한 국내 여자 대학생을 대상으로 한 김은영(2008)의 연구에서는 성적우수자와 그렇지 않은 경우의 학습자들의 동기특성과 동기조절 전략의 사용이 다르다는 것을 보여 주고 있다. 설문형 동기조절 전략 검사 결과, 성적 우수자들이 그렇지 않은 경우보다 흥미가 없는 과제를 흥미롭게 변형하는 흥미 강화전략, 학업적 과제의 완성이나 목표에 도달하기 위해 외재적 보상이나 강화, 처벌을 사용하는 자기−결과적 조치 전략, 새로운 내용을 알고 지적으로 유능해지려고 스스로 강조하고 지시하는 숙달적 자기−지시 전략, 다른 사람보다 더 뛰어나고 좋은 성적을 받으려는 욕구를 강조하는 수행적 자기−지시 전략, 공부가 잘 되지 않을 때 집중이 잘되는 시간에 공부하거나 산만한 요인을 제거하는 환경통제전략을 더 자주 사용하는 것으로 나타났다(전명남, 박혜숙, 2012).

동기를 모니터하고 조절하는 몇 가지 전략을 제안한다(Wolters, 1998). 이 전략들은 몇 가지 범주로 조직화되어 있다. 각 범주의 상자를 체크해 보고 범주 안에서 전략을 사용하라. 그리고 열거된 전략과 다르다면 여러분이 사용했던 구체적인 전략을 써 보면서 자신이 잘 사용하는 동기조절 전략을 찾아보자.

1) 수행목표

"나는 얼마나 좋은 학점을 얻었는지에 관해 생각해."

"나는 대학에서 놓은 학점을 얻는 것이 얼마나 중요한지에 관해 내 자신에게 일깨워 주곤 해."

---

2) 외재적 보상

"공부가 끝나면, 나 자신에게 보상을 준다."

"주제를 성공적으로 검토했을 때마다 나는 나 자신을 쉬게 하고, TV를 보거나 낮잠을 자는 등의 휴식 시간을 준다."

"교재의 다음 5페이지 공부하는 것을 내가 마친다면, 나가서 친구와 이야기하고 논다."

---

3) 과제 가치

"나는 내 인생과 관련된 방식을 찾기를 원한다."

"나는 나의 경험에 그것을 관련짓고 싶어. 또는 나는 어떤 상황에서 내가 어떻게 느끼는지 그것을 관련짓고 싶어."

---

4) 흥미

"공부하는 것을 게임으로 만들래."

"그것을 읽어 볼까. 재미있게 만들어 볼까 해."

___

___

5) 도움 찾기

"친구와 같이 공부하자고 해 봐야지."
"선생님이나 교수님과 이야기 해 봐야겠어."

___

___

6) 환경 구조화

"조용한 방에서 앉아 책을 읽어야지."
"잠깐씩 휴식을 취해서 내가 지치지 않도록 해야겠어."
"휴식을 취해서 공부하는 교과목을 완전히 잊고, 그리고 다시 신선하게 만들어서 되돌아와야지."

___

___

7) 주의

"집중해서 공부할 거야."

___

___

8) 자신의 학습 경험을 분석하기

• 내 가족은 나의 목표, 동기, 행동에 어떻게 영향을 주었는가?

- 교사들과 친구들은 내가 성공하도록 어느 정도 도움을 주었는가?
- 학교 환경은 학교생활에 적응할 수 있도록 준비해 주는 환경인가? 왜 그렇게 생각하는가?
- 혹은 그렇지 않다면 왜 그런가?
- 학교생활에서 나는 어떤 도전에 직면해 있는가?
- 나는 이러한 도전을 극복하기 위해 무엇을 하고 있는가?

자기 자신의 학습 경험을 분석하는 짧은 에세이를 써 보라(학업에서의 성공과 실패의 경험, 그 당시의 상황, 겪게 된 일과 느낌, 자신이 수행했던 행동, 그 일로 인해 영향받게 된 결과 등을 중심으로 쓴다).

제3장
주의와 집중의 학습전략

1. 주의집중

　학습에서의 주의집중력은 주의력와 집중력의 측면으로 나누어 보기도 하고, 통상적으로는 주의집중 능력이라는 하나의 개념으로 사용되고 있다. 주의력(attention)은 감각기관을 통해 외부정보를 입력하여 뇌의 의식으로 연결하는 힘이다. 시각이나 청각과 같은 감각기관을 통해 들어오는 여러 정보들 중에서 특정 정보를 선택하여 초점을 맞추는 능력이 주의력이다. 책을 읽을 때 시각적으로 문자 정보가 들어오고 창문 밖에서는 새소리와 공사하는 소리, 옆 사람이 이야기하는 소리가 한꺼번에 들릴 경우 학습자는 이 자극들 중 하나에 초점을 맞추어 주의를 기울이게 된다. 주변의 여러 자극들 중에서 어떤 자극을 선택하여 초점을 맞추는지에 따라 학습에 영향을 줄 것이다. 집중력(concentration)이란 선택한 자극에 지속적으로 의식을 고정시키는 능력이다. 친구로부터 SNS 대화 메시지가 계속 오고 있고 텔레비전에서는 좋아하는 프로그램이 시작하고 있으며 오늘까지 완성해야 할 과제가 생각났을 때, 과제를 먼저 하기로 마음먹었다면 그 외의 자극들에 흔들리지 않고 끝까지 과제를 수행해 내는 것이 집중력이라고 할 수 있다. 집중은 초점을 맞추고 지속하는 행위이며 뇌에서 여러 가지 정신 작용을 이끄는 오케스트라의 지휘자 역할을 한다.

학습에서의 주의집중력(concentration of attention)은 한 가지 과제에 몰두할 수 있는 힘이며, 선택적 반응 능력이라고 할 수 있다. 자신이 처한 상황에 맞게 욕구를 통제할 수 있어야 한다는 면에서 자기 통제력이 강한 사람이 주의집중 능력이 강한 사람이라고 할 수 있다. 주의집중 능력은 학업의 효율을 높여 주며, 현재의 적응 지표인 동시에 미래의 성공 지표다. 주의집중 능력은 뇌의 정신 작용을 연결하여 고차원적 사고를 이끄는 것뿐만 아니라, 일상의 생활에서의 행복을 느끼는 데 이르기까지 그 중심적 역할을 한다.

집중이 안 되면, 여러 가지 도전에 직면하여 자기 자신이 가진 능력을 발휘하거나 몰입에 이르기 어렵다. 최근 '집중력의 탄생'이라는 책을 발표한 매기 잭슨은 집중력이 좋은 사람들이 일상에서 절망이나 두려움, 슬픔을 덜 느낀다고 했는데, 그 이유에 대해 "그들은 인생에서 일어나는 부정적인 일들에서 관심을 돌려 다른 일에 집중할 수 있는 능력을 갖고 있기 때문이다."라고 이야기하고 있다.

어떤 학생들은 게임을 할 때는 고도의 집중력을 발휘하는 데 비해, 공부를 할 때는 집중력을 발휘하지 못한다. 게임을 할 때는 옆에서 불러도 못 들을 정도로 집중하면서, 책을 보거나 공부를 할 때는 작은 소음에도 흐트러지는 모습을 보인다. 이와 같이 게임을 할 때 집중하는 것을 수동적 집중이라고 하고, 공부를 할 때 집중하는 것은 적극적 집중이라고 한다. 수동적 집중은 의식적인 노력 없이도 가능한 집중력으로, 본능에 기원하여 게임 또는 텔레비전처럼 강하거나 빠르거나, 새로운 자극에 대한 반응에 집중하는 것이고, 적극적 집중은 인간의 의지(volition)와 노력에 의한 것으로, 새롭거나 자극적이지 않으면서 어렵고 단조

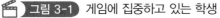

그림 3-1 게임에 집중하고 있는 학생

그림 3-2 공부에 집중하고 있는 학생

로우며 지루한 과업을 하는 데 집중하는 것이다. 대표적인 예가 공부다.

2. 주의와 집중에서의 산만

　주의집중에 반대되는 행위는 학생들이 공부를 한다고 책상에 앉아 있는데, 책상을 치우거나 공상하느라 시간을 헛되이 다 보내는 경우다. 즉, '정신적 공백(mental blank)'에 빠지는 것이다. 학생들은 기말 시험을 치고 있는 중에도 시험을 잘 못 치면 무슨 일이 일어날 것인지, 어머니는 무슨 말을 할 것인지, 친구들이 날 어떻게 생각할 것인지에 대해 생각하고 있을 수 있다. 지금 치고 있는 시험에 집중하지 못하고 아무런 관계가 없는 생각을 하는 것을 정신적 공백 또는 정신적 혼잡(mental congestion)이라고도 한다.

　공부나 과제를 할 때 주의집중이 잘 되지 않아 문제를 느낄 때가 있는가? 만약 그렇다 해도 그것은 자기 자신만이 갖고 있는 문제는 아니다. 일반적으로 주의집중이 어려운 이유를 들 때 생물학적·물리적·심리적 원인을 들고 있다. 특정한 하나의 원인만을 가지고 주의집중을 설명하는 데는 한계가 있으나, 사전 예방이나 사후 조치 시에 그 원인별로 접근하여 주의집중을 높이는 데 활용해 볼 수 있을 것이다.

1) 생물학적 원인에 의한 주의산만

　생물학적 원인에 의한 주의산만은 신체적인 문제의 발생으로 주의집중이 어려운 경우다. 대표적인 예로는 천식이나 비염 등 알레르기 관련 질병이 있으며 그 외에도 드물게는 태아 시절에 경험한 산모의 흡연이나 영양 부족, 조산에 의한 저체중, 난산이 원인이 되기도 한다. 이러한 원인으로 주의산만한 경우는 전문가의 도움을 받아 관련 질병을 치료하는 것이 우선이어야 한다.

2) 심리적인 원인에 의한 주의산만

심리적인 원인에 의한 주의산만은 학생들의 생활에 영향을 미치고 있는 여러 가지 정서적인 문제에 따른 심리적인 압력이나 긴장에서 온다. 보통 부모님과의 의견대립, 이성문제, 급우와의 알력이나 경제적인 걱정들로 인해 나타난다. 그러한 내적 문제들은 학생의 주의집중을 흩트리므로 주의집중에 방해가 된다. 이러한 경우는 원인이 되는 문제가 제거되고 해결되거나 혹은 통제되어야만 공부에 효과적으로 주의집중을 할 수 있다.

3) 물리적인 원인에 의한 주의산만

물리적인 원인에 의한 주의산만은 눈(시각)과 귀(청각)를 통해서 받아들여지는 의미 있는 외부의 광경이나 음향에 의해서 초래된다. 물리적 원인에 의한 주의산만은 대개 우리 환경 속에 가까이 존재하고 있으며 우리의 지적과업을 수행하는 데 방해할 기회를 호시탐탐 노리고 있다. 어디서 공부를 하든지 간에 공부의 능률은 다음의 세 가지 주요한 물리적인 변인들에 의해 영향을 받는다. 바로 청각적 주의산만, 시각적 주의산만, 무질서다. 다행히 이러한 세 가지 원인들에 의한 좋지 못한 학습의 조건들은 쉽게 평가하여 고칠 수 있다(전명남, 2004).

청각적 주의산만은 대화(휴대전화 대화나 문자 전송 포함), 라디오 및 텔레비전, 외부 소음의 근원들에 의하여 생긴다. 이것들은 제각기 학생들의 주의를 분산시

키고 한 곳으로 집중시키는 것을 방해하여 학습의 능률을 저하시킨다. 이 중에서 주변 친구들과의 대화 또는 잡담도 포함된다. 학생들은 대부분 다른 사람들과 더불어 대화하는 것을 즐길 것이다. 물론 다른 사람들과의 '장황한 대화시간(bull session)'은 즐겁고도 값질 수 있다. 그러나 그것이 공부에 주의산만을 일으키는 원인이 되어서는 안 된다. 공부 시간으로 할애되어 있는 시간만큼은 모든 대화를 피하도록 노력해야 한다. 예를 들면, 문 밖에 '공부 중! 출입을 삼가 주시오'라는 표시판을 걸어 둘 수 있다. 아니면 방에 있는 시간만은 '조용하기'를 약속해야 한다. 만약 이러한 두 가지 방법이 다 불가능하다면 다른 공부할 장소를 찾아야 한다. 전화도 마찬가지로 공부 시간에는 방해가 된다. 불가피한 전화 대화라도 가능한 짧게 해야 한다.

　라디오나 TV에 의한 주의산만의 경우도 있다. 비록 많은 학생들이 실제의 사실들을 들어 변명을 하지만 이를 연구했던 많은 학자들은 오디오나 라디오, 혹

은 TV를 틀어 놓고 공부하는 것이 학습 내용에의 주의집중에 부정적인 영향을 미친다고 주장하고 있다. 특히, TV는 시각과 청각의 두 감각기관을 통해서 동시에 자극을 주는 것이기 때문에 이를 틀어 놓고 공부하는 것은 좋지 않다. 라디오나 뮤직 채널의 음악을 틀어 놓고 공부하는 경우, 가사가 있어 학습내용을 간섭하는 것보다는 가사 없이 음률만 흐르는 편이 주의집중에 더 효과적이다.

　이외에도 이웃 방에서 들리는 축구시합의 흥분된 중계, 그와 더불어 섞여서 들려오는 밖의 차 소리 등의 소음이 자주 발생하는데, 이러한 소음들은 여러분이 거의 혹은 전적으로 통제할 수 없는 외부의 소음들이다. 더군다나 큰 소리로 이

야기 하거나 노래 부르는 것과 같은 소음은 지나가는 차 소리나 비행기 소리보다 훨씬 더 주의집중을 흩트려 놓는다.

학습할 때 발생될 수 있는 주요한 시각적 또는 무질서에 의한 주의산만으로는 복장, 조명, 온도, 통풍 등을 들 수 있다. 복장 면에서 보면, 특히 잠옷을 입고 공부하는 것은 나쁜 방법이다. 졸음을 참고 공부를 해야 할 상황에 잠옷을 입고 공부를 하면 잠을 자고 싶다는 마음이 더욱 강해져 끝까지 공부를 하지 못할 수 있다. 조명은 자연적인 것이든 인공적인 것이든 책상 전면을 고루 비추도록 해야 하며 책에서 반짝이거나 눈에 반사되지 않아야 한다. 그래서 간접조명이 직접조명보다 낫다. 대부분의 독서용 전등들, 특히 집중적으로 조명되는 강한 전등은 눈을 부시게 하고 눈의 피로와 두통과 전신의 피로를 가져온다. 이러한 문제를 피하기 위하여 인공적인 조명이 필요할 때는 반드시 간접조명등을 사용하도록 한다. 공부방의 온도와 통풍도 역시 중요하다. 어떤 학생들은 방을 너무 덥게 하여 숨막히게 하고 또 다른 학생들은 너무 춥게 하여 서늘하게 하고 있다. 방 안의 온도가 개인의 기호에 따라 다를 수도 있겠지만 너무 덥거나 추운 방에서 공부하는 것은 신체에 불편함을 주어 주의집중을 저조하게 하는 원인이 된다. 그러므로 공부나 작업의 최대능률을 위한 최적온도인 약 18에서 21℃를 유지하도록 하는 것이 좋다.

표 3-1 주의집중이 어려운 원인

주요 원인	구체적 원인	
생물학적 원인	• 임신 중의 흡연, 임산부의 영양 부족 • 조산에 의한 저체중, 난산 • 질병(호흡기질환, 알레르기성 비염, 축농증, 기관지, 뇌 관련 질병)	
물리적 원인	• 공부방의 구조 • 색상 • 단순성	• 깨끗함 • 조명
심리적 원인	• 실패와 성공경험 • 무기력증 • 흥미 부족	• 스트레스 • 자아개념

3. 학습에의 주의집중을 위한 공부 습관

보다 나은 주의집중을 위한 '습관'을 기르는 것이 필요하다. 일단 공부하고자 하는 마음을 가진다. 공부에서 주의집중력은 공부 자체에만 신경을 모으는 것이다. 그 후 '지금 그리고 여기에(Be here now!)'에 초점을 맞춘다. 이외에도 공부할 교과목에 관심을 가지는 것, 교과목에서 다루는 다양한 관점을 찾아보는 것, 질문을 하거나 나의 생각과 불일치하는 것은 무엇인지 찾아보는 것, 결과를 예측해 보고 정보의 관계를 살펴보는 것 등은 습관화할 수 있다.

또한 주의집중을 위해 자기 자신을 알아 두어야 한다. 자신의 학습유형이나 인지양식에서 장점을 찾아본다. 이런 자신의 긍정적인 측면을 활용할 수 있다. 분명하고 실제적인 목표를 세우는 것도 주의집중에 필요하다. 공부하기로 한 것이 무엇인지를 확인하라. 자료나 정보에 초점을 맞춘다. 마칠 과제를 대략적으로 아웃트라인한다.

주의집중을 돕는 표지판을 방에 걸어 둔다. '나는 성적을 올려야 한다' '정신일도 하사불성' 등의 표지판이 예이다. 또한 주의집중에 방해되는 요소를 제거한다. 방해되는 항목을 쓰고, 계속적으로 그것을 제거하려고 노력하라. 학생들은 같은 원인으로 반복해서 방해받는다. 그러나 보통 이러한 것들에 대해 자각하지 못한다. 휴대전화, 인터넷, TV, 컴퓨터 오락, 공부방 위치, 친구 등과 같이 자신이 공부하는 데 필요한 주의집중을 방해하는 요인을 찾아내고 해결해 나가는 노력을 들인다. 공부에 집중하기 위해 휴대전화를 꺼 두라.

공부 시간을 제한해 둔다. 충분한 공부 시간을 주는 것보다는 적절한 제한 시간을 미리 정해 두는 것이 좋다. 그리고 어느 정도 시간이 지나갔는지 자신에게 알려 주는 타이머를 활용한다. 구체적인 시간 동안 일정량의 공부를 하겠다고 체크하는 방법이다. '1시간 30분 동안 1장의 내용을 정독하겠다' '2시간 동안 2장을 읽고 핵심 개념을 암송하겠다' 등의 방식을 쓴다. 또한 공부하는 시간 동안 백일몽을 제거한다. 백일몽에 빠지려고 할 때마다 종이 한 장 위에 체크를 해 둔다. 다음 공부를 할 때마다 종이 위에 체크되는 백일몽의 횟수를 줄이려고 노력하라.

긴 시간의 산만한 공부보다 짧은 시간이라도 집중력을 가지고 공부하는 것이 효과적이다. 공부하는 일정 안에서라도 다양한 접근을 취한다. 지겨우면 공부하

056
제3장 주의와 집중의 학습전략

는 과목을 바꾼다. 일정 시간을 집중한 후에 잠시 휴식을 취한다. 새로운 자료에 자신의 뇌를 15~20분 정도 노출시켜 준다.

공부를 하다가 가끔씩 요약한다. 누군가에게 정보를 가르치고 있는 것처럼 자신에게 말한다. 공부하고 있는 교과목에 관심을 가지고 있는 누군가에게 말해 본다. 자신이 공부한 내용에 초점 맞추고 주의집중을 지속한 것을 보상해 준다. 적절한 기대와 주의집중으로 공부를 시작한다.

공부에 집중하는 시간을 계속적으로 늘리려고 시도하라. 긍정적인 마음을 가지면서 자신에게 말해 준다. '공부가 잘되고 있군!'

또한 아침식사를 거르지 않고 균형 잡힌 식사하기를 통해 두뇌활동을 돕도록 하여 집중력을 높인다. 적절한 수면관리는 쾌적한 신체 상태를 만들어 주어 주의집중을 돕는다. 머리는 시원하게, 다리는 따스하게 하고 편한 자세로 푹 잔다.

4. 주의집중력 증진을 위한 전략

1) 정서의 조절

정서(emotion)라는 단어 자체의 어원적 의미는 '움직이는 것'이다. 정서 자체는 충동적이며 계속 변화된다. 정서는 감정(affect, feeling, Gefühl)과 동일한 용어로 또는 혼동되어 사용되기도 하고 불안, 분노, 사랑 등의 감정으로도 사용되고 있다. Kellerman(1983)은 정서를 수용, 혐오, 기쁨, 슬픔, 기대, 놀람, 분노, 공포의 여덟 가지로, Izard(1991)는 흥미, 즐거운 기쁨, 놀람, 슬픔, 우울, 분노, 혐오, 공포-불안, 수줍음, 수치심, 죄책감, 사랑의 12개로 정서를 범주화하고 있다. Goleman(1995)은 정서의 의미를 "하나의 감정과 그에 부수적으로 따르는 뚜렷한 사고 및 심리적 생리적 상태와 일련의 행동 경향"으로 규정하고 있다. 동양에서도 인간의 정서를 일곱 가지로 분류하고 있는데 이는 희로애락애오욕(喜怒哀樂愛惡慾)이다. 즉, 기쁘고, 노하고, 슬프고, 즐겁고, 사랑하고, 싫어하고, 욕심을 내는 감정을 말한다.

정서의 유형에 대해서는 다양한 의견이 있을 수 있으나 미국 미시간 대학의

Wellman(1995) 교수는 정적인 정서와 부적인 정서 용어로 구분하였다. 내용은 다음의 〈표 3-2〉와 같다. 정적인 정서로 '호기심 있는, 흥분한, 느낌이 좋은, 재미있는, 기쁜, 행복한, 웃을 만한, 좋아하는, 사랑스러운, 즐거운, 미소짓는, 놀라운' 등을, 부적인 정서로 '염려되는, 성난, 지루한, 울부짖는, 당혹한, 느낌이 나쁜, 섬뜩한, 싫은, 시기하는, 외로운, 미친, 슬픈, 겁에 질린, 경악한, 정신을 못차리는, 심히 불쾌한' 등을 들고 있다(Russel, Fernăndez, Manstead, & Wellenkamp, 1995).

표 3-2 정서를 표현하는 용어

정적인 정서	부적인 정서
호기심 있는(curious)	염려되는(afraid)
흥분한(excited)	성난(angry)
느낌이 좋은[feel(good, OK, better)]	지루한(bored)
재미있는(fun)	울부짖는(crying)
기쁜(glad)	당혹한(embarrassed)
행복한(happy)	느낌이 나쁜[feel(bad, awful)]
웃을 만한(laugh)	섬뜩한(frighten)
좋아하는(like)	싫은(hate)
사랑하는(love/loving)	시기하는(jealous)
즐거운(pleased)	외로운(lonely)
미소짓는(smiling)	미친(mad)
놀라운(surprise)	슬픈(sad)
	겁에 질린(scared)
	경악한(surprise)
	정신을 못 차리는(upset)
	심히 불쾌한(yuck)

출처: Wellman(1995, p. 293).

2) 자기통제력을 증진시키기

학습을 위한 주의집중을 하는 데는 새롭고 재미있는 자극보다 어렵고 지루한 과제를 흐트러지지 않고 해 내는 능력이 필요하다. 지루하고 힘든 과제를 하는

제3장 주의와 집중의 학습전략

상황에서는 자신의 정서를 조절하고 스스로를 격려하는 힘이 요구되는데, 이를 위해서는 자신의 욕구를 현실적 상황에 맞게 조절하는 자기통제력이 필요하다 (이명경, 2013; Barkely, 2006). 자기통제력은 목표 달성을 위해 순간의 충동적인 욕구나 행동을 억제할 수 있는 능력을 가리킨다. 자기 자신을 신뢰하며 자신과 타인의 행동을 받아들이고 책임지는 데 자기통제력을 사용하는 것이다. 자신과 타인에게 도움이 되는 행동과 해가 되는 행동을 구분 지어 스스로 책임지고 행동하는 것은 자기통제력을 발휘할 때 가능하다.

자기통제력과 관련한 학습에서의 집중력 향상을 위해 내적인 요인과 외적인 환경 요인을 구분해서 고려해 볼 필요가 있다. 내적인 요인으로는 정서적 안정감, 학습 내용에 대한 이해 정도, 자신감, 신뢰감 등이 있고, 외적인 환경 요인은 주변의 정리 정돈 상태, 시간, 장소 등이 있다. 주의집중력을 향상 또는 저하시키는 요인이 자신의 내면에 있는가? 아니면 외적인 환경에 있는가? 내적인 요인이 많을수록 자기통제의 소재를 자신의 안에 두고 있는 것이다. 일반적으로 통제의 소재를 외부에 두는 경우보다 내부에 두는 경우에 더욱 책임감 있게 행동하게 되며 집중하고자 하는 의지가 더 강하게 된다. 다음 질문에 대해 내적인 것이면 '내적'이라고 쓰고 외적인 것이면 '외적'이라고 써 보자.

자기통제력을 기르는 방법의 하나로 학업과 일상생활에서의 문제점을 인식해서 사회적 환경에 맞게 욕구를 적절히 표현하고 행동하는 방식을 찾아보는 것이 있다. 자기통제력을 증진하는 노력을 통해 자신에 대해 좋아하지 않는 부분들을 변화시킬 수 있다.

내적/외적

- 내가 공부하고 있는 학습 내용을 이해하고 있는가?　　　(　　)
- 학습과제에 대한 학습 시간은 충분한가?　　　(　　)
- 규칙적으로 공부하기 위한 학습계획서를 작성하는가?　　　(　　)
- 조용한 장소에서 공부하는가?　　　(　　)
- 공부할 장소가 정돈되어 있는가?　　　(　　)
- 공부에 대한 압력을 부모에게서 받고 있는가?　　　(　　)

자기통제력 증진 활동 사례

문제가 되는 성질 버리기

학업이나 일상생활에 도움이 되는 성격과 해가 되는 성격을 적어 보고, 이 활동이 끝나면서 해가 되는 성질도 함께 버리겠다고 스스로에게 말한다. 소집단을 이루어 이 활동을 토론해 보자.

• 문제가 되는 성질을 세 가지 정도 적어 보자.

　화가 났을 때 물건을 던진다.
－ 공부 중에 친구가 전화를 하면 쉽게 공부를 그만두고 놀러 나간다.
－ 잔소리를 들으면 소리부터 지른다.

_____ , _____ , _____

• 문제가 되는 성질의 대안을 써 보자.

－ 화가 났을 때 몸짓을 섞어 가며 말한다.
－ 공부 중에는 전화기를 꺼 둔다.
－ 듣기 싫은 소리를 들으면 정상적인 목소리로 현재의 감정을 표현한다.

_____ , _____ , _____

　집중력은 주어진 일을 지속적으로 해 나가기 위해서 없어서는 안 될 중요한 요소이다. 아무리 능력이 뛰어나다고 하더라도 집중력이 부족하면 효과적으로 과제수행을 할 수 없다. 긴장된 집중은 대뇌피질의 각성을 증가시킨다. 이러한 긴장 상태에 있는 사람들은 즉시 자신이 해야 할 일에 몰입하고 일상의 작은 일들은 완전히 잊어버린다. 창의적인 결과물도 이러한 단순한 몰입 상태에서 이루어진다.

3) 정보처리능력을 높이기

　정보처리능력이란 외부의 수많은 자극들 중에서 학습자가 중요한 정보를 빠르게 선별하여 기억하는 능력이다. 선별된 정보들은 단기기억으로 저장되었다가 장기기억으로 저장되어 학습자의 지식으로 남게 된다. 아는 만큼 보인다는 것은 과거의 학습 경험이 현재의 학습 경험에 주의집중할 수 있는 기반을 마련해 준다는 말이다. 정보를 지각하고, 이를 단기기억과 장기기억에 저장하며, 관련 어휘나 용어에 익숙해지는 것은 주의집중력을 높일 뿐만 아니라 효과적인 학습을 이끌어 내게 된다.

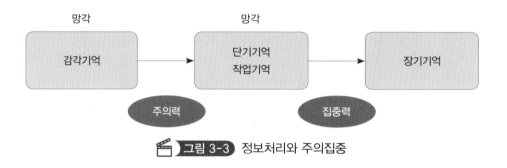

그림 3-3 정보처리와 주의집중

주의집중은 두뇌와 언어발달의 수준을 높일수록, 학습 경험이 누적될수록 용이하다. 두뇌와 언어발달의 수준을 높이기 위해서 독서를 많이 하거나 혼잣말로 되뇌이면서 공부를 하는 것도 도움이 된다. 또한 학습 경험 누적량도 정보처리 능력에 영향을 주는데, 적절하고 충분한 학습을 통해 단기기억에 있는 자료들은 장기기억으로 넘어갈 수 있으며 장기기억에 존재하는 자료들은 필요에 따라 인출할 수 있다. 게다가 장기기억에 존재하고 있는 배경지식들은 새로운 지식들과 만나 효율적으로 재구성되고 더욱 견고해져서 높은 주의집중력을 발휘할 수 있게 만든다.

4) 능력에 맞게 학습과제 난이도 조절하기

주의집중은 학습자가 몰입하는 상태에서 쉽게 관찰할 수 있다. 주의산만의 여러 가지 이유 중에 학습과제의 난이도가 학습자의 인지능력과 맞지 않은 경우를 고려해 볼 수 있다. 학습 상황에서 몰입이 일어나는 경우는 학습자가 지각하는 학습과제의 난이도나 도전 수준이 높고 자신의 인지능력, 즉 학습 수준이 모두 높을 때 쉽게 발생한다. 그렇지만 인지능력은 약간 높은데 학습과제인 문제가 너무 쉬우면 권태로워지며, 인지능력은 낮은데 학습과제 난이도가 어려우면 불안해져서 주의가 산만해지게 된다. 인지능력이 낮고 학습과제의 난이도도 낮으면 무관심 상태가 되어 공부하는 일에 전혀 주의를 끌지 못하게 된다.

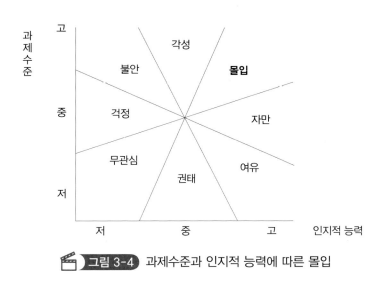

그림 3-4 과제수준과 인지적 능력에 따른 몰입

5) 주의집중에 대한 심상 형성하기

주의집중은 학습에서 기본적으로 요구되는 활동이며 습관으로 형성되어야 한다. 따라서 다음에서 소개하고 있는 주의집중의 심상(imagination)을 유도하는 이완활동을 해 보고 학습습관이 될 수 있도록 평소에 자주 연습해 보자.

- 눈을 감고 팔, 어깨, 다리 근육을 모두 이완시키십시오. 긴장되는 곳이 하나도 없도록 몸을 편안하게 이완시킵니다.
- 1에서 10까지를 세면서 숫자 세기가 끝날 때 까지 숨을 깊이 들이마십시오.
- 지금까지 가 보았던 곳 중에서 가장 편안한 장소를 생각해 보십시오.
- 나는 그 장소에서 마음이 편안합니다.
- 나는 이제 편안하게 공부를 할 수 있습니다.
- 지금 나는 공부방에 들어와 있습니다.
- 지금 나의 학습계획은 무엇입니까?(또는 나는 _____을 학습할 계획입니다).
- 자, 나는 지금 공부를 하고 있습니다.

- 계획한 것을 끝까지 실행하여서 목표를 달성할 것입니다.
- 지금 나는 열심히 공부하고 있습니다.
- 서서히 생각을 정리하면서 눈을 뜹니다.

6) 장기적 주의집중을 위해 메타인지 증진시키기

학습에의 주의집중은 30분이나 1시간과 같이 단기적인 경우 외에도 학교 재학 기간의 1년, 3년 또는 4년 등과 같이 오랜 기간 동안 이루어질 수 있다. 이러한 종류의 주의집중을 위해서는 메타인지적으로 자신의 주의집중에 대해서 다룰 수 있어야 한다. 후기 인상주의 화가인 고갱은 그의 마지막 작품으로 〈우리는 어디서 와서 어디로 가며, 우리는 누구인가〉라는 그림을 그렸다. 내가 지금 하고 있는 공부의 시작과 최종 목적이 어디이며, 지금의 이 공부가 그 목적하는 대로 충실히 가고 있는 과정인가를 생각해 보자. 공부를 하고자 하는 전체 목표와 방향을 생각하여 그 과정의 선상에서 바라본다면 지속적으로 주의집중하여 공부를 계속 해 나갈 수 있는 동기를 부여받게 될 것이다.

그림 3-5 고갱, 〈우리는 어디서 와서 어디로 가며, 우리는 누구인가〉

제4장
비전 세우기와 목표설정

1년 후, 졸업 후, 10년 후, 20년 후 원하는 자신의 모습을 생각해 보라. 이러한 자신의 모습을 이루기 위해 어떠한 일을 해야 할까? 삶은 배를 타고 항해를 떠나는 것과 같다. 대학에서의 시기뿐만 아니라 삶의 과정은 시간과 지속적인 수고와 헌신을 요구한다. 비전을 세우고 목표를 설정하는 것은 개인의 삶의 가치를 높이는 데 도움이 된다. 모든 사람이 비전과 꿈을 가지지는 않는다. 아예 무관심한 사람도 있고, 꿈을 꾸기만 하고 실천이 없는 경우도 다반사다. 단지 비전 없이 여기저기 찔러 보기만 하는 사람도 있다. 그러나 비전과 목표를 정하여 실천하는 사람이 거친 파도와 싸우며 목적지까지 도달하는 배를 탈 수 있다(전명남, 2013a). 비전과 목표를 개발하여 실천함으로써 유의미한 삶과 학습이 이루어질 수 있다.

1. 비전과 목표설정을 위한 삶의 시각 개발하기

비전과 목표설정에는 마음의 눈을 뜨는 것이 요구된다. 목표설정만으로 충분하지 않다. 비전과 목표의 이유를 다시 물어 가며 목표를 수정해 나가는 것이 필요하다. [그림 4-1]에서 섬을 바라보는 시각의 차이를 알 수 있는가? 항공기 위에서 바라보는 섬과 관광객이 바라보는 섬, 이웃 섬에 사는 사람이 바라보는 섬, 또는 그 섬의 어부로서 바라보는 섬은 다르다(전명남 외, 2008). 제대로 된 비전과 목표설정 과정에서는 여러 시각으로 세상을 바라보는 사람이 제대로 된 길을 찾을 가능성이 높다.

그림 4-1 섬을 바라보는 시각의 차이

누구나 목적을 정하고 합리적으로 행동할 수 있다. 목표를 설정하는 경우 크게 두 가지 관점이 있을 수 있다. 하나는 '숙달목표(mastery goals)'를 정하는 것이고 다른 하나는 '수행목표(performance goals)'를 가지는 것이다. 학습에서의 경우, 공부하는 자체를 즐기고 지식이나 기술을 습득하여 능력을 갖추며 도전적인 과제를 성취하는 데 초점을 둔다면 숙달목표를 가지고 있는 것이다. 이에 반해 수행목표는 남과 비교하여 우수한 결과나 실패를 피하기 위해서 목표를 가지는 경우다. 우수한 성취를 하는 경우에 두 가지 모두 작용하지만, 숙달목표를 가지는 경우에 보다 어렵고 위험부담이 높은 새로운 과제를 해 내려고 하며 다른 사람의 도움을 구하면서 목표달성을 시도한다. 수행목표를 가지게 되면 쉬운 과제를 선택하여 위험부담이 낮으며 새로운 과제를 회피하고 다른 사람의 도움을 구하지 않는 경향성을 보인다.

2. 불가능에의 도전과 목표 세우기

열정을 가지고 불가능에 도전하는 마음, 해낼 수 있다는 신념을 가지고 실천하는 마음은 비전과 목표설정에서 빼놓을 수 없다. 이러한 열정은 일에 대한 흥미와 관심사이며 삶의 에너지다. 20세기에 인간은 비행기를 발명했을 뿐만 아니라 우주 비행으로 달나라까지 다녀올 수 있게 되었다. 미국의 케네디 대통령은 "1960년대가 가기 전에 인간을 달로 보내겠다."고 선언을 하였다. 이 불가능에의 도전은 아폴로 11호를 발사하기 이전의 여러 단계를 거치면서 마침내 성공에 이르게 된다. 이는 목표(goal)를 세우고, 계획(plan)하여, 행위(action)하는 과정을 통한 시행착오 끝에 얻어낸 값진 성과다(전명남, 2013). 흔히 사람들은 아폴로 11호 단 하나의 결과만 보고 달 착륙과 연계시키지만, 실상은 달에 인간을 갈 수 있게 한다는 목표 이후에는 머큐리 프로그램(The Mercury Program)을 시작으로 제미니 프로그램(The Gemini Program)을 거쳐 아폴로 프로그램(The Apollo Program)이 나왔으며, 아폴로 프로그램 안에서도 11번째 시도에서 달 착륙에 성공할 수 있었다.

3. 비전 세우기와 자기주도성 개발

비전(vision)은 현재 보이지 않지만 마음속으로 그려서 내다보는 장래의 상황을 가리키는 것으로 '이상' '전망'과 같은 말로 쓰이는 용어다. 미래에 이루어질 일을 미리 바라보는 것이다. 비전은 꿈이나 희망 또는 목표를 가지는 것 이상의 것이다. 비전이란 새로운 세상과 미래에 대해 열정을 품고 그 꿈과 목표를 향해 움직이는 것이다(김미숙 외, 2007). 리더들의 공통점은 비전을 세우고 자기주도성을 개발하여 활동해 나가는 것이다. '비전이 없다' '비전이 불투명하다'는 것은 미래에 대한 그림을 가지지 못한 것이며, 과거 · 현재 · 미래에 대한 조망을 갖지 못하고 있는 것이고, 이는 마음의 불을 지피지 않고 있는 것이다(전명남, 2013).

나의 꿈 목록 만들기와 실천

	나의 꿈 목록	실천 점검
20년 이내에 하고 싶은 일		☐ ☐ ☐ ☐ ☐
10년 이내에 하고 싶은 일		☐ ☐ ☐ ☐ ☐
가고 싶은 곳		☐ ☐ ☐ ☐ ☐
배우고 싶은 것		☐ ☐ ☐ ☐ ☐

갖고 싶은 것		☐ ☐ ☐ ☐ ☐
내가 만든 항목 ( )		☐ ☐ ☐ ☐ ☐

4. 일상 속에서 대화하며 작은 성공을 경험하라

목적을 찾고 설정하여 이를 추구하기 위해서는 일상 속에서 대화를 하는 것이 중요하다. 예를 들면, 내가 관심 있는 분야에 10년 정도 경험이 있는 사람을 만나거나 가족뿐만 아니라 다양한 사람들과 영감을 얻는 대화를 하는 것이다. 또한 자기 분야에서 목적 지향적인 사람들을 관찰하는 것, 긍정적인 마음을 갖는 것, 목적에 필요한 능력이나 기술을 습득하는 것, 주변 사람들의 지원을 받는 것 등이 있다. 중요하다고 생각되는 결과를 가져올 수 있도록 포괄적인 방향으로 노력하는 것이나 목적을 위한 장기적인 헌신도 필요하다.

일상 속에서 작은 성공을 경험하는 것은 비전을 다시 찾고 목표를 설정하며 또 새로운 조정을 해 나가는 데 유용하다. 특히, 자신의 노력을 통해서 작은 성공을 하는 경험은 보다 큰 비전이나 목표설정과 수행과정에 이득이 된다. 개인적 노력에 따라 작은 성공을 하게 되는 귀인(attribution) 습관을 가지게 되면, 지혜와 끈기, 좌절에 대한 저항력과 같은 능력을 갖출 수 있다.

5. 자기 자신에 대해 이해하고 목표를 구체적으로 정하라

효과적인 비전과 목표설정을 위해서는 자기 자신에 대한 이해가 우선되어야 한다. 아침에 일찍 일어나는 종달새형인지, 저녁 늦게까지 공부하는 올빼미형인지, 내가 진정으로 원하는 것은 무엇인지, 내가 관심을 가지는 목표는 나에게 어떠한 것을 가져다줄 수 있는지, 나는 목표 실현을 위해 어떤 노력을 할 수 있는 스타일인지, 취미생활 때문에 공부할 수 없는 시간은 언제인지 등과 같은 '자기에 대한 지식(self-knowledge)' 수준을 높여야 한다.

또한 목표는 구체적으로 정하는 것이 실천을 용이하게 만든다. 구체적으로 정리된 목표는 추상적인 목표보다 쉽게 성취할 수 있다. 목표는 되도록 긍정문으로 진술하며 관찰 가능하고 측정 가능한 행동동사로 쓰는 것을 권한다. 목표를 구체적으로 진술하여 자신의 생활 속에서 무의식적으로 주력해 나갈 수 있을 정도로 만드는 것이 좋다.

6. 장기적 목표와 단기적 목표

목표설정은 자기 자신이 어디에 있는지, 원하는 것이 무엇인지를 더 확실하게 해 주며, 주의 깊게 현실과 미래를 살펴볼 수 있도록 해 준다. 목표설정은 장기적 목표와 단기적 목표가 병행되어야 한다. 도달하기 어렵고 도전적인 장기적 목표(long term goals)를 고려하고, 노력하면 쉽게 달성할 수 있는 단기적 목표(medium-term goals)를 설정한다. 수업을 시작하기 전에, 스스로 학습에 대한 계획을 세워 보았다면 이미 목표의 반을 이루었다고 볼 수 있다. 가치 있고 실현가능성이 있게 '미리 목표를 계획하라.'

장기목표 계획

• 학교를 졸업한 후에 내가 하고 싶어 하는 것은 무엇인가? 학문적인 목표가 아니어도 상관없다. 5년 후에 어떤 일을 하기를 원하는가? 10년 혹은 20년 후에는?
• 목표를 실현하기 위해 해야 할 일은 무엇인가?

10년 후에 하고 싶은 일	목표 실현을 위해 해야 할 일
• • •	• • •

5년 후에 하고 싶은 일	목표 실현을 위해 해야 할 일
• • •	• • •

대학 4학년 시기에 하고 싶은 일	목표 실현을 위해 해야 할 일
• • •	• • •

대학 3학년 시기에 하고 싶은 일	목표 실현을 위해 해야 할 일
• • •	• • •

대학 2학년 시기에 하고 싶은 일	목표 실현을 위해 해야 할 일
• • •	• • •

대학 1학년 시기에 하고 싶은 일	목표 실현을 위해 해야 할 일
• • •	• • •

📋 내가 목표로 삼고 싶은 일들을 써 넣어 보자. 테두리에는 그 일을 할 수 있는 나의 자원들(나의 특징, 부모님의 지원, 학교환경, 친구 자원 등등)을 기록한다.

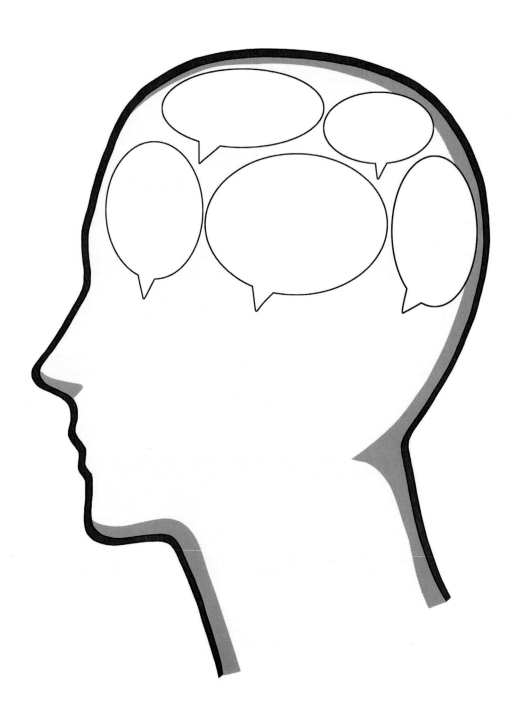

단기목표 계획

- 단기목표 계획 시에는 항상 중요한 것을 우선순위 기준으로 하여 써 보자.
- 학문적으로 혹은 과외활동으로, 학교에서 이번 학기에 하고 싶은 일은 무엇인가?
- 각각의 수업을 위해 필요한 공부 시간은?
- 매주 _____해야 하는(읽어야만 하는, 참여해야만 하는 등……) ____(독서, 동아리 활동 등 ……)의 분량은? 이를 위해 어느 정도의 시간이 필요한가?

이번 학기의 목표(우선순위로)	목표 실현을 위해 해야 할 일	수행여부 체크
•	•	☐
•	•	☐
•	•	☐
•	•	☐
•		☐

이번 달의 목표(우선순위로)	목표 실현을 위해 해야 할 일	수행여부 체크
•	•	☐
•	•	☐
•	•	☐
•	•	☐
•	•	☐

이번 주의 목표(우선순위로)	목표 실현을 위해 해야 할 일	수행여부 체크
•	•	☐
•	•	☐
•	•	☐
•	•	☐
•	•	☐

오늘의 목표(우선순위로)	목표 실현을 위해 해야 할 일	수행여부 체크
•	•	☐
•	•	☐
•	•	☐
•	•	☐
•	•	☐

내가 정한 최종 목표에 도달할 수 있는 로드맵을 제작해 보자.

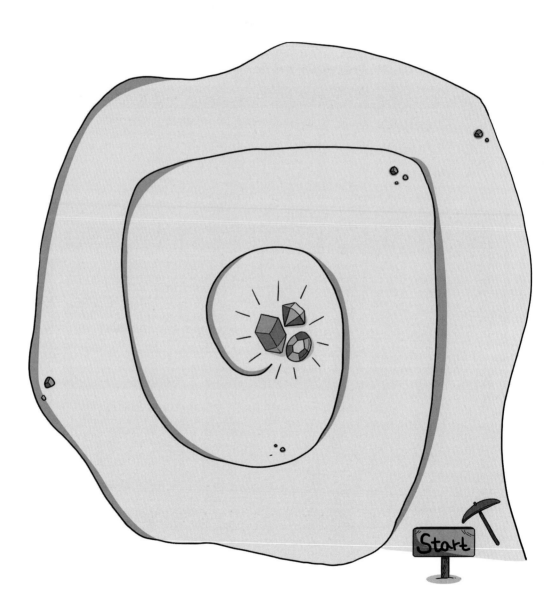

단기목표 계획

- 단기목표 계획 시에는 항상 중요한 것을 우선순위 기준으로 하여 써 보자.
- 학문적으로 혹은 과외활동으로, 학교에서 이번 학기에 하고 싶은 일은 무엇인가?
- 각각의 수업을 위해 필요한 공부시간은?
- 매주 _____해야 하는(읽어야만 하는, 참여해야만 하는 등……) ____(독서, 동아리 활동 등……)의 분량은? 이를 위해 어느 정도의 시간이 필요한가?

이번 학기의 목표(우선순위로)	목표 실현을 위해 해야 할 일	수행여부 체크
•	•	☐
•	•	☐
•	•	☐
•	•	☐
•	•	☐

이번 달의 목표(우선순위로)	목표 실현을 위해 해야 할 일	수행여부 체크
•	•	☐
•	•	☐
•	•	☐
•	•	☐
•	•	☐

이번 주의 목표(우선순위로)	목표 실현을 위해 해야 할 일	수행여부 체크
•	•	☐
•	•	☐
•	•	☐
•	•	☐
•	•	☐

오늘의 목표(우선순위로)	목표 실현을 위해 해야 할 일	수행여부 체크
•	•	☐
•	•	☐
•	•	☐
•	•	☐

7. 목표성취를 위해 주변의 도움도 요청하고, 목표를 성취했을 때는 스스로 자신에게 상을 준다

비전 설정과 목표설정은 자기주도적으로 이루어져야 한다. 그러나 목표가 실천되는 과정에서 주변 사람들이나 환경에 도움을 얻는 것은 성공적인 성취에 도움이 된다. 나의 목표라고 해서 처음부터 끝까지 모든 것을 나 혼자 해 내기보다는 내가 속한 커뮤니티를 살펴보고 도움을 얻는 것이 좋다. 심지어 같은 목표를 가진 학우들과 소집단 학습서클을 운영할 수도 있다. 어려움에 봉착하여 더이상 나아갈 수 있는 용기를 잃었을 때는 친구나 선배 혹은 교수님께 도움을 요청하라. 이것은 절대 부끄러운 것이 아니다(전명남, 2004). 한 걸음, 아니 열 걸음 이상 앞으로 나아갈 수 있는 힘을 얻을 수 있을 것이다.

작은 목표이든 큰 목표이든 목표를 성취하였다면, 자기 자신에게 상을 주라. 쉽게 성취했든 어렵게 얻었든 스스로의 발자취에 의해 이루어진 것이다. 수많은 시행착오와 노력 끝에 목표에 도달한 자신에게 물리적이거나 정신적인 상을 주는 것은 자신이 또 다른 목표를 설정하고 다시 나아갈 수 있도록 만든다.

8. 비전과 목표설정은 스스로 기회를 만드는 것이다. 또 기회를 잡는 것이다

그림 4-2 기회의 동상

자기 자신에게 기회(chance, opportunity)를 부여해 본 적이 있는가? 기회를 발견하거나 기회를 만드는 것을 다음의 '기회의 동상'을 통해 살펴보자.

그리스에는 제우스의 아들인 카이로스, 즉 '기회의 신' 동상이 있다. 앞머리는 머리숱이 무성하고 뒷머리는 대머리요, 발에는 날개가 있는 이상한 모양의 동상이다. 이 동상에는 다음의 글귀가 새겨져 있다. "앞머리가 무성한 이유는 사람들이 나를 보았을 때 쉽게 붙잡을 수 있도록 하기 위해서이다. 뒷머리가 대머리인 이유는 내가 지나가면 사람들이 다시는 붙잡지 못하도록 하기 위해서이다. 발에 날개가 달린 이유는 최대한 빨리 사라지기 위해서이다. …… 나의 이름은 기회이다." 즉, 비전과 목표설정을 한다고 해도 적절히 때를 놓치지 않고 실행하지 않는다면 쉽게 기회를 놓칠 수 있다는 말이다.

즉, 비전과 목표를 가진다는 것은 여러 가지 가능성을 생각해 내는 것이며, 변화하거나 어려운 상황에서 자신이 찾는 아이디어가 보인다는 것이다. 학교에서 공부하는 학생들의 시간들은 전 인생에서 보면 기회를 스스로 만들고 추구하는 시기이다.

제5장
공부, 시간 관리가 핵심이다

세계적인 재벌이나 거리의 가난한 사람을 가릴 것 없이 어느 누구에게나 하루는 24시간으로 공평하게 주어진다. 사람마다 처한 상황이나 목표뿐만 아니라 가치관, 행복의 크기도 각각 다르지만 똑같이 주어지는 24시간을 자신만의 방식으로 잘 계획하고 관리하는 사람이 능력 있는 사람이다. 대학에 다니는 4년이라는 시간은 황금을 주어도 바꿀 수 없는 시간이므로 이를 잘 계획하고 관리하여 자신이 중요하게 생각하는 것을 수행할 수 있도록 시간을 관리할 필요가 있다. 하버드 대학교를 포함한 여러 대학교의 전문가 집단에서도 성공적인 대학공부의 핵심 전략으로 시간 관리를 제안해 왔다. 철저한 시간계획과 관리 및 실천 습관은 현재와 장래의 성공을 약속해 줄 수 있는 시금석이 된다.

나의 자유시간은 몇 시간이 될까?

- 일주일: 총 168시간
- 공부: ?
- 기타 잡일: 10시간
- 다른 의무(개인적): 12시간
- 나의 자유시간은 _____시간

- 교과목 수강: ?
- 식사: 14시간
- 잠: 56시간
- 레크리에이션: ?

대학생들에게 주어지는 자유시간은 과연 몇 시간이나 될까? 우리 모두에게는 일주일 동안 총 168시간이 주어진다. 대학생의 경우에 1주일 168시간이라는 시간에서 적어도 18~20시간(2학점당 2시간의 주간 학습량을 설정한 경우)은 과제와 공부를 해야 하며(전명남, 2007a, 2007b), 추가로 식사시간, 잠자는 시간, 레크리에이션, 잡일 등의 소비 시간을 고려하면 일반 대학생의 경우 평균적으로 20~22시간 정도가 나온다. 결국 하루에 3시간 정도의 자유시간을 가지는 정도라는 것이다. 따라서 우리는 제한된 시간 속에 살고 있음을 인식하고 목표설정을 분명히 하여 주어진 일에 적합한 시간 활용법을 적용하여야 할 것이다.

1. 공부시간

'공부시간(study time)'은 엄격히 말하면 '학문적 학습시간(Academic Learning Time: ALT)'이라 할 수 있다. 학문적 학습시간은 '학습몰두시간'이라고도 칭한다. 학문적 학습시간은 '학생들이 높은 성공률로 수행하는 학습과제에 몰두하여 참여한 시간의 양'을 가리킨다(Fisher et al., 1979). 학문적 학습시간의 기본적 구성요소는 '수업에 할당된 시간' '학습과제에 능동적으로 참여한 시간' '학습의 성공률' 등이다. 학업몰두시간이야말로 학생들의 학업성취를 예언해 주는 가장 강력한 변인이라고 여기는 학자들도 있다.

Zuriff(2003)는 공부시간을 연구하면서 수업시간을 제외하고 교과목 공부에 대학생들이 쓰는 시간의 양을 측정했다. 17명의 대학생들이 매주 교과목 공부에 쓰는 시간을 측정한 결과, 대부분의 대학교수들의 기대에 미치지 못하는 3.66시간(3시간 40분) 정도에 불과하였고, 표준편차는 1.78시간이었다. 그러나 그의 연구에서 '벼락치기 공부 시간(cramming time)'과 시험점수 간의 상관점수는 높지 않았다. 사실, 인지전략을 사용하는 학생들은 공부하는 데 보다 적은 시간을 쓰며, 공부할 때 비효율적으로 시간을 쓰는 학생보다 비교적 높은 시험점수를 얻는다고 보고되고 있다. 일부 연구에서 보고된 공부시간과 시험점수 간 낮은 상관관계는 교수와 학생 모두의 사기를 떨어뜨리기도 한다. 그러나 다른 연구들에서 발견된 사항은 희망적이다. 그 연구들은 학생들이 공부한 시간량이 시험점수에 어떤 변화를 가져온다는 것을 보여 주고 있기 때문이다. 이와 관련해서 물리 공부의 지시자로서 ALT, 체육교육프로그램의 질과 학생의 활동량(Beauchamp et al., 1990)도 연구된 바 있다. 한편, Mckay(1978)는 '학생들은 각각 유형의 공부에 시간을 어떤 비율로 할당할지 결정하는 데 어려움을 가진다고 보고하였다 (Lawless, 2000).

2. 생활에서 '계획하고 실천하기'

홀러가는 시간을 통제(control)하기 위한 최선의 방법은 계획(scheduling)이다. 무계획은 실패를 계획하는 것과 다름이 없다. 시간을 효과적으로 계획하기 위해서는 현재 시간을 어떻게 보내고 있는지를 우선 점검하고, 목표를 정하여 시간 계획을 고정하며 상황과 장소에 따라 계획을 조정 가능하도록 해야 한다. 이것은 일상생활과 공부뿐만 아니라 작은 일을 계획할 때도 고려해야 할 사항이다. 특히, 공부는 학생들이 가장 고민하고 있는 부분으로 학교 수업이 진행되면 개인적으로 보충하는 계획이 필요하다. 공부계획을 세울 때 적어도 2주 단위, 혹은 주 단위로 세분화하라. 계획한 내용은 수정이 가능하지만 일주일 안에 하기로 한 학습 내용은 그 주가 끝나기 전에 어떤 형태로든 끝내고, 학습시간보다는 학습 내용 중심으로 계획을 실천하는 것이 더 큰 성취감을 줄 수 있다.

계획하기와 시간관리

학업성취가 높은 대학생(4.5의 학점을 획득한 6명)들은 모두 학기 시작 전과 초에 '계획'하는 측면을 보여 주었다. 계획하기, 모니터링, 활동계획을 조절하기는 메타인지(metacognition)의 측면으로(Pintrich et al., 1991), 학생들은 '학점을 어느 정도 획득하겠다'와 같은 구체적인 목표와 성과 설정과 관련된 계획도 보고했다.

계획을 세우는데…… 심리적으로 위안이 되기도 하고 뿌듯하기도 하고요. 지키느냐 안지키느냐는 다음 문제이지만…… 학점에 대한 구체적인 계획을 세우죠…… 계획을 세우지 않으면 꼭 해야할 일을 잊을 때도 있고 시기가 지나가면 하기 어려운 일도 있고(여학생 I).

학업성취가 높은 대학생들은 학기 중에 시간 관리를 하고 있음을 보고하였다. 이는, Britton과 Tessor(1991)이 대학생들의 시간 관리가 학업적 성취와 관련성이 있음을 보고한 연구결과와 Zimmerman, Greenberg와 Weinstein(1994)이 시간 관리 훈련은 학생들의 공부시간 사용에서 자기조절력을 높여 학생들의 학점 증진을 가져왔다고 보고한 것과 연계성을 찾아볼 수 있다.

학기 중에 제일 어려운 게 시간 관리예요. ……적절히 배분을 해서…… 항상 시간 관리를 잘하려고 해요. 오늘은 뭘 해야 하지? 체크하고…… 자기 전에 내일 뭘 해야겠다고 생각하고요……(여학생 I).

〈출처: 전명남, 2003c〉

3. 학습시간 관리의 원칙

대학에서의 성공적인 학업을 꿈꾼다면 효과적인 시간계획과 관리 습관을 기르기 위한 원칙을 이해하고 실천해야 한다. 첫째, 학습목표를 설정하여 중요성이나 적절성에 따른 우선순위를 고려하여 실천한다. 우선순위 정하기(setting proiorities)는 시간이 제한된 상황에서 수행하기를 바라는 일을 해 내는 데 결정적인 역할을 한다. 우선순위를 고려하여 계획하고 실천하는 것은 중요한 일을 먼저 습관적으로 하는 생활태도를 갖도록 만든다. 올바르게 우선순위를 정하려면 학습자 스스로 무엇이 우선적으로 수행되어야 하는가를 결정하고, 자신의 의사결정 결과를 받아들여야 한다(Gardner & Jewler, 2003). 우선순위를 정했다면 '해야 할 것의 항목(To do list)'을 기록하여 사용한다. 다음으로 학습목표를 수립하고 자신이 가지고 있는 시간에 대한 고려와 활용방향을 결정한다. 우선순위를 정할 때는 활동계획표 또는 행동목록을 활용한다. 많은 전문가들과 최고의 경영진들은 매일매일 전날 잠들기 직전이나 당일 오전 일찍 수립해 둔 활동계획표를 활용하여 짜임새 있게 생활하고 있다. 학생들도 학습해야 할 많은 내용목록에서 우선순위를 정하여 관리하라. 우선순위를 정하는 데 어려움이 있다면, 활동의 중요도를 과정과 결과에 비추어 얻고 잃게 되는 것(Trade-Off)이 무엇인지 체크한다. 즉, 메일을 확인함으로써 하루를 시작할 때 얻게 되는 것은 무엇이고 잃게 되는 것은 무엇인가? 모든 일을 제치고 중요한 과제에 대한 시간계획을 한 후 과제에 대해 몰두하는 경우 얻게 되는 성과는 무엇인가를 고려하는 방법이다. 종합하면, 학습뿐만 아니라 일상생활에서도 시간의 중요성을 철저히 인식하고 목표설정을 분명히 하여 우선순위를 정하여 활동계획표나 행동목록을 활용하면 좋을 것이다.

표 5-1 우선순위 정하기를 습관화: To do list 기록 및 활용

우선순위	과제명	완성 일정	완성 체킹
			☐
			☐
			☐
			☐
			☐
			☐
			☐
			☐

둘째, 공부하는 데 '자신의 최적의 시간'을 찾아낸다. 시간 관리 능력이 있다는 것은 자기 자신을 제대로 파악하여 제한된 시간을 자신만의 방식으로 잘 계획하여 관리할 수 있다는 의미이다. 모든 사람들은 각자 주의집중에서 최고 및 최저의 효율을 누릴 수 있는 시간의 주기가 있다. 생물학적으로 신체적 여건이 최적의 상태에 이르는 시간을 고려하여 공부시간표를 계획하고 실천해야 한다. 아침

시간에 공부가 잘되는 사람도 있으며 저녁이나 중간의 빈 시간에 주의집중이 잘 되는 사람도 있다. 자신의 공부에서 최고와 최저의 효율성을 보이는 주기를 확인해 보라. 자신만의 최적의 능률 시간대를 찾아 활용할 수 있을 뿐만 아니라 개인적으로는 시간 관리를 방해하는 내적 요인을 통제할 수 있게 된다.

📽 **표 5-2** 학습시간 관리에서 나의 선호 경향은?

• 단시간 집중형	vs.	• 장시간 집중형
• 혼자서 공부	vs.	• 협동적 공부
• 혼자서 연습	vs.	• 다른 사람과 함께 연습
• 혼자서 휴식	vs.	• 다른 사람과 함께 휴식
• 한 번에 한 가지 과제수행	vs.	• 한 번에 여러 과제를 수행
• 빠르고 바쁜 스케줄	vs.	• 느리고 여유 있는 스케줄
• 계획/예측형	vs.	• 즉각적
• 단기시간계획과 맞춤형	vs.	• 장기간 시간계획
• 뜸 들이는 의사결정형	vs.	• 빠른 의사결정형

셋째, 수강하고 있는 과목의 특성을 파악하여 계획하고 예습과 복습이 이루어지도록 한다. 이때 어려운 교과목을 먼저 공부하는 것이 효과적이다. 어려운 교과목에서 쉬운 교과목으로 1시간 30분에서 2시간 정도의 시간 배분을 통해 이동하도록 만든다. 머리가 맑은 상태에서 정보를 보다 빨리 처리해 낼 수 있으며 그 결과 학습시간을 절약할 수 있다. 다음으로 수강하고 있는 교과목이 강의 중심인가, 아니면 학생의 참여를 많이 요구하는 것인가를 파악하라. 강의 중심인 교과목의 경우에는 수업시간 직후에 복습할 수 있는 시간을 마련하여야 한다. 반면 학생의 참여를 많이 요구하는 경우에는 수업 전의 예습 시간을 고려하여야 한다. 일반적으로 학교에서 이루어지는 학업성취의 경우, 예습, 수업시간 주의집중, 복습이라는 과정을 밟을 때 원하는 결과를 낼 수 있다. 따라서 예습 시간과 복습 시간을 계획하는 것이 좋다. 수업 전과 후에 미리 공부할 내용을 다루고 다시 암송하거나 체크해 보는 시간을 마련하고, 교재의 난이도, 교재공부를 완성하는 데 들 시간과 노력의 양, 기대하는 성적에 근거해서 공부시간을 결정하

도록 한다.

넷째, 학습 및 연습 시간을 더 작은 단위로 분할하여 사용한다. 더 짧은 단위로 학습 시간을 나누되, 그 사이에 짤막짤막한 휴식 시간을 첨가한다. 공부시간이 6시간 이상으로 상당히 길 때는 시간을 1시간 30분에서 2시간 단위로 완성할 학습내용을 분할하고, 중간에 짧은 휴식시간을 갖는다. 하루 동안에 한 과목을 6시간 동안 집중적으로 공부하는 것보다 매일 2시간씩 3일간 나누어 공부하는 것이 장기기억 면에서는 효과적이다. 다음 그림에서 매일매일 적당히 짧은 시간을 나누어 주어진 과목을 공부하는 B형 계획이 A형 계획보다 학습한 이후의 장기기억이나 이해를 돕는다.

A형 계획

시간	월	화	수	목	금	토	일
7~8		생물	화학	일본어			
8~9		생물	화학	일본어			
9~10		생물	화학	일본어			

B형 계획

시간	월	화	수	목	금	토	일
7~8		생물	생물	생물			
8~9		화학	화학	화학			
9~10		일본어	일본어	일본어			

그림 5-1 공부계획: A형 계획보다 B형 계획이 학습한 내용을 오랫동안 기억하게 만든다.

다섯째, 수면시간과 식사시간을 적절하게 배분한다. 공부할 때 부족한 시간을 수면시간이나 식사시간을 쪼개어 보충하려는 행동은 학습에서 비효율적이다. 식사시간은 정보, 시간, 인맥이라는 3대 자원을 관리하고 창조하는 데 활용할 수 있는 무형의 자산이기 때문이다. 되도록 점심약속은 누군가와 함께할 수 있도록 하여 무형의 자산을 확보하고 충분히 이 시간을 즐기도록 한다.

여섯째, 주변 환경이 공부하는 데 효과적으로 정비되어 있는지 확인한다. 이 과정을 통해 집중력이 분산되어 주의가 산만하게 되는 것을 막고 그로 인한 시간낭비를 예방할 수 있다. 시간계획을 실천하기 위해서는 학습환경의 산만한 요소들을 정리하는 것도 하나의 방법이다.

그림 5-2 공부하는 데 방해가 되는 주변 환경 확인

일곱째, 자신만의 시간 절약법을 개발하여 활용한다. '하나로 둘을 겸하는(twofer) 방법'을 활용한다. 예를 들면, 화장실에 갈 때 예습할 교재를 훑어보는 시간을 가지거나, 전철이나 버스를 타는 시간에 외울 영어 단어 노트를 가지고 다니며 보는 것이다. 또한 세탁실에 빨래를 들고 갈 때 시험공부용 생물학 노트를 들고 갈 수도 있다. 이렇게 자투리 시간을 활용하는 경우 중요하지 않지만 긴급한 일들이 별도의 시간을 마련하지 않고도 해결되는 것을 경험하게 될 것이다. 또한 공부를 위해 공강 시간을 활용할 수도 있다. 수업시간 사이에 한두 시간씩 흩어져 있는 자유시간은 아무렇게나 허비해 버리기 쉽다. 전에 배워 이미 알고 있는 과제를 복습하기 위해서 그 시간을 사용한다면, 레크리에이션 활동에 좀 더 많은 시간을 가질 수 있게 될 것이다.

여덟째, 시간계획과 관리에서 융통성을 발휘하라. 계획했던 시간의 50% 성도에 대해서는, 조정이 필요할 때 시간계획을 재정립할 수 있도록 관리한다. 또한 주말에도 공부하도록 계획하는 것이 좋다. 이때는 특별히 도서관 자료를 사용할 필요가 있는 특수 과제를 공부하기에 좋은 시간이다. 특히, 일요일 저녁에는 뒤처진 독서나 처진 과제를 보충하기 위한 특별한 공부시간을 계획하라. 시간계획과 관리는 최선의 노력이 요구된다. 완벽주의자가 되려는 경향보다는 완벽에 더 가까워질 수 있도록 노력해 나가는 자세가 필요하다. 주어진 일에 적합한 시간 활용법으로 '시간 제한법' '과제 제한법' '역산달력법' 등을 활용할 수 있다. '시간제한법'은 '2시간 안에 교재의 3장 개념학습을 끝내겠다'와 같이 닫힌 시간 안에 과제를 해결하겠다는 계획과 실천방법이다. 시간제한법을 쓸 경우 2시간이든 일주일이든 그 시간이 끝나면 과제수행 시간을 스스로 더 주지 않는 방법을 쓴다. '과제제한법'은 '일주일 안에 미분법 과제물을 완성하겠다'와 같이 과제를 중심으로 계획하는 것이다. 특히, 학습에서는 완성도가 중요하므로 시간제한보다는 공부할 내용을 중심으로 계획을 하고 이를 꼭 지키는 습관이 효과적이다. '역산달력법'은 학기말 고사 일시를 기점으로 D-12, D-11, D-10, D-9, D-8, D-7, D-6, D-5, D-4, D-3, D-2, D-1과 같이 시간제한을 역산하여 계획과 관리를 행하는 방법이다.

아홉째, 시간표를 작성하여 계획하고 되도록 규칙적인 생활을 한다. 시간표를 잘 짜서 활용한다면 시간을 훨씬 효과적으로 이용할 수 있다. 시간표를 작성하면 과제에 필요한 시간량에 따라 적절한 시간을 배분하게 된다. 학습시간표를 작성하면 시간을 낭비하는 일을 없고, 가장 어려운 과목에는 난이도에 따라 더 많은 시간을 할애할 수 있으며, 공부 외의 다른 활동을 위해서도 더 많은 시간을 가질 수 있게 된다. 누구나 맹목적이고 비생산적인 활동으로 시간을 낭비해 버리기 쉽기 때문에 시간을 잘 계획하고 이를 규칙적으로 실천하는 것이 무엇보다 중요하다. 규칙적인 생활을 위해 캘린더, 학교의 학기 및 연간 일정표, 특별히 공부하고 싶은 내용목록을 작성하고 활용하라. 메모나 수첩을 활용하여 시간계획표를 작성하는 습관은 목표를 기록하는 용이한 방법이다. 요즘은 스마트폰이 대중화되면서 시간계획을 기록하고 가지고 다니는 것도 쉬워졌다. 수첩이나 메모지, 혹은 컴퓨터, PDA, 휴대전화 등 모바일 시간 관리 미디어를 활용하는 것도 방법이다. 농부의 풍요로운 가을걷이는 한여름의 뜨거운 태양 아래 흘린 땀에서 비롯되는 것처럼 시간 관리의 핵심은 성실과 노력이다.

4. 시간 관리 매트릭스의 이해

학습목표를 정하였다면, 목표들이 시간 관리 매트릭스 안에서 어느 사분면에 위치하는지를 살펴보면서 우선순위를 정하거나, 본인이 중점을 두어야 하는 일이 무엇인지를 쉽게 탐색해 볼 수 있다. 주관적으로 우선순위 정하기를 하는 것도 방법이지만, 판단하기 어려울 때는 시간 관리 매트릭스를 활용하면 학습목표 또는 수행할 내용이 뚜렷해진다([그림 5-3] 참조).

'중요도가 높고 긴급도가 높은 일'만 하게 되면 일반적으로 과로하게 된다. 시간이 지날수록 일의 능률이 떨어지며 에너지도 소진되기 쉽다. 또한 중요도는 낮고 긴급도가 높은 일이 가까운 장래나 먼 장래에 영향을 미치는 일은 거의 없다. 한편, 학생들이 시간을 낭비하는 경우는 대부분 중요도가 낮고 긴급하지 않은 사분면에 해당되는 일을 하는 데 시간을 보내는 경우다. 휴대전화 문자를 계속 보낸다거나 게임을 하는 경우는 중요도도 낮고 긴급도도 낮은 일을 하는 데 시간을 다 소비해 버리는 것이다. 많은 사람들이 '중요하고도 시급한 일'을 가장 먼저 해야 한다고 생각하지만 코비박사는 '중요하지만 긴급하지 않은 일'이 더 중요하다고 조언한다(전명남, 2007a, 2007b).

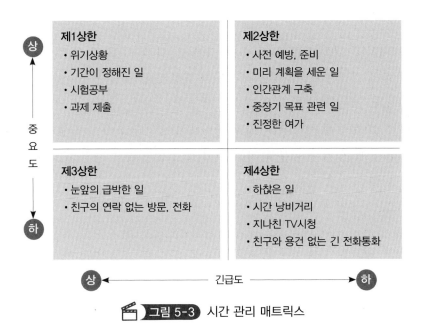

그림 5-3 시간 관리 매트릭스

출처: Covey(1994).

다음 사항을 중요한가와 긴급한가를 기준으로 각각의 일이 [그림 5-3]에서 어느 사분면에 속하는지 체크해 보자.

- 2시간 안에 아주 큰 모임에서 프레젠테이션하기 _____분면
- 매일 운동하기 _____분면
- 나의 커리어와 연관된 학업 계획 _____분면
- 축구시합 때의 점수 파악하기 _____분면
- 가족과의 '질적'으로 좋은 시간 갖기 _____분면
- 친구들과 내일 제출할 과제에 대해 이야기 나누기 _____분면
- 학과 내 소속 모임이 4분 전에 시작되었음 _____분면
- 휴대전화 메시지가 왔다는 신호가 깜박거림 _____분면
- 단어퍼즐 가지고 놀기 _____분면
- 친구들의 잡담 따라가기 _____분면

시간 관리 매트릭스에서 가운데 중요도가 높고 긴급도가 낮은 2사분면에 포함되는 일들에 초점을 맞추는 사람은 시간계획 시에 2사분면에 해당되는 일을 마

스터플랜(master plan) 속에 넣는다. 학생들이 가장 초점을 맞추어야 하는 영역의 학습목표는 2사분면에 있다. 중요하면서도 시간이 걸리는 목표들이므로 계속 쉬지 않고 계획하고 실천하는 내용들이 포함된다. 예를 들면, 장차 컴퓨터 공학 관련 일을 하는 학생의 경우 프로그래밍 언어나 각종 컴퓨터 관련 고급자격증 공부가 2사분면에 해당된다. 장차 관광해설사가 되고 싶은 학생의 경우 꾸준히 외국어와 관련 역사 공부를 하는 것이 중요도가 높으면서도 긴급하지 않은 일이다. 이러한 학습 내용은 주간 계획표에서 학습시간을 고정시켜서 일정하게 규칙적으로 공부할 수 있도록 계획한다(전명남, 2007a, 2007b).

긴급한 일들을 배제하고 관리하며 장기적으로 중요한 일이면 지금 당장 시작해야 한다. 긴급히 처리되는 과제는 단기적인 결과만을 가져오지만, 중요한 과제들은 장기적인 것이며 목표와 관련된 함축적인 의미들을 지니고 있다. 여러 가지 일이 동시에 진행되기 때문에 늦었다고 생각되는 시간에도 당장 시작해야 한다. 시작이 반이다. 과거에 얽매이지 말고 미래를 향해 뛰어라. 과거와 현재가 미래의 장애 요인이 되게 하지 말고 미래의 성장에 양분이 되게 한다. 한 번 지나간 시간은 되돌아오지 않으므로 현재 이 시간이 미래의 성장을 위한 밑거름이 되도록 해야 한다.

5. 학습시간계획의 실제

문서화된 시간계획표가 없다는 것은 나침반 없이 북극과 남극 방향을 찾는 것과 같다. 한 학기, 월별, 주간, 일간 시간계획표를 작성하고 활용하라. 대학생의 학습시간계획은 4년의 제한이 있으므로, 제한 단위를 중심으로 계획을 세우는 것이 바람직하다. 먼저 1학년, 2학년, 3학년, 4학년 계획을 구분하고, 학년별 계획은 학년별 비전과 목표설정에 맞추어 계획하는 것이 좋다.

보다 구체적으로 들어가면, 대학생의 학습은 한 학기별, 하나의 방학 단위별로 블록(block) 타임 구획식의 계획이 필요하다. 한 학기 단위의 표를 만드는 방식으로 자신만의 한 학기 달력을 만드는 것이 유용하다. 한 학기를 보여 주는 표를 그리고 그곳에 중요한 일정들 ─ 보고서 제출기한, 시험 일정, 조별 수업 발표,

조별 모임 등 — 을 적어 보라. 이렇게 적어 두면 정말 중요한 시기가 다가올 때 올바른 계획을 세워서 대처할 수 있다. 그리고 보고서 기한, 시험 날짜, 전공 프로젝트 기한 등도 쉽게 확인할 수 있으며, 기한에 맞추어 준비할 수 있게 된다(전명남, 2004). 다음은 한 학기별 블록 시간표를 만든 예이다. 방학 기간도 블록 시간표를 활용하면 중요한 일을 놓치지 않고 수행하도록 만들 수 있다.

주	일	월	화	수	목	금	토
1주차	**3월**					1	2
2주차	3	4	5	6	7	8	9
3주차	10	11	12	13	14	15	16
4주차	17	18	19	20	21	22	23
5주차	24	25	26	27	28	29	30
6주차	31	**4월** 1	2	3	4	5	6
7주차	7	8	9	10	11	12	13
8주차	14	15	16	17	18	19	20
9주차	21	22	23	24	25	26	27
10주차	28	29	30	**5월** 1	2	3	4
11주차	5	6	7	8	9	10	11
12주차	12	13	14	15	16	17	18
13주차	19	20	21	22	23	24	25
14주차	26	27	28	29	30	31	**6월** 1
15주차	2	3	4	5	6	7	8
16주차	9	10	11	12	13	14	15

그림 5-4 한 학기 블록 타임 시간계획표 작성 예

주	일	월	화	수	목	금	토
1주차	**6월** 16	17	18	19	20	21	22
2주차	23	24	25	26	27	28	29
3주차	30	**7월** 1	2	3	4	5	6
4주차	7	8	9	10	11	12	13
5주차	14	15	16	17	18	19	20
6주차	21	22	23	24	25	26	27
7주차	28	29	30	31	**8월** 1	2	3
8주차	4	5	6	7	8	9	10
9주차	11	12	13	14	15	16	17
10주차	18	19	20	21	22	23	24
11주차	25	26	27	28	29	30	31

그림 5-5 여름방학 블록 타임 시간계획표 작성 예

　월요일에서 일요일까지 일상생활을 위해서도 체계적인 계획이 필요하다. 시간계획표는 현실적이고도 실제적이어야 한다. 변경할 필요성이 있을 때는 충분히 융통성 있게 조정할 수 있어야 하고 공부와 여가 간에 적당한 균형이 있어야 한다. 일상생활 계획표를 준비하고 활용하기 위해서는 다음 단계의 순서를 따르는 것이 가장 좋다. 1단계는 고정적인 시간을 기록하는 방식이다. 자기 스케줄을 파악하여 한 주 단위의 주간 계획표를 만든다. 수업, 실험실 학습, 교회출석, 아르바이트, 악기연주 등과 같은 규칙적으로 짜인 활동을 모두 적어 넣는다. 이미 정해진 시간들을 확인하여 미리 주간계획표에 적어 둔다. 수업시간, 항상 있는 약속, 아르바이트 시간, 봉사활동, 교회활동 등이 포함될 수 있다. 2단계는 일상생활에 꼭 필요한 필수활동을 기입하는 것이다. 식사, 수면, 옷 입기 등을 위한 시간을 충분히 그러나 지나치지 않게 마련한다. 식사시간, 수면시간, 운동시간 등이 포함될 수 있다. 1단계와 2단계는 마스터플랜(master plan) 단계에 해당되며, 전공교과 공부 등과 같이 주요한 학습 내용이 필수적으로 들어가도록 계획하여야 한다. 3단계는 복습과 예습 시간을 계획하여 넣는다. 각 수업시간 전후에 적절한 복습 시간을 마련한다. 특히 강의식 수업이 이루어지는 교과목(수학, 물리, 역사, 정치학 등)에 대해서는 수업 직후에 수업 노트를 보충하고 재수정할 수 있는 복습 방식이 적합하다. 참여식 수업이 이루어지는 교과목(외국어, 수학 등)에 대해서는 수업 직전에 예습 방식으로 공부할 수 있도록 시간을 계획한다. 예습이 필요한 교과목의 학습 내용이나 과외의 과제를 잘 준비하기 위해 충분한 시간을 고려하라. 각 코스마다 배당할 시간의 양은 교재의 난이도, 교재를 완성할 수 있는 능력, 기대하는 성적 및 학습방법의 효율성에 의거하여 결정한다. 예습 시간은 주의가 산만하지 않은 조용한 시간으로 잡고 학습량을 달성할 수 있을 만큼 충분해야 한다. 또한 공부시간으로 계획한 시간에는 시간마다 학과목의 이름을 반드시 적어 둔다. 4단계는 레크리에이션 시간을 위한 정규시간을 둔다. 데이트, TV 보는 시간, 문화적 관람 등과 같은 레크리에이션 활동을 위한 별도의 계획을 기입한다(전명남, 2004). 다른 사람 또는 누구와 함께하는 시간도 중요하다. 이 시간에 충분한 공감과 아울러 이를 즐기도록 하라. 5단계 작성한 계획표대로 생활을 하도록 하고 시간 관리 점검을 습관화한다.

제5장 공부, 시간 관리가 핵심이다

시간	월	화	수	목	금	토
6:00			옷 입기	아침식사		
7:00						
8:00	생운		생운		생운	
9:00						
10:00	역사		역사		역사	
11:00		영어		영어		영어
12:00				점심식사		
1:00	수학	컴퓨터	수학	컴퓨터	수학	
2:00						
3:00		C언어		C언어		
4:00	튜터링		서큰		튜터링	
5:00						
6:00				저녁식사		

그림 5-6 마스터플랜 단계의 주간 계획표 작성 예시

	월	화	수	목	금	토
6:00			옷 입기 및 아침식사			
7:00						
8:00	(생운)	화학공부	(생운)	불어공부	(생운)	어려운 교과목 공부
9:00	불어공부	교육심리	리포트 자료수집	역사공부	영어공부	
10:00	역사	수학공부	(역사)	생운학 공부	(역사)	
11:00	영어공부	(영어)	불어공부	(영어)	화학공부	영어
12:00			점심식사			
1:00	수학	(컴퓨터)	(수학)	(컴퓨터)	(수학)	레크리에이션 대화 과외 활동 독서
2:00	수학공부	수학공부	화학실험	컴퓨터공부	수학공부	
3:00	레크리에이션	(C언어)		C언어	레크리에이션	
4:00	(튜터링)	리포트 작성	서큰	리포트작성	(튜터링)	
5:00		레크리에이션		레크리에이션		
6:00			저녁식사			

그림 5-7 주간 계획표 작성 예시

주간 계획표

시간 \ 요일	월	화	수	목	금	토	일
5시 이전							
5:00-6:00							
6:00-7:00							
7:00-8:00							
8:00-9:00							
10:00-11:00							
11:00-12:00							
12:00-13:00							
13:00-14:00							
14:00-15:00							
15:00-16:00							
16:00-17:00							
17:00-18:00							
18:00-19:00							
19:00-20:00							
20:00-21:00							
21:00-22:00							
10시 이후							
공부시간 \ 활용시간							

그림 5-8 주간 계획표

6. 미루는 습관에의 대처 기술

　대학생들이 시간 낭비를 하는 원인은 무엇일까? 국외와 국내 대학생을 대상으로 조사한 연구결과들에 나타나는 것들로는 미루기, 텔레비전 보기, 친구들과 어울리기, 공상하기, 숙제하는 방법을 이해하는 데 시간이 걸림, 에너지 부족과 같은 신체적인 문제, 너무 많은 잠, 계획의 부족, 다른 사람 기다리기, 전화통화 등이 대표적이었다. 이 가운데 미루기(procrastination)가 가장 시간낭비의 주요 원인으로 대두되고 있다. 미루기에 대한 연구에 따르면, 거의 성인 가운데 20%가 만성적인 미루기를 보여 준다고 밝히고 있다.

　그 가운데 '학업적 미루기(academic procrastination)'는 일반적으로 널리 퍼져 있는 현상이다. 대학 학부생의 거의 70%가 학업적 미루기를 하고 있었다(Ferrari et al., 1995). 학업적 미루기는 '책임감, 의사결정, 혹은 행해져야 할 필요가 있는 과제를 미루는 것'(Haycock et al., 1998)을 의미한다. 또한 이것은 학생들이 대학을 떠나는 때도 영향을 미친다. 이것은 '자기조절 행동의 부재'(Tuckman, 1998, p. 141)를 가리킨다. '미루기' 행동에 기여하는 많은 요인들이 연구논문에서 밝혀졌다. 압도당하는 느낌, 즉 질리는 느낌, 동기의 부족, 완벽주의, 빈약한 시간 관리 및 조직 기술 등이 원인으로 발표되었다(Kachgal et al., 2001). 저자가 2003년에 1,730명의 대학생들을 대상으로 시간낭비의 원인을 조사한 결과도 '공부 미루기'가 가장 최빈치로 나타났다([그림 5-9] 참조).

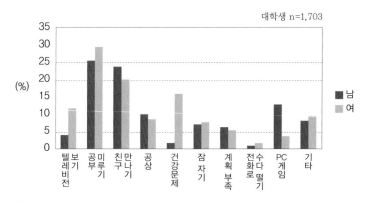

　　　　　그림 5-9　대학생들을 대상으로 시간낭비의 원인을 조사한 결과

출처: 전명남(2003).

학생들은 자기 자신에게 실제로 아주 중요한 일을 미루는 경우가 많다. 벼락 치기 공부를 하거나 효과적인 학습결과를 내지 못한다면, 미루는 습관 때문일 수 있다. 우리는 대개 중요한 일을 미루기 때문에 또 불안감이나 죄책감이 더 많이 증폭되는 경험을 가지며, 결과적으로 높은 스트레스나 질병 혹은 낮은 자존감 등을 가지게 된다. 미루는 습관은 일반적으로 '완전'하지 못한 것에 대한 두려움, 다른 사람이 어떻게 생각할까에 대한 걱정, 실수나 실패 혹은 성공에 대한 공포, 설정된 높은 표준이나 준거에 도달하지 못하게 된다는 생각 등이 원인이 된다.

표 5-3 학교생활에서 미루기 수준을 점검하기

	항상 미룬다			미루기가 문제다			미루기가 감소하기를 바라는 정도		
학기말 과제 작성	하	중	상	하	중	상	하	중	상
시험공부	하	중	상	하	중	상	하	중	상
과제물로 나온 읽기	하	중	상	하	중	상	하	중	상
행정적인 과제	하	중	상	하	중	상	하	중	상
출석 과제	하	중	상	하	중	상	하	중	상
일반적인 학교 활동	하	중	상	하	중	상	하	중	상

그렇다면 이 미루는 습관에 대처하는 전략은 어떤 것이 있을까? 첫째, 미루는 습관에 대한 자신의 모든 변명을 통제할 필요가 있다. 분명히 중요한 일인데도 불구하고 그 일을 쉽게 미루는 경우에 자신에게 부정적인 '사적 언어(self-talk)'를 사용하고 있지 않은가를 점검해 볼 필요가 있다.

주의해야 할 사적 언어(self-talk)

"난 막상 닥치면, 그 일을 가장 잘 해 낼 수 있어!"
막상 닥치면 그 일을 하는 사람들의 '압력 상황에서 일하는 모습'을 살펴보면

- 주제나 관심사에서 떨어져 있다.
- 미친 듯한 행위나 느낌을 가진다.
- 잠을 잘 못 잔다.
- 다른 사람에게 소리치거나 비난한다.
- 과도하게 먹거나 너무 적게 먹는다.
- 스트레스를 받는다.
- 서두르고, 과제를 불완전하게 마친다.
- 녹초가 된다.
- 다른 사람도 곤란하게 만든다.
- 과제의 만기제출 기간을 놓치기 쉽다.

둘째, 어떤 일을 나중에 하거나 피하고자 하는 마음이 들 때, 그 일을 더 짧은 시간이 소요되는 여러 개의 작은 과제들로 나누고 미루고 있던 큰 과제에 대해서는 15분 정도씩만 접근해 나간다. 한 번에 작은 과제들을 조금씩 해 나가면, 원하는 지점에 도달하게 될 것이다. 즉, 과제를 작은 단위로 나누어 미리미리 해결하는 방법이다.

셋째, 싫어하는 일을 먼저 하고 지겹고 귀찮은 일을 보다 재미있는 일로 만든다. 싫어하는 일을 먼저 하고 이어서 좋아하는 일을 하게 만드는 것이 프리맥(Premack)의 원리다. 일반적으로 공부하는 내용이나 문제해결 상황에서 가장 항상 다루기 힘든 부분이 미루는 습관을 이끌기 쉽다. 프리맥 원리를 활용해서 하기 싫고 귀찮은 일을 보다 재미있게 할 수 있도록 노력해 볼 만하다. 예를 들어, 어려운 학습 내용을 좋아하는 친구와 함께 즐겁게 만나서 정기적으로 공부할 수 있도록 계획할 수 있다.

넷째, 과제와 가까워지는 수행을 했다거나 완수한 경우에 스스로에게 보상이 주어지도록 계획한다. 과제수행 과정에서 계획 완수에 대한 보상을 하는 것은 미루는 습관으로부터 자유로워지는 방법이다.

7. 시간계획대로 시작하는 방법

시간계획이 되면 시작하는 방법을 다룰 수 있어야 한다. 시간계획이 완성되면 정신적·신체적으로 준비하고, 마음의 지도를 그려야 하며, 어떤 장소에서 어떤 방식으로든 계획대로 출발한다. 이때 비판은 묻어 두어야 한다(예를 들면, 이 계획은 왜 세웠지? 이 계획은 잘못 세운 거야 등). 그래도 시작하기 어려우면 '10분 전략'을 활용한다. 10분 전략은 '이 책을 딱 10분만이라도 보겠다'고 그 책을 펴서 읽기 시작하는 것이다. 시간계획표에 2시간 동안 책 읽기로 쓰여 있다면, 우리는 쉽게 미루기를 해 버리는 경향이 있다. 이때 '딱 10분'의 전략으로 바로 책을 읽기 시작한다.

제6장
수업은 나의 것!

1. 학교 수업을 중요시하라

학교 공부는 수업을 중심으로 해야 한다. 학교 수업이 있을 때는 공부의 내용을 학교 수업의 진도와 맞추고 교재나 참고도서를 활용한다. 토요일이나 공휴일에는 수업한 내용을 처음부터 끝까지 정리해 보는 계획을 세울 수 있다. 수업 참여와 학업성취의 관계를 규명하고자 했던 Onwuegbuzie 등(2001)은 대학원생 122명을 대상으로 학습습관검사를 사용하여 측정한 결과, 높은 학업성취 대학원생들은 낮은 학업성취 대학원생들보다 미리 읽기과제를 해 놓고, 규칙적으로 수업에 참석하며, 노트 필기 시에 단축어(abbreviation)와 구절화와 의역(phrases)을 하고, 한 노트에 모든 강좌의 노트를 하며, 수업자료를 일상생활에 연결시키고, 단순반복적 기억에 의존하지 않는 경향성이 있음을 알아냈다(전명남, 2003).

'수업시간의 참여와 집중'의 중요성

학업성취가 높은 대학생은 철저한 수업참여와 주의집중을 보고하였다. 이는 Onwuegbuzie, Slate와 Schwartz(2001)가 높은 학업성취 대학원생들은 낮은 학업성취 대학원생들보다 규칙적으로 수업에 참석한다는 결과와 일관된 증거를 보여 준다.

지각하지 않고 전 과목에 출석하는 것, 그것을 하나의 목표로 삼아서 꼭 지키려고 해요…… 이번 학기는 지각한 적이 한두 번 있고 결석은 한 번도 안 했어요…… 수업시간에 가급적이면 모든 것을 소화해 내려고 했고, 집중하고 필기 열심히 했고…… (남학생 I)

〈출처: 전명남, 2003c〉

학생들의 학습전략 사용 수준은 중·고등학교 시절보다 대학으로 올라갈수록 높아진다. 책을 읽을 때 노트 필기를 한다거나 수업에서 강조할 때 노트 필기를 해 두는 전략, 그리고 차트, 그래프, 중요한 아이디어나 사건을 표상하는 다른 그림 만들기와 같은 조직화 전략까지 중등학교 학생들보다 대학생들의 학습전략 사용 빈도가 높았다.

표 6-1 학생들의 학습전략 사용의 변화

학습전략	학생들이 사용하는 전략의 백분율		
	중학교	고등학교	대학
읽을 때 노트하기	31%	40%	43%
가르치는 사람이 수업에서 강조할 때 노트 필기하기	50%	71%	92%
차트, 그래프, 중요한 아이디어나 사건을 표상하는 다른 그림 만들기	8%	9%	9%

출처: Gall, Gall, Jacobsen, & Bullock(1990).

2. 경청

경청(listening)은 정보를 받아들이고, 의미를 적용하고, 들은 것을 이해하는 능력을 모두 포함하는 것이다. 경청은 공식적인 발표나 대화뿐만 아니라 청각과 시청각을 사용하는 기자재 등 많은 경우에 요구되는 기술이다. 여기서, 경청은 단순히 듣는 것(hearing) 이외에도 구어로 전달되는 메시지를 이해(comprehending)하는 것 모두를 포함하는 행동이다. 경청하는 기술은 연습과 노력을 통해 향상시킬 수 있다(Lerner, 1997). 학생이 아무리 좋은 경청기술을 갖고 있더라도 교실 안이 산만하거나 발언하는 교사 또는 동료학생의 목소리가 적으면 제대로 된 경청이 이루어질 수가 없다. 또 다양하게 제시되는 단서들을 이용하는 것도 경청을 위해 중요한 요소가 된다. 즉, 발화자의 목소리 톤이나 크기, 제스처 등으로 강조되는 단서들을 이용하면 구어로 전달되는 메시지를 이해하는 데 큰 도움이 된다.

3. 주의집중과 노트 필기

노트 필기는 학생이 정보를 분류·정리한 뒤 나중에 사용하기 위하여 주요 아이디어와 관련주제들을 기술하는 것이다. 몇몇 연구들은 단지 듣기만 하는 학생보다는 노트 필기를 하는 학생이 더 많이 배운다고 주장한다(Carrier, 1983). Beime-Smith(1989)는 학습에 어려움을 지닌 학생이 정리하기와 기록하기에 어려움을 경험한다고 밝히며 이들을 위해 노트 필기에 관한 교수를 제공해야 한다고 강조한다.

대학에 들어와서 학생들이 긴 시간의 강의를 듣게 되는데, 대학 신입생 중에는 강의를 들으며 노트 필기를 많이 해 본 경험을 가진 학생이 매우 적을 것이다. 그러나 강의 노트 작성은 빨리 배워야 할 중요한 전략이다. 노트 필기를 잘 하지 않거나 혹은 전혀 하지 않는 학생들은 노트 필기하는 것은 오히려 강의를 듣는 데 주의를 흐트린다고 말하거나, 교수의 강의에는 체계가 없으며 이해하기가 어렵다고 불평하거나, 혹은 이미 교재에 있는 것을 다만 반복하고 있으므로 노트 필기할 필요가 없다고 주장한다. 대부분의 교수들은 충분한 설명과 자세한 내용을 첨가하여 교재의 자료를 소개하고 다른 해석을 제시하여 교재를 보충하므로 노트 필기는 공부에 꼭 필요하다. 노트 필기를 해 놓은 것은 수업 중 공부한 것을 이해하는 데 도움이 되고, 시험공부에 도움이 된다.

'노트 필기'의 중요성

면접에 참여한 높은 학업성취 대학생들의 노트 필기 방식은 Onwuegbuzie, Slate와 Schwartz(2001)가 높은 학업성취 대학원생들이 노트 필기 시에 단축어(abbreviation)와 구절화와 의역(phrases)을 하고, 한 노트에 모든 강좌의 노트 필기를 하는 경향성이 있다는 결과와 일관된 결과를 보여 주고 있다. 일찍이 DiVesta와 Gray(1972), Kiewra 등(1991)이 노트필기는 약호화(encoding)와 저장(storage)을 하기 때문에 학업적 수행을 촉진한다고 했다.

강의 들으면서 노트 필기를 하고, 수업이 끝난 후에 복습을 하면서 그 내용을 다시 옮기죠. 저 나름대로 그 내용을 요약하거나 풀어 쓰면서 수업시간에 배운 것을 정리해요…… 전공의 경우에는 이해되지 않는 부분은 책을 찾아 읽고 이해한 내용을 다시 노트에 정리하죠. 수업내용 전부를 한 권의 노트에 적고 정리할 때는 과목마다 다른 노트에 정리를 하죠. 읽으면서 잘 써요. 흐름도 같은 것을……(남학생 3)

…… 책에 나와 있는 내용을 설명하시면 표시하고 박스 치고…… 보고만 있으면 집중이 잘 안 되니까…… 수업시간에 한 것은 노트나 책에 필기한 내용보다는 …… 그런 것은 시험보기 바로 전에 외우고…… 주로 책에 검정색 수성사인펜…… 저는 필기를 책과 노트에 하는데…… 제 책은 깨끗하지는 않고…… 어쨌든 특이한 방법으로 머리 속에 해 놓으면 기억이 잘되요. 일부러 깨끗하게 안 해요(여학생 3).

〈출처: 전명남, 2003c〉

노트 필기를 잘하려면 효과적으로 수업을 들어야 한다. 수업 중 내용에 능동적으로 주의집중을 해야 하고, 또한 그 내용을 계속 비판적으로 들어야 하기 때문에 쉬운 일이 아니다. 또한 노트 필기할 준비가 되어 있어야 한다. 그러나 수업 중에 설명되는 것을 모두 다 기록하려고는 하지 마라. 즉, 강의하는 내용의 의미에 주의를 기울이고 강의의 골자를 이루는 본질적인 것만을 기록하라. 강의 중에 단계적으로 전개되는 각 제목과 그에 관련되는 아이디어와 그 내용을 기록하라. 그 다음에 수업이 끝난 직후에 조용히 앉아서 강의 노트를 체계적으로 복습하여 명확히 하고 또한 필요한 부분을 첨가하라.

노트 필기를 잘하기 위해 듣기 기술을 개선하라. 수업에 대해 미리 예습하면 수업이 더 잘 들린다. 수업에 들어가기 전에 강의를 가장 잘 이해할 수 있도록 교재를 예습하고 지난 시간의 강의 노트를 복습하라. 또한 강의에 주의집중하라. 수업하는 교수의 강의 버릇, 목소리, 혹은 전달기술 때문에 주의가 산만해져서는 안 된다. 열린 마음상태로 들어라. 말하는 것을 모두 다 받아들일 필요는 없지만 열린 마음의 태도를 계속 유지하고, 자신의 의견과 다르다고 해서 강의의 요점이 충분히 전개되기도 전에 주의깊게 듣지 않는 일이 없도록 하라. 교실의 뒷자리에 앉기보다는 앞 자리에 앉음으로써 시각적, 청각적인 주의산만의 원인을 최소로 줄이고 손발을 쭉 뻗고 수그린 자세로 앉기보다는 편하면서도 민첩한 자세로 수업에 임하라. 정신적으로 학습내용에 주의를 계속 기울인다. 질문에 답을 하고, 강의와 교재내용을 비교하고, 토의에 참여하는 등 수업에 계속 주의를 기울인다. 교실 바닥, 천장, 옆자리의 친구에게 주의를 기울이지 말고 수업 내용에 주의를 집중한다. 듣고, 생각하고, 쓰는 과정을 적용하라. 제시되고 있는 학습자료를 주의깊게 듣고, 그 중요성과 그것을 지지해 주는 증명에 대해 비판적으로 평가를 하고, 그 다음에 필기해야 할 내용이 무엇인가를 선택하고 선택한 것을 자신의 말로 기록한다.

노트 필기의 기본 전략은 다음과 같다. 날짜를 기록하고, 이전에 노트한 것을 확인하고, 여러 과목의 노트를 한 곳에 하지 말고 서로 구분하여 두라. 읽기 쉽게 쓰고, 그리고 나중에 노트 필기한 것을 읽을 때 곤란을 겪지 않도록 페이지의 한 면만을 기록하라. 가능하면 중요한 점과 덜 중요한 점을 구별할 수 있도록 여백에 다 자신이 알아볼 수 있는 아우트라인 형식(outline form)으로 노트 필기하도록 하라. 노트 필기를 잘하기 위해서는 우선적으로 아우트라인을 잡는 기술을 익혀야 한다. 학생은 각각의 주요 주제를 로마 숫자(I, II, III)나 아라비아 숫자(1, 2, 3) 옆에 각각의 주요 주제들을 묘사하는 짧은 문구들을 써 넣는다. 그런 뒤 각 문구 밑에 상세한 정보들을 순서별로 써 놓는다. 아우트라인을 잡는 기술을 사용하기 위해서는 학생은 정보를 분류하고 연합할 줄 알아야 한다. 정보를 분류하는 기술은 관련된 특성들에 따라 정보를 묶어서 나누어 쉽게 암기할 수 있도록 해 준다. 몇 개의 공통분모에 의해 항목들을 연합하는 기술은 학생들로 하여금 다른 지식기반들 사이에 존재하는 관계들을 볼 수 있게 도와준다. 이러한 기술들은 대개 학교에서 직접적으로 가르치지 않는다. 반복적인 연습과 교수를 통해 이러한 기술들은 개발될 수 있다.

노트 필기할 때 교수가 하는 말을 그대로 기록하지 말고 자신이 이해한 말로 기록하라. 가능한 한 수업 중에 제시되는 용어의 정의, 법칙, 원리, 명제, 특성은 듣고 정확하게 받아 적는다. 가능하면 이러한 진술문을 문장으로 받아 적고 노트의 가장자리 부분에 진술문(statement)으로 써 놓는다.

칠판에 적힌 표, 그림 및 기타 도표 등은 대부분 베껴 두라. 혼돈되기 쉬운 추상적인 개념들을 달리 설명하는 교수의 예들은 반드시 기록해 두라. 이름, 날짜, 장소, 공식, 등식, 법칙 등을 정확히 기록했는지 확인하라. 교수가 설명을 반복하거나 흑판에 적거나 설명을 보충함으로써 강조하는 대목에는 항상 주목하라. 교수가 사용하는 언어적인 단서로 강조하는 점에 항상 주목하라. '다음 5단계', 혹은 '주요한 네 가지 원인'과 같은 열거에 주의하고, 또한 '결과적으로' 혹은 '그러므로'와 같은 말에 주의하라. 교수가 강조할 점을 확인하기 위하여 별표와 같은 기호 또는 밑줄을 사용하라. 노트에 강의내용과 함께 기록한 읽기 과제 및 기타 과제물 기록과 교수가 소개해 준 책 제목 및 기타 참고 문헌을 원으로 표시해 두라. 자신의 생각과 교수의 생각을 구분하여 두라. 자신의 아이디어, 예 및 의문을 적어 두는 것은 강의에 주목하는 아주 좋은 방법이다. 그러나 반드시 괄호로 묶어 두거나 혹은 자신의 생각이라는 것을 표시해 두어야 한다. 나중에 노트한 것을 분명히 하고 보충할 수 있도록 충분한 여백을 남겨두라. 만약 중요한 점을 빠뜨렸다고 생각하면 적어 놓도록 친구나 교수에게 물어라. 강의가 끝날 시간만을 기다리지 말고 끝까지 강의에 주의집중을 하라. 항상 정확히 일정한 속도로 강의를 진행할 수는 없으며, 강의내용의 반을 마지막 15분 동안에 마무리할지도 모른다. 그러므로 여러분은 강의 시작할 때 했던 것처럼 마칠 때까지 주의를 기울여야 한다. 수업 직후 노트 필기한 것을 복습하고 다시 정리하라. 그러나 그대로 복사하지는 말라. 생략된 것을 채워 넣고 잘못된 곳을 수정하기 위하여 페이지의 여백을 사용하라. 나중에 어려움 없이 이해할 수 있도록 노트를 주의 깊게 읽어라. 노트를 읽을 때 나중에 시험을 위하여 특별히 주목하고 싶은 중요한 점에는 밑줄을 긋거나 다른 강조 표시를 해 두라.

듣기와 노트 필기는 다른 기술처럼 연습함으로써 급속도로 개선될 것이다. 중요한 점은 수업시간 중 할 수 있는 한 충분히 학습하는 것이다. 왜냐하면 이렇게 함으로 과제를 더 잘 이해하고, 완전하게 하는 데 도움이 될 것이기 때문이다. 교수가 긴 시간 동안 강의한 내용 중에서 중요한 점을 선택하고, 조직하고, 명확히 하기란 힘든 일이다. 그러므로 강의 중에 노트 필기를 잘해 두면 아마 나중에 힘들어 공부해야 할 시간이 절약될 것이다. 교수는 1분에 약 100단어를 말하고 있다면 자신의 1분에 400단어를 생각할 수 있다(약 1:4의 비율)는 점을 기억하라. 교수가 말하는 것에 대해 생각하고 자신의 말로 노트 필기하는 일은 여가시간을 이용하라.

'수-문자 형식(Numeral-Letter Format)'은 노트 필기 시스템에서 가장 일반적으로 사용된다. 이 형식은 주요 아이디어는 로마 숫자(I, II, III)를 가장 상위로 놓고, 보다 상세한 방식은 영문 대문자(A, B, C)를 넣고 아라비아 숫자를 그 하위 줄에 맞추는 방식이다.

I. Two kinds of reproduction

   A. Sexual

   B. Asexual

II. 세익스피어의 희곡

   A. 햄릿

     1. 그의 작품 가운데 가장 지적인 희곡

그림 6-1 수-문자 형식을 사용한 노트 필기 형식

　최근 휴대전화의 사용이 늘면서 수업시간 중에 노트 필기를 하지 않고 사진을 찍거나 동영상을 촬영하는 경우가 많은데, 이 경우 학습 효과 면에서 어떠한지 체크해 보아야 한다. 찰스 다윈이나 레오나르도 다 빈치의 진화론이나 다양한 발명품 또는 그림이 노트 필기에서 출발했다는 증거들이 계속 제시되어 왔다. 노트 필기의 힘을 살펴볼 수 있는 좋은 예이다.

노트 필기의 힘: 찰스 다윈과 레오나르도 다 빈치

　노트 필기는 수업 중에서뿐만 아니라, 평소에 자신이 생각하는 것을 기록할 때도 사용하는 것이 좋다. 『종의 기원』을 쓴 찰스 다윈과 르네상스 시기의 천재 레오나르도 다 빈치는 그림과 글을 넣어서 노트 필기를 습관처럼 했다. 이 천재들의 노트 필기나 간단히 메모하는 습관은 1세기 만에 나올까 말까 한 탁월한 업적을 내도록 이끌었다.

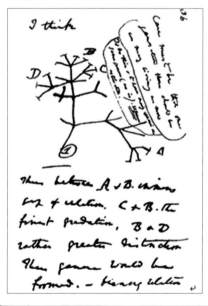 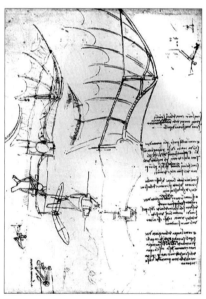

---

4. 코넬식 노트 필기 시스템

　코넬 대학에서 개발한 노트 필기 방식은 전통적인 노트 필기 방식과는 다른 논리적이면서 기억하기 쉽도록 하는 시스템을 제공하고 있다. 원래는 강의 노트를 $2\frac{1}{2}$과 6인치로 구분하고 강의 내용은 6인치에 $2\frac{1}{2}$에는 요약(summary)을 써 넣는 방식이었는데, 크기에 관계없이 '단서란' '노트 필기란' '요약' 부분을 구분하여 사용하는 것을 코넬식 방식이라 한다. '요약' 부분은 수업이 끝났을 때, 노트 페이지 하단에 위에 적은 필기내용을 요약하여 적는 난이다.

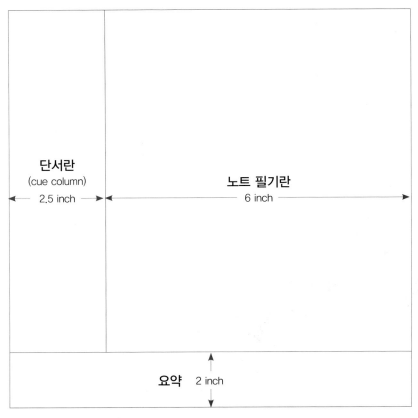

그림 6-2 코넬식 노트 필기 시스템

코넬식 노트 필기 시스템은 5R로 이루어져 있다. 기록(Record), 축약(Reduce), 암송(Recite), 반성(Reflect), 복습(Review)이다. '기록'은 교수님의 강의나 칠판에 쓰는 내용을 경청하면서 노트에 적는 것이다. 주로 노트 필기란에 쓴다. 문장은 간단히, 내용은 정확히, 속도는 신속하게 필기해야 한다. 적어도 자신이 무엇을 적었는지 나중에 알아볼 수 있도록 필기한다.

'축약'은 중요한 단서를 확인하고 요점을 파악하여 밑줄을 긋고, 단서란에 질문을 기록하는 것이다. 단서란에는 노트 필기란에 쓴 내용의 요점이나 질문을 쓴다. 수업을 마친 후 바로 오른편에 필기한 것을 토대로 질문들을 만들어 보라. '질문을 적는 것'은 의미와 내용관계를 명확하게 해 주며, 기억을 강화시켜 준다.

'암송'은 단서를 이용하여 요점을 외워 두는 것이다. 종이로 노트 필기한 부분을 덮는다. 그리고 난 후 질문, 질문의 핵심−단어들(cue-words), 단서란(cue column)만 보면서 자신의 언어로, 질문에 대한 답이나 단서가 지시하는 내용이나 사실들을 큰 소리로 말해 본다.

'반성'은 필기한 내용 가운데 잘못된 부분은 고치는 것을 가리킨다. 내용에 대해 스스로 질문하면서 다시 생각해 보라. '이 사실들에서 무엇이 중요한가?' '어떠한 원칙에 근거한 것인가?' '나는 그것을 어떻게 적용할 수 있는가?' '내가 이미 알고 있는 것에 어떻게 조화시킬 수 있는가?' '이외에 무엇이 있는가?' 등에 대해 질문해 볼 수 있다.

필기는 한쪽 면에

여백을 여유 있게

그래프 같은건 꼭 베껴서……

🎬 **그림 6-3** 코넬식 노트 필기의 예

'복습'은 암송한 내용을 정리하여 노트의 각 면 아래 빈칸에 표시하거나 기록하는 것이다. 최소한 매주 10분 정도는 이전의 모든 노트를 다시 읽어보는 데 시간을 투자하라. 그렇게 행한다면, 현재를 위해서 뿐만 아니라 시험을 위해서도 많은 것을 기억하게 된다(전명남, 2004).

5. 이해에 이르는 길로 가라

공부를 잘한다는 것은 잘 이해하고 있다는 말과 동의어이다. 책을 읽었는데 구문상의 말뿐만 아니라 문맥을 넘어서 줄과 줄 사이에 있는 의미까지 알 수 있다면, 하나를 가르쳐서 열을 아는 이해 수준이라고 볼 수 있다.

학점 4.5만점에 4.5를 획득한 학생들의 인터뷰 자료

'이해'의 중요성

학업성취가 높은 대학생들은 이해를 먼저 하면 자연스럽게 암기된다고 보고하고 있다. 이는 Onwuegbuzie, Slate와 Schwartz(2001)가 높은 학업성취자가 단순반복적 기억에 의존하지 않는 경향성이 있음을 보고한 결과와 같은 맥락이다.

화학은 이해를 하고 나면 저절로 암기가 돼요. 수학 같은 경우에 식을 풀어 가는 과정을 이해하면 공식을 까먹어도 유도해 낼 수가 있잖아요(여학생 2).
…… 관심 있는 과목은 재미있으니까 외우는 게 아니라 계속 활용하고 응용하다 보니까 자연스럽게 외워지는 것 같아요(여학생 3).

〈출처: 전명남, 2003c〉

6. 기억과 망각

자신 있게 안다고 생각해 오던 것도 막상 기억해 내려고 하면 떠오르지 않아 곤란을 겪은 경험들을 누구나 가지고 있을 것이다. 평범한 일상생활의 경험 같은 것조차 기억나지 않아 괴로워한 적도 적지 아니하였으리라. 학생들의 경우 망각은 더욱 씁쓸한 경험이 될 수 있다. 특히, 망각이 중요한 시험기간 중에 일어날 때는 더욱더 그렇다. 잊어버린다는 것, 즉 망각은 학생들에게 파멸의 원인이 되기 때문에 기억과 망각에 영향을 미치는 요인들을 검토하고 이해하는 것은 매우 중요한 일이 아닐 수 없다. 물론 망각을 전적으로 제거하여 모든 것을 머릿속에 담아 둔다는 것은 불가능한 일이지만 그래도 한 번 머릿속에 기억했던 것을 최대한으로 활용하고 망각을 최소한으로 줄일 수는 있는 것이다.

기억해 놓은 정보를 잊어버리게 되는 기제를 설명하는 것으로 현재 많은 인정을 받고 있는 것이 '간섭'이론이다. 간섭의 과정으로 인한 망각이라 함은 이전에 학습해 두었던 것을 기억해 내려고 할 때 그 이후에 배운 새로운 학습의 결과가 끼어든 간섭이 일어나서 기억이 방해를 받거나, 또는 그 반대로 새로 학습한 어떤 것을 기억해 내려고 하는데 이전에 학습했던 것이 자꾸 혼돈되거나 비슷해서 제대로 재생이나 재인이 잘 되지 않는 현상을 말하는 것이다. 심리학자들은

전자와 같은 간섭과정을 역행간섭이라고 하며, 후자와 같은 망각의 원인 현상을 순행간섭이라고 부르고 있다. 역행간섭은 어떤 것을 학습한 시간으로부터 그것을 상기해 내어야 하는 시간 사이에 일어나는 여러 가지 활동들이 이전에 학습한 자료를 기억해 내는 데 간섭하는 것이다. 더욱이 중간에 개입된 활동 이전에 학습한 것이 서로 비슷하면 할수록 그에 비례해서 재생해 보는 기억도 부정확하고 불완전하게 될 것이다. 순행간섭에서는 이미 말한 것과 같이 학습된 어떤 것을 상기해 낼 수 있는 능력이 이전에 학습한 것에 영향을 받는다. 이와 같은 두 가지 간섭의 원리로 미루어 볼 때 기억할 때 잘못된 내용을 기억해 두었다고 하면 이제 틀린 내용을 고쳐야 하기 때문에 새로이 바르게 고쳐 간다는 것이 쉽지 않게 될 것이다. 예컨대, 인문·사회과학에서도 그러하지만 특히 자연과학에서는 지식과 기술의 발달이 상당히 빠른 속도로 이루어지고 있기 때문에 어떤 것은 쉽게 낡은 개념으로 변하여 버린다. 이때 학습에서 중요한 것은 이들 낡은 개념에 따라서 배우지 않고 새롭게 발달된 개념에 따라 학습해야 효과적이라는 점이다.

망각의 원인이 기억해 놓은 정보를 사용하지 않는 데 있다고 보는 관점도 있다. '기억쇠퇴'로 인한 망각은 여러 가지 사실, 생각 및 기술 등을 많은 시간이 경과하는 동안에 별로 활용하지 않았거나 전혀 활용하지 않아서 기억해 두었던 것들의 기억흔적이 점차적으로 희미해지기 때문에 일어나는 망각을 말한다. 여기서 중요한 개념은 공부하고 난 다음에 경과된 시간과 사용의 정도다. 즉, 우리가 어떤 기억해 두었던 자료나 장면을 얼마만큼 생각해 낼 수 있는가, 다시 말해서 그들을 얼마만큼 재생하거나 재인할 수 있는가는 그러한 자료나 장면을 기억하고 난 다음부터 얼마만큼의 시간이 흘렀는가에 따라서 크게 영향을 받게 되는 것이다. 바꾸어 말하면, 경과된 시간의 양이 많으면 많을수록 기억이 보다 불완전하고 부정확해질 가능성이 더 커지게 된다. 그러나 불사용으로 인한 망각의 이론만으로는 왜 우리가 기억을 잘 못하게 되는지를 충분히 설명할 수 없다.

억압의 과정을 통해서 망각이 생긴다고 보는 관점도 발달되어 있다. 망각이라 함은 인간은 모든 것을 기억하는 것이 아니라 선택적으로 기억하려 하기 때문에 일어나는 것이다. 즉, 인간은 자신의 흥미, 가치 및 편견들과 어울릴 수 있는 것은 받아들이고 자신의 개인적 기대 및 경험에 비추어 보아 적합하지 않은 것은 잊어버리는 경우가 많다. 학습 장면에 접근하는 우리의 태도는 긍정적일 수도 있고 부정적일 수도 있으나 학습에 임하는 데 긍정적 태도를 취하는가 부정적 태도를 취하는가는 결과적으로 학습에 커다란 차이를 일으키게 된다. 긍정적 태도를 가진 학생은 능동적으로 읽고 듣지만 부정적 태도를 가진 학생은 수동적으로 읽고 듣는다. 그래서 만약 강의를 괴로운 것으로 생각한다면 교수의 강의에서 거의 흥미를 느낄 수 없을 것이며, 마찬가지로 만약 읽기과제가 지루하리라고 예상한다면 무관심하게 과제를 해 갈 것이고, 심지어 노골적으로 적개심을 가지고 대하기조차 할 것이다. 유쾌한 경험들은 불쾌한 경험들보다 기억이 더 잘된다. 사람들은 대개 불쾌한 경험들을 의식적으로 자신의 생각에서 억압하려는 경향이 있다. 자신의 신념과 가치관이 자기가 배우고 기억하려는 교재들에 나타난 개념이나 사실들과 상충하는 것이면 것일수록 억압의 가능성은 커지기 마련이다. 그래서 기억과 망각은 새로운 개념을 받아들일 수 있거나 혹은 받아들일 수 없는 것으로 주관적인 판단을 한 것에서 나온 직접적인 결과라고 볼 수 있을 것이다.

망각이 학습을 충분히 하지 않거나 제대로 연습하지 못한 데서 오는 부진학습이 원인이라는 관점도 나오고 있다. 처음에 어떤 것을 부적절하게 배우면 나중에 가서 반드시 기억을 잘 못하게 된다. 효과적인 학습에는 수동적이 아닌 능동적인 태도가 요구된다. 즉, 관계를 짓고 질문을 하고, 암송을 하고 복습을 해야만 한다. 요컨대, 무엇을 학습하기 위해서는 매우 열심히, 그리고 관심을 갖고 공부하지 않으면 안 된다. 사실 학생들이 기억할 때 저지르게 되는 대부분의 실수는 처음에 교재를 관심 있게 학습하지 않은 데서 일어난다. 부진학습은 학습되고 있는 교재가 자기에게 아무런 의미도 지니지 않을 때, 또는 주의집중이 어려운 상황에서 학습할 때마다 발생할 수 있는 것이다. 그리고 그 밖의 다른 일거리 때문에 바쁘게 서둘러서 과제를 완성하려고 할 때는 주의집중은 매우 어려워지고 또한 공부하고 있는 교재에서 의미를 발견하기란 매우 어려울 것이다. 망각이란 비록 완전히 제거될 수는 없다고 할지라도 기억이 중요시될 때는 망각을 줄일 수 있는 효과적인 단계를 취할 수 있다. 망각지연을 돕기 위하여 다음과 같은 규칙을 제시하기로 한다.

학습할 때 의미를 분명히 파악하라. 자기가 공부하고 있는 교재의 내용을 분명히 이해하라. 자기에게 의미 있는 교재는 의미 없는 교재보다 더 잘 기억될 것이다. 따라서 새로운 아이디어를 어떤 주제 밑에 있는 전체적 개념의 구조에 적용시켜 보려고 하고 이미 획득된 지식체제와 사실들과 연결시켜 보도록 노력해야 한다. 의미 있게 사실과 생각들을 결합함으로써 교재를 조직화하라. 일련의 분리된 단편적 항목들은 학습하기 전에 그 속에 있는 중요한 원리를 찾아내어 이해하려 해야 한다.

공부한 다음에 즉시 복습하라. 대부분의 망각은 최초의 학습 후에 즉시 일어난다. 그래서 공부할 때 어느 정도 이해했는지를 검토해 보기 위해 정기적으로 스스로 외워 보는 것은 기억을 증진시키기 위한 효과적 기술이 되는 것이다. 효과적인 복습에는 자신이 방금 읽고 들은 것을 자기 자신의 말로 능동적으로 통의하고 암송하고 쓰는 것이 요구된다.

기억을 높이고 망각을 줄이기 위해서는 교재를 과잉학습하라. 가끔 보통 정도의 학습능력을 가진 학생들이라도 더 많은 능력을 가진 학생보다 더 열심히 많은 공부를 함으로써 더 나은 성적을 올리기도 한다. 기술은 학습되는 수준이 높으면 높을수록 망각은 더 서서히 이루어진다. 따라서 과잉학습은 기억하기 힘든 교재를 오래 기억하여 둘 수 있는 가장 좋은 방법 중의 하나다. 그러므로 과잉학습을 하라. 즉, 최초로 정확히 상기해 내는 데 요구되는 시간 이상으로 시간을 들여 교재를 공부하라는 것이다. 그러나 지나친 과잉학습은 오히려 기억을 감소시킨다는 점을 유의하라.

기억단서를 사용하라. 중요한 항목들을 상기시켜 줄 수 있는 중요단어나 기호들을 사용하기 위한 체계를 발달시켜라. 교과서를 읽을 때 주요점을 자신이 쉽게 기억할 수 있도록 각 문단에 나타나 있는 중심되는 단어나 구를 찾아서 상징화하도록 노력하라. 그렇게 몇 개의 중요단어를 기억함으로써 문장 속에 나타난 중요사상을 모두 재구성할 수 있다. 어쨌든, 자기가 고안해 내거나 그대로 익힐 수 있는 기억법들 — 단어, 문장, 운율, 그리고 복잡한 원리나 일련의 사실을 연결 짓는 다른 공식 — 의 사용에 매우 주의하라. 이런 방법으로 기억하려 할 때는 두 가지의 중요한 실수를 범하기 쉽다. 첫째, 공부하고 있는 교재방법의 본래 의미를 잘못 이해하게 되기 쉽다. 둘째, 철자를 바꾸어 기억하는 것이나 운율에 맞춘 시를 음을 반복하는 방법으로 기억하는 것은 조그마한 실수라도 하게 되면 완전히 포기해 버리도록 만든다.

분산학습을 하라. 단번에 모든 것을 학습하려는 것보다 오히려 짧은 기간으로 나누어 자주 공부하라. 파지는 집중하여 공부한 후보다 분산하여 공부한 후가 훨씬 더 잘된다. 그래서 항상 공부시간을 한 번에 길게 잡아 학습하는 것보다 공부시간을 짧게 잡아 여러 번 나누어 학습하는 것이 더 좋다. 그러나 짧게 잡은 공부시간이 정말로 어떤 것을 해 내기에 충분한 시간이 되는가를 확인하라.

재진술을 연습하라. 자기 자신의 말로 학습한 자료들을 다시 진술해 보도록 힘써라. 학습한 내용의 요점들을 적어 보든지 혹은 자기 혼자 스스로 말해 보든지 하는 형식으로 자신이 이해할 수 있는 말로 복습해 보라. 시험 치는 것이 바로 이러한 과정이다. 그래서 처음부터 자기 자신의 말로써 중요한 개념들을 어떻게 표현하는지를 배우는 것이 좋다. 요점 역시 자기의 말로 표현하면 나중에 기억하기에도 훨씬 더 쉬울 것이다.

기억을 방해하는 간섭 요인들을 최소한으로 줄여라. 여러분은 나중에 한 학습이 먼저 한 학습 내용의 기억을 방해하는 역행간섭을 최소한으로 줄이기 위하여 가장 좋은 순서로 학과목을 공부할 수 있도록 공부시간표를 짜라. 그런 간섭은 나중학습이 처음학습과 아주 비슷하거나 근접할 때 가장 강하기 때문에 비슷한 학과내용을 가진 과목들을 공부하려면 시간간격을 두도록 노력해야만 한다. 따라서 영어공부를 한 뒤에 이내 독일어를 공부하는 것보다 역사나 화학을 공부하는 것이 훨씬 더 좋을 것이다.

태도를 의식하라. 자신의 부정적 태도에 조심하라. 학생들 중에는 공부하고 있는 과목마다 '좋아한다' '싫어한다' '동의한다' '동의하지 않는다' 등의 효과 정도를 매기려는 경향이 있다. 내용과 그 의미에 대해 그러한 정서적인 감정을 가지면 어떤 개념을 무시하거나 억압하게 되고 또한 다른 개념의 중요성을 왜곡하거나 과장하게 된다. 그렇게 미묘하고 주관적이고 무의식적인 기억을 하지 않도록 하기 위해서는 자신이 지금 공부하고 있는 과목에 나타난 사실, 개념과 자기의 신념, 가치 및 편견 사이의 갈등을 의식하도록 주의해야 한다. 자신은 기억하려고 원하는 것만을 기억할 것이다. 그러므로 부정적 태도보다는 긍정적 태도로 학습과제를 대하도록 노력하라. 지루하다는 생각이 드는 것은 과목 자체의 속성이 아니고 그것은 어떤 것에 싫증을 내는 자기 자신의 태도임을 명심해야 한다.

그러므로 학습의 시작과 그 학습한 내용의 기억에 방해되는 어떤 과제에 대한 자신의 부정적인 태도를 의식해 보도록 한다.

7. 조직화와 기억 전략 활용

오랫동안 책상에 앉아 있는데 학업성적이 오르지 않는다면 공부한 내용을 조직화하거나 기억하는 방법을 활용해 볼 필요가 있다. 기억을 증진시키기 위한 전략은 그래픽 조직자, 두문자법, 단어고리, 장소법, 시·리듬·운율법, 문장 만들기, 반복 시연 등이 있다(전명남, 2004).

1) 그래픽 조직자

그래픽 조직자 또는 그래픽 보조자료를 사용하여 기억한다. 차트, 그래프, 지도, 모델, 그림 또는 사진, 마인드맵(mind map) 등을 사용하는 것도 학습을 조장하는 효과적인 도구일 수 있다. Wallace와 Kauffman(1986)은 그래픽 보조 자료들이 복잡한 자료들을 더 쉽게 이해하도록 도와주며 대량의 추상적인 개념들을 드러내고 처리하기 쉬운 부분들로 나타나므로 제시하기 쉬우며, 문화적이거나 지리적, 혹은 경제적인 상황들 간의 유사점들이나 이들 사이의 상이한 점들을 확인하도록 도와준다고 설명한다. 따라서 다양한 개념이나 사건들을 시각적인 자료들로 묘사함으로써 학생의 이해를 돕게 되는 것이다.

그래픽 조직자를 활용하여 그림 혹은 단어의 시각적 사이클을 만든다. 원인과 결과, 계열식의 방법이다. 핵심 아이디어, 상세한 내용, 범주/부분, 다이어그램 레벨과 같이 알려진 정보로 그래픽 조직자(graphic organizer)를 만든다. 그러고 나서 빠진 정보를 채워 넣는다.

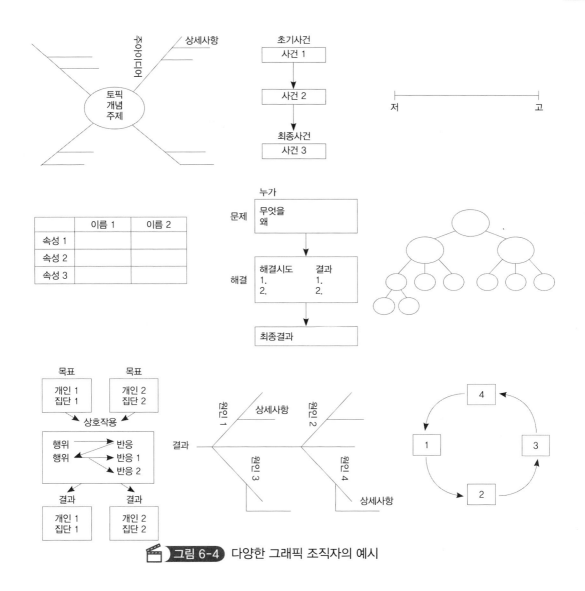

그림 6-4 다양한 그래픽 조직자의 예시

2) 분류법

외울 내용이 많을 때는 분류하고 조직한 후 암송한다. 단기기억 혹은 작업기억
에 속에 들어가는 정보들은 마법의 수인 7과 연관되어 있다. 여기에 +2 혹은 -2 정
도가 기억이 용이하다. 예를 들어, '3 4 7 8 4 5 6'이라는 정보는 쉽게 기억이 된
다. 그러나 그 이상의 정보가 제시되어 암송해야 하는 경우라면 정보를 분류하
여 묶는 조직화의 과정을 거치면 기억이 쉬워진다([그림 6-5] 참고).

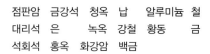

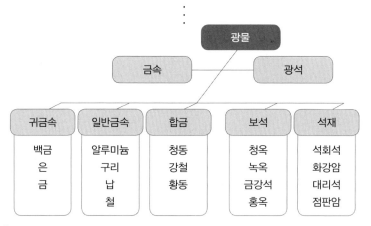

점판암 금강석 청옥 납 알루미늄 철
대리석 은   녹옥 강철 황동   금
석회석 홍옥 화강암 백금

```
                      광물
          금속                    광석

   귀금속    일반금속    합금      보석      석재
   백금      알루미늄   청동      청옥      석회석
   은        구리      강철      녹옥      화강암
   금        납        황동      금강석    대리석
            철                  홍옥      점판암
```

그림 6-5 정보를 분류하고 묶는 조직화의 과정을 거쳐 암송하는 예시

3) 장소법

'로시 에 레스(loci et res)'라고 불리는 장소법은 익숙한 장소와 기억해야 할 항목들을 연결시키는 방법이다. 사는 집이 익숙한 곳이면 첫 번째 방에 들어가면 무엇이 있고, 두 번째 방에 암송할 항목, 이어 세 번째…… 여덟 번째 방에는 다른 항목 등을 위치시켜 기억한다.

4) 두문자법

외워야 할 각 단어의 첫 글자에서 새로운 조합어를 만들어서 암송하는 전략이다. 암송해야 할 여러 개의 항목이 있을 때 연결하여 만든다.

암석의 강도를 외우는 경우

활석, 석고, 방해석, 형석, 인회석, 정장석, 석영, 황옥, 강옥, 금강석
➡ 활석 많은 방형이 인정 많은 석황을 강금했다.

행정의 주요 기능에 대해 외우는 경우

기획(Planning) → 조직(Organizing) → 감독(Directing) → 참모(Staffing) → 조정
(Coordinating) → 보고(Reporting) → 예산(Budgeting)
➡ 알파벳 첫 글자를 모아서 "PODSCORB"

그림 6-6 두문자법의 예시

5) 시 · 리듬 · 운율법

시나 반복되는 리듬 또는 가사를 붙여서 암송하는 방법이다. 특히, 계열화된 지식이나 구체적인 정보를 외우는 경우에 활용한다. 가사를 음 없이 외운다면 기억하기가 어렵지만, 운율을 사용하기에 틀리지 않고 척척 부르게 되는 원리를 활용하는 기억법이다.

조선 왕조의 왕 명칭

➡ "태정태세문단세 예성연중인명선……"

그림 6-7 시 · 리듬 · 운율법의 예시

6) 문장 만들기

의미 있고 재미 있는 문장을 만들어서 문장을 기초로 심상을 형성한다.

미술사의 흐름을 암송

고전파, 낭만파, 자연파, 사실파, 인상파, 신인상파, 후기인상파
➡ 옛날 낭자가 사인으로 신호(후)를 보냈다.

후기인상파 미술가 '마네, 모네, 세잔느, 고흐'

➡ 마네가 모내기를 하다가 술을 세 잔 마시고 고추를 먹더니 호호 하더라.

 그림 6-8 문장 만들기

7) 반복시연

공부할 내용을 반복적으로 읽어서 머릿속에 저장하며 여러 번 자주 반복하는 방법이다. Ebbinghaus는 1896년에 자기 자신을 실험대상으로 하여 무의미 철자(nonsense syllables)를 암송하고 시간이 지남에 따라 회상률이 어느 정도인지를 검증하였다. 그 결과로 자신의 이름을 딴 '에빙하우스 망각 곡선'을 만들어 냈다([그림 6-9]). Ebbinghaus의 망각곡선에서 보면, 1시간 내에 50% 가까이 망각되며 학습한 지 얼마 지나지 않아 반 이상의 정보를 잃고 그 이후에는 평탄해진다. 망각은 학습 직후에 가장 많이 발생하므로 학습을 한 후 한 번 더 반복하여 보아야 하고, 이어서 완전히 암송한 내용이라고 하더라도 8~9시간 안에 반복이 따

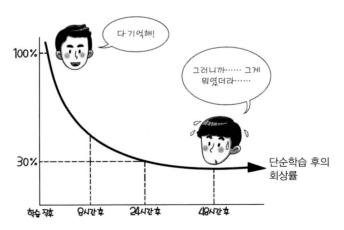

 그림 6-9 에빙하우스(Ebbinghaus)의 망각곡선과 회상률: x축 시간, y축 회상률

출처: 전명남(2004).

라야 효과적이다. 어느 정도의 시간을 두고 기억해야 할 내용을 20여 회 정도 이상 반복한다. 연습은 완전함을 만든다(Exercise makes perfect!).

8) 큰 백지에 공부한 내용 정리하여 소제목 단위로 암송

B4나 A3 크기의 백지에 공부한 내용을 정리 · 요약하면서 기억을 종합하는 방법이다. 정리가 끝나면, 소제목을 단위로 암송한다. 대개 2~3 페이지 읽고 암송하는 것이 적당하다.

학점 4.5만점에 4.5를 획득한 학생들의 인터뷰 자료

'반복과 시연'의 중요성

일반적으로 반복과 시연전략은 단기간 동안 적은 정보의 량을 저장할 때나 공부하는 내용이 빈번하게 사용될 때 유용한 것으로 알려져 있다(Gettinger & Seibert, 2002). 높은 학업성취 대학생도 시험 치르기 전에 2~4회 반복 공부하는 등 기본적인 반복, 다시 읽기, 시연 중심의 학습전략을 보고했다. 반복해서 읽으면 자연스럽게 암기가 된다고 보고하는 학생도 있었다.

세 번, 네 번 정도 봐요. 여러 번 보는 게 좋은 점이 한두 번 정도 보고 나면 세부적인 내용은 이해되는데 큰 맥락은 잘 생각이 안 나거든요. 여러 번 보게 되면 큰 맥락을 잡게 돼요(남학생 3).

암기는 기본이죠. 외운다고 끝나는 게 아니잖아요. ……벼락치기를 하면 금방 외워져도 금방 잊어버리게 되고, 아무래도 평소에 시간을 갖고 반복해서 읽고 자연적으로 암기하게 된 것은 지속적으로 이어지죠(남학생 1).

〈출처: 전명남, 2003c〉

제7장
책 읽기와 글쓰기의 전략

현재 대학의 학생들은 성적 또는 학점 위주의 학습과 취업 문제로 인해 외국어와 상식 등 시험에 필요한 것만 달달 외우며 대학문을 나가고 있는 실정이다. 학습에서 가장 중요한 것은 읽기, 바로 독서(reading)다. 안중근 의사는 "하루라도 글을 읽지 않으면 입에 가시가 돋힌다."라고 하며 책 읽기를 강조하였다. 읽기는 사회에서 적절한 기능을 하기 위해 필수불가결한 복잡한 인지적 활동이다. 현재의 지식 및 문명 사회에 들어가기 위해 학생은 읽기를 학습해야 한다. 이상적인 수준에서의 읽기는 비판적 사고와 창의적 사고를 포함시킨 고차적 읽기 수준까지 도달하는 것을 말한다. 학생들은 교재의 의미를 이해하여야 하고, 결정적으로는 메시지를 평가하고, 내용을 기억하고, 새롭게 구축된 지식을 융통성 있게 적용해야 할 필요가 있다(Pressley, 2000). 독서 속도·정확성·이해력은 고등 교육 코스에서 주어지는 부가적인 연습을 통해서 개선될 수 있다. 하지만 일부 학생들이 자신이 살아온 생애 동안 놓쳤던 연습을 완전히 보상한다는 것은 어려운 일이다. 어구 구조를 분석하여 이해하는 기술이 향상되는 과정에서는 어휘력, 다양한 작문 스타일을 익히는 것, 복잡한 구문론을 준수하는 능력, 어려운 교재에 접근하는 것에 대한 자신감 등을 성취해 내는 데 훨씬 더 오랜 시간이 걸리게 된다.

독서를 포함하여 사회문화적 교류 속에서 학생들이 실천할 수 있고 이루어 낼 수 있는 주요한 지적 행위가 글쓰기(writing)다. 글쓰기 또는 논술은 문법, 철자, 문장, 문단 구성능력의 증진뿐만 아니라 기술적 · 설득적 · 창의적 글쓰기를 통해 다른 사람들과 의사소통할 수 있는 능력을 높이는 데 필요하다.

1. 책 읽기의 전략

최근에는 미디어의 발달로 전통적인 책뿐만 아니라 e북, 인터넷, TV, 비디오의 정보까지 넘쳐 나고 있다. 즉, 읽어 내야 할 정보가 많아지고 있는 것이다. 이러한 미디어의 홍수 속에서도 책은 유용한 지식 전달의 매개로 활용되고 있다. 더 깊은 지식을 얻고 자신만의 것으로 만들기 위해서는 효과적으로 책을 읽는 법을 아는 것이 중요하다(전명남, 2004b).

1) 학생들이 읽기에서 겪는 곤란

대부분의 성인들이 인식하고 있는 것보다도 학생들은 읽기에 대해 훨씬 더 많은 어려움을 겪고 있을 것이다. 학생들이 읽기를 어려워하는 데는 여러 가지 이유가 있다. 읽기를 하는 데 있어서의 어려움에는 신체적인 곤란, 음성학상의 곤란, 선택의 어려움, 읽기 속도의 문제, 빈약한 독서량, 많은 독서목록 등이 있다. 읽기와 관련된 신체적인 곤란을 연구했던 동런던대학교에서는 두 가지 수업 교과목을 수강하고 있는 학생들을 조사한 결과, $\frac{2}{3}$의 학생들이 유인물로 나누어 준 읽기자료를 읽는 과정에서 글을 읽기 위해 한쪽 눈을 가린다거나, 단시간 글을 읽고 나면 눈이 아파 오는 것, 교재가 흐릿한 것, 줄을 건너뛰며 대충 읽는 것, 의미를 이해하지 못하는 것 등의 행동을 보였다고 발표했다. 이 학생들에게 실시한 시력 검사에서는 이러한 문제점을 해명해 줄 만한 아무것도 발견되지 않았다고 한다.

또한 읽기와 관련해서 음성학상인 곤란도 보고되고 있다. McGuiness(1999)는 연구자로서 기대했던 것보다 학생들의 독서 능력이 형편없고, 수많은 학생들이 긴 말을 음성학상 더 작은 단위로 나누지 못한다는 사실을 알고는 매우 놀랐다고 했다. 한국어로 말하자면, 한문어로 된 각각의 한글 속 '음성어'들을 잘 구분해 내지 못하는 것을 가리킨다. 대신 학생들은 더 긴 말 속에 있는 더 작은 단어를 찾아 이것을 결합시켜 목표어와는 어울리지 않는 새로운 합성어를 만들어 냈다. 예를 들면, paramagnetism을 para-ram-magnet-ism으로 만든 것과 같은 예다.

다른 일상생활에서와 마찬가지로 학생들은 무언가를 선택하는 것에 대한 자신감과 능력이 둘 다 부족하다. 읽은 자료에서 핵심 아이디어를 선택하거나 명제적 지식과 절차적 지식을 선택해 내는 데 어려움을 갖는다. 이것은 단순히 성적이 저조한 학생들에게만 나타나는 특징이 아니다. 성적이 우수한 학생들조차도 책을 읽고 그 내용을 필기하는 데 많은 시간을 보내기도 한다. 이러한 학생들이 신속하게 학습을 전개시켜 나갈 때, 이것은 성적이 저조하여 읽고 필기하는 속도가 느린 학생들보다도 덜 문제시되어 나타날 수도 있다.

읽는 속도의 문제도 나타나고 있다. 전 세계적으로 대학교육의 대중화로 인해 고등 교육기관에 입학한 학생들이 대개 읽기 경력이 매우 빈약하다. 일부 학생들은 학교를 졸업한 이래로 책을 읽은 적이 없는 경우도 있다. 학생들이 읽었던 자료는 대중적인 신문이나 잡지책과 같이 매우 짧은 단락을 캡션을 이용하여 읽은 것일 수도 있다. 읽는 속도는 앞서 언급했던 신체적인 곤란과 전문적인 어휘의 생소함뿐만 아니라 연습의 부족에 이르기까지 여러 가지 이유로 느려질 수 있다. 또 기반 지식 부족으로 읽기 속도가 느려질 수도 있다. 이러한 이유들 중 많은 부분이 내용을 제대로 이해하지 못하는 원인이 될 수 있으며, 그것은 단어를 찾아보기 위해 멈추고 자신의 리듬을 깨면서도 학생들이 짧은 조각들을 여러 차례 반복해서 읽어야 한다는 것을 의미한다.

위에서 열거된 문제점들이 나타난다면 수많은 대학생들에게 독서는 느린 과정이 될 수밖에 없다. 뿐만 아니라 학생들은 예전의 학생들보다 독서를 할 수 있는 시간이 훨씬 더 줄어들었다. 특히, 교과목이나 강좌에서 책을 페이지마다 꼼꼼히 읽고 필기를 해야 한다는 의무감을 느끼고 있는 상황이라면, 학생들은 규정된 독서량을 달성해 내는 것에 대해서 심각한 걱정에 사로잡히게 될 수도 있을 것이다.

도서들 간의 차이를 구별해 내는 방법에 대해서 어떠한 지침도 제시해 주지 않

은 채 긴 독서목록을 제시해 주는 것은 수많은 학생들에게 문제점을 야기시킬
수도 있다. 현실적으로는 도서관에서 실제 읽을 필요도 없는 책을 대여하기 위
해 오랜 시간 기다려야 할 수도 있으며, 꼭 필요하지도 않은 서적 및 중복되는
정보를 읽는 것에 대해 훨씬 더 긴 시간을 소비하게 될 수도 있다.

2) 교재를 잘 읽는 방법-SQ3R 전략

SQ3R 전략은 교과서를 공부하기 위해 고안된 체계적인 읽기 방법이다. SQ3R
은 1940년대에 오하이오 주립대학교의 심리학자인 Robinson이 개발한 것으로,
다양한 변형이 있는데 많은 학생들이 성공적으로 사용한 효과적인 읽기 시스템
이다(전명남, 2004).

(1) 개관(Survey: S) 단계
개관은 '전체적으로 훑어보기(overviewing)'라고도 하며, 책을 읽기 전에 그 장
에 있는 여러 가지 절의 제목, 그림재료, 장의 요약을 살펴보는 것을 의미한다.
전개될 몇몇 큰 핵심내용을 보기 위해 그 장의 제목들을 훑어본다. 또한 각 장
뒤에 최종 요약 문단이 있다면 그것을 읽는다. 이러한 개관은 1분이나 2분 이상
걸리지 않을 것이다. 개관은 학생들이 이후에 읽을 생각들을 조직하는 데 도움
을 줄 것이다.

- 앞으로 읽을 내용을 한 번 훑어본다.
- 읽을 분량을 체크한다.
- 다루기 쉬운 단원을 확인한다.
- 제목, 서론, 굵은 글씨체의 표제를 읽는다.
- 차트, 그래프, 그림 등 시각적인 자료들을 본다.
- 요약된 단락을 읽는다.
- 단원의 마지막에 있는 질문/주제를 읽는다.

(2) 질문(Question: Q) 단계

책에 나오는 각 장, 각 절의 소제목을 6하 원칙에 따라서 의문문으로 바꾸어 본다. 이는 읽고 있는 내용에 대한 흥미와 관심을 유발하며, 그 내용의 중요성을 평가하는 데 도움이 된다. 첫 번째 제목부터 질문을 하면서 시작해 보라. 이것은 자료를 읽는 데 명확한 목표를 줄 것이다. 이 과정을 통해 이해를 증가시킬 수 있다. 그것은 이미 알고 있는 정보를 염두에 두어 그 부분을 더 빠르게 이해하도록 도와준다. 질문은 또한 설명적인 세부 사항과 같은 것을 인식하게 함과 동시에 중요한 핵심을 두드러지게 해 준다.

- 텍스트에 기초하여 해답을 얻고 싶은 질문들을 적는다.
  - 훑어보는 동안(Survey) 알게 된 것
  - 그 주제에 대해 이미 알고 있는 것
- 굵은 글씨체의 표제를 질문으로 바꾼다.
- 단원 끝에 있는 질문 중 흥미로운 것을 적는다.

(3) 읽기(Read: R) 단계

앞의 단계에서 제기한 질문에 대하여 답을 할 수 있도록 끝까지 읽는 과정이다. 이것은 수동적이 아닌 적극적 탐색과정이다. 책의 여백에 자신의 말로 이해하기 쉽게 요약해 둔다. 이 과정은 수동적으로 읽는 것이 아니라, 질문에 대한 답을 찾기 위한 적극적인 탐색과정이다.

- 주요 아이디어, 보조 자료, 변화의 추이를 읽는다.

- 제시된 자료들의 특징과 윤곽을 그려 본다.
- 책에 표시를 하면서 이러한 특징들이 의미하는 것을 기록한다.
- 읽고 표시하며 질문한다.
  - 주제가 무엇인가?
  - 논지가 어떻게 전개되었는가?
  - 단락에서 알아야 하는 내용은 무엇인가?

(4) 암송(Recite: R) 단계

책을 읽고 난 후 앞에서 했던 질문과 해답을 모두 암송해 본다. 책을 보지 않고 요점들을 자신의 말로 표현해 본다. 이 과정에서 실패하면 다시 책을 읽는다. 우선, 첫 번째 부분을 읽으면서, 책에서 눈을 돌려 '여러분 자신의 말'로 질문에 대한 답을 암송해 보라. 이것을 할 수 있다면, 책 속에 있는 것을 알고 있는 것이다. 만약 그렇지 못하다면, 힐끗 다시 책의 내용을 본다. 각 부분에 대해 SQ3R의 첫 번째 4단계를 반복한다.

- 소리 내어 크게 읽어 보고 주제나 제시된 자료들을 적는다.
- 시선을 다른 곳에 두거나 책을 덮는다.
- 주제나 세부적인 내용을 자신만의 언어로 말해 보거나 적는다.
- 만들었던 질문에 답해 본다.
- 정확하게 적었는지 검토하기 위해 점검한다.
- 빠뜨린 정보가 있는지 찾아본다.
- 시선을 돌리고 다시 말해 보고 적어 본다.

(5) 복습(Review: R) 단계

중요한 요점을 떠올리고 이들 요점 간의 상호관계를 정리하기 위하여 자신의 노트를 훑어보고 세부 내용을 기억하고 있는지를 확인해 본다. 기억을 체크하는 것은 노트를 덮고 주제를 회상하고자 함으로 행해질 수 있다. 그리고 나서 각 주제를 드러내고 그 아래 목록화된 하위 핵심사항을 회상해 낸다.

- 자료를 즉시 혹은 나중에 훑어본다.

• 머릿속으로 전체 내용을 그려 본다.

• 주제를 소리 내어 말해 보거나 자신의 질문에 답해 본다.

• 주제들을 조합해 보고 깊이 생각한다.

• 비교하고 대조해 보며, 읽은 내용을 재조직하고 범주화한다.

• 이미 알고 있는 것들이나 다른 주제들과 관련지어 주제를 연결시켜 본다.

• 스터디 노트를 만든다.

3) S-RUN 전략

(1) SURVEY: S

읽는 전체 내용을 살펴본다. 모든 제목, 차트, 도표, 그래프뿐만 아니라 표제 소개 글을 읽는다.

(2) READ: R

내용을 읽는다.

(3) UNDERSTAND: U

각 제목을 설명하는 자료에 밑줄을 그어 가며 이해한다.

(4) NOTE TAKING: N

이전 단계를 완성한 후에 자료에 필기를 한다. 그 부분의 주요 핵심을 요약한다.

4) 효과적인 책 읽기를 위한 몇 가지 전략

(1) 먼저 책에 대한 정보를 파악한다

읽을 만한 가치가 있는 책을 선택하기 위해서는 먼저 책에 대한 정보를 알아야 한다. 신문이나 TV, 라디오, 인터넷 등에 소개된 광고나 리뷰도 도움이 되겠지만, 자신이 직접 책을 체계적으로 훑어보고 미리 들여다보는 것이 가장 효과적이다.

- 책의 제목과 표지를 살펴본다.
- 목차를 통해 책의 구조를 들여다본다. 작가의 이력과 출판일, 서문(머리말)을 살펴보는 것도 많은 도움이 되며, 논제의 중심이 될 만한 장(Chapter)이나 요약이 있다면 자세히 읽어 본다.

(2) 질문하면서 읽는다

질문하면서 읽기(Reading with a question)는 효과적인 책 읽기 전략이다. 책은 능동적인 읽기 방식으로 스스로 답을 찾아야 할 질문을 던지며 읽는 것이다.

- 질문을 던지면서 읽는 습관을 지니게 되면 그렇지 않은 사람들보다 책을 더 잘 읽을 수 있다.
- 책 읽는 '기술'이란 읽는 내용에 대해 질문하고 답하는 데 익숙해진 능력을 갖춘 것을 말한다.

(3) 책을 읽는 습관을 들인다

책을 잘 읽기 위해서는 독서를 습관으로 만드는 것이 중요하다. 습관이 형성되도록 하는 가장 좋은 방법은 되도록 자주 반복하여 읽는 것이다. 처음 읽었을 때 잘 이해가 되지 않는 것도 두 번, 세 번 반복하면 더 잘 이해할 수 있는 경우가 많다.

(4) 책을 읽는 속도를 증진시킨다

책을 효과적으로 빠르게 읽는 방법을 알게 되면 짧은 시간 동안에 보다 많은 양의 독서를 할 수 있을 뿐만 아니라 책 읽기에서의 보다 큰 통제력을 얻을 수 있다. 다음의 표는 책을 읽는 사람의 목적에 따른 독서의 속도를 대략적으로 나타낸다(전명남, 2004).

표 7-1 책 읽는 속도

책 내용 수준	예	목적	속도범위	이해 목표
가장 깊이: 복잡한, 난해한	전문적인 텍스트, 시, 법률 문서, 문제해결	철저한 숙달, 주제에 대한 배경 지식이 없을 때	300 wpm	90%
보통: 설명적인, 보충적인	교과서, 소설, 전공논문	기본적 일반 이해와 회상	300~600 wpm	70%
쉬운: 일반적인 흥미	신문, 카탈로그	오락	500+ wpm	없음
깊이 없음: 대강 읽기	선택과목 텍스트, 도서관 참고문헌	개관, 대안적 관점, 사전 검토	600+ wpm	선택적 50%
깊이 없음: 훑어보기	색인, 전화번호부	정보 소재	가장 빠른	100% 명확

* wpm: 분당 단어 수

(5) 읽기 속도 증가시키기: 알람시계 읽기

읽기 연습을 위해 친숙하고 흥미로우면서도 쉬운 주제를 선택한다. 매우 흥미를 느끼는 주제나 쉬운 문체로 쓰인 간단한 소설들이 빠른 읽기 기술을 기르는 데 적합하다.

- 처음에는 소설이나 쉬운 논픽션의 책을 선택한다.
- 15분 정도 읽은 후에 알람이 울리도록 알람시계 또는 타이머를 설정한다.
- 알람이 울릴 때까지 가능한 한 빠르게 책을 읽는다. 수업시간의 압박하는 느낌을 읽기 속도 때에도 동일하게 느끼고자 노력한다.
- 알람이 울릴 때 읽은 페이지의 수를 적는다. 예를 들면, 5 1/4, 7 1/2라고 적는다. 단어를 세지 않고 바로 책을 덮는다.
- 읽은 자료를 큰 소리로 말한다. 그렇게 해 보면, 잘 기억하지 못했다는 사실을 더 잘 인식하게 된다. 읽은 것에 대해서 기억할 수 없으면서 빨리 읽기만 하는 것은 아무 소용이 없다.
- 다음 읽기에서 더 빨리 읽고자 노력하라. 천천히 읽는 습관을 버리기 위해서는 쉬운 자료 읽기를 꾸준히 하면서, 처음부터 빠른 속도로 읽고자 힘써야 한다.
- 책에 인쇄된 각 문장의 줄을 따라 눈으로 빠르게 쓸어내리며 본다. 그러나 전 부문이 완결될 때까지는 다시 되돌아보려고 읽기를 중단하지 않는다.

준비~

- 매일 읽는 연습을 한다. 산발적이고 드문 연습은 가치가 별로 없다. 자신의 진보를 볼 수 있도록 최근 기록들을 적어 둔다.

(6) 때로는 책 내용을 선택적으로 읽는다

책의 내용이나 관심에 따라 대략적으로 읽고(scan), 때로는 띄엄띄엄 읽어(skim)도 본다. 학습하고자 하는 내용을 선택적으로 읽을 수 있도록 도울 것이다.

(7) 눈과 마음으로 읽기

'눈과 마음으로 읽기'가 이루어지는 읽기는 읽는 사람이 책의 일부분 안에 있고, 책과 그의 지식과 경험 간의 이중 인지적 과정(dual cognitive process)이 구체화되는 것을 가리킨다(King, 1994). 읽고 있는 책에서 의미를 도출하기 위해서 읽는 사람은 '구문에서 도출되는(text-driven)' 과정과 '지식 도출(knowledge-driven)' 과정 두 가지 모두를 경험해야 한다. 능동적으로 읽는 사람은 기존의 세계와 새로운 세계의 통합을 통해 의미를 구성하고, 이해를 돕고, 모니터하고, 조절하고 유지하기 위해 융통성 있게 전략을 사용해 나간다. 이러한 읽기는 깊이 이해하도록 이끌며, 자신의 인지적 과정의 의식적인 통제감, 자기조절을 발달시킨다(Pressely, 2000).

(8) 저자와 대화하는 듯 읽는다

책을 읽는다는 것은 일종의 대화를 하는 것이므로 수동적이고 유순한 태도보다는 적극적이고 독립적으로 책을 판단할 수 있어야 한다.

- 책을 이해하면서 읽는다.
- 저자의 견해나 이론에 동의나 반대를 표할 수 있다.

(9) 책에 효과적으로 표시나 메모를 하면서 읽는다

글을 읽은 후에 책에 밑줄을 긋는 등 표시를 하는 것은 이해를 높이는 데 많은 도움을 준다. 표시하는 것은 보다 적극적인 독서와 효율적인 회상을 가능하게 한다.

- 책의 여백에 주제어 및 코멘트를 적는다.
- 강의에서 들은 것을 메모하거나 참고할 문헌 등을 기록한다.
- 밑줄을 그을 때는 가능한 적게 한다. 중요한 단어 또는 문장에만 밑줄을 긋는 것이 좋다.
- 색깔 있는 펜을 사용하거나 동그라미로 표시하는 것도 좋은 방법이다.

(10) 다른 속도로 읽기

읽기 능력에서의 결함은 학교생활에 적용하지 못하는 결정적인 원인이 되는 부분이다. 읽기는 아주 복잡한 과제로서, 글자 및 단어와 같은 상징을 인식하는 '해독(decoding)과정'과 시-청지각적인 과제의 의미를 이해하는 '독해(comprehension)과정'으로 구분된다(Mercer, 1997). 이러한 관점에서의 읽기는 '읽기를 학습하는 것(learning to read)'과 관련된 것이고, 지금 여기서 언급하고자 하는 '여러 가지의 속도비율로 읽기'는 학습전략에 해당하는 '학습을 하기 위한 읽기(reading to learn)'로서 읽기의 기능적인 면에 관한 것이다. 학생들은 여러 가지 속도로 읽는 전략들을 개발해야 한다. 여기서 '다른 속도'라는 것은 다양한 형태의 용어로 표현될 수 있으나, 대체로 대충 읽기(skimming), 전체적으로 훑어 읽기(走査, scanning), 빨리 읽기(rapid reading), 정상속도로 읽기(normal reading), 그리고 주의 깊게 읽기(熟讀, careful or study-type reading) 등이 포함된다. 어떤 속도 비율로 읽을 것인지는 주어진 과제의 타입이나 길이에 의해 결정된다.

표 7-2 읽기 속도의 종류와 활용 내용

종류	활용내용
대충 읽기(skimming)	자료의 일반적인 아이디어를 집어내기 위해 사용되는 빠른 속도의 읽기. 학생은 내용을 대충 훑어 읽어 내려가면서 다른 부분들은 의도적으로 대강 건너뛰어 가거나 무시함
전체적으로 훑어 읽기 (走査, scanning)	빠른 속도의 읽기로서, 정보의 특정 아이템이나 부분들을 알아내기 위해 사용. 예를 들어, 전화번호나 이름을 찾기 위하여 자료를 전체적으로 훑어보아야 하는 것

빨리 읽기 (rapid reading)	주요 아이디어들을 뽑아 내거나 익숙한 자료를 다시 읽기 위해 사용함. 독자가 정보를 일시적으로 사용하는 데 목적이 있는 경우 몇몇 세부사항들 정도는 빨리 읽기로 알아낼 수도 있음
정상속도로 읽기 (normal reading)	학생이 세부사항들이나 각 사항들의 관련성들을 알아내거나 문제를 해결하거나 특정질문에 대한 정답들을 찾을 때 사용함
주의 깊게 읽기 (熟讀, careful or study- type reading)	느린 속도의 읽기로서, 세부사항을 마스터하거나 정보를 유지 또는 평가하거나, 지시를 따르거나, 다른 유사한 과제들을 수행하는 데 사용함

이외에도 요약하면서 읽기(summarizing), 선택적으로 소리를 낮추어 읽기(selective subvocalizing), 예상하고 직관하면서 읽기(anticipating and intuiting) 등의 방법을 활용하여 능동적이고 효과적인 책 읽기를 할 수 있다.

5) 비효과적인 책 읽기

책 읽기는 개인적인 경험이 누적될수록 읽게 되는 속도나 방법 설정이 용이해진다. 그러나 다음과 같이 책 읽기를 하면 일반적으로 비효과적이라고 제안되고 있다(전명남, 2004).

• 책을 읽을 때 단어를 하나하나 읽는가?
• 모르는 단어가 나오면 대개 일단 멈추는가?
• 책을 읽을 때 입술을 움직이거나 소리를 내는가?
• 모든 책을 같은 속도록 읽는가? 교과서, 소설, 교양서적 등 내용에 따라 독서 방법이 달라야 한다.
• 읽는 부분을 다시 되돌아와서 읽는 버릇이 있는가?
• 핵심 내용을 찾기보다는 생각 없이 무조건 읽어 나가는가?

하루라도 책을 읽지 않으면 입 안에 가시가 돋는다

'공부'를 하는 가장 대표적이고 오래된 방법은 책을 읽는 것이다. 물론, 여가를 위한 독서도 있지만 그때조차도 사람들은 자신의 생각을 키우고 감정을 풍부하게 하는 독서의 효과를 무의식중에 염두에 두고 있는 듯하다. '책을 읽으면 뭔가 남는다.'는 생각에서인지 많은 사람들은 '독서'를 매우 좋은 수준의 취미 생활로 꼽는다. 하지만 이런 수준 이상으로 '독서'에 대해 생각하는 경우도 있다. '독서가 어떻게 취미 생활일 수 있는가? 독서는 생존의 방식이다.'라고 이야기하는 사람도 있다. 한 작가는 '독서 일기'라는 제목의 책을 10년 가까이 꾸준히 발표해서 현재 10권까지 나와 있으며 그의 독서 이력이 어디까지 갈 것인지에 많은 사람들이 관심을 갖고 있다. 그에게는 삶이 독서요, 독서가 삶이었던 것 아니었을까 추측해 본다. 독서를 통해 우리가 얻어야 할 것은 무엇인지, 어떤 방법으로 독서를 해 나가야 할 것인지, 나의 삶과 독서는 어떤 연관을 맺고 있는지 생각해 보는 것이다(전명남 외, 2008).

목적으로서의 독서, 수단으로서의 독서

독서론에 대해 이야기를 해 나가야 하므로 독서가 과연 무엇인지 다시 한 번 생각해 보기 시작하였습니다만, 아무리 생각에 생각을 거듭해 보아도 어렵기 그지없는 테마입니다. 왜냐하면 독서라는 개념은 너무나 광범위하고 애매하기 때문입니다. 예를 들어, 자연과학 서적을 읽는 것과 에로틱한 연애 소설을 읽는 것은 책을 읽는다는 면에서는 동일하지만, 그 안에 내포된 내용을 살펴보면 전혀 다른 행위입니다. 따라서 독서론을 전개할 때 무엇을, 어떤 목적으로 읽는가 하는 문제와 따로 떼어 놓고 생각한다면 무의미한 일이 될 것입니다.

그래서 우선은 어떤 독서에 대해 이야기할지 정해야겠습니다. 외견상 책으로서의 체제는 갖추고 있으나 전혀 책 제목과 어울리지 않는 별 볼일 없는 책은 여기서 생략하겠습니다. 이를 전제로 독서에 대해 이야기하려고 하는데, 먼저 독서라는 것을 두 가지 종류로 나누어 보겠습니다.

하나는 독서 그 자체가 목적인 독서, 또 하나는 독서를 하나의 수단으로 활용하는 독서로 나눌 수 있습니다.

목적으로서의 독서란 책을 읽는 것 자체가 목적이자 즐거움인 책 읽기인데, 대표적인 예로 문학 작품을 읽는 것을 들 수 있습니다.

그리고 수단으로서의 독서란 특별한 목적을 가지고 책을 읽는 것을 말합니다. 다시 말해, 독서를 통해 책 속에 담겨 있는 지식이라든가 정보 혹은 원하는 것을 얻으려는 목적으로 책을 읽는 것입니다. 간단한 예로 요리 만드는 법을 배우고 싶어 요리책을 보는 것을 들 수 있으며, 비즈니스 관련 서적, 자연과학 서적 등의 독서도 이 범주에 포함됩니다.

다치바나 다카시 저, 『나는 이런 책을 읽어 왔다』

(   )으로서의 독서

나는 가끔씩 학생들에게 취미가 무엇이냐고 물어본다. 대부분 음악 감상이나 영화, 비디오 감상이라고 답하는 경우가 많다. 또 어떤 학생들은 자주 "나의 취미는 독서!"라고 우렁차게 말한다. 그럴 때 필자는 조금 분개한다. "독서가 취미라고? 독서는 생활이야!"라고 일갈한다.

독서, 곧 책을 읽는다는 것이 왜 취미가 되어서는 안 되는가. 우리는 취업을 준비하는 데 필요한 입시용 실용서적도 죽기 살기로 밑줄을 그어 가며 본다. 독서가 취미가 아닌 까닭 하나가 이것이다. 취미로 입시서적을 읽는 사람들은 없는 것이다. 마찬가지로 취미로 세상을 사는 사람들은 없다. 극소수의 유한계층 사람을 제외하고는 적당히 일하고 적당히 쉬는 사람들은 눈 씻고 찾아보아도 없는 것이 세상살이다. 회사원이건 학생이건, 노동자이건 공무원이건 간에 세상살이는 받는 돈만큼이나 고단하게 자신의 전력을 다하지 않으면 지위나 성적, 월급이나 보너스가 높아질 수 없다는 것을 쉽게 절감한다. 그러니, 취미라는 말이 고상하게도, 해도 좋고 안 해도 좋은 일, 나의 취향과 맞아떨어지는 여가활동, 호기심과 열정을 집중하는 소일거리라는 뜻에 가깝다면, 지금과 같이 치열한 시대에는 씨도 안 먹힐 것이다. 나의 불안한 미래, 불투명한 현실에 잠시 눈을 돌리더라도 신문 한 장이나 시사 잡지 한두 권으로는 어지러울 정도로 빨리 변해 가는 세상을 따라잡기란 어렵다. 그렇다고 해서 포기한다는 것은 더더욱 생각할 수 없다. 이런 측면에서 책 읽기는 생존의 문제와 직결된 삶이어야 한다.

최근 내한한 미국의 고위관료가 된 재미동포는, 미국의 경우 향후 30년 안에 기존의 직업 중 90%가 도태되고 전혀 알려지지 않은 직업이 도래할 것이라고 진단하고 있다. 이 직업전문가의 말을 요약해 보면, 지금의 10대와 20대는 과거처럼 한두 개의 직업으로 사회활동을 마감하는 시대가 아니라 일생 동안 적어도 10개 내외의 직업을 갖게 되는 시대를 살아갈 것으로 진단하고 있다. 이 과정에서 필요한 것은 빠른 추세로 변화하는 현실 안에서 자신의 적성과 취향에 맞는 직업을 선택하는 일이고, 그러기 위해서는 그에 적합한 사회성과 인성이 필요할 것이다. 여기에 필요한 것은 세계라는 텍스트를 정확하게 분석하고 핵심을 관통하는 명민한 판단력이다. 그 판단력은 책 읽기를 통해서만 배양될 수 있다. 타인들과 조화로운 관계 정립을 위해서는 어떤 상황에서 어떤 대화를 할 것이며 표현에서 생략된 몸짓이라는 언어는 어떻게 해독해야 할 것인가가 무엇보다도 중요하다. 이 문제는 책 읽기를 통해서 얼마든지 신장할 수가 있다. 사태가 이럴진대 책 읽기가 취미여서는 세상살이가 곤란해질 수밖에 없는 것이다.

유임하 저, 『동서양 고전 읽기와 글쓰기』

독서의 (　　)

무릇 독서에도 때가 있어 보인다. 성장기에 이루어진 독서 습관이 평생을 더 많은 독서로 인도하는 훌륭한 계기가 된다는 점에서 그러하다. 독서는 사실 몸에 밴 자세와 침묵에 길들여지는 습관을 필요로 한다. 소란스러운 분위기 안에서는 몰입을 필요로 하는 독서가 여의치 않은 법이다. 마찬가지로 한 번에 수많은 책을 읽기로 작정하는 것만큼 우둔한 일도 없다. 책 읽기에서 이런 다짐은 스스로 과식하겠다는 행동과 크게 다르지 않다.

책 읽기는 대부분 어린 시절 황홀경에 빠질 만큼 몰두했던 동화들로부터 시작된다. 「보물섬」「소공자」「소공녀」「알프스 소녀 하이디」「플란다스의 개」「15소년 표류기」「서유기」「로빈슨 크루소」 같은 작품에 대한 즐거웠던 기억을 떠올려 보자. 숱한 공상과 즐거운 상상으로, 별로 가득 찬 밤하늘을 경이롭게 바라보았던 짙은 감동의 순간들은 왜 지금 이 자리에서 되살릴 수가 없는 것인가. 바로 이처럼 흠뻑 젖어드는 즐거움의 독서가 생활화되어야 한다.

즐겁고 자발적인 책의 향유만큼 이상적인 독서의 모습은 달리 없다. 이것이야말로 10대의 꿈 많던 시기, 넘치는 시간을 주체하지 못했던 젊음의 방황을 책 속의 세계로 몰입하며 스스로를 제어할 수 있는 힘을 기르는 길로 보인다.

책을 읽다 보면 어느새 창밖은 희부예진다. 약간의 피로와 현기증, 깨어나는 몸의 기운이 밤새 빠져 있던 연인들의 사랑, 천재들의 고뇌, 아슬아슬한 모험담에서 비로소 헤어나게 해 준다. 이 즐거운 독서의 경험은 훗날 거짓된 세계와 얼마간 거리를 두고 복잡한 세계에 내가 어떻게 살아가야 할 것인지, 영혼의 고결함과 빵의 풍요를 어떻게 조화시킬 것인지에 대한 숙고로 이어지게 만들고, 다른 한편으로 나를 비롯한 가족과 이웃, 오지의 원주민들과 함께 인간다운 삶을 이루기 위한 상상적, 실천적 제휴를 가능하게 만든다.

유임하 저, 『동서양 고전 읽기와 글쓰기』

(   )

'책 속에 길이 있다'는 서양 격언에는 책에 대한 오랜 믿음 하나가 있다. 이름하여 '책지상주의'라고 불러야 될 '북이즘(Bookism)'이라는 말이다. 책으로 그 모든 세계의 비밀을 헤아릴 수 있다는 말은 비단 영지주의자들이 말하는, 신령스러운 지식으로 구원을 얻을 수 있다는 믿음에 결코 뒤지지 않는다. 책이란 그처럼 세계 일반에 대한 앎을 지닌 지식의 저장고였고 자신을 구원하는 통로인 셈이다.

전근대로부터 근대로 이행하면서 괄목할 만한 성장을 이룬 우리 사회에서 지식의 대중화에 따른 교육의 힘은 거의 절대적이었다고 해도 좋을 지경이다. 그만큼 ㉠책을 통한 교육과 지식 대중화의 위력은 절대적이었던 것이다. 불과 한 세기를 넘어 사회 현실을 전혀 이질적인 것으로 만들어 놓았기 때문이다.

오늘날과 같은 전자 미디어 환경 안에 놓인 사회 변화 속에서도 문자 문화의 기록과 그 산물들이 보여 준 위력은 퇴색되었다기보다는 다양화되었다고 보는 편이 옳다. 책 속의 길은 인간의 세계 이해 능력을 고양시킬 뿐만 아니라 한 인간이 사회에 미치는 영향력을 최고도로 발휘하게 만든다. 그러한 점에서 책의 역사야말로 온전하게 근대 인간의 역사로 보아야 할 것이다.

책을 읽는다는 것은 자신의 귀중한 시간과 자원을 바치는 것을 전제로 한다. 만약 책 대신 그 시간을 텔레비전에 바친다면 시시각각 빠르게 전개되는 화상에 눈과 귀를 빼앗기면서 정작 자신이 숙고해야 할 문제에 대한 생각을 정리할 기회를 누리지 못한다. 그런 점이 텔레비전 시청을 비롯한 많은 여가 활동에서 책 읽기를 독립시켜 생활의 일부로 삼지 않으면 안 되는 이유다.

유임하 저, 『동서양 고전 읽기와 글쓰기』

꼼꼼하게 읽기 - (   )

읽기는 생각 이상으로 우리에게 인내를 요구한다. 장시간 동안 몸을 움직이지 않고 동작을 그대로 유지한다는 것은 훈련을 거치지 않고는 어렵다. 대부분의 사람들이 책 읽기를 두려워하는 것은 편안한 몸가짐으로 대하는 저 텔레비전의 화려한 영상 때문이다. 영상이 우리를 침탈하는 것은 선연한 이미지들이 빚어내는 확정된 인상과 미처 탐색할 틈을 주지 않고 다음 장면으로 지나가 버리는 연속성이다. 이 연속성은 우리의 사고를 정돈하기 전에 다음 장면을 우리의 눈앞에 제출한다. 그런 까닭에 영상을 인상의 폭력으로 보는 경우도 있다. 우리를 무장해제시킨 채 일방적으로 영상을 받아들이게 만드는 텔레비전은 그 자명함과 빠른 속도로 우리의 성찰을 위축시키거나 마비시킨다.

반면 책은 우리가 필요하다면 언제든지 반복해서 읽을 수 있게 한다. 지루하다면 몇 장을 건너뛸 수도 있다. 우리에게 책이 제공하는 자유는 자발적인 사고와 상상과 추리다.

그러나 독서에서 정작 중요한 일은 허다한 활자들로 촘촘히 매긴 의미들과 논리, 행간에 담긴 글쓴이의 고뇌를 짐작하는 것이다. 여기에는 어떤 흐름이 있어 보인다. 비록 서툰 표현처럼 보여도 우리가 도달하기 어려운 정신적 깊이를 재면서 나의 정황과 대비하는 일은 반드시 필요하다. 더 나아가 내가 처한 상황이라면 어떻게 할 것인가. 그러한 가정과 내 구체적인 삶으로의 적용이 독서과정에서나 일상적인 삶에서 나의 사유를 풍요롭게 만들 것이다. 독서 과정에서 정확한 독해는 사전적인 의미를 넘어 문맥에 유동적으로 머문 의미들을 파악하기를 요구한다. 글자 하나하나, 단락에서 단락으로 넘어가는 논리의 묘미 또는 생각의 흐름을 알아차리는 일은 몇 배의 집중력을 요구한다. 그 집중력과 판단들은 곧바로 우리 삶에서 직면하게 될 여러 난관과 장애를 넘어서는 데 요긴한 척도 하나를 제공해 준다. 그 척도가 쌓이면 그로부터 사고의 원숙함과 행동의 신중함이 생겨난다. 그런 점에서 척도는 사고의 수많은 참조들이다. 이를 다른 말로 표현하면 교양이라고 부른다.

꼼꼼히 읽는 일은 비유해서 말한다면 내 삶의 제반 조건에 대한 주도면밀한 이해와 체계화된 논리를 구비하는 균형감각의 배양과정과도 같다. 앞서 있었던 일에 대한 반성과 성찰이 어떻게 미래의 불확실한 상황으로 연장되며 의미 있게 살아가도록 만드는가와 관련되듯이, 책 읽기의 수고는 의미의 판단과 뒤따를 내용을 짐작하게 만든다. 삶의 불확실한 상황을 제거하며 삶을 이끌어 가는 것이 이성의 힘이다. 꼼꼼히 읽기는 이러한 제반 정황들을 가늠하는 일과 직결된다. 여기에는 두 가지의 차원이 있다. 먼저 본래의 뜻, 필자가 의도했던 유일한 의미를 간파해야 한다.

필자의 유일한 애초 의도를 짐작하는 일은 쉽지 않다. 어떤 시대와 관련 깊은 어휘의 경우, 그 시대에 활용된 관용어는 불과 몇 십 년만 지나도 의미가 통하지 않을 수 있다. 일례로 이광수의 『무정』에는 '신현대(神玄袋)'라는 말이 나온다. 형식이 평양으로 떠난 영채를 뒤따라 열차에 올랐을 때 일본 여인 하나가 앞자리에 앉아 '신현대'를 무릎 위에 내려놓은 구절이 나온다. 이 말은 무엇인가 하면, '신겐바쿠로'라 발음하며 신겐(神玄)사라는 일본 회사가 1910년대 후반에 생산한 여행용 가방, 요즘 말로 하면 어깨에 메는 가방을 가리킨다. 이 말은 일본 식민지의 정황과 근대 물품의 연관성, 일본어에 대한 지식이 있어야만 '아하! 여행용 자루가방이구나!'하고 그 뜻을 헤아릴 수 있다. 이처럼 본래의 뜻조차 재구성하기도 쉽지 않다.

그러나 단어의 뜻은 시대적 역사적 맥락과 관련시킨 의미의 재구성으로만 그치지는 않는다. 책이라는 텍스트 안에 유동적으로 고여 있는 문맥상의 의미(이것의 의미를 독서 과정에서 확정하는 일은 언제나 독자의 몫이 된다), 더 나아가서는 자신과 세계에 다시 연계시켜 해석, 적용하는 일이 또한 필요한 것이다. 꼼꼼하게 읽는다는 것은 그러니까 필요조건이지 충분조건은 아닌 것이다.

그러나 꼼꼼한 읽기, 조밀한 독법에서 정작 필요한 것은 자신의 경험을 확장시켜 주체적인 독자의 입장을 견지하는 일이다. 비록 주체적인 독자는 자신의 텍스트 이해가 주관적인 행위임에도 불구하고 거기에는 객관적인 판단이 개재된다는 점을 확신할 필요가 있다. 주관적인 이해 안에 객관성이 마련된다는 증거는 영화 한 편을 본 뒤 토로하는 관객들의 반응에서 찾을 수 있다. '재미있었다!' '감동적이었다!' 반대로 '시시했어!'라는 관객들의 상이한 반응에서 나의 입장이 어느 편에 속하는지를 대비해 보면 내 주관적 견해에 담긴 객관성을 확인해 볼 수 있다. 내남없이 공유하는 영화 한 편에 대한 평가에서 우리는, 나의 이해 역시 다른 사람들이 느낀 심미적 반응과 그리 차이 나지 않는다는 것을 발견하게 된다. 이것이 바로 주관성 안에 담긴 객관성의 근거다.

칸트는 이성의 심미적 작용에서 주관적인 미적 판단이 어떻게 객관성을 담지할 수 있는가를 길고 치밀하게 증명한 바 있다. 그는 아름다움이란 '개념 없이도 아름답다고 말할 수 있는 상태'라는 요지의 정의를 내리고 있다. 장엄한 자연의 풍광 앞에 압도되는 데에는 별다른 판단이나 개념이 필요하지 않듯이, 미란 주관적 감응 안에 객관적인 가치가 편재한다고 본 것이다. 텍스트에 대한 이해 역시 그처럼 주관적인 방식으로 이루어지는 의미의 발견, 가치의 확인 작업이긴 하지만 그 안에는 남들을 수긍하게 만드는 객관성을 확보하는 과정이다. 그러므로 문제는 소문에 휩쓸리거나 다른 이들의 견해에 휩쓸리지 않는 자세가 필요하다. 오직 자신만의 주체적인 판단으로 다른 견해를 참조하기만 하는 위치를 고수함으로써 해석의 주체적인 위치는 확보된다. 물론 거기에는 꼼꼼한 읽기를 통해서 텍스트에 실재하는 가치를 재발견하는 수많은 경로가 있다는 점도 감안해야 한다.

유임하 저, 『동서양 고전 읽기와 글쓰기』

효과적인 독서를 위한 활동: 나의 독서 경험을 돌아보자.

1. 주로 많이 보는 책은 어떤 것들인가? 그리고 그런 책들을 많이 보게 된 이유는?

_____

_____

_____

_____

2. 책을 고를 때 주로 무엇을 기준으로 하는가? (관심 분야, 베스트셀러 여부, 제목, 재미, 편집, 친구의 추천 등)

_____

_____

_____

_____

3. 독서를 통해 주로 무엇을 얻고자 하는가?

_____

_____

_____

_____

4. 무조건 많이 읽으면 좋은 것일까? 나의 독서 습관 중에 개선해야 될 부분은 없는가?

_____

_____

_____

_____

5. 위의 항목들에 대해 각각 생각해 보고 한 주제씩 서로 이야기를 나누어 보자.

_____

_____

_____

_____

효과적인 독서를 위한 활동: 나의 독서 경험을 돌아보자.

1. '수단으로서의 독서, 목적으로서의 독서'를 읽고 물음에 답해 보자.

   ① 수단으로서의 독서란?

   ② 목적으로서의 독서란?

   ③ ①과 ②를 자신의 독서 생활에 적용해 보았을 때 이 둘이 각각 차지하는 비율은 어느 정도인가?

   ④ 자신의 독서 경험 중에 ①이었던 것과 ②이었던 것을 각각 예를 들어 보고 이 두 가지 독서법의 차이점은 무엇이었는지 서술해 보자.

   ⑤ 위의 두 가지 독서 중 더 중요하다고 생각하는 것을 하나 고르고 그 이유를 써 보자.

2. '(   )으로서의 독서'를 읽고 물음에 답해 보자.

   1) 제목을 완성해 보고, 제목을 그렇게 정한 이유를 간단히 서술해 보자.

   2) 글쓴이는 독서가 현대 사회에서 더욱 (   )는 점을 강조하고 있다. 그 이유로

   ① _____   ② _____   ③ _____

   를 들고 있다.

3. '독서의 (   )'를 읽고 물음에 답해 보자.

   ① 제목을 완성해 보고, 제목을 그렇게 정한 이유를 간단히 서술해 보자.

   ② 글쓴이는 이 글에서 성장기의 (   ) 형성이 이후 삶에 많은 영향을 미친다는 점을 강조하면서 이러한 (   ) 형성의 출발점으로 (   )을 들고 있다.

   ③ 자신의 독서 경험 중 이와 같이 이후의 독서 생활에 영향을 미친 독서 경험이 있었으면 당시 상황을 떠올려 보고 그로 인해 자신의 독서에 있어 어떤 점이 달라졌는지 서술해 보자.

4. '(   )'를 읽고 물음에 답해 보자.

   ① 제목을 완성해 보고, 제목을 그렇게 정한 이유를 간단히 서술해 보자.

   ② '책을 통한 교육과 지식 대중화의 위력'에 대해 생각해 보고, 먼저 '책'과 '지식 대중화'의 관계를 규명한 후, '지식 대중화'가 사회 변화에 미친 영향을 서술해 보자.

   ③ 글쓴이는 '책'과 '전자 미디어'의 관계에 대해 어떻게 보고 있는지 글 안에서 찾아 글쓴이의 생각을 정리해 본 후 자신의 생각을 덧붙여 보시오.

2. 글쓰기의 전략

1) 글쓰기 과제에 대한 학생들의 어려움

일반적으로 학생들은 글쓰기 과제가 기대하는 것이 어떤 것인지에 대해 거의 모르고 있다. 비록 이전에 글쓰기를 해 보았다고 할지라도 대학생활 동안 글쓰기 과제에서 학생들은 몇 가지 어려움을 겪는 것으로 나타나고 있다.

첫째, 글쓰기 자체의 고유적 가치를 인식하지 못하고 학교나 교수가 우선시하는 사항에 따라 자신의 글에 대해 판단해 버리는 어려움에 처해 있다. 흔히 학생들은 저조한 점수를, 아이디어를 조직하고 주장을 전개시켜 나가는 것과 같은 사고 기술 및 더 높은 수준의 쓰기 기술이 아니라 언어의 형식적인 측면에 대한 탓으로 돌리고 있다.

둘째, 글쓰기를 하라고 할 때 2천 단어로 쓸 것과 같은 '무수한 단어를 사용'해야 한다는 어려움에 봉착하고 있다. 2천 개의 단어는 그것을 처음 접하는 학생들에게 상당히 많은 수인 '백만 개'와 같이 들려서 글쓰기를 아예 포기하도록 만들 수도 있다. 그러한 학생들은 자신이 직접 필기한 것이 무엇을 의미하는 것인지 제대로 파악하지 못하고 있을 수도 있고, 아이디어와 단어를 생성해내는 기술이 부족할 수도 있다.

셋째, 학생들은 실수를 정정하는 방법을 모르고 있다. 대개 학생들은 자신이 정확한 어휘를 쓰고 있다고 생각하기 때문에, 만약 '정정'이라는 용어를 명확하게 기재해 주지 않으면, '국어가 부정확하다'는 코멘트를 이해하지 못하고 그냥 넘겨 버리게 될 것이다. '정정'을 기재하더라도 학생들은 여전히 제대로 감지해내지는 못하겠지만, 적어도 그것으로부터 얻게 된 정확한 모형을 지니게 될 수 있을 것이다.

넷째, 학생들은 '복잡한 것'을 '명석한 것'이라 생각하고 있다. 교재는 매우 복잡하고 난해한 말로 기록되어 있는 듯 보이는데 일부 학생들은 그것을 명석한 것과 연관짓기도 한다. 그렇기 때문에 학생들은 대개 복잡하고 길며 복합적인 문장과 길게 연결된 단어가 필요한 것이라고 생각하며, 그것들로 이루어진 글을 만들어 내기 위해 애쓴다.

다섯째, 학생들은 자신이 쓴 글에 대해 가혹한 평을 받게 될 것을 두려워한다. 어떤 글로 쓴 작품을 제출한다는 것은 성적이 우수한 학생들에게조차도 매우 큰 부담이 되는 활동이라 할 수 있다.

여섯째, 학생들은 지시 사항이나 제목을 이해하지 못한다. 이러한 상황은 매우 긴 과제명을 제대로 파악해 내지 못한다는 것, 특히 이러한 과제에 전문 어휘나 생소한 단어가 많이 포함되어 있는 것 등과 같이 여러 가지 이유로 인해 나타날 수 있다. 또는 특히 학생들에게 복잡한 과제명에 익숙해져 있는데 단순해 보이는 과제명을 제시해 주었을 때 오히려 더 이해하지 못하는 모습을 보이기도 한다.

일곱째, 글쓰기 능력을 계발시킬 수 없다는 점이다. 학생들은 초안을 수정하기 위해서 무엇을 해야 하는지 잘 모를 수도 있으며, 자신의 글에 대한 초안을 재작성하는 것에 대해서 고려해 보는 것조차 하지 않을 수도 있다. 일부 학생들이 이러한 방식을 올바르게 이해하지 못하는 경우 개인적인 약점으로 간주된다. 예를 들자면, 학생들은 충분한 아이디어를 생성해 내는 것이나 언어상 제한 요인들을 준수하는 것에서 어려움을 겪을 수도 있고, 아니면 자신이 다루고자 하는 주제들을 모두 망라하기 위해서 지나치게 장황한 글을 쓸 수도 있다. 학생들은 자신의 작품을 조직화하는 방법이나 여러 관념들을 가장 적절한 순서로 제시하는 방법을 모르고 있을 수도 있다.

여덟째, 학생들의 글쓰기에 대한 건설적인 피드백이 부족하다. 학생들은 긍정적(건설적)인 피드백, 또는 어떤 실제적인 방식으로 성공을 거두기 위해서 학생들이 무엇을 해야 하는지를 명확하게 이해시켜 주는 피드백을 받지 못했을 수도 있다.

2) 글쓰기 4단계

글쓰기는 사고-학습 활동의 학교 상황에서 가르칠 수 있는 학습된 전략이다. 쓰기는 인지과정이어서 후진적 사고(backward thinking)와 전진적 사고(forward thinking) 모두를 필요로 한다. 훌륭한 작가는 단순히 앉아 있지 않고 하나의 교재를 생성해 낸다. 쓰기 과정의 여러 단계를 다음과 같이 전단계-초안 작성-수정-다른 사람들과 공유하기로 나누어 볼 수 있다(전명남, 2004).

그림 7-1 글쓰기 4단계

(1) 1단계 – 전단계

전단계(prewriting)는 글쓰기 과정에 충분한 시간, 입력, 주의집중을 필요로 한다. 전단계 동안에 글 쓰는 사람은 형식적인 글쓰기를 시작하기 전에 아이디어를 모으고 그 아이디어를 세련화시킨다. 전단계는 아이디어나 생각을 말하거나, 여백에 써 두거나, 그래픽조직자(graphic organizer)를 개발하거나, 주요 요점을 열거하는 것과 같은 브레인스토밍을 실시한다. 이 시간 동안, 글 쓰는 사람은 자신이 쓴 글을 읽을 사람(audience)을 고려해야 한다. 학생들이 주제를 선택할 수 있다면 쓰고자 하는 의지는 더욱 증가할 것이다.

(2) 2단계 – 초안 작성

초안 작성(writing a draft) 단계에서는 아이디어를 종이에 기록한다. 많은 사람들이 이 단계에 대하여 '글쓰기(writing)'라고 말하지만, 그것은 단지 여러 과정 중에서 하나의 단계다. 초안작성(drafting)이라는 용어는 쓰인 것, 그리고 변화될 것의 한 버전을 강조하는 글쓰기로 대신 사용될 수 있다. 첫 번째 초안 작성 단계에서의 글은 읽는 사람을 위한 글이 아니라 쓰는 사람을 위한 글이다. 글쓰는 사람이 단어, 문장, 구절을 적어 나감에 따라 새로운 아이디어를 발견하고, 이미 나온 아이디어를 수정할 수 있게 된다. 이 단계에서 아이디어가 과도하게 흐르지는 않는지, 내용 조직에서 빠진 것은 없는지 생각하면서 쓰고, 산문, 문법, 글쓰기를 고려한다.

(3) 3단계 – 수정

수정(revising) 단계에서는 쓴 글을 편집한다. 글쓰기 전단계를 마치고 초안 작성 단계를 마치면 글쓰는 사람은 '수정(revising)'의 방법을 통해 교재를 수정해 나간다. 성숙된 작가들은 첫 번째 초안에서 아이디어를 취하고, 그것들을 재조직화하고, 보다 세련된 표현을 찾는 여러 가지 수정안을 가지며, 그 결과 글에는 각각 다른 종류의 변화들이 생긴다. 내용, 아이디어 표현방식, 어휘, 문장구조, 아이디어의 계열과 같은 것들이 변화한다. 마지막 수정은 편집(editing)이다. 이것은 문법적, 구두점법(punctuation), 철자오류의 체크 등이 포함된다. 이 단계에서는 자신의 작업에 대한 아주 비판적인 관점을 필요로 한다. 일부 학생들은 때로 수정하기를 꺼리는 경향이 있다. 수정 단계는 초안 작성과 같이 집중적인 노력이 필요하다. 초안의 재작성은 컴퓨터와 워드프로세서로 아주 편리해졌다.

(4) 4단계 - 다른 사람들과 공유하기

다른 사람들과 공유하기(sharing with an audience) 단계에서는 피드백을 받을 기회를 가지고, 쓰는 사람이 아니라 이 글을 읽게 될 사람들과 의사소통이 잘되는지에 초점 맞춘다. 다른 사람들과 공유하기 단계에서는 쓴 글의 과도한 수정은 피한다. 이 네 번째 단계는 전체적인 글쓰기 과정 면에서 가치롭다. 학생들에게 다른 사람의 견해에 접하고 그들의 의견을 피드백으로 받을 기회를 주고, 글 쓴 사람이 읽는 사람들에게 대답하는 방식을 취한다. 마지막 단계에서, 글쓰는 사람은 자료가 의도하는 것이 무엇인지, 아이디어가 의도한 대로 잘 의사소통되는지를 고려해야 한다. 이 단계에서 글쓰기는 글을 쓴 사람보다는 읽는 사람들에게 달려 있다. 다른 사람들과 공유하기는 출판된 책을 가지고 할 수도 있고 프레젠테이션의 방식을 취할 수도 있다.

3) 연구논문이나 보고서 작성을 위한 글쓰기 8단계

대학생활에서 연구나 세미나에 참석하여 보고서를 작성하여 발표하는 경우가 있다. 글쓰기는 하나의 과정(process)이다. 과정은 목표를 성취하기 위한 관련된 단계나 행위들의 연속이다. 의사들은 환자를 치료할 때 과정을 따른다. 자동 기계공들은 차를 고칠 때 과정을 따른다. 여행사들은 고객들의 여행 계획을 세울 때 과정을 따른다. 이벤트 기획자들은 특별한 이벤트나 파티를 계획할 때 과정을 따른다. 이러한 각 개인들이 그들의 직업을 할 수 있게 하는 것은 단 하나의 행동이 아니라 단계와 활동과 혹은 과정의 연속이다. 글쓰기 역시 과정이라고 이해한다면 어떤 글쓰기 과제에서도 더 잘할 수 있도록 준비할 수 있을 것이다. 다음 내용은 보고서 작성을 위해 필요한 모든 단계를 기술한 것이다. 짧은 에세이는 다음 과정 중에서 몇 가지만 필요하다. 이 과정을 하나의 흐름으로 이해하는 것을 권한다.

(1) 1단계 - 글쓰기 위한 시간을 만든다

글을 쓰는 시간을 만드는 것(creating time to write)이 글쓰기 과정에서 첫 번째 과정이다. 필요한 시간의 길이는 주어지는 과제마다 다른데, 만약 여러분이 교실에서 테스트로 에세이를 쓰라고 요구받았다면, 테스트하는 시간을 계획하고 주어진 시간 안에 그것을 마쳐야 한다. 요구되는 길이에 따라 효과적인 에세이를 작성하는 데는 대략 15~30분의 시간이 걸린다. 만약 수업 중에 논의된 제목 중에서 1, 2장 정도의 리포트를 쓰라고 요구받았다면, 그것을 하기 위해서 며칠을 보낼 수 도 있으며 간단한 연구논문을을 위해서 최소 6~8주가 필요할 수도 있다. 효과적인 글쓰기는 시간의 기간에 따라 단계적으로 행해지며 결코 한꺼번에 되지 않는다. 에세이 테스트나 짧은 작문에서조차 무엇에 관해 써야 할지에 대해 윤곽이나 지도를 그리는 시간을 필요로 하며, 실제적 글쓰기 시간, 고치고 편집하는 시간을 필요로 한다. 학생들은 연구 페이퍼나 좀 더 긴 페이퍼에 대해 더 많은 시간을 필요로 하며, 주제를 결정하고 논제문을 만들고 조사를 하고 마지막 도안을 만드는 데 시간을 필요로 한다. 연구논문에 대한 작업이 6~8주 정도를 글쓰기해야 한다는 것을 의미하지는 않는다. 이는 6~8주 이상의 시간이 걸리지 않도록 시간 계획을 짜야 한다는 것을 의미한다. 앞서 이런 계획을 세우는 것은 일, 학교, 그리고 개인적이고 가족 의무들과 같은 학생들의 삶에서 정기적 활동을 하는 데 충분한 시간을 가질 수 있도록 해 준다. 다음은 5~10장 정도의 연구 페이퍼에 대한 계획을 세우는 데 따라야 할 제안된 시간 가이드라인이다. 이는 단지 가이드라인이며, 숙제의 길이에 따라 시간을 조절할 수 있다. 경우에 따라서는 약간 여분의 시간을 남겨 두도록 계획하는 것이 좋다.

• 주제 결정하기(아마 몇 가지 연구를 포함한다) 1주

- 연구 시간 2주
- 논제문과 윤곽 만들기 1주
- 첫 번째 초안 쓰기 2주
- 수정하기 1주
- 최종안 쓰기 1주

글쓰기에 더 많은 시간이 소비되는 이유는 글을 써 나가는 것이 한 번의 활동이 아니기 때문이다. 글쓰기에 시간이 걸리는 것들을 여러 번 반복하다 보면 시간이 단축될 수 있다. 또한 이는 글쓰기 계획에서 단지 시간의 양이 아니라 시간의 질을 제공해 준다. 각 글쓰기 과정 활동 사이에 계획을 세우는 시간은 생각할 시간을 준다. 다음 활동으로 넘어갈 때 좀 더 나은 글쓰기 결과를 만들 수 있는 신선한 관점을 가질 수 있다.

(2) 2단계 - 제목을 결정하라

일단 시간에 대한 계획을 세우고 나면, 주제를 결정해야 한다. 연구 주제가 바로 제목이다. 제목은 생활 속의 매우 작은 주제도 될 수 있으며, 우주와 같이 광범위한 주제도 될 수 있다. 주제를 결정하고자 할 때 일반적으로 다음의 세 가지 가능성을 가지고 있다.

- 글쓰기 위한 제목을 받았다.
- 주어진 주제 영역에서 제목을 선택할 수 있다.
- 원하는 어떤 주제도 선택할 수 있다.

만약 주어진 제목이 있다면 분명히 그 제목에 관해서 써야 한다. 만약 어떤 주제 영역이나 선택할 수 있는 다른 영역에서 선택권을 가지고 있다면 선택에 의해 압도되기 쉽다.

선택할 수 있는 가장 좋은 제목은 본인이 흥미를 가지고 있는 것이다. 만약 제목이 흥미를 끈다면 제목에 쏟아 넣을 시간과 노력이 보다 만족스러울 수 있다. 마음속에 특정한 제목을 가지고 있거나 좀 더 알고자 하는 것은 주제가 될 수 있으며 조금 더 조사를 해야 할지 모른다. 백과사전의 인덱스(index)나 내용 표, 그리고 다른 책의 인덱스를 이용하는 것은 가능한 제목을 찾는 데 좋은 자료가 될 것이다. 누군가와 의논하는 것도 제목을 찾는 데 도움을 줄 수도 있다. 다음은 제목을 선택할 때 고려해야 할 목록이다.

- 그 제목에 대해 관심이 있는가? 만약 그렇다면 그것으로 선택하라. 만약 그렇지 않다면 하지 마라.
- 주제의 길이와 연결되어 쓸 것에 관해 충분한 정보가 있는가?
- 주제는 새로운 것인가? (만약 그렇다면 충분한 연구 재료를 찾는 데 어려움을 겪을 것이다)
- 사용 가능한 정보가 너무 많이 있는가? 그 정보를 줄이거나 효과적으로 주제에 사용할 수 있는가?

만약 쓰고자 하는 제목을 찾았다면 조사를 하는 다음 단계로 가기 전에 담당 교수와 함께 체크를 해라. 만약 교수가 다른 제목을 선택하는 것이 더 낫다고 하면, 불필요한 조사를 하느라 시간을 낭비하지 않을 수 있다.

(3) 3단계 - 연구를 한다

연구를 하는 것은 연구논문이나 계획에서 사용 가능한 정보를 파악하는 것이다. 이는 좀 더 알고자 하는 것에 대해 찾는 것이기도 하다. 도서관을 활용하고, 인용문을 활용하며, 참고문헌 기록방법에 유의한다.

(4) 4단계 - 논제 진술을 만든다

'논제 진술을 만드는 것(creating a thesis statement)'은 주제의 범위를 좁혀 주어 주제를 둘러싸고 있는 하나의 이슈에 집중할 수 있도록 해 준다. 논제는 제목과 같은 것이 아니다. 제목은 연구하는 것이고, 논제는 연구로부터 끌어내어 오는 결론이다. 역시 논제는 자신이 쓰는 연구논문의 주요 포인트다. 논제 진술은 논제를 요약한 것이다. 모든 연구논문과 에세이는 논제 진술을 가지고 있어야 하는데 이는 쓰는 사람이 말하고자 하는 것을 독자들에게 알려 주기 때문이다.

논제 진술을 만드는 것은 두 가지 과정을 포함한다. 첫 번째는 주제를 중심으로 이슈를 구체화하는 것(identifying an issue)이다. 그러면 그것은 이슈에 대해 현재의 쓰고 있는 것의 위치를 설명해 준다. 여기서 이슈는 주제에 대해 풀리지 않는 질문이며, 위치는 이슈에 대해 쓰는 사람의 관점을 가리킨다. 이슈는 세계가 '인지 아닌지'를 사용할 때 가장 잘 활용되는 단어다. 앞서 언급된 제목들 중 몇 개를 사용할 때는 가능한 다양한 이슈들을 구체화시켜라. 첫 번째 2개의 제목은 예로 완전하다. 선택한 제목을 포함해서 나머지 제목들에 대해 이슈 진술을 하려고 노력해라.

두 번째는 '자신의 위치를 구체화하기(Identifying your position)'다. 여러 이슈에 대해 구체화했다면 이제 글쓰는 사람의 위치를 구체화함으로써 연구논문에서 주제의 목록화된 이슈에 근거해 논제 진술문을 만들도록 한다. 논제 진술문은 글쓰는 사람의 방식에 의한 어떠한 설명이나 이유다. 글쓰는 사람의 설명은 페이퍼나 에세이의 내용이다. 비록 일단 논제 진술을 만들었다고 해도 생각을 발전시켜 감에 따라 변화시킬 수 있다. 이것은 자신의 연구논문이나 에세이가 여러분의 위치를 입증한다는 선에서는 좋다.

> 만약 당신이 어디쯤 가고 있는지 모른다면,
> 아마도 당신은 낯선 어딘가에서 끝나게 될 것이다. -Laurence J. Peter

(5) 5단계 - 윤곽을 잡아라

윤곽을 잡는(creating and outline) 과정이 끝났다면, 글쓰기는 이미 완성된 것이다. 만약 자료를 잘 찾았다면, 관련 목록과 연구에 기본이 되는 많은 기록들을 포함하고 있을 것이다. 그러면 생각과 정보를 조직하면 된다. 조직된 연구논문은 조직되지 않은 것보다 더 높은 점수를 받는다. 조직되지 않고 혼란스럽게 쓰인 연구논문은 교수들이 여러분의 생각을 이해하는 데 어려움을 겪는다. 반면, 연구논문이 잘 조직되고 하나의 생각에서 다음 생각으로 자연스럽게 흐르면, 효과적으로 여러분의 생각을 커뮤니케이션하는 데 성공한 것이다. 생각을 조직하는 것은 '마인드맵'이라고 부르는 글쓰기 전의 과정을 통해 쉽게 달성될 수 있다.

마인드맵 그리기와 5W와 H(Mapping and the 5Ws and H)를 활용하여 글쓰기를 정교화시킨다. 마인드맵은 시각적 패턴과 그림을 통해 생각을 조직하는 창조적인 방법이다. 마인드맵은 생각과 정보를 조직하는 데 도움을 주어 비공식적인 윤곽을 만들어 내는 과정을 통해 미리 글쓰는 것이라 할 수 있다. 이러한 비공식적인 윤곽은 쓰는 사람의 글쓰기 여정의 지도와 같은 것이다. 마인드맵을 그려 보면, 일단 종이 중간의 빈 여백에 둥근 원을 그린다. 그리고 나서 그 주위로 10개의 선을 그려라. 이는 거미와 비슷하게 보일 것이다. 중간의 원 안에다가 논제 진술을 써라. 그리고 관련되는 개념이나 생각들을 연결시킨다. 이러한 과정을 거쳐서 논제 진술을 쓴다.

일단 논제 진술을 썼으면 브레인스토밍(brainstorming)이 필요할 때다. 브레인스토밍은 무작위적으로 조직되지 않은 생각을 가져오는 과정으로 새로운 생각을 이끌어 낸다. 글을 쓰기 위해서 생각을 솎아 내는 과정은 5W와 H를 사용할 수 있다. 5W와 H에 대해 다시 한 번 생각해 보도록 하자.

5W와 H

- 누가(Who)
- 무엇을(What)
- 어디서(Where)

- 언제(When)
- 왜(Why)
- 어떻게(How)

이 단어들을 연구논문의 왼쪽 위에다가 중간의 논제 진술물과 함께 써라. 전체적인 예를 사용해서 질문을 잇따라 하는 것은 5W와 H를 만들어 낼 수 있으며 브레인스토밍으로 쓸 수 있다. 연구논문이나 에세이가 이러한 모든 질문에 대답할 수 없을지라도 글을 쓰기 전에 페이퍼의 내용과 조직에 관해 능동적이고 창의적으로 생각할 수 있다.

5W와 H를 가지고 논제 진술에 대해 어떤 질문을 써 본다. 원과 정사각형, 직사각형, 구름 등등으로 마음속 질문을 표현해 보면서 그러한 질문들을 가능한 많이 계속한다. 이러한 질문은 아이디어를 생각하는 데 도움을 준다. 최소 10개 이상의 질문을 만들어라. 만약 필요하다면 선을 더 붙여 질문을 쓴다.

- 5W와 H를 사용하여 글쓰기를 해 보자. 글쓰기의 주제는 '비틀거리는 내 동생'이다. 보통 신문기자는 글쓰기를 할 때 5W와 H를 사용한다. '비틀거리는 내 동생'에 5W와 H를 적용하여 하나의 스토리를 써 보자.

  - 누가(Who)
  - 무엇을(What)
  - 어디서(Where)
  - 언제(When)
  - 왜(Why)
  - 어떻게(How)

다음은 윤곽을 조직하는 단계이다. 이제 여러분들은 논제 진술문들에 대해 많은 좋은 질문들을 가지고는 있지만 아직 조직하지는 않았다. 윤곽을 조직하기 (organizing an outline) 위해서는 먼저 질문들을 다시 봐야 한다. 그러고 나서 독자들이 어떤 질문을 가장 먼저 알아야 할 것인가를 결정한다. 요약 페이퍼 공란을 분리해서 첫 번째 질문을 쓴다. 질문이 사용된 것을 가리키기 위해 브레인스토밍 시트 옆에 체크 표시를 해 둔다. 그러면 어떤 질문이 독자들에게 다음에 읽힐 것인가를 결정할 수 있다. 이 과정은 질문을 좀 더 정교화하면서 계속 해 나갈 수 있다. 각 질문들 사이에 최소 5개의 공란은 남겨 두라. 만약 논제와 관련이 없는 질문이 있다면 브레인스토밍 시트에서 빼라. 질문에서 진술된 말을 고치거나 더하는 수정도 할 수 있다. 질문을 사용하고, 바꾸고, 없애기를 끝냈다면, 그러한 배열이 이치에 맞는지를 살펴봐야 한다. 만약 질문들이 연구논문에서 쉽게 조직화되어 있다면 이제 윤곽을 조직하면 된다. 질문을 다시 배열하는 데 도움이 필요한가? 질문을 덧붙이거나 빼는 데 도움이 필요하다. 자신이 맞다고 생각되는 대로 바꿔라.

상세하게 하기 위해 노트를 사용하라. 연구논문을 쓰는 다음 단계는 상세하게 만들기 위해 정보를 노트로 옮겨서 연구논문의 문장을 완성하는 것이다. 만약 예로 든 주제에서 몇 가지 자료가 있다면 질문에 제시된 대로 노트에 조직한다. 그러면 요약된 연구논문의 형태와 키워드를 사용해서 각 가능한 상세히 관련되는 질문을 채워 넣을 수 있다. 어떤 통계나 이름, 인용 혹은 중요한 날짜도 포함시켜야 한다.

질문에 대해 충분한 정보를 가지고 있지 않지만 그 질문이 페이퍼에서 중요하다면 대답에 필요한 조금 더 많은 연구를 해야 한다. 노트에 있는 모든 것을 사용할 수 없거나 더 많은 노트를 필요로 할 수 있다. 만약 노트들 중에 하나가 윤곽에서 분산된 아이디어를 가지고 있다면 그것이 포함된 조직화된 파일에 복사를 해 두거나, 만약 시간이 된다면 분산된 노트에서 필요한 정보들만을 다시 쓸 수도 있다.

상세하게 기록하는 것이 끝나면 그것들을 순서에 맞게 다시 조직해야 할 필요가 있다. 이렇게 하면 글쓰는 이의 여정의 지도를 완성할 수 있을 것이다. 이 지도는 생각이 발전되는 대로 바꿀 수 있다. 이제 미완성 도안을 쓰면 된다.

(6) 6단계 – 미완성 도안을 써라

연구논문의 미완성 도안은 그냥 미완성일 뿐이므로 완벽하기를 기대할 필요가 없다. 첫 번째 단계는 거친 아이디어를 적는 것이다(writing the rough draft). 이 단계에서는 스펠링이나 구두점 등의 실수를 걱정하지 않아도 된다. 다음 단계에서 이러한 초안을 고칠 수 있는 기회가 있다. 그러므로 연구논문을 쓸 때 워드 프로세서를 이용하기를 권장한다.

모든 에세이나 연구논문은 다음의 세 부분을 포함한다. 도입, 본문 그리고 결론. 각 단계는 다음의 특정한 목적을 갖는다.

도입(introduction)은 독자들에게 연구논문이 무엇에 관해 말하고자 하는지를 말하는 것이다. 여기서는 논제 진술을 포함하여 일반적으로 무엇을 증명하고 논의할 것인지를 알려 준다. 이는 글쓰는 사람의 논의에 근거한다. 만약 교실에서 에세이를 쓴다면 도입은 단지 한 문단 정도의 길이로 충분하다. 만약 10장 정도의 페이퍼를 쓴다면 도입은 최소 1페이지 정도의 여러 문단이 있어야 한다. 자료를 찾을 때 발견한 이야기나 개인적인 예, 혹은 흥미로운 정보들은 도입을 쓸 때 도움이 된다. 도입은 재미있어야 하며, 창의적이고 독자들의 관심을 끌 수 있어야 한다.

본문(body)은 무엇에 관해 이야기하고 있는지를 가능한 최대로 읽는 사람에게 보여 주는 것이다. 여기서는 글쓰는 사람의 시각을 논의하고 사실과 특정한 정보들로 논제를 뒷받침한다. 연구논문의 본문은 역사적 정보나 중요한 시점, 제목과 관련된 핵심 단어의 정의를 포함하여 제목에 관해 배경 정보를 포함할 필요가 있다. 자신의 관점에서 덧붙어 다른 시각도 가능하면 써야 한다. 비정형화된 윤곽을 만들 때 대부분의 재료는 본문에서 사용된다. 연구논문의 본문을 만들 때 다음의 정보들이 도움이 될 것이다.

- 읽는 사람들을 위해 쓴다는 것을 기억하라.
- 자유롭고 단순하게 쓴다.
- 연결하는 단어를 사용한다.
- 정보의 출처를 문서화한다.
- 노트 필기를 한다.

결론(conclusion)은 중요한 점을 요약하는 것이다. 읽는 사람들에게 논의가 끝났음을 알려 주는 것이다. 역시 결론에서 글쓰는 사람 입장을 다시 언급하고 왜 그렇게 생각하는지에 대해 설명하는 것이다. 5~10장 정도의 페이퍼에서 결론은 한 문단 정도이며, 좀 더 짧은 페이퍼에서는 단지 한 줄 정도면 된다.

(7) 7단계 - 미완성 도안을 고쳐라

이제 가장 어려운 작업은 마쳤다. 제목을 잡고, 조사를 하고 논제 진술과 윤곽을 만들었다. 그리고 초안도 잡았다. 이제 마지막 초안을 준비해야 할 때다. 미완성 도안을 고치기 전에 하루나 이틀 정도 글쓰기를 멈추고 있어 볼 것을 권한다. 글쓰는 것을 좀 제쳐 두고 다른 것을 해라. 이는 새로운 시각으로 페이퍼를 바라보게 해 줄 것이다.

미완성 도안을 고친다는 것은 그것을 편집한다는 것이다. 편집은 정보를 수정하고, 덧붙이고 빼고, 다시 배열함으로써 독자들에게 논리적으로 전달하고자 하는 과정이다. 이는 문법이나 스펠링 등을 고치는 것을 역시 포함한다.

다음 질문을 읽고 연구논문으로 돌아가서 대답을 해 보라. 만약 대답이 '아니'라면 당신은 정보들을 고치고, 더하고, 삭제하고 다시 배열해야 한다. 만약 대답이 '그렇다'라면 수정을 완벽하게 한 것이다. 이제 연구논문에서 이러한 질문들을 수정하는 데 사용해 보도록 하자.

연구논문을 수정하기 위한 질문

도입부에서

자신의 논제 진술이 포함되었는가?

흥미롭거나 관심을 사로잡을 만한가?

길이는 충분한가?

명료한가?

본문에서

윤곽이나 글쓰는 이가 길을 잡은 대로 잘 따르고 있는가

모든 단락의 첫 번째 부분이 중심되는 생각(주제 문장)인가?

각 단락은 중심이 되는 생각을 지지하는가?

글쓰는 사람의 생각을 따라가기 쉬운가?

중심생각의 각각은 연구나 인용, 다른 표현들로 뒷받침되고 있는가?
정보출처에 대한 인용은 적절한가?
핵심적인 부분은 명확히 진술되었는가?
내용은 충분히 상세한가? 주제에 적합한가?
같은 단어의 반복을 피했는가?
문법은 정확한가?
스펠링은 정확한가?
구두점은 정확한가?
결론에서
요약에서 논제가 재진술되어 있는가?
요점을 요약하였는가?

(8) 8단계 - 최종 문서를 만들어라

최종 문서를 만드는 과정은 심사자나 제3의 독자들이 페이퍼를 읽도록 준비하는 것이다. 대부분의 연구보고서는 타이핑된 최종본으로 작성한다. 만약 타이핑이나 워드 프로세서로 작업하는 경우 다음과 같은 가이드라인을 참조로 한다.

• 맨 위와 아래 여백을, 양쪽은 1인치 이상의 여백을 남겨 둔다. 전체 연구논문에서 여백을 둬라. 이렇게 여백을 두는 것은 읽는 사람들이 코멘트를 쓰도록 하기 위함이다.
• 표지를 만든다. 연구논문 중간에 제목을 쓰고 아래 오른쪽에는 학생의 이름과 지도교수의 이름과 날짜를 쓴다.
• 표지 다음의 첫 번째 페이지에는 제일 위 3인치 정도를 남겨 두고 시작한다.
• 각 단락의 처음은 오른쪽에서 5칸 정도 들어가게 한다.
• 들어가기로 한 다음에 인용하기 위한 공간을 둔다.
• 참고문헌도 입력해야 하며 각각의 시트에 그 목록을 올려야 한다.

이제 연구논문을 쳤으면 가장 마지막 단계가 가장 중요하다: 스스로 또는 남에게 부탁을 하든 연구논문을 읽어라. 이는 말이 되지 않는 것을 빨리 찾게 해 준다. 부정확한 스펠링이나 구두점을 포함해서 문법적인 문제나 타이프상의 에러도 찾는다. 깔끔하게 어떤 더러움이나 얼룩도 없이 연구논문을 만든다. 만약 연구논문의 표지를 사용하지 않는다면 맨 위의 왼쪽 끝을 스테이플러로 묶으면 된다. 연구논문의 최종 도안을 준비하라. 다 했으면 스스로에게 잘했다고 칭찬하라.

　종합하면, 연구논문에서 효과적으로 커뮤니케이션하는 것은 실제로 글 쓴 사람이 성공하는 데 매우 중요하다. 효과적 글쓰기는 연관된 단계 혹은 목적을 달성하는 활동을 구성하는 과정이다. 그 과정을 위한 시간을 만드는 것이 첫 번째 단계다. 두 번째 단계는 제목을 결정하는 것이다. 때때로 제목이 주어질 수 있다. 혹은 여러분이 선택할 수도 있다. 어떤 주제이든지 관심을 가지고 좁혀 들어 가야 한다. 세 번째 단계는 조사를 하는 것이다. 네 번째 단계는 제목으로부터 논제 진술을 만드는 것이다. 이는 두 가지 과정이 있는데, 첫 번째는 이슈를 구체화하고 두 번째는 자신의 위치를 구체화하는 것이다. 자신의 위치라는 것은 이슈에 대한 여러분의 시각이다. 다섯 번째 단계는 윤곽을 만드는 것이다. 5W와 1H를 사용하고 지도 그리기의 사고 과정을 미리 써 보는 것은 글쓰기의 여정을 만드는 데 도움을 줄 것이다. 여섯 번째 단계는 미완성 도안을 쓰는 것이다. 이러한 미완성 도안은 어떤 에세이나 페이퍼에서든 세 가지 부분을 포함한다. 도입, 본문, 결론이다. 일곱 번째 단계는 미완성 도안을 고치는 것이다. 여기서 정보를 고치고, 첨가하고, 삭제하고, 다시 배열하여 말이 되도록 하는 것이다. 여덟 번째 마지막 단계는 최종 도안을 만드는 것이다. 이 단계는 제3의 독자에게 연구논문을 발표하기 위한 것이다.

● 글쓰기 자기평가지

1. 이 글을 어떻게 전개시켜 왔는가?

   • 처음 글쓰기를 시작할 때 그 내용에 대하여 관심을 가졌던 부분은 무엇인가?

   • 그 내용에 대하여 더 많은 것을 알게 되었을 때, 이것은 어떻게 바뀌었는가?

   • 글쓰기를 고무시켰던 다른 텍스트나 소스로는 어떤 것들이 있었는가? 동료나 또래의 피드백을 어떻게 활용했는가?

   _____

   _____

2. 나의 글쓰기 과제에는 다음의 우수한 점이 있다고 생각한다.

   _____

   _____

3. 만약 계속적으로 연구해 나간다면, 이 과제를 개선시킬 수 있는 방법으로는 _____ 가 있다(예를 들자면, 이 과제에 대해 고찰해 볼 수 있는 시간이 없었다면, 그것을 어떻게 연구했을 것인가? 그것에 대해 어떻게 다르게 접근했을 것인가?).

   _____

   _____

4. • 행위 계획:

   _____

   • 글을 개선하기 위하여 내가 해야 할 일들:

   _____

5. • 나는 글쓰기에 대하여 도움이 필요하다고 느낀다: 예 / 아니요

   _____

   • 필요로 하고 있는 여러 유형의 도움에 대하여 구체적으로 설명해 보라:

   _____

● 글쓰기의 채점 기준

채점내용	주어지는 점수		
	저조함 ⇔ 우수함		
여러 가지 실례, 개인적인 경험, 배웠던 자료 및 조사에서 상상력과 창의성이 나타난다.	0 1 2 3	4 5 6 7 8 9 10	
훌륭한 계획 및 학습 관리에 대한 증거	0 1 2	3 4 5	
여러 아이디어 및 개념들이 잘 조직되고 체계적으로 정리되어 있다.	0 1 2	3 4 5	
타당하고 설득력 있는 추론 라인이 있다.	0 1 2	3 4 5	
철자 · 문법 · 구두점 · 단락 나누기가 정확하게 되어 있다.	0 1 2	3 4 5	
글의 스타일(문체)이 명료하고, 유창하며, 읽기 쉽도록 제시되어 있다.	0 1 2	3 4 5	
대상 독자층을 제대로 잘 파악하고 있다.	0 1 2	3 4 5	
여러 자료들을 통합시켜 우수한 결론을 이끌어 내고 있다.	0 1 2	3 4 5	
선정된 주제에 적합한 배경지식에 대한 독서 및 연구가 이루어졌음을 보여 주는 증거가 있다.	0 1 2 3	4 5 6 7 8 9 10	
선정된 주제에 의해 제시되는 개념들을 제대로 이해하고 있음을 보여 준다.	0 1 2 3	4 5 6 7 8 9 10	
비판적인 분석을 제대로 이행하고 있다.	0 1 2 3	4 5 6 7 8 9 10	
선정된 주제 및 대상 독자층에 적절하게 자료를 선택하고 있다.	0 1 2	3 4 5	
전반적으로 정확하게 자료에 대한 참고가 이루어지고 있고, 참고 자료에 대한 목록이 포함되어 있다.	0 1 2	3 4 5	
동료 지원 및 토의를 활용했다는 것을 보여 주는 증거가 있다.	0 1 2	3 4 5	
건설적인 개인적 반성을 했다는 것을 보여 주는 증거가 있다.	0 1 2	3 4 5	
글쓰기의 자기평가지를 건설적으로 활용하고 있다.	0 1 2	3 4 5	
오른쪽에 있는 점수는 허용 가능한 표준을 나타낸다(합격 점수=40).			
총점:			
코멘트:			

제8장
과제물 작성을 통해 자기조절력 키우기

　　과제물 또는 리포트(Report)는 논문의 형식을 갖춘 짤막한 글로, 특정 주제에 대한 이해도와 특정 질문에 대한 문제해결력, 조사, 연구 능력을 보여 주기 위한 글이다. 리포트 작성을 통해 폭넓은 사상과 견해를 경험할 수 있을 뿐만 아니라 수업만으로 얻기 어려운 많은 자료를 얻을 수 있다. 또한 논리적인 글쓰기 훈련과 학문적 비판 능력도 기를 수 있다. 대학생들은 3학점 한 과목당 한 개의 과제물을 제출한다고 하면 졸업할 때쯤엔 적어도 40여 개 이상의 리포트를 쓰게 된다. 한 권의 책으로도 손색이 없는 양이다. 과제물 글쓰기를 단순히 귀찮게만 생각하지 말고 학습능력을 향상시키는 훈련의 기회로 삼는 것이 좋을 것이다(전명남, 2004b).

　　과제물 작성은 하나의 과정이다. 과정은 목표를 성취하기 위한 관련된 단계나 행위들의 연속이다. 의사들은 환자를 치료할 때 과정을 따른다. 자동차 기계공들은 차를 고칠 때 과정을 따른다. 여행사 직원들은 고객들의 여행 계획을 세울 때 일련의 과정을 거친다. 이벤트 기획자들은 특별한 이벤트나 파티를 계획할 때 과정을 따른다. 직업을 할 수 있게 하는 것은 단 하나의 행동이 아니라 단계와 활동과 혹은 과정의 연속이다. 리포트 작성 역시 과정이라고 이해한다면 여러분은 어떤 글쓰기 과제에서도 더 잘할 수 있도록 준비할 수 있을 것이다.

　　과제물 작성을 위한 시간계획을 하고, 주제를 결정하며, 자료탐색이나 깊이 탐구할 구체적인 문제들에 대해 고민하는 연구를 한 다음, 논제 진술문을 만들어 나가야 한다. 이어 과제물의 윤곽을 만들고 과제물의 미완성 도안을 작성한다. 작성된 미완성 과제물을 고치고, 최종의 과제물을 작성하여 제출하게 된다. 이러한 과제물 작성의 절차를 거치면서 보다 자기조절적 학습자로 성장해 나가는 것이다.

학생들의 리포트 작성 유형에는 복사기형, 짜깁기형, 창조형 등이 있다. 복사기형은 특정한 자료를 그대로 복사하여 내는 것이다. 짜깁기형은 여러 가지의 다양한 자료를 혼합하는 형태다. 창조형은 자료를 활용하되 자신의 것으로 만들어서 다른 리포트와 구분되는 결과물을 작성해 내는 것이다. 복사기형이나 짜깁기형의 리포트 작성은 바람직하지 않은 방법이다.

리포트 작성은 종이 위에 의미 있고 적절한 방법으로 생각들을 정리하고 제시하는 다양한 전략들과 관련한다(Devine, 1987). 최근 들어 고차적 사고 능력과 종합적 수행능력이 강조되고 있는 시점에서 학생들의 리포트 작성은 모든 교과목 분야에서 요구되고 있다. 여기에는 주제의 선정, 노트 필기, 생각의 정리, 개요 설정, 철자, 구두점, 문장구조가 포함된다.

학점 4.5만점에 4.5를 획득한 학생들의 인터뷰 자료

리포트 과제수행

학업 성취가 높은 대학생들은 최소한 리포트를 일주일 이전부터 준비하며, 자료검색과 정리 후에 자신의 생각을 정리한다고 하였다.

공부를 매일매일 안 해도 책은 매일 보죠. 습관인 것 같아요. 평소에 항상 뭐든 공부를 해요. 세미나 활동을 하거든요. 책을 읽고 세미나를 하고 나중에 글을 쓰거나 하죠(여학생 1).

참고도서를 도서관에서 찾아보거나 인터넷에서 자료를 검색하고…… 필요한 자료를 찾는 게 일인 것 같아요. 자료 찾는 데 참 어려움을 많이 느꼈고요. 자료를 바탕으로 글을 전개해 나가죠. 자기 말로 풀어서 써 나가고, 논리적으로 체계적으로 설득력 있게 글을 전개해 나가죠. 보통 1주일 전부터 준비를 해서요. 마지막에 이르러 끝내죠(남학생 1).

……과제는 보통 문제를 푸는 거예요. 그냥 문제가 바로 풀어지는 것이 아니라 내용을 한 번 다시 공부를 해야 되더군요(여학생 2).

……제가 수학과니까 숙제가 워낙 많아요. 숙제를 열심히 하면 그게 복습이 되는 것 같아요. 숙제가 몰릴 때가 많아요. 그럴 때는 나름대로 수업시간에 배운 내용을 나누어서 조금씩 조금씩 해 놓는게 도움이 되는 것 같아요. 그러면서 복습도 하고…… 숙제를 조금씩 쪼개서 하는 거예요. ……2주 정도의 과제 기간이 있으면 거의 웬만하면 수업을 들은 날이나 그 다음 날에 하려고 신경을 좀 쓰죠(여학생 3).

〈출처: 전명남, 2003c〉

1. 리포트 작성을 위한 계획 세우기

　리포트의 제출일을 알아야 하며 적어도 제출하기 하루 전까지는 리포트를 마쳐야 한다. 목표날짜를 정하고 그것에 맞추어 차근차근 실행해 나가면 기말고사 기간 한꺼번에 밀려오는 시험과 리포트의 스트레스로부터 자유로울 수 있다. 충분한 시간적 여유를 갖는 것이 좋은 리포트를 쓰기 위한 필수조건이므로 과제가 주어졌다면 어렵더라도 일단 계획을 세워 시작하고 보는 용기가 필요하다.

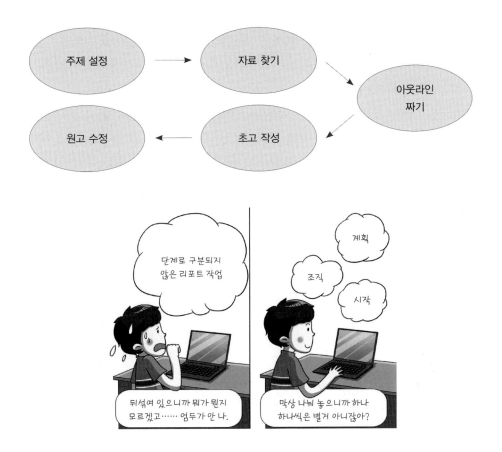

2. 리포트의 주제는 '구체적'으로 정한다

　주제를 마음대로 정할 수 있다면 나에게 흥미로운 주제를 정하거나 내가 잘 알고 있는 것으로 주제를 정한다. 제한된 시간 내에 질적으로나 양적으로 우수한 리포트를 만들기가 용이할 것이다. 반면 교수님이 주제를 정해 주신 경우라면, 먼저 그 주제를 잘 이해하고 있는지 점검해 본다. 교수님께서 정해 주신 주제가 흥미롭지 않다면 나의 흥미를 유발할 수 있는 다른 좋은 이유를 찾아본다. 주제를 선정하였다면 내가 가지고 있는 능력 안에서 상세하게 쓸 수 있도록 주제의 범위를 제한시킨다. 학생들이 일반적으로 저지르기 쉬운 실수는 너무 일반적이고 넓은 범위의 주제를 택한다는 것이다. 주제가 구체적이고 명확할수록 리포트 쓰기가 수월해진다.

3. 자료검색과 수집

풍부하고 정확한 자료를 얼마나 가지고 있는가가 리포트의 성패를 좌우한다. 리포트는 객관성과 정확성이 생명이기 때문에 자료는 풍부하게 하되, 근거가 확

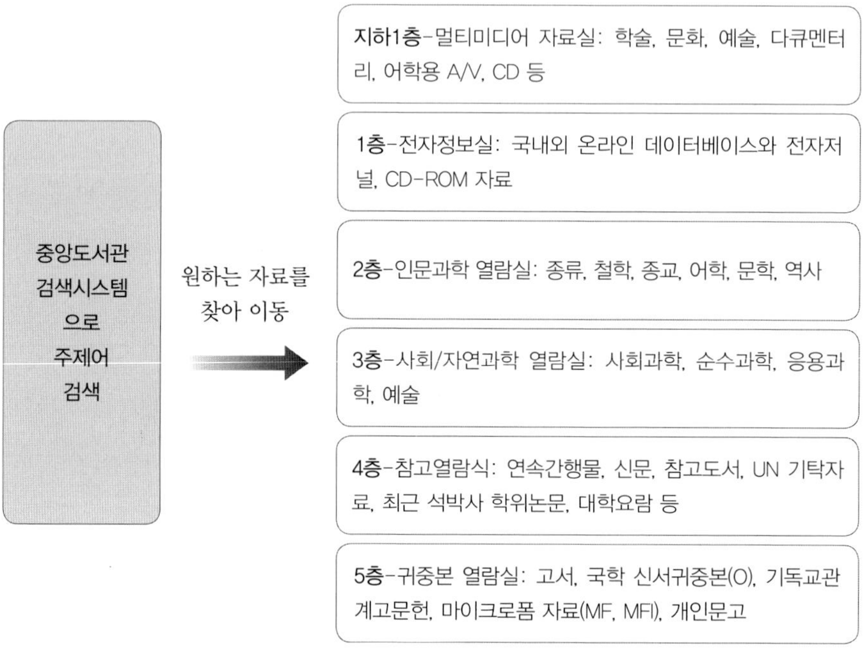

중앙도서관 검색시스템 <u>으로</u> 주제어 검색 →(원하는 자료를 찾아 이동)

지하1층-멀티미디어 자료실: 학술, 문화, 예술, 다큐멘터리, 어학용 A/V, CD 등

1층-전자정보실: 국내외 온라인 데이터베이스와 전자저널, CD-ROM 자료

2층-인문과학 열람실: 종류, 철학, 종교, 어학, 문학, 역사

3층-사회/자연과학 열람실: 사회과학, 순수과학, 응용과학, 예술

4층-참고열람식: 연속간행물, 신문, 참고도서, UN 기탁자료, 최근 석박사 학위논문, 대학요람 등

5층-귀중본 열람실: 고서, 국학 신서귀중본(O), 기독교관계고문헌, 마이크로폼 자료(MF, MFI), 개인문고

그림 8-1 일반적인 대학 도서관 자료검색의 예

실한 것으로 수집한다. 그리고 수집한 자료를 활용할 때는 비판적인 사고(critical thinking)를 활용하여 신뢰할 만한 정보인지, 논리적인지를 다시 점검해 보아야 한다(전명남, 2004). 도서관에 가서 자료를 수집하기에 앞서 주제의 목록을 작성하면 도서관에서 보내는 시간을 줄일 수 있다. 다양한 제목이라 하더라도 하나의 주제에 대해서는 자료가 같은 장소에 모여 있기 때문이다. 도서관에서 자료를 찾기 전에 리포트나 글쓰기에서 다룰 주제를 미리 작성한다. 도서관에는 주제별로 책들이 비슷한 곳에 놓여 있어 시간절약이 된다.

도서관의 정보를 수집함과 동시에, 주제에 따라 다양한 웹사이트, 모바일이나 인터넷 동호회 등의 자료들도 활용한다. 지식검색 사이트, 대학 리포트 모음 사이트, 학술정보원 사이트, 신문기사 검색 사이트를 활용한다.

검색 엔진이나 네트워크상에서 주소의 목록을 체크해 둔다. 대학의 도서관이나 학술정보 사이트는 유용하다. 과제물의 주제를 위한 가장 유용한 검색 도구를 활용하고 자신이 검색해 낸 것들을 대충 훑어보면서 목록을 작성한다. 또한 다음에도 정보를 검색할 수 있도록 해당 전자 주소를 링크하거나 기록해 둔다. 그리고 자료의 소스로서 인터넷을 활용할 경우에는 인용 날짜와 주소 등을 기록해 둔다. 일정 시간이 지나면 인터넷상의 정보는 누락되거나 업데이트되지 않을 수도 있다.

4. 과제물 연구를 위한 읽기

좋은 과제물을 제출하고 싶다면 가장 중요한 것은 좋은 자료를 읽어 보는 것이다. 학생들은 제대로 읽는 것에 대해서 보통 사람들이 생각하는 것보다 훨씬 더 많은 어려움을 겪고 있을 것이다. 특히, 과제물 연구를 위한 읽기를 위해서 학생들은 무언가를 선택해서 읽어야 하며, 때에 따라서는 선택한 자료들을 읽는 속도도 조절해야 한다. 읽을 자료를 선택하는 데 자신감과 능력이 둘 다 부족한 것은 단순히 성적이 저조한 학생들에게만 나타나는 특질이 아니다. 성적이 우수한 학생들도 책을 읽고 그 내용을 필기하는 데만 많은 시간을 보내기도 한다. 단지 이들은 신속하게 과제를 전개시켜 나가기 때문에 성적이 저조하여 읽고 필기하는 속도가 느린 학생들보다도 덜 문제시되어 나타날 수도 있다. 선택한 자료도 중요도에 따라 읽는 속도를 조절할 필요가 있다. 그러나 읽는 속도는 읽기 경험의 부족과 전문적인 어휘의 생소함뿐만 아니라 연습의 부족에 이르기까지 여러 가지 이유로 느려질 수 있다. 기반 지식 부족으로 읽기 속도가 느려질 수도 있다. 이러한 이유들 중 많은 부분이 내용을 제대로 이해하지 못하는 원인이 될 수 있으며, 그것은 단어를 찾아보기 위해 멈추고 자신의 리듬을 깨면서도 학생들이 짧은 조각들을 여러 차례 반복해서 읽어야 한다는 것을 의미한다.

과제물 작성을 위해 읽기는 많은 시간을 들여야 하는 부분이다. 학생들에게 읽기는 느린 과정이 될 수밖에 없다. 현대의 학생들은 예전의 학생들보다 독서를 할 수 있는 시간이 훨씬 더 줄어들었다. 특히, 책을 페이지마다 꼼꼼히 읽고 필기를 해야 한다는 의무감을 느끼고 있는 상황이라면, 학생들은 규정된 독서량을 달성해 내는 것에 대해서 심각한 걱정에 사로잡히게 될 수도 있을 것이다.

읽을 자료들의 목록을 보고 그 자료들 간의 차이를 구분하는 능력도 요구된다. 학생들은 도서관에서 실제 읽을 필요도 없는 책을 대여하기 위해 오랜 시간 기다려야 할 수도 있으며, 꼭 필요하지도 않은 서적 및 중복되는 정보를 읽는 것에 대해 훨씬 더 긴 시간을 소비하게 될 수도 있다.

과제물 작성은 시간제한과 압박 속에서 이루어지므로 과제의 주제에 따라 도서 목록을 작성하면서 자료를 분류하여, 무엇을 먼저 읽는 것이 좋은지에 대해 별 등급을 부여한다. 그 내용이 생각보다 좋지 않은 경우는 그것을 대체할 수 있는 적절한 자료들도 별 등급을 만들어 놓는다. 도서관에 가면 교재들에는 유사한 내용이 담겨 있으며, 때로는 어떤 책의 일부분만을 읽어도 되므로 주요 단원이나 단락을 선택적으로 읽어도 된다.

이때 질문을 제시하면서 읽는 것은 과제물의 질을 결정하는 데 영향을 미친다. 질문하는 감각을 개발하는 것은 과제물 작성을 위한 독서의 방향을 이끌고 다른 친구들의 과제물과는 차별되는 자신만의 독특한 과제물 작성을 만드는 데 기여할 수 있다. 과제물을 작성하기 위해 읽다가 보면, 인용할 자료나 그림, 사진 등을 직면하게 되는데 출처를 밝히고 활용할 수 있도록 양질의 복사를 해 두도록 한다. 또한 독서 중에 참고도서 목록 및 그에 대한 구체적인 설명을 항상 기록해 두는 습관을 지닌다.

1) 대충 훑어보기 연습

도서관이나 서점을 방문하여, 각각 단 몇 분간의 시간 동안 동일한 주제에 대하여 3권의 서적을 훑어본다. 책의 저자가 주제에 대해 접근하는 방법에서 어떠한 차이점을 감지해 낼 수 있는가? 여러 권의 책을 보는 것은 주제를 더 잘 이해할 수 있도록 도움을 주는가? 아니면 단지 더욱 혼란스럽게 만드는 것일 뿐인가? 내가 잘 이해가 되는 서적은 어떠한 것인가? 좋아하는 활자의 크기, 글씨의 색깔, 서체가 있는가? 과제물 주제를 가지고 '대충 훑어보기' 활동을 수행하면서 몇 분 동안 그 활동에 대한 피드백을 행해 보라. 이 활동이 과제물 작성에 있어서 어떠한 유익한 점이 있는가? 과제물의 난이도에 따라서 신문기사, 학술논문, 영화, 수필, 모노그라프 등 여러 자료를 가지고 '대충 훑어보기'를 수행할 수도 있다.

2) 체계적으로 읽기

독서를 할 때 주요한 목표는 의미를 파악하기 위해 이해하는 것이다. 읽는 속도와 유창성은 도움이 될 수도 있겠지만, 부차적으로 중요한 것일 뿐이며 연습을 통해서 발달시킬 수 있다. 잘 읽는다는 것이 꼭 책을 빨리 읽는 사람을 의미하는 것이 아니다. 또한 너무 느린 속도로 읽는 것은 흐름을 방해할 수도 있다. 너무 느린 속도로 읽는 사람들이 조금만 더 빨리 읽는다면 이해력이 개선될 수 있다.

여러 유형의 교재를 꼼꼼하게 읽으면서 읽는 자료의 유형별로 특별히 주의를 기울이며 읽기도 한다. 예를 들면, '법' 관련 자료일 때는 핵심 정보를 찾기 위해서는 어디에 주의를 집중해야 할 것인가, 찾아야 할 어구는 무엇인가, 이것들을 어디에서 찾아낼 수 있을 것인가에 주의하면서 읽는다. '역사' 관련 자료 일 때는 조상들에 대한 긴 역사 속에서 핵심 어구가 담겨 있는 짧은 단락을 어디에서 찾아내어야 할 것인지를 생각하면서 읽는다. '과학 학술논문'의 경우는 부분별로 읽는 방식을 다양하게 변화시키면서 읽는데, 예를 들면 가설 및 결과는 훨씬 더 느린 속도로 숙독을 하는 반면에, 논의 부분에서는 매우 빠른 속도로 여기저기를 대충 훑어본다.

3) 읽으면서 필기하기

과제물 주제를 가지고 자신의 읽기 및 노트 필기에 주의를 집중하게 하는 질문을 만들어 읽는다. 이러한 질문하에 글을 읽을 때 노트 필기를 하면서 진행해 나간다. 약어나 이해하기 쉬운 짤막한 구조를 활용하여 필기해 나간다. 글을 읽는 속도나 노트 필기 속도가 느린 학생들은 이를 위해 충분한 시간을 배당해야 한다. 기록하면서 과제 주제에 적합한지 확인하고 필요한 것이 아니라고 보면 선을 그어 그것을 지운다. 불필요한 것과 필요한 것을 구분하면서 필기한다.

4) 읽은 자료의 재검토

읽은 자료를 전체적으로 다시 점검해 보는 시간을 가지면서 과제물 작성을 진행해 나간다. 관련 책이나 자료를 읽고 나서 알게 된 흥미로운 사항은 무엇인가? 저자가 쓴 내용에서 자신이 반대하는 사항이나 그에 대한 이유는 무엇인가? 그 자료가 읽을 만한 가치가 있는지 등 과제물 작성에 특히 유익한 부분을 체크해 둔다. 또한 읽은 자료에서 머물지 않고 자신의 아이디어를 더 발전시킬 여지가 없는지 고려한다.

5. 대략적인 아웃라인을 작성한다

아웃라인은 잘 조직된 글을 쓰기 위한 밑바탕이 되므로 충분한 시간을 가지고 신중하게 써 본다. 아웃라인만 잘 작성하여 두면 이후의 리포트 쓰는 과정이 훨씬 쉬워진다. 아웃라인을 작성할 때는 글의 주제와 목적이 무엇인지 생각하고, 내가 가지고 있는 자료를 훑어보며, 소주제를 정한다. 그리고 각각의 소주제를 뒷받침할 내용을 간략하게 적어 보면서 글을 조직화한다.

6. 아웃라인을 토대로 초고를 쓴다

리포트를 쓰는 목적이 무엇인지, 내가 가지고 있는 자료는 무엇인지 여러 번 생각하면서 아웃라인을 토대로 글을 쓴다. 글을 쓸 때는 서론, 본론, 결론에서 다루어야 할 내용이 모두 포함되어 있는지, 글의 흐름은 자연스러운지 염두에 두면서 쓸 필요가 있다. 글쓰기가 잘 진행되지 않을 때는 나의 아이디어를 다른 사람이나 녹음기에 말하고, 그것으로부터 힌트를 얻는 것도 좋은 방법이다.

서론에서는 리포트에서 다루게 될 주제를 소개하고 앞으로 논지는 어떻게 전개해 나갈 것인지 글의 방향을 소개한다. 본론에서는 주제 문장과 그것을 뒷받침하는 증거들을 제시한다. 주제 문장이란 한 문단에서 중심 생각이 담긴 문장으로, 문단의 첫 번째 줄에 쓰는 것이 좋다. 주제문장은 하나의 뚜렷한 생각을 제시하여야 하며, 한 문단에서 다루기에 적당한 범위어야 한다. 주제 문장을 뒷받침하기 위해서 사실이나 경험, 구체적 설명, 실례 등을 이용하여 독자로 하여금 나의 글이 충분히 납득이 가도록 근거를 제시해야 한다. 결론에서는 본론에서 전개한 주요 내용을 요약하며, 주제 문장을 다른 말로 강조하여 표현하고, 문제의 해결책을 제시하거나, 글 전개과정에서 내린 나만의 결론이나 제안으로 구성한다. 이때는 앞의 글에서 다루지 않은 새로운 내용을 꺼내지 않도록 주의한다.

7. 단어는 구체적이고 정확하게, 문장은 간결하게 표현한다

리포트를 쓸 때의 단어들은 한 가지 주제로 묶일 수 있고 나의 생각을 구체적이고 적절하게 나타낼 수 있는 단어들로 선택하는 것이 좋다. 단어를 잘못 선택하게 되면 단락의 중간에서 주제가 바뀌는 경우도 있으므로 단어 하나하나를 신중하게 고르는 것이 중요하다. 문장은 너무 짧거나 매끄럽지 않으면 좋지 않으며, 주제에서 벗어난 길고 산만한 문장도 피해야 한다(전명남, 2004b).

8. 비판적이고 객관적인 눈으로 수정하여 리포트를 완성한다

초고를 작성하고 하루나 이틀 정도 지난 후에 글을 읽어 보면 좀 더 냉정하게 자신의 글을 평가할 수 있다. 소리 내어 읽어 보는 것도 문장이 매끄러운지, 글의 흐름은 자연스러운지 확인해 볼 수 있는 좋은 방법이다.

초안을 검토할 땐 비판적으로!

9. 리포트를 수정할 때 확인해야 하는 것

리포트를 작성하여 수정하는 일은 처음 작성하는 것 이상으로 중요하다. 내용의 조직을 재검토하고 문장을 세련화시켜야 한다. 내용을 읽을 때 논리성, 통일성, 정확성, 객관성을 중심으로 점검해 나간다(전명남, 2004b).

• 논리성: 단락마다 논리적으로 연결되어 있는가?
• 통일성: 모든 단락은 한 가지 주제를 말하는가?
• 정확성: 철자법, 문법, 구두점은 올바른가?
• 객관성: 각주, 인용문, 참고문헌은 정확한가?

10. 자료의 출처를 정확하게 밝힌다

아무리 우수한 내용의 리포트를 작성하였다고 하더라도 자료의 출처를 밝히지 않거나, 아예 참고문헌을 포함시키지 않았다면 공든 탑을 무너뜨리는 일을 한 것이나 다름없다. 참고문헌, 인용, 각주 등의 출처를 정확하게 밝히는 것은 지성인의 기본적인 예의다. 다른 사람의 생각이나 말을 직접 인용할 때는 " "를 사용하고, 간접 인용할 때는 ' '를 사용하며 누구에 의해 언제 쓰인 자료인지, 출판부는 어디인지에 대한 출처를 밝힌다(전명남, 2004b).

제9장

'시험'을 찾아서 쳐라: 시험 잘 치르는 전략

학창 시절 동안에는 주어지는 시험만 치르기보다는 자신에게 필요한 시험을 찾아서 치르는 것이 필요하다. 특히, 학년이 높아질수록 자신에게 필요한 시험을 찾아서 치르는 학생일수록 자신의 학업과 진로를 잘 개척하며 성숙도도 높다. 고등학교 때는 선생님들이 예정해 놓은 시험을 치면 충분했을 수 있지만, 대학에서는 개인이 시험을 찾아서 치르는 노력이 삶에서 최소한 1%의 차이를 만들어 낼 수 있다. 각종 자격증은 물론 평생의 커리어에 필요한 면허나 인증 시험이 무엇인지 탐색하여, 대학 1학년부터 4학년 시기까지 적절한 시간을 스스로 잡아 시험을 치르는 태도가 필요하다. 고용노동부, 법무부, 보건복지부 등 주요 자격증 시험에 대해서는 국가 수준에서 공시하고 있는 경우가 많다. 대학과정 중에 찾아서 치른 주요 시험 중에는 평생 받게 될 연봉의 최저하한선을 일정 수준 이상 보장해 주는 것도 많음을 잊지 말아야 한다. 시험을 찾아서 치르면 앞으로 일어날 일을 미리 내다보기 쉬울 뿐만 아니라 자신의 생활이나 행동을 스스로 통제하기가 용이하다.

　또한 대학교 교육과정상 학생들은 전 학년에 걸쳐 다양한 형태의 평가를 받도록 되어 있다. 그중 시험은 학교에서 학생들을 평가하는 일차적인 수단 중 하나다. 시험 역시 학습과 관련된 다른 기술들과 마찬가지로 학년이 올라갈수록 점점 복잡해진다. 아무리 학생이 열심히 공부하고 시험범위의 내용들을 잘 이해하고 있더라도 시험을 치르는 상황을 잘 조정하지 못하면 좋은 결과를 기대할 수 없다. 학교 시험은 자주 이루어지며 점점 어려워지는데도 불구하고, 많은 학생은 시험 치르는 전략들을 충분히 지니고 있지 않다. 시험에는 읽기, 지시문에 따르기, 답안을 작성하기 전에 문제에 대해 생각하기, 검토하기, 답안확인하기 등이 포함되어 있다. 주의가 산만하거나 충동적인 주의집중장애를 지닌 학생이나 학습에 어려움을 지니는 학습장애를 가진 학생의 경우, 앞에 나열한 전략들을 가지고 있지 않거나 지니고 있더라도 제대로 수행할 수가 없다. 그러나 이 전략들은 연습과 교육을 통해 배울 수 있다(Good & Brophy, 1990).

1. 시험과 관련해서 학생들이 겪는 어려움

　시험을 준비하거나 치르는 과정에서 학생들은 여러 가지 어려움을 겪는다. 첫째, 학생들은 시험 과정을 신비화시키는 문제를 가지고 있을 수 있다. 마치 강의에서 전달해 줄 수 없는 상상하기조차 힘든 무언가를 교수들이 기대하고 있는 것처럼, 아니면 학생들이 모르고 있는 것만을 보고 점수를 매기기 위해서 교수들이 독자적으로 마술 기법과 마음을 읽는 능력을 활용하는 것처럼, 학생들은 시험에 대해 신비스러운 개념을 만들어 낼 수도 있다. 이러한 상황은 학생들이 시험에 대해 막연한 부담감만 가지게 만든다.

둘째, 시험에서의 해답과 수업 과제에서의 해답을 구별하지 못하는 것에 어려움을 가질 수 있다. 학생들은 일반적인 리포트나 2천 자로 답하는 논술형 고사를 쓰는 것과 시험이라는 상황하에서 요구되는 더 짧은 답변에 이르기까지 적절하게 대응하는 방법을 모르고 있을 수도 있다. 수행능력이 더 저조한 학생들은 자신의 지식의 토대를 입증하기 위해 부가적인 사실들을 도입시키기 위해서 도입·결론·주장의 맥을 희생시키는 성향을 보이기도 한다. 만약 시험에서의 해답이 수업 과정에서의 해답과 다른 글쓰기 스타일을 요구한다면, 부차적으로 한 가지 어려움이 더 있다. 예를 들면, 만약 학생들은 시험에 대한 해답을 짧은 산문으로 써야 하지만, 수업 과정에서는 하나의 글로 제출하는 데 더 많이 익숙해져 있다.

셋째, 채점 절차에 대해 무지할 수 있다. 학생들은 흔히, 시험 채점자가 자신의 과제를 샅샅이 훑어보고는 그 답변에서의 모든 갭(gap)이 어디에 있는지를 식별해 낼 것이라고 상상하고 있다. 만약 이것이 '정답은 오직 하나다'라는 의미와 결부되는 것이라면, 이것은 시험을 치르는 동안의 불안 수준이 매우 높아지도록 만들 수도 있다.

넷째, 비체계적인 교정이 문제가 될 수 있다. 학생들은 비체계적이고 초점이 없는 방식으로 교정을 할 수도 있는데, 그 결과 시험 장소에서 정보를 선택하고 조직하는 데 너무 많은 시간을 소비하게 된다. 이것은 해답을 준비하는 데 너무 오랜 시간이 걸리기 때문에, 또는 학생들이 초반부의 해답에 대해 너무 세부적으로 쓰기 때문에 학생들의 시험시간이 부족해지는 결과를 가져올 수도 있다.

다섯째, 형편없는 시험 시간 전략을 가지고 있을 수 있다. 예를 들어, 각 문항 유형별로 제공되는 점수가 달리 주어지도록 출제된 경우에도, 학생들은 시험 점수가 부여되는 방식을 고려하지 않기 때문에 동일한 점수가 할당되어 있는 질문에 대하여 균등하지 않게 시간을 투자한다. 일부 학생들은 세 문제 중 두 문제만 훌륭하게 적는다면 교수가 감명을 받게 될 것이며, 자신에게 더 높은 점수를 줄 것이라는 환상을 가지고 있다. 뿐만 아니라 학생들은 수많은 대학에서 70% 이상의 점수(학점)가 거의 드문 채점 체계를 이용하고 있는 반면에, 해답에 대해 만점을 받을 수 있을 것이라고 추정하는 경향이 있다.

여섯째, 연습 부족 및 적절한 시험 준비 및 실시 습관을 가지지 못하고 있을 수 있다. 과거 자신의 자질과 비교해 보고 일차적으로 수강교과목(특정 학습 과정에 필요한 수업내용; 학습 과정 연구)을 선택하는 신입생들이 많이 있다. 일부 학생들은 대학에 들어가서야 고사실에 앉아 보는 경우도 있고, 심지어는 대학 2~3학년이 되어서야 시험을 치르게 되는 경우도 있다. 다른 학생들은 매우 저조한 시험 성적 경력만을 가지고 있을 수도 있다. 그러한 학생들이 시험을 제대로 치를 것이고 이에 더해 시험에서 우수한 성적을 거둘 것이라고 개념화한다는 것은 대개 어려운 일이라 할 수 있다. 학생들은 시험에 대비하는 방법도 거의 모르고 있을 뿐만 아니라, 시험지를 다루는 방법에 대해서도 전혀 모르고 있을지도 모른다. 시험을 잘 치러 낼 수 있도록 마음을 편히 갖기 위해서는 시험 연습을 많이 해야 한다. 뿐만 아니라 속도를 빨리 해야 하는 것과 같이 개발시켜야 할 부차적인 기술도 여러 가지가 있다.

일곱째, 시험을 치르는 '속도(speed)'에 문제를 가지고 있을 수 있다. 워드 프로세서에 익숙해진 학생들은 제한된 시간 내에 빠른 속도로 글을 쓸 수 있는 근력을 가지고 있지 못할 수도 있다.

시험과 관련된 학생들의 어려움을 개선하기 위해서는 시험 과정에 대한 신빙성을 제거하는 것이 필요하다. 대부분의 학생들이 학점을 이수하게 될 것이라는 사실, 만약 피치 못하게 학생이 낙제를 하게 된다면 그 목적은 학생을 실패시키기 위한 것이 아니라는 사실 등을 알고 있어야 한다. 또한 수업 과정에서 요구되는 사항과 시험 답안 작성이 동일한 경우도 있지만 시험문제로 제시되는 경우의 요구사항에 초점을 맞추고 어떻게 채점될지를 예상해 보라. 즉, 수업시간에 수행한 내용을 기본으로 문제, 스스로 출제해 보고 이에 적절한 시험 답안을 작성해 보고 스스로 채점해 본다면 자신감을 얻을 수 있을 것이다.

보다 나은 시험 답안을 작성하기 위해서는 과거의 시험문제 답안을 작성했던 경험을 회상해 보고 여러 유형의 시험 답안에서 요구되는 구체적인 내용을 적었는지 등의 세부 수준을 점검해 봐야 한다. 수정을 줄이고 시험을 치르는 동안 시간을 절약하기 위해서, 답안 기록을 핵심 사항 및 예를 드는 것으로 삭감시키는 것도 하나의 방법임을 알게 될 것이다. 진위형 문항과 같은 시험문제가 출제된다면 관련 정보와 결부시켜 생각할 수 있도록 기억법을 개발하는 데 시간을 투자한다. 그러면 학습 과정은 더 즐겁고 다루기 쉬운 것으로 보이게 될 것이다.

더 높은 성적을 획득할 수 있는 기회를 극대화시키기 위해서, 점수가 어떻게 부여되는지에 대해서 담당교수님 혹은 출제자에게 물어보고 확인하라. 어떻게 하면 더 높은 점수를 받을 수 있도록 확인해 보라. 성적표나 학위에서 채점하는 방식과 성적(점수)을 명백하게 연계 지어 보라. 우수한 시험 답안을 작성하는 방법, 특히 수업한 내용과 비교해 볼 때 어떤 방면을 잘라 낼 수 있는지에 대하여 명확하게 이해하고 있는 것은 도움이 된다. 구조 · 논증 · 사실 · 문장 진술에 대한 점수를 어느 정도 부여받게 되는지, 또는 어느 정도 감점받게 되는지에 대해 명확하게 알아둔다.

시험을 잘 치르기 위해 시험 연습을 할 기회를 만든다. 풀게 될 시험지에 대한 기출문제를 탐색해 보면 다양한 유형이 있었음을 알 수 있다. 또한 기출문제에서 출제되지 않는 시험인지 혹은 일부 출제되는 시험인지도 확인해 보면 좋다.

시험이 끝난 후에 자신의 시험결과에 대해 알아보는 것은 다음 시험에서 개선해야 할 점들을 확인해 보는 데 유용하다. 대부분의 학생들은 왜 자신이 시험에서 저조한 성적을 얻었는지에서 거의 모르고 있다. 이것은 시험성취를 유지하는가 또는 향상시킬 수 있는가에 있어서 중요한 논제다. 가능하다면 자기 자신이 무엇을 기대하고 있었는지, 속해 있던 집단이 어느 부분을 잘 했었는지, 무엇이 개선될 수 있었는지를 확인하고 그 피드백을 활용하여 다음 시험과 조우하라.

학생들이 시험에 대해 겪는 어려움들을 극복하고 시험을 잘 치르기 위해서는 세 가지 과정을 잘 조정해야 한다. 시험 준비, 시험 불안 극복, 시험 보는 날의 시험 준비와 치르기 전략이다.

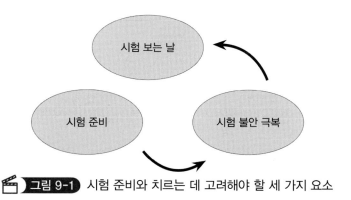

그림 9-1 시험 준비와 치르는 데 고려해야 할 세 가지 요소

2. 시험 준비

시험 준비는 일찍 시작한다. 시험 준비는 학기가 시작되는 때부터 이루어져야 한다. 평소에 꾸준히 공부하는 것이 가장 효과적인 시험 준비다. 본격적인 학교 시험 준비는 시험공고가 되는 날부터, 또는 시험 2주일 전부터는 시작해야 한다. 시험이 공고된 이후에는 같은 시험을 치르는 동료 학생들이나 선배들과 함께 시험의 내용이나 평가방법과 같은 사소한 이야기를 가볍게 나누는 것도 좋다.

시험 준비 계획을 통해 시험을 보는 내용에 대한 체계적인 복습 체계를 만들어 시험을 준비한다. 매일의 공부목표와 시간계획을 세운다. 계획을 세우는 것은 심리적 안정감과 성취동기를 갖게 만든다. 시간계획을 세울 때는 다음의 순서를 따른다. 첫째, 목표를 분명하게 정한다. 목표를 정하면 시간낭비를 막아 주고, 일에 집중할 수 있게 된다. 둘째, 매일매일 해야 할 공부분량을 노트에 적는다. 머리로 생각하는 것과 노트에 적어 보는 것은 많은 차이가 있다. 매일의 공부범위를 적다 보면 공부목표가 더욱 분명해진다. 셋째, 할 일의 우선순위를 정한다. 해야 할 일들의 순서를 정하고 가장 중요한 일부터 먼저 한다. 이와 더불어 미루고자 하는 마음을 극복해야 한다. 작더라도 실행 가능한 목표를 세운다. 미루고자 하는 마음이 생기면, 잠시 기분전환한 후 다시 과제에 임한다. 시험 공부시간은 최대 2시간 단위로 설정한다. 공부를 시작한 후 1시간 반 또는 2시간이 지나면 집중력이 급격히 감소한다. 잠시 휴식한 후에 다른 과목을 공부한다. 과제를 완수하는 데는 보통 예측한 시간의 두 배가 필요하다. 시간을 감안하여 현실적인 계획을 세운다.

학점 4.5만점에 4.5를 획득한 학생들의 인터뷰 자료

시험 준비와 대처

시험 치는 내용에 대해서는 교수님의 의도를 파악하고, 자신의 생각을 더하는 것으로 나타났다. 또한 학업성취도가 높은 대학생은 시험 시간표가 나오는 몇 주 전이나 한 달 전부터 계획하여 시작하는 등 미리 시험 공부를 하고 있음을 보고했다. 또한 본격적인 공부, 중요도에 따라 구분해서 공부하고 있음이 나타났다. 높은 학업성취 학생들은 학습에 들이는 노력(Katsillis & Rubinson, 1990; Seifert & Beck, 1984), 집중적인 공부, 검토,

'자기-질문(self-prepared questions)'과 같은 정교화 전략 등을 보고했다. 정교화 전략의 긍정적 측면을 다룬 선행연구들과 일관된 증거를 보인다(Paris& Byrnes, 1989; Cheung, & Kwok, 1998).

> 교수님의 의도를 파악하는 거죠(남학생 1).
> ……교수님이 중요하게 생각하시는 것들. ……교수님의 뜻에 맞는 답안을 만드는 것도 자신의 생각이 없으면 가능하지 않죠(남학생 3).
> ……시험 보기 2주 전부터 계획 세워서 공부해요. 계획 세워서 공부하고 마지막에는 책을 덮고 처음부터 끝까지 머릿속으로 어떤 내용이 있는지 떠올려 봐요. 그러나가 생각이 나지 않는 부분은 다시 찾아서 확인하고…… 시험 공부는 전공부터하고 교양 공부의 순으로 일정을 짜요. 먼저 교재를 밑줄 쳐 가면서 훑어보고 중요한 부분에 표시하고, 강의시간 생각하면서 강의내용 떠올리며 읽고, 다한 다음에는 정리를 한 번 해 봐요. 시험답안지에 노트필기하듯이 요약 정리해 보고 시험에 임박해서는 그것을 위주로 다시 공부하고, 암기했던 것 확인하고 예상문제와 답을 머리 속으로 생각해 보고 여유가 있으면 작성도 해 보고……(여학생 1)

〈출처: 전명남, 2003c〉

시험을 위한 공부는 짧게 여러 번 반복해서 공부하는 것이 이해나 회상을 높여 준다. 시험 전 이틀 동안 매일 10시간 공부하는 것보다 20일 동안 각각 1시간씩 공부하는 것이 더 좋은 결과를 가져다준다.

시험을 잘 치르기 위해서는 노력을 조절하는 자기 마음의 스위치를 필요에 따라 켜고 끄는 조절 능력을 가져야 한다. 시험에 대해 예상하고, 그 결과를 고려하여 평소와 달리 시간계획을 철저히 하여 지키는 등의 통제가 필요하다.

학점 4.5만점에 4.5를 획득한 학생들의 인터뷰 자료

시험에 대처하기 위해 '노력을 조절하는 능력'

노력 조절(effort regulation) 혹은 의지(volition)는 '잠재적 방해에도 불구하고 목표에 초점 맞추기를 지속하고 노력을 기울이는 경향성'이다(Corno, 1994, p. 229). 학문적 상황에서, 노력 조절은 점차적으로 학습전략을 구축하는 데 사용하고 학생들이 학교 안에서와 밖의 많은 방해들을 다룰 수 있도록 돕는다(Alderman, 1999). 많은 연구결과들이 노력 조절이 학업적 성공의 강력한 예측인이었다고 보고하였다(Doljanac, 1994; Lee, 1997). 높은 학업성취 대학생들도 이러한 노력 조절을 보여주었다.

평소에는 7~8시간 자고, 시험기간에는 밤을 새지는 않고 평균 3~4시간 정도 자요. 시험 전에 스트레스 받고 긴장이 돼요. 아무래도 불안을 극복하는 데는 열심히 준비하는 게 가장 좋은 방법인 것 같아요(남학생 1).

……공부는 잘되거나 하고 싶을 때 하는 것이 훨씬 더 효율적인 것 같아요. 계획대로 공부를 해 나가면 여유롭게 시험준비를 할 수 있어요. 시험기간에는 12시 정도부터 자고 밤샌 적은 한 번도 없었어요. 미리미리 해 놓다 보면, 능률이 오르는 시간에 하면 훨씬 많이 공부할 수 있는 것 같아요(여학생 2).

〈출처: 전명남, 2003c〉

보다 효과적인 시험 준비 8단계를 제안하면 다음과 같다. 1단계에서는 시험에 대한 정보를 명확히 파악한다. 시험 준비는 시험날짜, 요일, 시험시간, 시험범위, 시험유형(객관식, 주관식) 등 가장 필수적인 것에 대한 확인에서부터 출발한다. 2단계는 시험 범위에 해당되는 교재 내용을 이해하는 것이다. 주제, 개념, 공식, 핵심내용 등을 유념하며 교재내용을 먼저 이해하여야 한다. 3단계에서는 기출문제를 공부한다. 기출문제는 출제경향 및 핵심내용 파악을 위한 가장 좋은 자료다. 4단계에서는 노트 필기한 내용을 주의 깊게 살펴본다. 노트에는 교수님이 중요하게 여기는 부분들이 잘 나타나 있다. 교재와 노트 양쪽에서 강조된 부분은 시험에 나올 가능성이 매우 높다. 5단계에는 시험 내용을 몇 페이지로 요약한다. 내용을 한 번 익히면, 요약한 페이지를 통해 시간을 절약하며 반복 학습할 수 있다. 6단계는 요약한 페이지를 암기하는 것이다. 시험장에서는 오직 뇌속에 있는 지식만을 사용할 수 있다. 7단계는 출제자의 입장이 되는 것이다. '교수님이 어떤 문제를 출제하실까?' '내가 교수님이라면 어떤 문제를 출제할까?' 생각하면서 공부한다. 8단계에서는 스스로 예상되는 시험문제를 만들어서 진단해 본다. 머리로 아는 것과 표현하는 것은 다르다. 실제 답안을 쓰듯이 써 보면, 미처 생각하지 못한 부족한 점을 발견하고, 보완할 기회를 갖게 된다(전명남, 2004).

중간고사나 기말고사와 같이 학교에서 일반적으로 치르는 시험 날짜가 막상 다가오면 당황하게 되는데, 이때 '시험 준비 5일 계획법'을 활용해 보라. 시험 내용에 해당되는 자료를 한 묶음씩으로 나눈다. 장(chapter)별로 나눌 수 있다면, 그렇게 나눈다. 그렇지 못하다면 시험 내용에 기초해서 자신의 공부 묶음으로 만든다. 5일 동안 매일 2시간씩 공부할 계획을 세운다. 첫째 날 시험 공부하는 내용은 가장 어려운 내용을 2시간 정도 공부하도록 계획하고, 그 다음 날은 그보다 더 소화하기 쉽지만 어려운 내용을 2시간 정도, 셋째 날은 보다 더 쉬운 내용의 순서로 시험 공부 내용을 배열한다.

준비 1일째: 화요일			
	준비하기	1단원	2시간
준비 2일째: 수요일			
	준비하기	2단원	2시간
	다시 보기	1단원	30분
준비 3일째: 목요일			
	준비하기	3단원	1~1/2시간
	다시 보기	2단원	30분
	다시 보기	1단원	15분
준비 4일째: 금요일			
	준비하기	4단원	1시간
	다시 보기	3단원	30분
	다시 보기	2단원	15분
	다시 보기	1단원	10분
준비 5일째: 일요일			
	다시 보기	4단원	30분
	다시 보기	3단원	20분
	다시 보기	2단원	10분
	다시 보기	1단원	10분
	자기-테스팅		1시간

그림 9-2 5일 시험 공부계획의 예

3. 시험 치르기

시험을 직접 치르는 방법도 이를 준비하는 것만큼이나 시험결과에 영향력이 있다. 적어도 시험 시작 5분 전에는 시험장에 도착하여야 한다. 시험 치르는 좌석이 정해진 경우라면 그곳에 미리 앉아서 준비하고, 좌석이 정해지지 않았다면 자신이 편안함을 느낄 수 있는 자리를 선택하여 앉도록 하여, 시험 보는 동안 다른 사람의 반응과 행동에 신경 쓰지 않고 문제에 더 집중할 수 있도록 한다. 시험 치르기 직전에 알려 주는 시험관의 지시사항을 경청한다.

시험지를 받으면 먼저 문제 전체를 훑어본다. 일반적으로 학생들은 시간이 부족하다는 생각에 문제지를 받자마자 곧장 문제 풀기에 들어가는 경우가 많다. 일단 문제지를 받으면, 1~2분간 전체를 개략적으로 살펴본다. 어떤 내용이 출제되었는지, 문제의 난이도, 문제 순서와 내용의 연관성 등을 파악하며 시험에 대한 전반적인 감을 익힌다. 다른 문제를 읽으면서 힌트를 얻을 수도 있고, 시간 배분도 계획할 수 있다. 시험에 대해 파악이 되면, 좀 더 편안한 마음으로 시험에 임할 수 있다.

시험 시간을 배분한다. 문제 모두를 풀려면 한 문제당 몇 분의 시간이 필요한

지 계산한다. 시간에 맞추어서 문제를 풀고자 노력하라. 주관식 문제의 경우, 문제의 배점에 비례해서 시간을 할당한다. 10분 정도 미리 푼다는 생각으로 시간을 배분해야 한다. 그래야 답안을 마무리하고 점검할 시간을 갖게 되고, 어려운 문제에 시간을 더 사용할 수 있다.

　쉬운 문제, 아는 문제부터 풀도록 순서를 정한다. 이는 공부할 때 어려운 부분부터 쉬운 부분의 순서로 공부하는 것과 반대다. 처음부터 어려운 문제에 많은 시간을 소비하면, 나중에 시간에 쫓겨 쉬운 문제도 풀지 못하는 경우가 생기게 된다. 어렵고 시간이 많이 필요한 문제가 나오면, 표시를 하고 바로 다음 문제로 넘어간다. 쉬운 문제를 풀고 나면 어느 정도 문제를 풀었다는 심리적 안정감이 생기게 되고, 남은 시간을 보며 어려운 문제에 대한 시간 배분을 계획할 수 있다.

　시험 출제자의 의도를 파악한다. 각 문제마다 출제자가 원하는 답, 즉 채점기준이 정해져 있다. 자신이 옳다고 생각하는 답보다는 출제자가 문제를 통해 요구하는 답을 써야 한다(전명남, 2004b).

　시험을 치를 때 기본적으로 필요한 도구들을 준비하여 시험장에 가지고 간다. 정규적으로 시험을 치를 때, 오픈북 시험일 때, 집에서 풀어오는 시험일 때 준비물은 각각 다르다.

정규 시험 치를 때
- 2~3개의 잘 깎은 연필과 지우개
- 백지
- 계산기
- 펜과 펜글씨 지우개
- 컴퍼스 / 각도기
- 작은 스테이플러 혹은 종이클립

오픈북 시험
- 위의 모든 것
- 노트 필기과 공부한 내용이 적힌 종이
- 전문 사전류
- 주교재와 최소한 참고도서 1권 이상
- 3″×5″ 카드

집에서 시험 치르기
- 위의 모든 것
- 다른 참고도서(문법/글쓰기 가이드)
- 출제되었던 시험문제지
- 백과사전
- 잡지

4. 선택형과 논술형의 시험 유형별 대처 방법

문제를 정확하게 읽는다. '아닌 것' '옳은 것' '틀린 것' '않는' 등의 표현들, '항상' '모든' '어떤' '결코' 등과 같은 수식어구에 따라 문제의 답이 매우 달라진다. 또한 선택형 시험으로 시험을 치르게 되는 경우는 오답지과 정답지 간의 변별력을 높이는 방법을 찾아야 한다. 선택형 시험을 제작하는 경우에 오답의 매력도를 높여서 출제한다는 점을 고려해야 한다. 우선 문제를 읽고 최선의 답을 찾는다. 보통 답을 정하지 못할 때는 대개 2~3개의 선택 답안 가운데서 고민하게 된다. 모두 어느 정도 옳다 하더라도 그중에서 가장 옳은 것을 찾아야 한다. 가장 옳은 답을 고르지 못하는 경우, 역으로 가장 정답이 아닌 것부터 버려 나가는 역풀이 방법도 있다. 최선의 답을 찾기 위해 모든 선택 답안을 꼼꼼히 비교하며 읽어 보는 것이 필요하다.

논술형 시험은 답안을 쓰기 전에 아웃라인을 생각한다. 예를 들면, 바로 핵심 용어를 답안지 첫부분에 나열하면서 쓸지, 아니면 서론, 본론, 결론의 구성을 갖는 질문은 답안을 쓰기 전에 어떻게 내용을 전개해야 할지 먼저 구상을 해야 한다. 미리 생각하지 않고 곧바로 답안을 쓰기 시작하면, 논리적 연결이 미흡하여 좋은 점수를 받을 수 없다. 문제의 핵심을 바로 제시하고 이에 대한 구체적 근거를 제시하여 답안의 요지를 분명하게 하는 답안이 좋은 점수를 얻는 길이다. 만약 논술형 답안 작성 시에 시간이 부족하다면, 간략한 단어 및 용어라도 적는다. 시간이 있었다면 충분히 논의했을 만한 내용들 — 핵심단어, 요지, 아이디어, 개념들을 짧게라도 적고 답안지를 제출한다. 그리고 '시간이 부족해서……'라고 간단한 메모라도 남겨 둔다. 채점자는 이를 통해서 여러분이 알고 있지만 시간이 없어서 서술하지 못했다는 점을 고려하여 좀 더 후한 부분점수를 줄 수도 있다. 논술형 시험을 치를 때 학생들은 모르는 문제가 나왔다고 답란을 비워 두는 경우가 다반사다. 답란을 비워 두지 말고 무엇이라도 쓰려고 하라. 부분적으로 맞는 생각이 떠오를 수도 있다. 채점자가 응시자의 노력에 대한 점수로 최소한 몇 점이라도 줄 수 있도록 최선을 다한다. 답안을 완전히 비워 둔 문항에 채점자가 어떤 점수도 줄 수 없다는 점을 명심하라.

5. 시험 불안 대처하기

학생들은 시험 기간 동안 얼어붙고, 대답을 알면서도 문제에 실수를 한다. 대학에서는 중간 시험과 학기말 시험을 치른 후에 낙제를 하는 많은 학생들을 볼 수 있다. 각 학과목의 점수는 주로 이런 시험을 근거로 해서 주어지기 때문에 학생들은 쉽사리 당황하게 되며 이전에는 별 어려움 없이 기억해 낼 수 있었던 것도 잊어버리기 때문에 그만 중요한 시험을 놓쳐 버릴 때도 있다. 왜 그럴까? 무엇보다도 가장 근본적인 원인은 자신감의 결여로 인한 시험 불안(test anxiety) 때문이다. 학생들은 시험 준비가 적절히 되어 있지 않다고 느끼거나 혹은 시험 보는 기술에서 자신이 없을 때가 많다. 이러한 불안을 극복하는 두 가지 주요한 방법은 과목을 철저히 공부하는 것과 효과적인 수험기술을 발달시키는 것이다.

시험 전에 적절한 긴장은 좋다. 아드레날린이 과다하게 분비되어 설레면서 가슴이 두근거리는 것은 여러분의 인식을 예리하게 하고 주의 상태를 유지하게 만든다. 그러나 때때로 긴장은 지속적이고 극단적이어서 수면부족, 식욕부진, 탈모를 일으킨다. 이런 긴장은 좋지 않다. 그것은 시험 불안의 증상으로 시험 동안에서 여러분의 최상의 수행을 가로막는다. 다른 증상으로는 신경증, 공포, 불안, 흥분, 짜증, 무기력감들이 있다.

시험 불안에는 정신적 및 신체적인 두 가지 요소가 있다. 스트레스의 정신적 요소는 시험에 대한 학생들의 모든 생각들과 염려들을 포함한다. 신체적 요인은 감정, 감각, 긴장을 포함한다. 시험 불안을 예방하는 가장 우선적 방법은 미리 공부하는 방법이다. 충분히 긴 시간 동안 미리 준비하고 연습하게 되면 시험장에서 불안의 강도가 약해질 수 있다. 또한 시험에 근접하여서는 시험과 관련된 생각을 정신적으로 다루어 준다. 마음이 걱정으로 어지러울 때, 통제할 수 없이 돌아갈 때, 심적으로 크게 외친다. '그만!'이라고 자신에게 외친다. 이러한 행동은 잠시나마 걱정의 순환 고리를 끊게 해 준다. 또한 성공을 시각화한다. 걱정의 순환 고리를 멈추고 자신이 성공한다는 것을 반복하여 생각할 시간을 가진다. 그것은 구체적이어야 하며 시각화의 부분으로서 세부적 그림, 행동 또는 소리를 만드는 것도 좋다. 구체적인 목표에 초점을 둔다. 구체적인 공부내용에 주의집중한다. 시험장의 책상의 표면을 만져 보고, 그 촉감을 인식해 본다. 명상에 잠기듯이 모든 주의를 한 점에 집중해 본다. 또한 긍정적인 방식으로 자기 자신에게 말해 본다. "나는 매우 편안하다. 나는 시험에서 좋은 성적을 올릴 것이다."라고 말해 본다. 또한 최악의 상태를 고려하고 그것이 그리 문제되지 않는다는 것을 인식하는 것도 도움이 된다. 걱정을 멈추고자 하기보다는 일어날 수 있는 최악의 상황을 생각하는 방법인데 불합리의 한도까지 두려움을 취해 보는 것이다. 스스로에게 다음과 같이 말할 수 있게 된다. "내가 시험에 실패한다면, 나는 이 코스를 실패하게 된다. 장학금도 잃게 되고 학교로부터 내쫓기고 그 후에는 직업을 얻을 수 없을 것이다. 곧 나는 파멸의 길로 빠져 부랑자와 같이 될 것이다……." 이렇게 최악을 예견하게 되면, 합리적인 관심 수준을 발견하기 위해 다시 거슬러 올라갈 수 있다. 객관적인 사실은 우리가 최악의 것으로 두려워하는 것만큼 나쁘지 않다는 것이다.

신체적으로 시험 불안을 견뎌 내거나 극복하는 방법이 있다. 쉽게 할 수 있는 것으로 우선 '호흡'을 활용하는 것이다. 자신의 호흡에 주의를 둠으로써 몸 안의 신체적 감각을 가라앉게 할 수 있다. 폐에 들어오고 나오는 공기에 집중한다. 코와 입을 통해서 공기가 들어오는 대로 그것을 느낀다. 이것을 2분에서 5분까지 한다. 여러분이 짧고 얕은 호흡을 한다고 인식하면, 더 길고 더 깊이 호흡을 하기 시작하라. 여러분의 가슴이 나오도록 폐를 가득 채워 본다. 그리고 모든 공기를 내뱉는다. 자기 자신이 코끝에 서 있다고 상상해 본다. 마치 코가 거대한 환기구인 것처럼, 호흡이 들어오고 나오는 것을 지켜본다.

자신의 몸을 탐색해 본다. 단순한 자각이 여러분의 몸에서 긴장을 감소시키는 효과적인 기법이다. 편하게 앉아서 눈을 감는다. 그리고 발의 근육에 주의를 둔다. 그것들이 이완되는지 지켜본다. 발의 근육에게 그들이 이완될 수 있다고 말한다. 발목까지 움직이고 그 절차를 반복한다. 근육에 이완하라고 말하면서 여러분의 종아리와 장딴지, 그리고 엉덩이로 올라간다. 아래등, 횡경막, 가슴, 윗등, 목, 어깨, 턱, 얼굴, 위 팔, 아래 팔, 손가락, 머리에도 동일하게 해 본다.

신체적으로 '긴장과 이완을 반복'하여 시험 불안을 통제하는 방법도 있다. 어깨가 긴장된다면 그 어깨를 뒤로 잡아당긴다. 여러분의 등을 아치로 만들고 여러분의 어깨 근육이 훨씬 더 팽팽하게 긴장하게 한다. 그리고 나서 이완시킨다. 같은 과정을 팔, 다리, 복부, 가슴, 얼굴, 목에 사용할 수 있다. 한꺼번에 여러분의 주먹을 꽉 쥐고, 턱을 잡아당기고, 다리에 힘을 주고, 복부를 긴장시킨다. 그러고 나서 이완시킨다.

신체적으로 이완된 편안한 상태를 만들어 유도된 상상을 활용하면 시험 불안이 약화될 수 있다. 이것은 행복해서 웃는다가 아니라 웃기 때문에 행복하다는 원리를 활용하는 방법인데, 몸을 완벽하게 이완시킨 후 빠른 환상 여행을 한다. 눈을 감고 몸을 이완시킨다. 그리고 아름답고 평화롭고 자연스러운 환경을 상상한나. 할 수 있는 한 평화로운 광경을 만든다.

이런 기법이 효과가 없고 불안이 심각하다면 전문가의 도움을 청한다. 시험 불안 때문에 공부하기를 그만두게 되고, 자주 죽음에 대해 생각하게 되고, 우울감에 빠져 며칠을 우울증 상태에 있다면 또는 절망감이 길어진다면, 그대로 두어서는 안 된다. 남의 도움을 구하는 것은 어떤 상황에서든 유용한 전략이다.

사회적 학습전략

　최근 학습자들 간에 네트워크를 형성하고 서로 돕고 가르치고 배우면서 공부하는 방법이 발달되고 있다. 사람들과의 네트워크를 형성하고 지속할 수 있는 NQ(Network Quotient)라는 용어가 제안되어 사용되고 있다. 네트워크는 통신선로에 의해 서로 연결되어 있는 일련의 노드 또는 연결점들을 의미하는데 일상적인 용어로는 연결망을 가리킨다. 사회적 학습전략은 '머리'만이 아니라 '관계와 커뮤니케이션'으로서 '학습의 효율성'을 증진시킬 수 있다는 것이다. 네트워크 연결을 통한 사회적 학습전략(social learning strategy)은 집합과 집단을 통한 상호작용, 동반상승 및 자연스럽게 사회체계의 복잡성을 이해하고 활용할 수 있는 긍정적 효과를 가지고 있다.

'네가 못해야 내가 잘하는' 공부는 과거의 학습이 되고 있다. 바로 '네가 공부 잘 되어야 나도 공부가 잘 된다(win-win strategy)'가 사회적 학습전략의 기본 가정 이다. 학교생활에서 학습공동체 또는 학습커뮤니티를 통해 사회적 학습전략을 활용하는 방법에는 팀 학습(team learning), 멘토링(mentoring), 또래 튜터링(peer tutoring), 스터디 그룹(study group), 학술 그룹(academic group) 활동이 대표적이 지만, 개인이 학습활동 자체를 참여 · 관여 · 활동으로 수행하는 것도 포함된다.

저 네트워크에 연결되어야 하는데 ……

학습네트워크

사회적 학습전략에 필요한 것은 참여자 간에 학습 파트너십의 태도를 가지는 것이다. 학습 파트너십(learning partnership)은 어떤 학생이 목적을 가지고 자신 이 선택한 동료와 함께 계획하고 학습하고 반영하는 관계이다. 파트너들은 일반 적으로 혼자 작업하는 것보다 더 깊은 수준에서 학문적인 이슈와 관련된다. 동 료 관계를 통해 발생된 지원은 학문적인 발전에 중요한 요소이다. 학습 파트너 십은 아이디어와 과정의 개방성과 활발한 토론으로 규정되며 지속적이고 전문 적인 발전을 위한 관련 경험을 제공한다. 학습 파트너십의 중요한 특징은 다음 과 같다: 어떠한 학습 집단에 참여할지는 스스로 선택한다. 서로 편리한 시간에 정기적인 접촉을 한다. 학습 의제는 협상을 거친다. 토론과 상호 피드백을 준다. 참여자들은 서로에게 공동의 지원을 제공한다.

1. 나와 다른 사람을 연결하라

소집단으로 팀이나 스터디 그룹으로 협동한 학생들이 학업에서 높은 학점을 얻고 학교의 일탈률이 적으며 학문적 문제가 적다는 연구들이 보고되고 있다. 다양한 정보에 접하고 새로운 사고와 학습동기를 기를 수 있는 방법이 '연결하라(get Connected!)'이다.

2. 팀 학습

학교와 사회생활에서 빼놓을 수 없는 것이 팀(team) 단위 또는 소집단(small group)의 활동이다. 팀이라는 용어는 일반적으로 두 명 또는 그 이상의 사람들이 '할당된 구체적인 역할 또는 기능을 역동적으로, 상호의존적으로, 그리고 적응적으로 공동의 가치화된 목적, 목표, 임무를 향해 수행해 가는 것'으로 사용되고 있다. 팀은 조직에 경쟁적 이점을 제공하기 위해 작업장에서 사용되어 왔다. 개별보다는 팀이 조직화된 목표를 달성하는 데 사용되는 가장 기초적인 작업 단위다. 피고용인의 팀은 개인보다 생산적이고, 창의적이며, 증가하고 있는 역동적인 비즈니스 환경의 도전에 보다 잘 맞아떨어진다.

팀의 주변인에서 중심적인 구성원으로 성장해 가는 경험은 다른 어떤 활동보다 중요하다. 일반적으로 팀은 생산적 결과를 추구하는 조직의 하나의 핵심적인 부분으로 여겨지고 있다. 팀은 의사결정, 상황 평가, 과제 설계와 같은 인지적으로 복잡한 과제(complex tasks)를 수행하기를 요구받게 된다.

팀 단위의 '아메바' 경영을 실현했던 이나모리 가즈오

　　1959년 교토세라믹(이하 교세라)을 설립했던 이나모리 가즈오 회장은 일본 사회의 위계질서로 인해 개개인이 조직에 짓눌려 자신의 기량을 발휘하기 어려운 문제를 해결하기 위해 교세라 초창기부터 팀(team) 방식의 경영을 실시하였다.

　　교세라에서는 10명 내외의 구성원으로 이루어진 일명 '아메바'를 만들어 조직의 신입사원이나 팀원이 조직 변화를 주도할 수 있도록 했다. 필요에 따라 아메바 간 연합, 새로운 아메바를 창출하였다. 아메바를 회사의 건강한 세포로 만들어 갔다. 작은 크기의 아메바 안에서 회사의 구성원들은 새로운 목표를 세우고 업무를 공유할 수 있었다. 3000여 개가 넘는 아메바가 운용되면서 교세라는 지방의 작은 벤처 기업에서 매출 1조원을 초과하는 글로벌 기업으로 성장할 수 있었다.

　　학습공동체 또는 학습커뮤니티는 일반적으로 팀(team)으로 구성이 되며, 팀 참여자는 구성원으로서 활동하여 학습의 과정을 겪게 된다. 이렇게 구성된 '학습 팀(Learning Teams)'은 팀이 함께 공부할 수 있고 상호작용의 수준이나 지식 공유가 높을수록 참여하는 개별 학생들의 학습에 긍정적인 영향을 미칠 수 있다(전명남, 2013b).

🎬 표 10-1　작업집단과 팀

작업집단(working groups)	팀(teams)
강하고 분명한 초점을 지닌 리더가 지명됨	리더십 책임감이 구성원 간에 공유됨
일반적인 조직 미션이 집단의 목적	구체적이고, 잘 정의된 목적이 팀에게 유일
개별 작업은 유일한 결과를 제공	팀과 개별 작업은 결과를 발달시킴
효과성이 다른 것에 대한 집단의 영향력이 간접적으로 측정됨(예를 들면, 사업, 표준화 시험에서 경제적 수행)	효과성은 팀 작업 결과를 평가함으로써 직접적으로 측정됨

단지 개인적 책무성이 명백	팀과 개별 책무성 둘 모두 다 명백함
개별 성취를 인정하고 보상	팀의 축하가 일어남. 팀의 성공에 기여하는 개인별 노력이 인정되고 축하됨
모임은 효과적이고 단기간 동안 지속	능동적 문제해결을 포함하는 모임은 개방적으로 논의됨
모임에서 구성원이 토의하고 결정하고 위임함	모임에서 구성원은 실제 작업을 함께 토의하고 결정하고 수행함

출처: Johnson & Johnson(2003).

3. 스터디 그룹

'스터디 그룹(study group)'은 과정에 관련된 문제들을 공동으로 조사하기 위해 만들어진 어느 정도 독립적인 학생 그룹이다. 또는 형식적인 그룹 평가 없이도 자신들만의 학습 의제를 책임지는 완전히 독립적인 그룹일 수도 있다. 스터디 그룹의 회원 자격은 자신의 선택을 통해 이루어진다. 그러나 다양성이 높은 스터디 그룹으로 조직된다면 훨씬 성공적이다. 그룹 내의 모든 학생들이 그룹 회원 자격의 기준을 결정하는 데 관련되어 있다면 그 과정은 일반적으로 더욱 공정한 것으로 받아들여질 수 있다. 스태프의 역할은 학생들에게 과정을 소개하고 어떻게 역할을 감당할 지에 대한 가이드라인을 말해 주는 것이다. 스태프는 그룹을 위한 자원을 제공해 주고, 만약 구성원들이 효과적으로 공동작업할 수 없다면 그룹 내의 협상을 진작시키는 데 도움을 준다. 스태프는 진행 과정을 모니터하기 위해 그룹과의 정기 모임을 유지한다.

스터디 그룹은 학생들이 과정과 연관된 내용을 토론하고 아이디어와 행동에 대한 피드백을 받으며 서로의 학습에 기여하도록 하는 사적 지원망을 제공한다. 스터디 그룹은 주체자나 과정 조정자에게 그룹의 진행 과정에 대한 정기적인 서면 보고서를 제공해야 한다. 그리고 다른 학급 구성원들에게 남다른 학습 경험에 대해 정확한 정보를 제공해야 한다. 학문적인 결과는 대상에 대한 언어를 효과적으로 사용하며 개념과 이슈를 더 깊은 수준으로 이해하고 그룹 토론을 요구하는 이슈에 대해 협상하는 것이다. 그리고 연구 및 학습전략을 개발하는 것이다. 보통 학생들의 학습은 그룹의 원동력에 대해 더 실제적으로 이해하며 효과적인 모임 기술과 전문적이고 문화적인 지식을 포함한다.

스터디 그룹의 중요한 특징은 아래와 같다: 그룹은 다섯 명에서 일곱 명의 학생으로 구성한다. 정기 미팅은 학과 수업 외의 시간으로 하되 모든 학생들이 참여 가능한 시간으로 한다. 여러 기술과 경험에 접근할 수 있어야 한다. 학생들은 그룹이 어떻게 운영되는가를 경험한다. 그룹은 논의된 작업에 대해 독립적으로 움직인다. 스터디 그룹의 생산물은 일반적으로 그룹 스스로 평가하며 또는 스태프나 더 큰 단위의 학급 그룹에 의해 평가된다.

대학 시절 동안 스터디 그룹에 참여했던 경험이 있는 학생들이 보다 효과적인 활동을 하기 위해 제안한 조언들은 다음과 같다.

"기대했던 것보다 훨씬 도전적이다!"

"처음부터 기초적인 규칙을 세워라. 유연한 자세를 가져라."

"위험을 감수하고 할 수 있는 한 모든 아이디어를 시도해 보라. 그리고 경험으로부터 배워라."

"차이점을 인식하고 그것을 만들어 가라."

"안전한 환경처럼 느껴지는 것에서 새로운 방식을 시도해 볼 훌륭한 기회다."

"학습 잡지를 이용하면 도움이 된다."

"우리가 어디에 있는지에 대해 이야기할 시간이 허락된다면 그렇게 하라. 그로부터 나올 모든 것들이 서로 다른 학습스타일을 만들며 또한 이해하기 쉽게 만드는 데도 필요하다."

"그룹 과정에 대해 이야기하라. 정기적으로 만나서 그룹의 원동력을 정렬할 혼란스러운 것들을 시도해 봐라. 용감하게 원하는 것을 요구하라."

"서로에 대해 알아가라. 강점, 약점, 문제……"

"처음부터 큰 논쟁을 가져라…… 제발!"

하나의 집단을 이루어 스터디 그룹에 참여한 학생들이 가장 어려웠던 점에 대해 보고한 결과, 가장 자주 나오는 대답이 '시간을 맞추기가 어렵다'였다. 다른 과목의 수강이나 대학생들의 다양한 일정으로 인해 생기는 현상이다. 따라서 스

터디 그룹을 만들 때는 교과목을 함께 듣거나 같은 클래스에 참여하고 있는 교우들을 주목해 본다. 자신의 공부 목표나 기대와 일치하거나 능력이나 동기가 비슷한 친구들을 찾아본다. 적절한 학습 인원으로 구성하였으면, 모임 시간과 장소를 정해서 준비하고 만난다. 제일 먼저 시작할 때는 일정한 시간과 하나의 장소가 좋다. 초기 모임에서 자기소개나 모임의 목적, 또는 공부할 내용을 함께 개관한다. 공부할 교과 문제나 노트를 같이 훑어보면서 함께 공부하고 싶은 내용을 정한다. 스터디 그룹의 구성원과 서로서로 질문하고 함께 답해 가며, 공부하는 내용에서 취약한 부분이 있는지 점검한다. 모임 때마다 다음 모임을 위한 시간과 장소를 정하거나 확인하고 스터디 그룹의 각 구성원이 참여하도록 이끈다. 스터디 그룹의 각 구성원은 모든 구성원의 전화번호와 이름, 모임 시간과 장소를 기록하거나 재확인해 둔다. 시간계획을 세워 학습을 위한 주기적으로 만나 공부할 수 있도록 이끈다. 장시간 단위의 빽빽한 공부보다는 짧은 시간 단위의 여러 번의 공부가 더 효과적이다.

　스터디 그룹의 각 구성원이 다음 모임을 위해 분명한 목표를 가지도록 한다. 그룹의 리더를 정하는 것은 집단을 원활하게 운영하는 데 도움이 된다. 리더의 주요한 역할은 모든 학생들이 지속적으로 공부에 집중할 수 있도록 하는 데 있다. 리더는 각 구성원이 특별한 과제물을 이해하고 있는지 확인하면서 진행한다. 목표달성을 위한 충분한 시간을 가지고, 갭(gab) 기간이 생기지 않을 정도의 횟수만큼 모임을 가진다. 모임마다 정한 '과제에 집중할' 사람들에게 책임을 지워 준다. 모임이 1회 이상이면 필요한 기록을 해 둔다. 음식과 음료는 재미와 흥미로움을 부가시켜 주기 때문에 각 모임의 중반쯤에 기력을 회복할 수 있도록 제공하면 좋다. 모임의 장소와 시간은 미리 부모님이나 가족의 허락을 받아 두거나 기숙사 룸메이트에게 알려 준다. 늦는 경우에 가족의 걱정을 덜어 줄 수 있다.

흑인으로 미국 최초의 텍사스 주 상원의원이 된 바바라 조던

법대에 다니던 시절, 바바라 조던(1936~1996)은 학교 내의 어떤 스터디 그룹도 흑인 학생을 초대해 주지 않는 상황에 처해 있었다. 기숙사 룸메이트나 그 친구들과 함께 흑인 학생끼리 모여 스터디 그룹을 만들어 참여했다. 이 과정에서 바바라 조던은 배운 것에 대해 스터디 그룹에서 소리 내어 말해 보는 것이 공부에 상당히 도움이 된다는 것을 알게 되었다고 했다. 강의실에서 배우는 것보다 스터디 그룹에서 공부할 때 내용이나 문제가 쉽게 이해되었다고 보고했다.

4. 또래 튜터링

학습자들끼리 서로 가르치면서 공부하는 방법이 또래 튜터링(peer tutoring)이다. 전통적인 스터디 그룹 이외에도 다양한 연령의 튜터링, 또래 튜터링 방법들이 교육적으로 활성화되고 있다. 또래 튜터링(peer tutoring)은 능력 있는 학생이, 최소한의 훈련과 지도를 받아서 한 명 혹은 그 이상의 학생들에게 학습적 도움을 제공하는 과정이다. 다양한 연령의 튜터링(cross-age tutors)은 상급학생들이 보다 어린 학생들과 함

께 공부하여 보다 높은 수준의 학습이 일어날 수 있도록 하는 것이다.

또래 튜터링은 학생들의 학문적 성취를 증진시키는 데 효과적인 방법으로 연구되고 검증받아 왔다(Greenwood, Carta, & Hall, 1988; Jenkins & Jenkins, 1985; Magolda & Rogers, 1987). '또래(peer)'는 같은 사회적 입장에 있는 개인을 가리킨다. 또래는 경험적 정의로 사용되는 경향이 있으며, '유사한 연령'과 '비슷한

교육수준'의 학생들이 될 수 있다. 또래 튜터링 학습에서 또래는 '협동하는 또래(co-peers)' 혹은 '가까운 또래(near-peers)'다. 또래 튜터링은 학생들이 협동적으로 공부하는 방법의 하나로, 전문적인 교사가 아닌 유사한 사회적 집단의 사람들이 서로 함께 학습하도록 돕고, 가르치면서 스스로 학습하는 방법이다(Topping, 1996). 즉, 또래 튜터링은 튜터와 튜티가 함께 공부하는 학생들의 상호작용적 학습의 형식이다. Topping은 또래 튜터링에서는 구체적으로 취하는 역할이 무엇인가로 특징 지을 수 있다고 강조하였다. 즉, 누군가가 '튜터(tutor)'의 역할을 하고, 반면에 누군가가 '튜티(tutee)'의 역할을 맡게 된다. Forman과 Cazden(1985)는 또래 튜터링이 발생하면, 두 명의 개인들 간에 '지식(knowledge)' 면에서 차이가 있을 필요가 있다고 주장한다. 그래서 대부분의 또래 튜터링에서는 보다 지식이 많은 사람들이 지식이 적은 사람들에게 튜터로서의 역할을 할 수 있다(전명남, 2003b).

또래 튜터링은, 특히 현대의 대학생들이 가지는 고차적이고 어려운 학문적 요구와 사회적 요구에 맞추어서 발달되고 있으며, 학생들의 인지적 측면과 동기적 측면을 동시에 만족시킬 수 있는 학습과정이다. 학급규모 축소, 컴퓨터 보조수업, 수업시간 확대를 통한 수업보다 튜터링이 학업성취에 더 효과적인 것으로 알려져 있다. 일부 연구자들은 튜터링 동안 학생은 과제를 수행해 내려는 인내와 능력에 관한 느낌, 개인적 통제와 동기에 관한 느낌을 향상시킨다고 보고하였다. 특히, 비교적 같은 능력을 지닌 또래끼리의 튜터링에서 튜터는 튜티에게 자료를 제공하기 위해 미리 검토함으로써 튜티만큼 많은 것을 배웠으며(Webb & Palincsar, 1996), 또래끼리는 서로 어휘와 사고가 비슷해 자료를 이해하기 쉽고, 피드백을 주어도 덜 창피하고 덜 위협적이며, 인지갈등을 화해하는 분위기가 조성된다.

또래 튜터링이 효과적이 되도록 하기 위해서는 다음의 이슈를 다루어야 한다. 또래 튜터링 시스템(system)이 진행되는 동안 과제는 간단하고 단순하게 하도록 구축하고, 진행되는 도전에 대해 토론하게 될 것이다. 기술들은 단계별로 개발되고 가르칠 수 있다. ① 하는 방법을 보여 주라(show how to do): 그들을 위해 그것을 하지 마라. 튜터가 그들의 학생 파트너를 떠맡는 것이 아니기 때문에 튜터에게 이것은 매우 중요하다. 학습자가 효과적으로 학습하는 유일한 방법은 스스로 그것을 하도록 하는 것이다. 튜터는 지적할 수 있고, 보여 줄 수 있고, 설명할 수 있지만, 그들 대신에 혹은 그들을 위해 그것을 하는 것이 아니다. ② 학생 파트너가 '운전수(driver)'가 되도록 해야 한다. 예를 들면, 그들은 키보드와 마우스를 내내 조작한다. 튜터는 그들 옆에 앉아서 도움이나 가이던스를 제공한다. ③ 튜터는 분명한 학습내용의 전달과 도움을 제공할 필요가 있다. 학생 파트너에게 너무 빨리 움직일 것을 요구하거나 기대해서는 안 된다. 인내는 큰 미덕이다. ④ 튜터의 긍정적이고 지원적인 태도는 학생 파트너가 질문을 할 수 있는 보다 편안한 분위기를 느끼도록 도와줄 것이다. ⑤ 실수는 학습의 기회로 볼 수 있다: 자기비하나 우월한 태도는 허용할 수 없다. ⑥ 튜터는 자신의 학생 파트너가 효과적으로 학습할 수 있도록 함께 과제에 집중하고 함께 다루어야 한다. ⑦ 튜터가 된다는 것은 교실에서 지도자 역할을 맡을 기회다.

1) 또래 튜터 보호

① 튜터링을 할 때, 만약 학생이 부정적이고 좌절이 심하고 호전적이면 개인적으로 떠맡지 않는다. 또 다른 이유로 학생들과 스케줄을 다시 잡는 것을 겁내지 말아라.

② 만약 학생이 참을성이 없고 조종하려 들거나 모욕하거나 학대적이면, 또래 튜터는 이렇게 설명한다. "이런 환경에서는 당신을 돕지 못한다. 미안하다."라고 말한다. 학생이 떠난 후에, 관리하는 담당교수나 직원에게 이메일을 발송한다. 힌트를 주면, 모든 사람에게 도달하는 가장 빠른 방법은 이메일 협력라인이다.

③ 학생이 공격적이고 욕설을 퍼붓거나 분열적이면 또래 튜터는 어떤 방식으로는 위협을 느끼고, 안전을 요청하고, 공격자를 제거해야 한다. 즉각적으로 담당교수나 직원에게 상황을 상세히 이메일로 보내라.

④ 담당교수나 직원에게 문제가 있음직한 학생에 대해 언급하는 것이 바람직하다.

⑤ 만약 또래 튜터가 한 학생이 술을 마시거나 금지된 약물을 한다고 의심되면, 튜터링 간을 재스케줄링(rescheduling)할 것을 제안한다.

2) 또래 튜터링 전략

① 보다 효과적인 튜터가 되도록 훈련하는 것을 찾아라. 튜터로서 여러분이
알도록 기대되고 있는 것은 무엇인가: 학습할 교과문제, 수준(기초-고급),
철자, 등

② 여러분의 학습자가 기대하는 것이 무엇인지를 분명하게 알아둔다. 학습자
의 기대는 무엇인가? 담당교수나 직원은 누구인가, 학습자의 신상은(급우,
학과, 학교, 가족 등) 어떠한가?

③ 규칙의 일관성을 지키고 따르라. 규칙을 쓰고, 학생들에게 제공하라. 규칙
에 대해 말해 주라.

④ 자신의 장점과 약점에 대한 분명한 아이디어를 가져라. 여러분이 튜터로서
제공할 수 있는 지식과 기술은 무엇인가? 튜터링의 한 가지 보상은 여러분
이 학습한 것을 사용하고 적용할 수 있는 기회를 제공하는 것이다.

⑤ 학습자를 알라. 학습에서의 자신의 장점 혹은 도전을 발견하라. 어떤 상황
하에서 가장 잘 학습하는가? 어떤 상황에서 가장 빈약하게 학습하는가? 모
든 사람들의 학습스타일과 조건이 같다거나 혹은 여러분과 유사하다고 간
주하지 마라.

⑥ 관계와 신뢰를 구축하라. 여러분과 학습자 간의 차이에 대해 자각하라. 여
러분이 학습자를 변화시키려고 애쓰지 말라, 과제를 마치기 위해 그들의 학
습스타일을 축적하고 사용하도록 하라. 보다 경험이 많아지면, 적응하고
적용하고 방법을 찾는 것이 여러분의 도전이다. 개방적이고 정직하라. 빈
정대는 것과 생색내는 듯한 태도는 생산적이지 않다. 튜터는 깊은 인상을
주기보다는 도와주라. 여러분과 학습자 간의 화합이 항상 맞을 수는 없다.
여러분이 아닌 다른 튜터가 더욱 적합할 수 있다. 목표는 도와주는 것이며,
꾹 참아 내는 것이 아니다.

3) 튜터링 회기

일정 기간의 튜터링 회기(tutoring session)가 진행될 것이다. 예를 들면, 8주 동

안 일주일에 2시간씩 정도의 회기 등으로 운영된다.

① 실제 문제가 나오도록 가까이 경청하라. 만약 학습자가 얼마간의 시간과 노력을 들이고 과제를 하려고 들면 보고 체크하라.
② 상황을 평가하라. 실제적인 목표의 용어로 생각하라. 다음의 내용에 대한 '계약'을 개발하라. 학습결과에 대해 의견을 일치시킨다. 커뮤니케이션에 관한 기대와 몇 번의 회기를 가질 것인지 결정한다. 커뮤니케이션의 수단 (면대면, e-메일, 전화 등).
③ 문제해결을 증진시키기 위해 질문을 사용한다.
④ 유사한 과정을 보여 주거나 모델링을 해 준다.
⑤ 자신이 무언가를 잘 모르고 있다는 것을 드러내는 것을 두려워하지 말라. 튜티 문제를 해결하고 해결책을 찾을 기회를 가지도록 하고, 학습 과정 안에 여러분이 마찬가지로 있음을 보여 준다.
⑥ 긍정적인 피드백을 제공하고, 격려하는 말을 사용한다. 성공을 발견하고 조그만 성취를 가져오더라도 노력을 강화해 준다.
⑦ 요약하고 검토해 준다.
⑧ 튜터링의 결과로 얻게 된 성취를 축하해 준다.
⑨ 튜터링의 내용을 기록한다.

형식적인 고등교육에서 또래 튜터링 학습방법의 활용은 1951년 독일의 Free University of Berlin의 '또래에 의한 교수(teaching by peer)'에서 시작되었다. 최근에 와서 또래 튜터링 학습방법의 이론적 틀(theoretical framework)을 다룬 연구들이 속출하고 있다. 또래 튜터링 학습방법은, 특히 '인지발달론' '사회심리학 이론' 및 '개인 및 전문적 발달론'의 도식에 기반을 두고 발전해 오고 있다(전명남, 2003b).

또래 학습의 가치는 Piaget와 Vygotsky의 인지발달론에서 강조되어 왔다. Piaget는 특히 여러 가지 관점에서 생기는 '인지적 갈등(cognitive conflict)'의 가치를 강조하였다. 새로운 정보에 직면한 개개인은 자신의 현재의 지식의 정신적 조작과 사고에 맞지 않는 경우에 '인지적 불평형(disequilibrium)'을 야기한다고 보았다. 이것은 학습자의 새로운 정보를 '동화'로 이끌며, 세계에 대한 이해를 수정하도록 해 준다. 그리하여 새로운 '평형'이 일어나도록 돕는다. 이러한 방식으로 학습자는 자신의 지식을 구성한다. Piaget(1971)는 또래 간의 협동이 사고와 토론의 실제적인 교환을 격려해 준다고 믿었다. 또한 또래 간의 협동이 마음(mind), 객관성(objectivity), 성찰(discursive reflection)의 발달에 핵심적이라고 보았다. 또래 튜터링에 대한 Piaget의 영향은 현재의 연구들에서 빈번히 언급된다. Ring과 Sheets(1991)는 튜터 훈련 프로그램에 기반을 두는 '연구-기반적 이론 모델'을 제안하였는데 여기에서 학생들이 보다 자기-주도적이 되는 Piaget의 능동적 학습을 강조하였다.

그림 10-1 또래 튜터링 학습방법의 이론적 틀

인지발달은 사회적 상호작용을 필요로 한다는 Vygotsky(1962)도 또래 학습을 가치롭게 생각했다. Vygotsky는 또래 간의 협동 혹은 연장자의 안내로 발달될 수 있는 기술의 범위는 혼자서 획득할 수 있는 어떤 것보다도 크다는 근접발달대(zone of proximal development: ZPD) 이론을 주장하였다. Forman과 Cazden(1985)은 공동으로 공부하는 방법과 혼자서 공부하는 수행의 효과를 비교하는 연구결과를 설명하기 위하여 Vygotsky의 ZPD의 이론적 틀을 사용했다. Wood(2001)도 튜티에 대한 튜터 지원의 주요 특징으로 ZPD에서의 비계설정 (scaffolding)의 중요성을 강조하였다.

Slavin(1985)은 모든 협동학습 방법은 사회심리학적 연구와 이론에 기초를 두고 있다고 주장한다. 또래 튜터링의 사회심리학적 이론적 기초는 '역할이론' '공평성 이론' '저항이론' '귀인이론' 등에서 찾아볼 수 있다. 또래 튜터링 학습에 대한 사회심리학적 이론적 조망은 이 학습방법의 문제를 최소화하고 학생들의 학습에서의 이득을 최대화하는 데 도움을 제공할 수 있다.

'역할이론(role theory)'은 사람들의 행동은 맡고 있는 역할을 살펴봄으로써 이해할 수 있다는 접근이다. Goffman(1956)은 '역할(role)'이란 용어를 특별한 행동의 수행에 관련시키고 있다. 역할은 사회적 구성원의 행동 세트(set of behaviors)로, '태도(attitudes)' '의무(obligations)' '특권(privileges)'과 관련되며, 지위를 차지하고 있는 개개인에 관한 기대와 관련된다. 학습자들은 또래 튜터링에서 튜터와 튜티라는 역할을 맡게 된다. Hawkins(1982)는 '친구'와 '가르치는 사람'이라는 튜터의 이중 역할에서의 어려움을 보고하였다. Gillam 등(1994)도 글쓰기 실험실의 맥락에서 튜터와 튜티들의 역할을 탐색하여 '동료학생의 역할(fellow student)'과 '보다 능력있는 학생(more capable peer)'이라는 문제의 이중 역할을 발견하였다. 또한 튜티인 학생들은 마찬가지로 사회적 평등이나 갈등을 느낄 수 있다. Bierman과 Furman(1981), Gillam, Callaway, Wikoff(1994) 등은 튜티들이 튜터의 역할에 대해 가지는 지각은 교사에 대한 지각과 유사할 수 있으며, 상대적인 결손의 느낌을 가질 수 있다고 보았다. Roberts(1994)는 글쓰기를 주제로 또래 튜터링을 하는 맥락에서 상당수의 튜터들이 방해적 행동을 하는 것을 관찰하였다.

또한 튜터링 행동에서 튜터와 튜티의 학습 활동이 도움을 주고 받는 행위라는 점에서 사회심리학의 '공평성 이론(equity theory)'과 연관성이 있다. Webb(1992)은 효과적인 도움에 필수적인 조건들로 시기적절성, 관련성, 충분한 노력, 도움을 받는 사람이 충분히 이해할 수 있는 능력이 있을 것, 수혜자가 문제를 적용할 것 등을 제안하였다. 공평성 이론(예를 들면, Nadler & Fisher, 1986)에서는 노력을 들인 만큼 유사한 이득 비율을 경험할 때 관계를 대부분 만족하는 점을 보여 주고 있다. Bossert(1988)의 연구에서는, 또래 보조적 학습이 도움 행동을 지원하도록 설계되어 있는 반면에 어떤 유형의 도움 행동은 수혜자에게 도움이 되지 않는 것으로 나타났다.

'저항이론(Fisher et al., 1982)'도 또래 튜터링이 도움을 제공하고 받는 과정이라는 점에서 관련된다. 도움을 받아들이는 사람이 제공하는 사람에게 복종하는 경험을 하거나 특정한 방식으로 행위할 필요를 느끼는 경우에 저항(reactance)이 발생한다. 즉, 저항이란 받아들이는 사람이 자신의 자유를 재구축하도록 하는 시도를 이끄는 부정적인 심리적 상태다(Nadler & Fisher, 1986). 저항이론의 관점에서 보면 도움을 받은 것으로 인해 미래의 다음 행위수행에서의 자유를 위협받는 느낌을 가질 수 있다.

'귀인이론(attribution theory)'은 우리가 어떻게 행동과 세계의 우연한 사건들을 명료화하는가를 시도하는 것과 관련되며, 귀인은 우리가 사람과 사건에 대해 설명을 시도하고자 하는 추론이다(Heider, 1958; Nadler & Fisher, 1986). Heider(1958)의 초기 연구에서는 사건의 원인을 '개인(personal)'이나 '상황(situation)'에 관련시키는가의 2가지 주요한 범주로 나눈다. 또래 튜터링 참여자들은 튜터의 혹은 도움제공자의 의도에 관해 부적절한 귀인을 할 수 있다. 또한 참여자들은 과제의 곤란도에 대해 부적절한 귀인을 하거나 외재적 상황적 귀인이 보다 적절한 경우에 내적 귀인을 생성할 수 있다.

한편, Saunders와 Kingdon(1998)은 또래 튜터링의 이론적인 틀로서 개인적 및 전문적 발달론을 제안하고 있다. 이를 구체적으로 보면, 경험적 학습, 심층·표면 및 전략적 학습 Perry의 지적발달론, 자아실현 이론, 개인적 구성이론, 상황학습, 성인교육학 등이다.

1969년에 Rogers에 의해 시작된 '경험적 학습(experiential learning)'에서 행동에 중요한 영향을 미치는 유일한 학습은, '자기발견 및 자기약속의 학습(self-discovered, self-appointed learning)'이다(Rogers, 1969, p. 153). Rogers에게 경험적 학습은 개인적 변화와 성장과 동일한 개념이다. Rogers는 '학습에 대한 학습' '변화에 대한 개방성'을 강조하였다. 또래 튜터링 학습 활동에 내재하고 있는 개인적인 관여 및 능동적 학습은 경험적 학습과 연관성이 있다.

스웨덴의 Marton의 연구와 영국의 Entwistle에 의한 '심층학습(deep learning)' '표면학습(surface learning)' 및 '전략적 학습(strategic learning)'은 개인적 및 전문적인 발달 이론의 면에서 또래 튜터링 학습을 뒷받침하고 있다. '변환'을 욕구로 하는 '심층학습'은 자료와 아이디어를 이해하고 관여하며, 새로운 자료를 기존의 인지 구조에 관련시키려는 것으로 특징지을 수 있다. 심층처리적인 학생들은 교육과정 내용에 능동적으로 개입한다. '표면학습'은 재생산 지향적이며, 목적(purpose) 혹은 전략(strategy)에 대해 반성하지 않고 공부하는 것으로 특징지을 수 있다. 또한 전략적 접근 혹은 조직화 접근은 학점을 최대화하려는 접근으로 특징지을 수 있다. 전략적 접근을 취하는 학생들은 학업단서에 민감하며, 단서를 탐색하고, 강의자의 질문이나 단서를 사용하여 이전 시험지를 꼼꼼히 검토한다. 전략적 접근의 학생들은 학업평가의 필수요건이나 준거에 특히 민감하다. Pask(1975)는 학습에 대한 학생들의 접근 유형에 기초하여 '대화 학습 이론(conversation theory of learning)'을 제안하였다. Pask의 접근에 따르면, 가장 결정적인 학습방법은 '가르치며 공부하기(teachback)'다. 즉, 한 사람이 다른 사람에게 공부한 것을 가르치는 방식이다.

1970년에 Perry는 Liberal art college에서 4년 동안 대학생들과의 경험을 문서화하고 수행한 인터뷰 연구 결과를 출판하면서 지적 발달론(dualistic and relativistic reasoning)을 제안하였는데, Mann(1994)은 Perry의 지적발달론에서 제시되는 단계를 가지고 튜터의 발달 과정을 차트화하고 점검하였다. 즉, 튜터링 저널에서 구할 수 있는 질적 자료를 사용하여 튜터가 능동적으로 행동하고 개념화하는 방식에 대한 통찰을 얻고자 시도하였다. 이 연구에서 Mann은 참가한 모든 튜터들이 튜터링을 통해 지적인 발달을 가져왔음을 보고했다.

Maslow(1954)의 자아실현(self-actualization theory) 이론에 따르면, 자아실현은 많은 사람들에 의해 도달되지 않는다. 인간은 타고난 욕구, 즉 심리적 성장을 위한 욕구로 '자아실현경향성(actualizing tendency)'이라 불리는 것을 가진다. 자아실현 이론에서는 개인적 선택(personal choice)과 개인적 책임감(personal responsibility)을 강조한다.

Kelley(1955)에 의해 형성된 '개인적 구성 이론(personal construct theory)'은 개인적 혹은 전문적 성장을 해석하는 데 유용한 틀이다. 개인적 구성 이론은 우리 자신이 세계에 대해 가지는 관점이나 무엇이 일어날지에 관한 기대, 우리의 행위들, 인생에서의 계속되는 실험과 같은 기본적 가정을 포함하고 있다(Bannister & Fransella, 1980: 17). Saunders와 Kingdon(1998)은 또래 튜터링에서의 경험의 본질을 설명하는 데 개인적 구성 이론이 적합하다고 보았다.

Lave 등(Lave, 1999)의 '상황학습(situated learning)' 이론에서는 '학습은 활동, 맥락과 그것이 일어나는 문화의 함수'라고 가정한다. 이러한 신념은 많은 교실 학습 활동이 추상적이고 명백히 맥락−탈피적 지식인 점과는 대조를 보여 준다. 상황적 학습의 두 가지 주요한 원리는 지식은 실제의 맥락에서 제시될 필요가 있으며, 학습은 사회적 상호작용과 협동을 필요로 한다는 것이다.

Knowles(1984), Cross(1999) 등의 성인교육학(Andragogy)은 또한 또래 튜터링의 배경이 되는 이론적 접근이다. 보다 나이가 든 상당수의 성숙한(mature) 학생들이 고등교육에 유입되고 있다. Cross의 Characteristics of Adults as Learners(CAL) 모델은 연령에 따른 변화, 파트타임 대 풀타임 학습과 같은 상황적 특징, 그리고 자발적 학습과 의무적 학습과 같은 개인적 발달 특징으로 구성되어 있다.

또래 튜터링 학습을 연구하고 그 반성적 실천을 다루려면 또래 튜터링 학습방법의 이점뿐만 아니라 한계를 생각하여 그 결과를 이해할 필요가 있다. 학교교육에서 또래 튜터링 학습방법은 대부분 실용적인(pragmatic) 경향에서 출발하였기 때문에 교육적 상황 안에서 발생되는 문제들에 대한 해결책으로 기여할 수 있다. 또래 튜터링 학습의 장점은 '학생들의 학습에서의 관여부족문제의 해결' '학교의 추가적인 경제부담 없이 활용할 수 있는 가능성' '학생들의 능동적인 학습 활동' '협동학습의 촉진' '학생들의 지적 기술이나 태도 및 동기의 변화 등의 학습증진 방법' 등의 측면에서 찾아볼 수 있다.

첫째, 또래 튜터링 학습방법은 학생들의 학습에서의 '관여(involvement) 부족' 문제를 해결해 줄 수 있는 방법이다. 이미 30년 전에 Collier(1983)는 교육 프로그램에서 학생들이 학습 활동에 관여하지 않게 되는 문제를 해결하여 교육실제를 개선해야 한다고 주장하였다. 즉, 또래 튜터링의 학습할 내용을 중심으로 한 튜터와 튜티와의 상호작용을 통해 학생들이 학교학습에 부적응하는 문제에 대처할 수 있고 교육활동에의 직접적인 참여를 이끌 수 있다.

둘째, 또래 튜터링 학습방법은 학교에서 추가의 경제적 비용을 들이거나 학생들의 교수-학습의 새로운 단위를 구축하지 않고도 학생들의 학습을 증진시킬 수 있다. Goldschmid와 Goldschmid(1976)는 또래 튜터링 학습이 학교의 경제적 상황에 관계없이 학생들의 학습과 수행을 증진시킬 수 있다고 보았다.

셋째, 또래 튜터링은 학생들의 능동적인 학습(active learning) 활동을 증진시킬 수 있다. Arreaga-Mayer(1998)는 경험적인 연구에서 또래 튜터링을 통해 학생들의 능동적인 학습활동이 증진됨을 보고하였다. 학생 스스로 공부할 내용을 선택하거나 튜터나 튜티에 자발적으로 지원하는 과정은 능동적인 학습 활동을 강화시킨다.

넷째, 또래 튜터링 학습방법은 개인주의로 만연된 교육 현장의 문제에 대한 진단을 처방해 줄 수 있는 현대적인 협동학습(cooperative learning) 방법으로 제안되고 있다. O'Donnell과 King(1999)은 또래 튜터링 학습을 통해 대화가 많아지고, 수학과 같은 교과목 공부에서 생산적인 집단 상호작용이 발달하며 이러한 과정에서 자연스럽게 협동적 맥락이 형성됨을 밝혔다.

다섯째, 또래 튜터링은 지적기술이나 태도 및 동기 등에 변화를 가져올 수 있는 학습 증진의 방법으로 고려되고 있다. Arreaga-Mayer(1998)는 또래 튜터링에 참가한 모든 학생들이 '학습 내용의 마스터' '정확도' 및 '유창성'을 촉진시킨다는 연구 결과를 발표하였다. 계속해서 또래 튜터링은 튜터와 튜티 모두의 학문적 성취, 진전, 파지를 증진시키는 증명된 전략으로 밝혀지고 있다(Topping, 1996). 튜터의 경우에 튜티들을 가르치기 위해 준비하면서 학습 내용을 시연(rehearsal)하는 데 개입되기 때문에 이득을 얻는 것으로 보인다(Allen & Feldman, 1973; Annis, 1983; Benware & Deci, 1984).

효과적이고 능동적인 학습방법이라는 장점에도 불구하고, 또래 튜터링 학습은 풀어 나가야 할 방법적인 한계들이 있다. 특히, '또래 학습에서 전통적인 교실의 교수-학습을 강화할 위험성' '튜터-튜티의 역할 갈등' 및 '튜터링에서 도움행동의 공평성 위협' '귀인과 같은 기타 참여자들의 개인적 문제' 등의 단점들을 찾아볼 수 있다.

첫째, 또래 튜터링 학습방법은 또래 간의 학습에서 전통적인 교수(teaching)를 강화하는 학습현장을 이끌어 낼 위험성이 있다. 튜터들이 수업받아 온 방식대로 튜티들과 튜터링을 수행할 수 있다. Bruffee(1993)는 튜터가 정규 수업시간에 어떠한 과제와 수업을 받았는지에 따라 '또래 튜터링'의 학습과정이 영향을 받을 수 있다고 보았다.

둘째, 튜터와 튜티의 역할(role)이 학습자들에게 문제를 제공할 수 있다. 튜터와 튜티로서의 새로운 역할과 기존의 동등한 역할 간에 불협화를 야기할 수 있다. Hawkins(1982)나 Gillam 등(1994)의 연구에서도 드러나듯이, 튜터뿐만 아니라 튜티들도 동료학생들의 역할과 새로이 맡게 되는 역할 갈등을 가질 수 있다.

셋째, 협동관계에서의 도움행동은 학생들의 성취를 증진시키지만, 도움행동의 어떤 유형은 학생들에게 실제적인 도움이 되지 않은 것으로 나타났다(Bossert, 1988). 실제로 또래 튜터링은 튜티들이 튜터들의 도움을 받는 구조로 되어 있다. 그러나 도움은 튜티에게 적절하지 않은 시기에 주어질 수 있으며, 받아들이는 사람의 요구에 무관하거나 부적절할 수도 있고, 튜터의 의도와는 달리 잘못 이해될 수도 있다.

넷째, 참여 학생들의 개인적 문제에 따라 그 영향을 받을 수 있다. 예를 들면, 튜터와 튜티로 참가하는 학생들은 도움제공자의 의도나 과제곤란도 등에 대해 부적절한 귀인(attribution)을 할 수 있다.

일찍이 Newcomb(1966)은 또래 집단(peer group)이 대학의 학부교육(undergraduate education)에서 가장 강력한 영향을 가진다고 규명하였다. 또래 집단은 서로 상호작용하는 사람들과 같은 지위에 있는 사람들로 구성된다. 최근 들어 새롭고 다양한 협동학습의 방법들이 제안되고 있는 가운데, 특히 또래 튜터링 학습방법이 주목을 받고 있다. 또래 튜터링 학습방법은 교사는 가르치고 학생들은 복사하는 수업과, 개인적 학습의 과정과 결과에는 개인적 책임만이 존재하는 학습현장을 바꾸고 보완해 줄 수 있을 것으로 기대된다.

또래 튜터링 학습에서 또래 간 학습이 전통적인 교실의 교수-학습을 강화할 수 있는 문제점은 튜터-튜티 상호작용 면에서 협동을 강조하는 훈련 혹은 교육 프로그램 운영 세션을 활용하거나, 또한 전통적인 교사-학생의 권위 구조(traditional authority strucutre)를 강화하기보다는 공부를 공유할 수 있도록 협동을 필요로 하는 튜터링 과제를 설계함으로써 극복해 나갈 수 있을 것이다.

또한 튜터-튜티의 '역할(role)' 면에서 튜터와 튜티의 역할을 서로 바꾸거나,

다양한 분야의 튜터링 학습 과목 혹은 영역을 개설하여 튜터와 튜티 경험을 어느 분야에서든지 해 볼 수 있도록 하고 고정된 역할을 피하는 방법이 있을 것이다. 예를 들면, Fantuzzo와 그의 동료들은 학생들이 튜터로서 활동하면서 얻게 되는 이점에 주목하여, 또래 튜터링에 참가하는 파트너들이 상호 튜터의 역할에 참여할 수 있는 절차를 개발해 냈다. 이러한 기법을 상보적 또래 튜터링(reciprocal peer tutoring: RPT)이라고 하며, 학생들은 튜터와 튜티의 양자로 상보적인 기능을 수행한다. 이러한 이중 역할(dual role)은 학생들이 튜터로서 참여하는 준비와 수업에서 튜티가 받는 수업에서도 모두 이득을 얻는 것으로 여겼기 때문이다. Fantuzzo, Dimeff와 Fox(1989)는 대학생들의 학문적 수행에서 상보적 또래 튜터링의 효과를 평가했으며, 학생들이 이 절차를 겪으면서 가지게 되는 '스트레스'나 '코스만족도'의 수준의 영향을 측정하였다. 그 결과, RPT가 학문적 성취에 증진을 가지고 오며, 참가자들의 스트레스 수준과 불안을 낮춘다는 점을 발견하였다. Griffin과 Griffin(1997)은 대학원 학생들을 대상으로 RPT를 실시한 결과, 학업성취도를 높이고, 시험 불안이 낮아지며, 학문적 자아효능감이 증진되는 점을 찾아냈다.

튜터의 과도한 도움행위나 튜티들의 도움행동에 대한 오해 등을 피하기 위해서는 분명한 역할(role)을 정해 주는 방법을 취할 수 있을 것이다. 이외에도 튜터의 교육 혹은 훈련 시에 튜티들의 자기존중감을 높이는 방법을 교육한다거나, 갈등해소 기법 등을 다룬다거나, 또한 보상과 벌 및 여러 가지 행위의 유형을 명백히 할 수 있다. 튜터들을 대상으로 도움이 적절하지 않은 시기에 주어질 수 있다는 점, 또한 받아들이는 사람의 요구에 부적절하거나 잘못 이해될 수 있다는 점을 상기시킬 필요가 있다. 또한 도움행위가 적절히 이루어지기 위해서 또래 튜터링은 비교적 긴 기간에 걸쳐서 일어나야 한다. 또한 도움을 받아들이고자 하는 학생들의 의도를 다룰 수 있기 때문에 튜터링 파트너를 직접 선택하는 것도 도움이 될 것이다.

또래 튜터링의 보다 실제적인 운영을 위해 학과 또는 학문분야별 접근이나 테크놀로지적 접근을 제언할 수 있다. 예를 들면, Blowers, Ramsey, Merriman, Grooms(2003)는 또래 튜터링을 간호학의 임상상황(clinical setting)에서 활용하였다. 이 과정에서 대화적, 소집단, 대집단, 기술·과제·질문 중심의 패턴으로 다양한 튜터링이 발달했다. 프로그램의 질적인 평가 자료에 따르면, 각각의 튜터링 패턴이 각각 다른 튜터 기술(tutor skills)을 필요로 한다는 점을 밝혔으며, 다양한 튜터-튜티 간의 관계를 생성하며, 각각 다른 결과에 초점 맞추며 장·단점을 가지고 있음을 보고했다. 그러나 Blowers 등의 연구에 나타난 모든 튜터링 패턴은 학문적 기술과 수행을 증진시키는 데 기여했다. 이외에도 테크놀로지적 접근의 또래 튜터링 학습방법적 접근을 고려해 볼 수 있을 것이다. Wood(2001), Smith(1997) 등도 컴퓨터 지원 학습환경에서 튜터링을 통한 비계설정을 제안하였다.

또한 상황에 기반을 둔 보다 다양한 또래 튜터링 학습의 접근법을 활용해 볼 만하다. 또래 튜터링은 단일 개념(unitary concept)이 아니다. '또래 튜터링'은 다양한 학습 상황에 적용될 수 있으며, 학습 단위를 구성하는 방식에서도 각각 달리 다루어 볼 수 있다. 따라서 다양한 튜터링의 유형이나 이 유형에 적합한 방법들을 별도로 개발해야 한다. 예를 들면, Bruffee(1993)는 두 가지 유형의 또래 튜터링을 규명하였다. 모니터 유형(the monitor type)과 협동적 유형(collaborative type)의 두 가지다. 모니터 유형은 대학생들이 수업목표를 위해 '기관적 맨파워'로서 활용되는 경우다(Bruffee, 1993). 협동적 유형은 또래 튜터와 튜티 간의 내적 의존성과 교육적 목표를 향해 참여학생이 같이 움직이는 유형이다. 특정 튜터링 학습유형들을 개발하고 그에 맞는 학습방법이 동시적으로 다루어져야 한다. 또래 튜터링을 조직할 때 단지 하나의 기관 안에서만 이루어질 필요는 없다. 또래 튜터링은 유사한 기관끼리 혹은 고등교육기관과 초·중등교육기관의 연계를 통해 이루어질 수 있는 방법이다(전명남, 2003b).

(1) 교실 단위 또래 튜터링

교실 단위 또래 튜터링(classwide peer tutoring: CWPT)은 전체 교실을 학생짝(튜터와 튜티)으로 나누어 활동을 시키는 방법으로 수업내용과 상보적이면서 동시적으로 학습하는 방법이다. 즉, 수업의 한 부분에 두 명씩 짝을 지은 튜터와 튜티가 활동하며, 그 반대의 역할도 맡게 된다. CWPT는 첫째, 낮은 학업성취자, 위험에 처한 학생들을 돕고(Delquadri, Greenwood, Whorton, Carta, & Hall, 1986), 둘째, 학생들의 능동적인 학습 반응(active student response: ASR) 기회를 제공할 수 있다(Greenwood, 1991). 능동적인 학습 반응 기회는 학생들의 공부를 가이드하고, 능동적인 학생들의 학습 반복을 가능케 하며, 수업이 이루어지는 동안 학습동기를 증진시켜 준다.

(2) 혼합 연령 튜터링

'혼합 연령 튜터링(cross-age tutoring)'은 다른 학년의 학생들로 구성되며, 보다 나이 든 아동이 튜터가 되고 나이 어린 학생들이 튜티가 된다. 예를 들면, 14세 아동이 튜터이고 8세 아동이 튜티다. 일부 사례에서는 고등학교 학생들이 인접한 초등학교 학생들의 튜터가 되기도 한다(Barbetta et al., 1991). 혼합 연령 튜터링은 효과적인 튜터링 형식임이 보고되어 왔다(Gumpel & Frank, 1999)

(3) 소집단 튜터링

'소집단 튜터링(small-group tutoring)'에는 절차적으로 세 가지 다른 과정을 고려해 볼 수 있다.

- 1단계: 독립적인 자기 자리 공부: 소집단의 튜터와 튜티는 개별적인 기술을 연습할 수 있다.
- 2단계: 교사들은 수업을 이끈다. 집단의 학생들은 수업 집단에 참석하거나, 나머지는 튜터링에서 로테이션하거나 일상적인 공부 활동에 참여한다.
- 3단계: 소집단 준비는 여러 학생들이 돌아가면서 튜터로 활동할 수 있도록 순환시킨다.

(4) 일대일 튜터링

'일대일 튜터링(one-to-one tutoring)'에서는 단지 한 명의 튜터와 한 명의 튜티 간의 만남이 있다. 직접적이고 치료적인 도움을 필요로 하는 학생들은 이러한 준비에 후보자가 될 수 있다. 일대일 튜터링은 특수교육뿐만 아니라 일반교육 상황에서도 가능하다.

5. 멘토링

내가 되고 싶은 인물 혹은 존경하는 사람과의 개인적 유대는 물론 전문적인 일까지 함께 활동하면서 전수받는 과정이 멘토링 학습이다. 멘토링(mentoring) 학습은 '사사제(私師制)'라고도 하며, 도제식 교육을 가리키는 의도로도 사용된다. 멘토십(mentorship)은 한 개인이 다른 사람과 일정한 관계를 통하여 영향을 주고받는 일련의 과정이다. 학교에서는 학생이 전문가의 연구실이나 작업장에 찾아가 배우거나 전문가를 학교에 초빙하여 강의 및 교육이 이루어진다. 멘토링은 진로계획을 수립하고, 지식, 기술, 재능을 향상시키며, 영향력 있는 전문가를 만나고, 자아존중감과 자신감을 획득하며, 개인적 윤리관과 기준을 수립하고, 창의력을 향상시킬 수 있으며, 심도 깊은 만남이 가능하다는 장점이 있다(전명남, 2008).

멘토링은 '멘토(mentor)'와 '멘티(mentee)'의 역할 정립을 통해 학습이 이루어지는 교육 방법이다. 멘티는 프로테제(protege)라고도 하며 멘토의 지도를 받는 사람이다. 멘토링이라는 용어는 멘토가 수행하는 역할을 일컫거나 멘토와 멘티가 상호 영향을 주면서 이루어지는 활동을 가리킨다. 멘토링을 통해 학생 개개인의 능력을 고려한 개인지도가 가능하며, 현대에 와서 영재학생 지도, 기업인 및 전문가 양성 등에 필수적인 학습방법이 되고 있다.

멘토(mentor)의 개념은 새로운 것이 아니다. 멘토라는 말의 어원은 오디세우스의 아들을 가르쳤던 멘토의 이름에서 기인된다. 호머(Homer)의 『오딧세이』에서 출발하는데, BC 1250년경 오디세우스가 트로이와의 장기적인 전쟁을 치르기 위해 멘토라는 친구에게 자신의 아들인 텔레마커스(Telemacus)를 도와주어 장차 훌륭한 통치자로 교육시켜 주어 그의 왕국을 잘 보호해 줄 것을 부탁한다. 오디세우스는 자신이 신뢰하는 멘토가 아들이 필요로 하는 지도를 제공할 것을 알고 있었다(Odell, 1990). 멘토는 텔레마커스의 친구, 아버지, 스승으로서 왕국을 잘 통치할 수 있는 데 필요한 지식과 충고를 제공하였다. 후에 텔레마커스는 왕의 가문에 손색없는 훌륭한 인격의 성인으로 성장하게 된다. 멘토는 '풍부한 경험' '지혜'나 '신뢰'로 한 사람의 인생을 이끌어 주는 지도자 등을 가리키는 용어로 사용되었다. 고대 그리스의 소크라테스는 플라톤의 멘토였고, 플라톤은 아리스토텔레스, 아리스토텔레스는 알렉산더의 멘토였다(Cox & Daniel, 1983).

일반적으로 멘토링 과정(mentoring process)은 초심자가 전문적인 능력을 가지고 있는 멘토의 지원을 존경하고 멘토인 전문가가 책임감을 가질 때 가장 잘 발생할 수 있다. 멘토는 현재 여러 장면에서 매우 다양한 의미로 사용된다. 예를 들면, 대학원에서의 멘토는 논문 지도교수를 가리키고 무술에서는 사부, 스포츠에서는 코치 등이다.

멘토링에서 멘토의 역할은 '모델링' '도전적인 학습 및 업무 부여' '후원' '코칭 및 지도 역할' '보호' '비전 제시' 등으로 구분할 수 있다. 모델링 역할은 여러 가지 측면에서 장점이 있다. 관찰과 모형을 통하여 멘티는 멘토의 다면적 측면을 모방, 동일시하게 된다. 멘토십에서 멘토의 전체적인 측면과 부분적 측면들이 멘티들이 학업이나 업무나 특정 역할을 수행할 때 역할 모형이나 내적 참조의 틀로 설정될 수 있다. 멘토는 단·장기 비전을 제시하거나 새로운 언어를 제공하며 멘티의 자기인식 기회를 확대시켜 준다. 멘토의 기술, 태도, 가치관 등은 멘티의 성공적인 역할 모형이 될 수 있다. 멘티는 멘토의 여러 가지 부분에서 자신이 모델링하고 싶은 부분과 거부하는 부분을 구분하여 적절한 대처행동이나 자아상을 발달시킨다.

또한 멘토는 멘티에게 도전적인 학습을 제공하거나 업무를 부여할 수 있다. 멘토가 멘티에게 새로운 기술이나 지식을 습득할 수 있도록 적절한 학습이나 업무부여(challenging assignments)를 해서 과제에 대한 숙달도나 완성도를 높일 수 있다. 멘토는 멘티가 수행할 수 있는 과제를 설정해 줄 수 있을 뿐만 아니라, 멘티가 채택할 수 있는 다양한 대안을 제시해 줄 수 있다. 또한 다양한 토론 활동에 참여하여 활동할 수 있는 기회나 높은 수준의 목표나 표준을 설정하고 학습이나 업무를 할 기회를 제공한다. 멘토링을 통해 학생들은 도전적인 업무에 참여하면서 이분법적인 사고를 타파하고 상대론적인 사고를 형성할 수 있게 된다.

멘토링에서 멘토의 멘티에 대한 '후원(sponsorship) 역할'은 멘티가 다른 사람들과 관계를 넓히도록 해 준다거나 여러 가지 직무 기회에 접할 수 있도록 도와 개인적인 발전을 기하고 조직에서 멘토와 멘티 모두가 상호 유익성을 얻는 결과를 가져오는 것을 말한다. 멘토와 멘티 간의 공유되는 인정과 신뢰를 근간으로 상호 수용해 주고 지원해 준다. 멘티가 자신감 있고 안정감 있게 업무를 처리할 수 있도록 해 준다. 멘티가 다른 사람들과 관계를 넓힐 수 있도록 해 준다. 단·장기적인 후원으로 멘티가 어려운 과제를 수행하는 정신적·물적 뒷받침을 제공한다. 멘토와 멘티는 비공식적인 사회적 상호작용을 통해 서로 이해하는 호의적인 관계 형성이 가능하다. 또한 멘토는 멘티의 내적 목소리를 경청해 준다. 멘티의 부정적인 생각이나 고민, 두려움, 혼란, 불안 등의 내적 갈등을 멘토가 상담해 줄 수 있다. 함께 상의하고 해결하는 과정에서 문제에 대한 효과적인 대처를 할 수 있도록 돕는다. 멘토는 멘티가 활동할 수 있는 적절한 구조를 제공해 줄 수 있으며 멘티에게 적극적인 기대감을 직접적으로 표현할 수 있다. 멘토는 멘티의 옹호자로서의 역할을 수행하며, '우리'라는 공동체 의식을 공유할 수 있다. 멘토링을 통해 기관이나 조직 내에서 특별한 관계를 구축하고 유지할 수 있는 것이다.

멘티는 멘토로부터 학습이나 업무에 대한 적절한 코칭 혹은 지도(coaching)를 받아서 지식이나 기술의 향상이나 문제에 대한 대처능력을 기를 수 있다. 멘토는 부여된 업무를 멘티가 성공적으로 수행해 내거나 다른 사람들로부터 인정을 받고 정해 놓은 목표를 달성하는 데 필요한 지식과 기술을 전수해 준다. 멘티의 작업이나 활동 스타일에 대한 피드백을 제공할 수 있다.

멘토링은 멘티가 부여된 업무를 수행하고 조직생활에 적응해 나갈 수 있도록 하고 멘티에게 좋지 않은 영향을 미치는 것으로부터 보호(care or protection)하여

🎬 **그림 10-2** 멘토링에 의한 연구 프로그램 참여

주는 기능이다. 학습과제나 업무 및 타인에 대한 노출이나 접촉 시기가 적절하지 않은 경우에 멘티를 보호할 수 있다. 멘티의 평판을 위협하는 불필요한 위험을 줄여 줄 수 있다.

Cox와 Daniel(1983b)는 멘토링을 계획하는 데 있어서 고려해야 할 사항을 다음과 같이 제안하고 있다.

- 지역 교육청, 교육위원회, 지역 인사들의 지원을 요청하라.
- 멘토링의 목적과 학생의 역할을 명확히 하라.
- 명확한 성적 산출 방식을 개발하라.
- 서면으로 된 학생 선발 기준(하나가 아니라 여러 개)을 준비하라.
- 멘토와 학생 간의 관계가 잘 유지되도록 노력하라.
- 학생들에게 적절한 오리엔테이션을 해 주어라.
- 학교 교과와 관련이 있는 멘토를 확보하라.
- 학생 개인의 목표 달성에 도움이 될 수 있도록 하라.
- 학생의 학문적인 요구를 충족시키도록 하라.

멘토링에서 멘토의 역할은 '모델링' '도전적인 학습 및 업무 부여' '후원' '코칭 및 지도 역할' '보호' '비전 제시' 등으로 구분할 수 있다.

1) 모델링 역할

관찰과 모형을 통하여 멘티는 멘토의 다면적 측면을 모방, 동일시하게 된다.

- 멘토십에서 멘토는 멘티들이 학업이나 업무나 특정 역할을 수행할 때 역할 모형이나 내적 참조의 틀로 설정될 수 있다.
- 멘토의 기술, 태도, 가치관 등은 멘티의 성공적인 역할 모형이 될 수 있다.
- 멘티는 멘토의 여러 가지 부분에서 자신이 모델링하고 싶은 부분과 거부하는 부분을 구분하여 적절한 대처행동이나 자아상을 발달시킨다.

2) 도전적인 학습 및 업무 부여

멘토가 멘티에게 새로운 기술이나 지식을 습득할 수 있도록 도전적인 학습이나 업무 부여(challenging assignments)를 해서 과제에 대한 숙달도나 완성도를 높인다.

- 멘티가 수행할 수 있는 과제를 설정해 줄 수 있다.
- 멘티가 채택할 수 있는 다양한 대안을 제시해 줄 수 있다.
- 다양한 토론 활동에 참여하여 활동할 수 있는 기회를 제공한다.
- 도전적인 업무에 참여하면서 이분법적인 사고를 타파하고 상대론적인 사고를 형성할 수 있다.
- 높은 수준의 목표나 표준을 설정하고 학습이나 업무를 할 기회를 제공한다.

3) 후원 역할

멘토십에서 멘토의 멘티에 대한 후원(sponsorship) 역할은 멘티가 다른 사람들과 관계를 넓히도록 해 준다거나, 여러 가지 직무 기회에 접할 수 있도록 도와 개인적인 발전을 기하고, 조직에서 멘토와 멘티 모두가 상호 유익성을 얻는 결과를 가져오는 것을 말한다.

- 멘토와 멘티 간의 공유되는 인정과 신뢰를 근간으로 상호 수용해 주고 지원해 준다.
- 멘티가 자신감 있고 안정감 있게 업무를 처리할 수 있도록 해 준다.
- 멘티가 다른 사람들과 관계를 넓힐 수 있도록 해 준다.
- 단 · 장기적인 후원으로 멘티가 어려운 과제를 수행하는 정신적 · 물적 뒷받침을 제공한다.
- 멘토와 멘티는 비공식적인 사회적 상호작용을 통해 서로 이해하는 호의적인 비공식적인 관계 형성이 가능하다.
- 멘토는 멘티의 내적 목소리를 경청해 준다. 멘티의 부정적인 생각이나 고민, 두려움, 혼란, 불안 등의 내적 갈등을 멘토가 상담해 줄 수 있다. 함께 상의하고 해결하는 과정에서 문제에 대한 효과적인 대처를 할 수 있도록 돕는다.

- 멘티가 활동할 수 있는 적절한 구조를 제공해 준다.
- 멘토는 멘티에게 적극적인 기대감을 직접적으로 표현할 수 있다.
- 멘토는 멘티의 옹호자로서의 역할을 수행한다.
- '우리'라는 공동체 의식을 공유할 수 있다.
- 기관이나 조직 내에서 특별한 관계를 구축하고 유지할 수 있다.

4) 코칭 및 지도 역할

멘티는 멘토로부터 학습이나 업무에 대한 적절한 코칭 혹은 지도(coaching)를 받아서 지식이나 기술의 향상이나 문제에 대한 대처능력을 기를 수 있다.

- 부여된 업무를 멘티가 성공적으로 수행해 내거나 다른 사람들로부터 인정을 받고 정해 놓은 목표를 달성하는 데 필요한 지식과 기술을 전수해 준다.
- 멘티의 작업이나 활동 스타일에 대한 피드백을 제공할 수 있다.

5) 보호 역할

멘티가 부여된 업무를 수행하고 조직생활에 적응해 나갈 수 있도록 하고 멘티에게 좋지 않은 영향을 미치는 것으로부터 보호(care or protection)하여 주는 기능이다.

- 학습과제나 업무 및 타인에 대한 노출이나 접촉 시기가 적절하지 않은 경우에 멘티를 보호할 수 있다.
- 멘티의 평판을 위협하는 불필요한 위험을 줄여 줄 수 있다.

6) 비전의 제시

- 단·장기 비전의 제시한다.
- 새로운 언어를 제공한다.
- 멘티의 자기 인식 기회를 확대시켜 준다.

6. 학술 그룹 활동

　학술 그룹 활동은 학문적인 목적으로 학생들(학부, 대학원)과 교수들이 협동으로 하는 연구 활동이다. 일부 한국의 대학교와 정부기관에서 실시하고 있으나 아직까지 국내에선 생소하다. 그러나 세계 유명대학에서는 이런 연구 프로그램이 활발하다. 이 활동을 통하여 학생들은 학부 시절부터 연구경험을 쌓게 되고 교수, 대학원생들과 학문적이고 인간적인 유대관계를 강화할 수 있다. 또한 학문적 지식을 교실 밖에서 적용할 수 있으며, 연구 방법의 기술 습득을 통해 학자로서의 자질을 향상시킬 수 있다.

　미국에서는 몇몇 대학의 프로그램은 명성이 높다. 미국 보스턴의 MIT대학은 학부생들에게 연구기회를 제공하는 학술 그룹 활동인 UROP(Undergraduate Research Opportunities Program)를 운영하고 있다. 이 프로그램은 1969년 교육부 학장이자 물리학교수였던 Margaret L. A. MacVicar가 학생들과 교수들의 협동 연구를 장려, 지원하기 위하여 만들었고, 현재 MIT 학생의 80%가 졸업 전에 적어도 한 학기 이상 참여하고 있다. UROP를 통해, 학생들은 스스로 연구계획서를 작성하고 데이터를 분석하며 결과를 발표하는 등의 연구 활동에 참여하게 된

다. 경우에 따라서는 학점을 받을 수 있고 연구비도 지원받을 수 있다. 또한 교수님들과 함께 공부할 수 있는 기회이기도 하다. 이와 더불어 실제적인 연구과정을 통해 자신의 관심분야를 깊이 있게 다룰 수 있다. UROP의 진행 기간은 봄학기와 가을학기, 그리고 여름과 IAP(Independent Activities Period)로 나누어진다. 봄/가을 학기에는 보통 주당 25시간 내외로 참여하며 여름과 IAP는 주당 40시간의 풀타임 근무를 한다. 학생들은 연구지원비와 학기말의 연구결과에 따른 다양한 장학금을 받을 수도 있다.

미국 샌프란시스코에 위치한 스탠포드 대학도 학부생들의 연구 활동을 위한 학술 그룹 활동인 URP (Undergraduate Research Program)를 운영하고 있다. 이 프로그램은 학생들이 새로운 지식의 창조에 참여하게 하기 위해 만들어졌다. URP는 학생들이 교수님들과 더 가깝게 연구할 수 있도록 해 주며, 수준 높은 학문과 창조적인 프로젝트를 수행할 수 있도록 해 준다. URP도 MIT 대학의 UROP와 마찬가지로 교수님의 지도하에 학생들이 자신의 연구주제를 설정하고 연구 팀의 멤버로 참여한다. 단, URP에서는 학점을 받을 수는 없고 대신 연구비 지원을 받는다.

스탠포드에 입학하는 학생들은 1학년 때부터 자신의 연구 관심분야를 탐구하고, 교수님의 지도 아래 다양한 연구프로그램에 참여할 수 있다. 매 학기 시행되는 URO 미니장학금 프로그램(URO small grant)에는 모든 학부생이 지원할 수 있고, 3학년 이상부터는 1년에 한 번 주어지는 URO 메이저 장학금 프로그램(URO major grant)에 지원할 수 있다. 그 외에도 여러 가지 장학금들이 있어서, 학생들은 URP 스태프들과 상의하여 자신에게 가장 알맞은 프로그램을 선택할 수 있다.

또한 자격이 주어지는 학생들은 '우수학생 프로그램(honors program: HP)'에 참여하여 보다 깊은 연구를 수행할 수 있다. 이렇게 스탠포드 학생들은 단계적으로 자연스럽게 연구 경험을 쌓을 수 있고 학부 때의 이 같은 경력은 대학원 이후의 연구 활동에도 큰 도움이 되고 있다.

URP나 HP와 같이 학교에서 만든 프로그램에 참가하는 방법 이외에도 연구 활동에 관심이 있으면, 교수님을 찾아가 실험실 입실, 학부생 연구실습, 연구조교 등의 방식으로 참여할 수 있다. 대학교 2학년 때부터 교수님이 운영하는 실험실에 들어가서 대학교 4학년 때까지 연구를 계속하는 학생들도 있다.

7. 다양한 캠퍼스 활동에 적극적으로 참여하라

대학생활에서 온라인이든 오프라인이든 학교 '게시판'의 정보를 일상적으로 체크하라. 또한 학교신문이나 학교방송을 듣고, 다양한 클럽활동 강연회 등에 관심을 가진다. 또한 학교 내의 도움 제공 출처에 대해 사전에 알아놓는다. 학교 안을 잘 파악한다. 학문적인 도움을 주는 곳이든 개인적인 도움을 제공하는 곳이든 잘 알아 둔다. 대개 자유롭고 신뢰할 만한 곳이다.

또한 담당 교수님들과의 네트워크를 개발하라. 교수님들이 공식적으로 미팅을 허용한 시간에 담당 교수님들을 만나라. 교수님들은 대개 여러분이 방문할 것을 기대하고 계신다. 교수님 이외에도 상담사 혹은 학사지도사와 같은 학문적 및 개인적 가이던스를 제공하는 지원자들과도 관계를 맺는다. 보다 효과적인 대학공부를 위한 네트워크를 위해서는 가족, 이웃, 친구, 동기들의 도움을 얻는다. 자신이 공부하는 데 과외의 시간을 필요로 할 때라는 것을 다른 사람들에게 알린다.

8. 함께 공부하기 위한 시간계획표를 작성하고 규칙적인 회합을 갖는다

여러 사람이 모여서 함께 공부하기는 사회주의가 각 국가에서 성공하지 못하고 없어진 이유만큼이나 실제적으로 여러 가지 함정을 가지고 있다. 무임승차자도 있고, 걸핏하면 모임에 빠지는 학생도 있다. 자기만의 스케줄로 인해 다른 사람을 무시하는 학생도 있을 수 있다. 인간 개개인의 욕구를 잘 조정하지 않으면 어렵게 만든 학습커뮤니티가 지속되기 어렵다. 일단, 학생들이 함께 모여서 공부하기 위한 시간계획표를 작성하라. 이때 일단 개인적인 일로 가능하지 않은 시간을 조사하여 모임이 가능한 시간대를 확보하는 것이 우선시된다. 그리고 계획대로 규칙적인 회합을 가지도록 한다.

아래의 칸에 수업이나 기타 개인적인 일로 가능하지 않은 시간은 ×표해 주시기 바랍니다. 체크를 마친 후에는 맞게 하였는지 다시 한 번 확인해 주십시오.

표 10-2 주간 일정표 계획을 위한 시간 활용 조사표

	월요일	화요일	수요일	목요일	금요일
9-10시					
10-11시					
11-12시					
12-1시					
1-2시					
2-3시					
3-4시					
4-5시					
5-6시					
6-7시					
7-8시					
8-9시					
9-10시					

9. 윌리엄과 질을 내 학습 네트워크 속으로

인터넷과 수송기기의 발달로 세계는 점점 좁아지고 있으며 다문화 사회로 변모하고 있다. 학생들이 외국에 나가서 공부할 수도 있지만, 한국 내 외국인 대학생의 수도 급격히 증가했다. 한국은 국가 수준에서 2010년까지 5만명의 외국인 유학생을 유치하고자 2004년 외국인 유학생 유치정책(Study Korea 프로젝트)을 실시하였으며 2008년에는 목표 수효가 넘어섰다. 현재 한국 유학생의 4분의 3 이상을 상회하고 있는 중국인 유학생부터 세계 각국의 청년들이 전국 대학에서 공부하고 있다(박혜숙, 전명남, 2011). 학습을 목적으로 외국인 학생들과 네트워크를 만들어 함께 공부해 본다면 자연스럽게 다문화 사회의 리더로 성장해 나갈 수 있을 것이다. 특히, 외국인 학생이 잘할 수 있는 분야와 내가 잘할 수 있는 분야의 학습교환(learning switching)은 서로 이득을 줄 수 있는 학습방법이다. 중국인 유학생과 중국어 회화 공부를 하는 시간을 일주일에 2시간씩 가진다면, 대신 한국사를 2시간씩 교환하여 학습한다. 즉, 가르치고 배우면서 함께 성장하는 교학상장(教學相長)이 가능하다.

제11장

르 그랑 투르와 청춘불패

1. 마음의 눈이 열리지 않는다면 '르 그랑 투르'를 떠나라

청년기가 시작될 때 '르 그랑 투르(le grand tour)'를 떠나라. 유럽에서는 18세기 중엽부터 젊은 청년들의 일주 여행이 크게 유행을 하였는데, 이를 그랑 투르(Grand Tour) 또는 그랜드 투어라고 한다. 어린 시기를 졸업하는 청년들에게 이 여행은 프랑스 궁정과 이탈리아의 고대 문화를 접해 보며 다른 외국어를 실습해 보는 기회였으며, 동시에 다른 나라의 젊은 청년들과 친목을 도모하는 초보적인 외교의 역할도 했다. 이 르 그랑 투르는 물리적인 세계 여행도 될 수 있지만, 심연의 세계, 또는 관심의 세계로 깊숙이 떠나는 여행도 된다.

그림 11-1 여행을 통해 다양한 길을 체험해 보라

여행을 떠나는 것은 책, 미디어, 타인의 말과 같이 남의 눈을 통해 보는 대신 직접 자신의 눈으로 보고 행위로 느끼는 것이다. 세상의 중심 속에 있는 인간, 만들어졌던 문화와 만들어지고 있는 문화, 펼쳐진 자연을 간접적으로 경험하기보다는 직접적으로 경험하는 것이 가능해진다. 여행을 통하여 여러 가지를 깨닫게 될 것이다. 여행을 통해 외부에서 자신이 있는 곳을 볼 수 있게 된다. 또한 간접적으로 경험한 것과 직접적으로 체험한 것을 비교할 수 있게 되고, 다른 사람의 시각이 아니라 자신의 시각을 가질 수 있게 된다.

> 여기 온 지 몇 주밖에 안 되었는데 벌써 많은 외국인들이 왔다가 돌아가는 것을 보았다. 그들이 이 많은 소중한 대상들을 경솔히 다루는 것을 보고 놀라지 않을 수 없었다. 다행히 앞으로는 이 철새들이 나에게 어떤 영향도 주지 못할 것이다. 이들이 북쪽에 가서 로마에 관해 무슨 말을 한다 해도 내 마음을 더 이상 움직이지 못할 것이다. 적어도 나 역시 이런 것을 보았고, 이미 내가 어느 수준인지 알기 때문이다.
>
> – 괴테, 『이탈리아 기행』 중에서 –

학생들의 마음의 눈은 저절로 열리는 것이 아니다. 실제적인 삶의 체험인 여행은 우리의 과거로부터 현재를, 현재로부터 미래를 연결시켜 주고 매듭을 만들어 줄 수 있다.

'등태산 소천하(登泰山 小天下)'라는 말은 '공자가 태산에 오른 뒤에야 비로소 천하가 작다는 것을 알았다'라는 뜻으로, 넓은 세상을 보고 시야를 키우라는 의미인데, 현대로 오면서 점점 한 국가에 제한되지 않는 물리적 및 정신적 태세가 같은 맥락에서 강조되고 있다. 21세기에 와서 스마트폰이 보급되고 통신이 용이해지면서 물리적 공간 이동을 굳이 하지 않더라도 여행을 떠나는 경험이 용이해졌다.

2. 꼬마 전문가가 되라

전문가(expert)란 특정한 분야에서 자신이 겪을 수 있는 모든 실패와 시행착오를 경험한 사람이라고도 볼 수 있다. 자신이 종사하고 싶은 일이나 관심 가는 일에 대해 전문가적인 마인드를 가지고 뛰어들라. 20대 후반과 30대 초반까지를 외적 보상에 신경 쓰지 않고 고통스럽게 갈고 닦으면 보낸다면 어떤 분야에서든 전문가가 될 수 있다. 전문가를 연구해 온 학자들은 10년 법칙을 제안하였다. 적어도 10년 이상의 시간을 쏟아붓는 정성이 있을 때 전문가가 된다는 것이다.

대학생활을 할 때, 리포트를 하여 다른 학생들 앞에서 프리젠테이션할 때는 초심자가 아니라 전문가가 된 듯 조사하고 탐색하여 발표해 보라. 아르바이트에 나가서도 그 일에 푹 빠져서 해 보라. 그러면 이미 당신은 꼬마 전문가가 되어 가고 있는 것이다.

3. 실패에 대한 탄력성이 있는가?

실패하거나 일이 잘 되지 않은 경우에 다시 회복하는 자아탄력성으로 인생 전반의 불패를 가져오는 사람들이 있다. 에디슨은 전구를 발명할 때 2천 번의 실패에도 불구하고 마침내 필라멘트 전구를 완성해 낸다. 전구 실험에서 실패했을 때 기분이 어땠는지를 묻는 기자들의 질문에 에디슨은 "실패라니요? 난 한 번도 실패한 적이 없습니다. 난 단지 2천 번의 단계를 거쳐 전구를 발명했을 뿐입니다."라는 발언을 했다. 일을 해 보려고 하면 수반되는 것이 고통이며, 이 고통을 겪어 내는 용기가 필요하다(전명남, 2013a).

4. 청춘불패

내가 하고 있는 일이 힘이 들어도 버티어 보라. 실패와 시행착오를 툭툭 털고 일어나 보라. 과제 책임감이란 처리하거나 해결해야 할 임무나 의무를 중히 여기는 마음이다. 인간은 태어나 걷게 되면서부터 일정한 과제 책임을 겪는다. 과제를 제대로 처리하면 큰 문제가 발생하지 않으나, 제대로 처리하지 않으면 원하는 결과를 얻지 못하는 불상사를 초래한다. 과제를 완성하지 못하고 중도에 포기하게 되면서 어려움을 겪을 수 있다.

 내가 하고 있는 일이 힘이 들어도 버티어 보라. 청춘불패의 정신이다.

미국의 오피니언 리더가 된 허핑턴

그리스 이민자 출신으로 허핑턴은 미국에서 '허핑턴 포스트(Huffington Post)'를 세우고 운영했다. 이혼과 낙선의 위기를 겪은 허핑턴의 성공은 세 가지의 F를 극복하는 데서 가능했다고 한다. 두려움(Fear), 실패(Failure), 체력의 극복이다.

그녀는 "내가 부끄럽게 생각하는 일, 내가 실패했던 일에 신경 쓰는 사람은 나 자신뿐이라는 사실을 알게 되었다. 경력이 끝났다고 생각했지만, 다른 사람들은 그 일에 그다지 관심 없었다."라고 말하고 있다.

5. 복수전공

대학의 전공 인정 시스템을 점검해 보고, 4년이라는 제한된 시간 속에서 하나 이상의 전공 학점을 이수하는 복수전공을 계획해 볼 수 있다. 부전공을 많이 하던 시절이 있었으나, 최근에는 복수전공을 선택하는 학생들이 많아지고 있다. 대부분의 대학생들이 복수전공을 어렵게 생각하고 있으나, 저학년 때 관심을 가지고 수강계획과 신청한다면 그리 어렵지 않다. 고학년이라고 하더라도 늦지 않으며, 일부 학생들은 4학년을 한 번 더 하면서까지 복수전공으로 졸업하고 있다.

6. 교환학생

대학마다 해외 대학과 협력하여 교환학생 프로그램을 운영하고 있다. 외국 대학 캠퍼스 내의 기숙사나 홈스테이의 형식으로 생활하면서 한국의 대학에서도 인정해 주는 학점제를 운영하고 있다. 미국 대학교의 경우 한 학기를 다니기 위해서는 수 천만 원의 학비를 내야 하지만, 교환학생을 하면 한국에 있는 소속 학교에서 학비만을 내고 외국의 강의도 듣고 그 대학 학생들과 교류할 수 있는 장점이 있다. 대학교 내에 있는 국제교류센터나 교환학생 프로그램 참가 경험이 있는 학생들과 만나서 구체적인 방법을 확인할 것을 권한다. 출발에서부터 1년 동안의 학습과정, 귀국에 이르기까지 상세한 정보를 알 수 있을 것이다.

7. 나만의 엑스트라 커리큘럼 만들기

대학에서 이루어지는 정규 교육과정만큼이나 비정규 교육과정인 엑스트라

그림 11-3 다양한 엑스트라 커리큘럼 활동

커리큘럼 활동은 학생들의 발달에 영향력이 있다. 대학생들에게 "너 공부 뭐 하니?"라고 물으면 자신이 수강하는 수강교과목을 조합한 교과목(coursework)을 나열하는 데 그치는 경우가 많다. 대학에서 정식으로 운영하는 커리큘럼(curriculum)만으로는 개인적 세계를 구성하는 데 한계가 있다. 대학 시기 동안 나만의 엑스트라 커리큘럼(Extra Curriculum) 활동을 통해 나의 세계를 만들어 가자. 대학에서 나에게 무엇을 줄 것인가보다 내가 학교를 졸업할 때 무엇을 손에 들고 나갈지를 고민하라.

대학에서의 엑스트라 커리큘럼은 서클활동, 방학 중에 이루어질 수 있는 활동들, 학생자치활동, 봉사활동을 포함하여 실로 다양하다. 대학에서 이루어지는 서클활동의 목표는 다음과 같다(손병환, 1991).

- 창의적인 클럽활동을 통해서 자기의 소질과 특기를 발견하고 이를 신장시켜 바람직한 개성의 형성을 기한다.
- 클럽이라는 소집단 활동을 통해서 사회성을 계발하며 올바른 인간관계의 수립 · 개선에 노력한다.
- 자율적으로 협동하는 역할수행의 과정을 통해서 지도력 있는 민주시민의 자질을 배양한다.
- 여가를 선용하여 흥미를 개발하고 취미를 살려 보다 풍부한 생활태도를 기른다.
- 적성과 특기 면에서 교육과정을 보충하여 학습 효과를 심화 확충하고 장래의 직업에 대한 준비적 경험을 갖는다.

그림 11-4 여가 활용과 특기 개발에 유익한 취미활동

대학생활 동안 즐길 수 있는 취미활동을 만들어 보라. 전공이나 학과 생활에서 경험하지 못하는 다양한 체험뿐만 아니라 인간관계와 책임, 지도적 인격을 자연스럽게 닦을 수 있게 된다.

대학생활 동안 적어도 4년 동안 꾸준히 할 수 있는 '운동'에 참여해 보자. 테니스, 스쿼시, 마라톤, 요가, 달리기, 축구, 수영 등 캠퍼스 내에서도 의지만 가진다면 하나의 운동을 꾸준히 할 수 있다. 미국의 코넬 대학교는 대학 졸업 시 수영을 하지 못한다면 졸업장을 받지 못하도록 학칙을 만들어 놓고 있다. 하나 이상의 운동을 꾸준히 하는 사람은 신체뿐만 아니라 마음도 건강하다.

그림 11-5　건강을 위한 활동

학생자치활동도 대학생활에서 빼놓을 수 없는 것으로 자신이 속해 있는 학과, 단대, 총학생회에서 역할을 맡아 해 보는 방법이다. 학생자치활동은 대학 전체의 업무를 담당하는 학생회와 학부의 업무를 담당하는 학생회, 학과의 업무를 담당하는 학생회로 이루어져 있다. 이들은 각각 직접 업무를 진행하고 조율하고 자금을 운영하는 집행부와, 집행부의 행위를 관리감독하는 대의원회로 나뉜다. 집행부는 각종 행사를 총괄·진행하며 대의원은 집행부가 학생들의 돈을 투명하게 운영했는지 감사한다. 집행부와 대의원회는 유기적으로 학생회의 일을 진행해 간다. 학생자치활동으로 학과의 학생회 간부 역할을 맡게 되면 우선 과 행사에 빠짐없이 참여하게 된다. 개인주의에 빠진 대학생들을 대하는 방법도 익힐 수 있다. 학과에서 진행되는 행사는 그 자체가 교육적 목적을 지니고 있다. 대학 4년간 진행되는 여러 가지 행사는 일련의 대학생활 커리큘럼 내에 포함되어 있는 것이다. 이를 등한시한다는 것은 대학에서 얻을 수 있는 체험들을 포기하는 것과 같다. 또 학생회 일을 하면서 성취감을 고취시킬 수 있다. 아주 작은 행사라도 그것을 준비하기 위해서는 여러 부서들 간의 유기적인 협동이 필요하다. 이러한 유기적 협동을 통해 당면한 문제를 하나하나 해결해 나가면서 성취감을 느낄 수 있다. 그리고 이러한 성취감은 자신감으로 직결된다. 여러 가지 힘든 일을 헤쳐 나갔다는 사실을 마음속에 인지하고 있다면 어려운 문제를 만나더라도 그것을 이겨 낼 수 있다.

또한 대학 시절에 다양한 경시대회에 참여하는 일은 자신의 수행 수준을 세련되게 만드는 중요한 방법인 동시에, 졸업 시 경력과 관련된 커리어 개발에도 상당한 도움이 된다. 예술작품뿐만 아니라 자동차 디자인이나 소프트웨어 개발 경시대회 등 여러 분야의 경시대회가 공공기관, 회사, 외국 기관 등에 의해 연중 실시되고 있다. 동료 또는 친구들과 함께 힘을 합해 경시대회에 출전할 수도 있다. 이외에 대학생 토론 토너먼트(CEDA)나 모의유엔도 국내 대학과 기관에서 상당수 열리고 있다.

나만의 엑스트라 커리큘럼 활동은 자신이 하고 싶은 일을 성찰하고 선택할 때 가능하다. 학술서클, 봉사 모임, 아르바이트 등 학생들이 뛰어들 수 있는 다양한 분야가 있다. 다른 사람들과 함께 하는 동아리 형태나 각종 커뮤니티 활동으로 전개한다면 혼자 하는 것보다 오랫동안 엑스트라 커리큘럼 활동을 해낼 수 있다. 캠퍼스 내에 자신이 관심을 가진 분야의 커뮤니티가 없다면, 직접 리더가 되어 학생들을 모아서 엑스트라 커리큘럼을 전개해 보라.

학업적 자기조절

 학업적 자기조절(Academic Self-Regulation)은 학습자가 과제를 해결하기 위해 행동적이고 목적 지향적으로 자신의 행동, 동기, 인지, 정서를 통제하는 것이다. 자신의 동기와 학습 및 기억에 대해 이해하고 행동 전략과 학습과 공부전략을 활용할 수 있는 마음의 힘이다. 동기와 학습 및 기억에 대한 이해에서 동기전략, 목적설정, 정서조절과 노력은 주요한 요인이다. 행동전략에는 시간 관리와 물리적 및 사회적 환경의 자기조절이 포함된다. 학습과 공부전략에는 교과서의 학습, 수업에서의 학습, 시험 준비와 치르기 등이 있다. 어려운 상황에도 불구하고 좋은 성과를 내는 학습자들은 학업적 자기조절을 잘 해내는 학습자인 것이다. 학업적 자기조절의 과정과 결과는 학업수행과 간접적 또는 직접적으로 연관된다([그림 12-1] 참고).

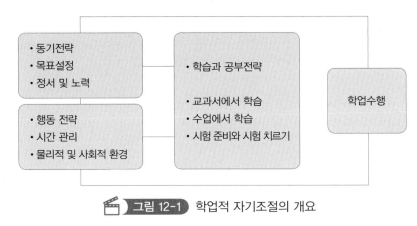

그림 12-1 학업적 자기조절의 개요

출처: Dembo(2013).

1. 동기조절

동기조절이란 자신의 동기의 수준, 노력, 지속성을 관리하는 심리적 활동을 의미한다. 현대의 자기조절학습 모델에서 가장 중요하게 여겨지는 것이 동기조절에 대한 측면이다. 자신들의 동기를 지속하거나 증진시키기 위한 개입에 대한 학생들의 능동적 노력이 관심을 받아 왔고, 이러한 조절 과정의 제 측면들은 초동기(Pintrich, 2004), 자기동기(Cheng & Ickes, 2009), 동기적 조절(Sansone & Thoman, 2005), 동기적 통제(Boekaerts, 1996)라는 용어로 사용되어 왔다. 이러한 과정들이 동기의 자기조절 전략 또는 동기조절 전략이다. 동기조절 전략은 학생들이 학습을 할 때 '선택하고' '노력하며' '지속하는' 것을 증가시키는 방법이다. 학습은 노력이 드는 과정이다. 학습과제는 학생들이 적정의 동기 수준을 유지하는 것을 간섭할 수도 있다. 학생들은 흥미가 없는 지루한 학업과제를 하거나, 학업과제가 반복적이거나 어려울 수도 있으며, 중요하지 않은 것으로 보이는 과제나 자료를 학습하도록 요구받을 수도 있다. 또한 교실에서 이루어지는 수업 이외에도 학습과제나 자료를 공부하고 시간 안에 완성을 해야 하는 경우에 처할 수도 있다(박혜숙, 전명남, 2011). 이러한 경우에 동기조절 전략이 필요하다.

학생들은 자신의 동기를 조절하기 위해 아주 많은 다양한 전략을 알고 있으며, 또한 사용하고 있다. 2003년 Wolters는 동기조절 전략으로 '자기-결과적 조치'

'목표지향적인 자기-지시' '흥미 강화' '환경 구조화' '자기-방해' '귀인 통제' '효능감 관리' '정서 조절' 전략과 같은 여러 가지 유형을 제시하였다(전명남, 박혜숙, 2012).

📋 **표 12-1** 동기조절의 주요 구성 개념 예시

동기조절의 구성 하위 변인 예시	주요 내용	사례
가치 조절	학습과제를 공부하는 것이 유용하고, 재미있고 중요하다고 조절	학습자료를 공부하는 것이 나중에 중요하다고 나 자신에게 말한다.
수행적 자기-지시	좋은 성적을 성취하도록 조절(시험과 과제에 한정)	계속 공부하기 위해 좋은 성적을 받게 될 것을 생각한다.
자기결과적 조치	학습활동 참여와 목표도달에 외적 보상을 스스로 제공	공부가 끝나면 보상으로 재미있는 어떤 것을 할 것이라고 자신과 타협한다.
환경 구조화	과제해결에 방해되지 않도록 집중이 잘되는 환경 선택, 산만 요소를 제거하려 함	쉽게 공부에 집중할 수 있도록 주변 환경을 바꾼다.
흥미 강화 전략	즐겁고 흥미롭게 만들어 과제에 들이는 노력과 시간을 증가시킴	학습과제를 흥미 있는 데 초점 맞추어 재미있게 만든다.
숙달적 자기-지시	과제를 완성하고 새로운 내용을 알고 유능해지려는 것을 강조	가능한 한 많이 배우기 위해서 계속 노력해야 한다고 자신에게 말한다.

　Wolters(1998)의 연구를 기반 삼아 국내 여자 대학생을 대상으로 한 김은영(2008)의 연구에서는 성적우수자와 그렇지 않은 경우의 학습자들의 동기특성과 동기조절 전략 사용이 다르다는 것을 보여 주고 있다. 설문형 동기조절 전략 검사결과, 성적우수자들이 그렇지 않은 경우보다 흥미가 없는 과제를 흥미롭게 변형하는 흥미 강화 전략, 학업적 과제의 완성이나 목표에 도달하기 위해 외재적 보상이나 강화, 처벌을 사용하는 자기-결과적 조치 전략, 새로운 내용을 알고 지적으로 유능해지려고 스스로 강조하고 지시하는 숙달적 자기-지시 전략, 다

른 사람보다 더 뛰어나고 좋은 성적을 받으려는 욕구를 강조하는 수행적 자기-지시 전략, 공부가 잘 되지 않을 때 집중이 잘되는 시간에 공부하거나 산만한 요인을 제거하는 환경 구조화 전략을 더 자주 사용하는 것으로 나타났다. 이외에도 박승호(2003)는 자기조절학습에서 동기적 요인의 역할의 중요성을 시사하였으며, 박병기(2005)는 자기조절학습의 복합적 측정도구 개발에 동기조절 척도를 통합하였다. 독일의 Schwinger 등(2009)은 2007년도에 독일어 본으로 만든 상황적 흥미 강화, 개인적 중요성 강화, 숙달적 자기-지시, 수행접근 자기-지시, 수행회피 자기-지시, 환경 구조화, 자기-결과적 조치, 중심 목표설정의 여덟 가지 요인을 발표했다. 한편, 2010년에 와서 Wolters는 2003년도에 대형강좌를 수강하고 있는 1·2학년 대학생을 대상으로 동기조절 전략척도를 제작·실시하여 자기조절학습에 대한 연구를 확장하고자 시도하였다. 전명남과 박혜숙(2012)의 연구에서는 새로 수행된 Wolters(2010)의 연구를 기초로 2003년도에 이루어진 Rosenthal과의 공동 연구결과를 참고하여 기존의 동기조절 요인에 '가치조절(regulation of value)'을 추가하여 동기조절척도를 개발하였다.

이외에도 자기조절 과정을 사용하여 자신의 동기를 관리하도록 하는 전략도 활용할 수 있다. 구체적으로는 자기관찰 및 평가, 목표설정 및 전략적 계획, 전략 이행 및 모니터링, 전략적 성과 모니터링의 방법으로 자신의 동기를 점검하여 실제 효과적인 학습을 위해 적용할 수 있다.

2. 다양한 학업적 자기조절

1) 시간 관리와 시스템 개발을 통한 학업적 자기조절

자기관찰을 통하여 스스로 어떻게 시간을 사용하고 있는가에 대해 고찰하고, 효과적인 시간 사용을 성찰해 보도록 하자. 시간 사용에 대한 자기관찰은 낭비하고 있는 시간을 알 수 있도록 돕는다. 좋은 시간 관리 전략에는 무엇이 있는가? 규칙적인 공부시간 정하기, 간섭이나 방해로부터 자유로운 환경 만들기, 과제를 스케줄하기, 짧은 휴식 갖기, 시간을 사용하는 방법을 규명하고 구체화하기, 특정 교과목의 공부를 위한 장시간의 블록 타임(block time)을 가지기(1시간이 아니라 90분에서 2시간 또는 그 이상의 연속된 시간), 과제의 우선순위 정하기, 좋아하지 않는 교과목부터 할당해서 공부하기, 가능한 한 과제물은 미리 해 두도록 계획하여 실천하기, 가능한 한 과제물에 대해 써 두기 등이다. 시간계획과 관리를 위한 하나의 시스템을 개발하는 방법은 다음과 같다. 학기 캘린더 만들기, 주간 우선순위 정하기 리스트, 주간 스케줄 정하기다. 또한 미루는 습관이나 그 이유에 대해 점검하여 효과적인 시간 관리가 이루어지도록 한다.

2) 물리적 및 사회적 환경 관리 전략

주의 및 집중의 증진을 위해 공부 환경을 선택하거나 수정하기, 집단에서 보다 효과적으로 공부하거나 활동하기, 학습 지도 튜터와의 만남을 준비하거나 그 만남에서 득을 얻게 되는 것, 필요시에 학습환경 바꾸기, 과제를 마치는 데 사회적 도움 받기 등이 물리적 및 사회적 환경 관리 전략이다.

학업에서의 자기조절에는 '도움을 구하기(seeking help)'가 주요한 내용으로 들어가 있다. 학생들이 선생님과 의사소통하는 다섯 가지 이유를 규명하였는데, 예를 들면 관계, 기능, 실례, 참여, 아첨과 같은 예이다. 도움은 학습에 유익하도록 기능적인 의사소통을 하는 방법이다. 도움은 선생님뿐만 아니라 또래 친구, 선배, 후배, 튜터, 사회기관 등 여러 자원으로부터 받을 수 있다. 어떻게 도움을 구할지에 대해서는 다음과 같은 예시를 제안한다.

- 도움 요구에 대한 자각
- 대안을 취하기보다는 도움을 찾는 행동
- 어떠한 유형의 도움을 구할지에 관련된 의사결정
- 누구로부터 도움을 받을 것인지에 대한 의사결정
- 도움 구하기 전략의 사용
- 도움을 처리하는 과정

학업은 집단활동을 통해서도 증진될 수 있다. 집단에서 내가 보다 효과적으로 활동할 수 있기 위해서는 학습그룹을 형성하고 공부하는 경험을 만들고 그 절차에 익숙해져야 한다. 보통 4~6명 학생 집단을 만든다. 더 커지면 사회적 태만이 올 가능성 있기 때문이다. 사회적 태만이란 공동 작업 시에 집단에 투입하는 노력을 줄이는 것을 가리킨다. 효과적인 학습집단이 되도록 하기 위해서는 각 참여자를 규명해 주고, 집단 참여자의 책임을 부여하며, 훌륭한 개인적 수행에 대해 강화를 제공하도록 한다. 집단 활동은 의사소통 기술을 증진시킨다. 의사소통 기술을 증진시키는 방법은 메시지를 효과적으로 보내고 또한 상대방의 메시지를 효과적으로 받는 것이다.

3) 학업 상황에서 학습전략의 활용

교과서를 가지고 공부하기, 수업에서 주의집중하고 연습하기, 시험 준비와 치르기 등은 학습전략을 활용하는 다양한 학업 상황이다. 학습을 할 때 자기 자신에게 '시간 말하기', 노트 작성, 강화, 한걸음 한조각 전략, 5분 계획, 80퍼센트 성공 규칙, 잘못된 지각(misperception) 찾아내고 변화하기의 도전, 신념 바꾸기 전략, 환경 바꾸기 등을 활용할 수 있다.

특히 교과서를 가지고 하는 공부나 수업에서의 학습은 중요하다. 수업 전, 수업 중, 수업이 끝난 후의 학습전략(노트 필기를 중심으로)을 살펴보면 다음과 같다.

표 12-2 수업 전 · 수업 중 · 수업이 끝난 후 활용할 수 있는 학습전략 예시(노트 필기를 중심으로)

수업 전	• 수업 전에 할당된 읽기자료 읽어 가기 • 이전 수업의 노트 필기 검토 • 교실에 필요한 용품 챙겨오기(예, 노트북, 펜, 랩탑, 유인물, 수업계획서, 교과서) • 집중이 어렵다면 교실의 앞자리에 앉기 • 노트에 날짜와 번호 적기

수업 중	• 유의하여 수업을 들으면서, 주요 아이디어와 관련 지지 내용에 초첨 맞추어 노트 필기하기 • 짧은 문구 혹은 문장, 가능한 한 단축어 사용 • 노트 필기에서 일정한 형식(indenting form)을 사용한다: 수업 중에 아웃라인에 너무 신경 쓰지 말라. 수업이 끝난 후 노트에 주요 아이디어를 적고, 재조직하라. • 수업 중 교수님이 하나의 주제에서 다른 주제로 넘어가면, 이동하였음을 노트하고 두 개의 선을 그어라.
수업이 끝난 후	노트 필기의 가장 중요한 부분은 노트 필기를 마친 후의 활동이다. 이 단계의 활동은 노트 필기(note-taking)를 노트 만들기(note-making)로 변환시키는 과정이다. 이러한 활동들은 Heiman과 Slominko(1993)에 의해 개발되었다. 노트에서 두 가지 유형의 질문을 생성하고 대답하는 과정이다. 첫 번째는 '거울 질문(mirror question)'이라 불리는 것이다. 이것은 노트의 정보를 직접적으로 반영한다. 두 번째는 '요약 질문(summary question)'이라 칭하는 것이다. 요약 질문은 전체 수업의 주요 주제 혹은 주요 아이디어를 반영한다. 이러한 질문에 대한 답을 알았다면, 노트 내용을 이해한다는 것이다. 수업이 끝난 후 5~10분의 시간을 따로 두어 다음의 활동을 검토해 보라. ① 중요한 정보를 더하라. 노트 필기하지 않았지만 교수님이 말한 것을 기억하라. ② 교수님의 수업, 다른 학생 혹은 교과서 중 이해하지 않은 정보, ③ 놀이나 게임 또는 질문에 대한 답하는 방식으로 노트에 대해 생각하라.

시험 준비와 시험 치르기는 성공적인 공부 계획에서 결정적인 단계다. '시험 준비'라는 말은 '공부 중'이라는 말과 바꾸어 쓸 수 있다. 시험 준비를 위한 공부 계획(study plan)은 다음의 단계로 나누어 볼 수 있다.

• 단계 1: 시험범위와 공부내용 결정하기, 시험에서 문제 유형이나 형식 확인하기
　　　　　수업계획서, 교과서 각 장, 강의 노트, 이전 시험과 퀴즈
　　　　　수업 중 내 준 자료, 다른 학생들의 정보, 시험 전 마지막 시간의 정보 확인
• 단계 2: 시험범위와 내용을 부분으로 조직하고 분리하기
• 단계 3: 구체적인 공부전략 활용하기 및 시험문제 예상하기

表 12-3　공부 계획에 사용하는 공부전략

준비 전략	• 공부한 내용에 대한 내적 표상 창출 • 가능한 시험 문제 • 개요 • 요약 • 에세이 질문 예측하기 • 과정에서 단계를 열거하기 • 교과서 질문 읽기 • 교과서에서 자기가 질문을 만들기 • 공부를 함께 하는 학습집단을 위한 자료 준비하기 • 질문 카드 만들기 • 공식 카드 만들기 • 문제 카드 만들기 • 노트에서 질문 요약하기 • 자기가 출제: 시험문제 만들기
검토 전략	• 내적 지식 표상의 반복 및 자기가 질문을 만들고 대답하기 • 아웃라인에서 주요 요점 암송하기 • 소리 내어 암송하기 • 논술 질문에 답하기 • 기억에서 암송 단계 • 교과서 질문에 답하기 • 자기가 만든 질문에 답하기 • 같이 학습하는 집단 구성원에게 자료를 설명하기 • 답을 암송하기 • 쓰기 공식을 연습하기 • 문제 풀기
	• 노트에서 질문 요약하기 • 자기가 출제한 문제를 풀기

• 단계 4: 공부에 필요한 시간량 규명하기
• 단계 5: 주간 스케줄, 각 공부전략에 시간을 할당하기
• 단계 6: 필요한 계획 수정하기

시험범위와 문제 유형 또는 형식을 확인하여 구체적으로 시험 준비에 매진한다. 문제의 유형이 선택형인지 논술형인지 미리 확인하도록 하고 주간 스케줄을 작성하여 각 공부에 적정 시간을 할당한다.

시험을 치를 때는 구체적으로 시험 치르는 전략을 활용한다. 시험지를 받으면 전체 문항을 훑어보면서 문제에 답하는 시간 배당을 결정하고 시간 관리를 하면서 치른다. 각 문제에 어떻게 접근할지 생각하고 문제에서 핵심 단어를 찾아 동그라미를 쳐 둔다. 진위형, 연결형, 빈칸 채우기, 선다형 등의 문제 유형에 따라 최선의 답을 결정해 간다. 논술형 문제인 경우 답하기 위해 사용하는 전략은 다음과 같다.

논술형 문제에 답하는 전략

• 지시문을 주의 깊게 읽고 무엇을 물었는지 정확하게 파악한다.
• 각 문제를 주의 깊게 읽고 답에 무엇을 써야 할지 예상한다.
• 시간이 얼마나 있는지를 결정한다.
• 문제에 답하는 순서를 결정한다.
• 자신이 진술하기로 정한 구체적인 절차를 따라 답을 써라.
• 기회가 주어지면, 시험에 답한 것을 검토하라.

---

4) 인지와 초인지의 활용

학습은 장기기억 속에 정보가 들어가는 것과 관련된다. 장기기억은 장기간 동안 지식과 기술을 가지고 있도록 한다. 학습자가 생각하고 학습한 상당 부분은 곧 망각된다. 장기기억에 정보를 저장하기 위해 구체적인 전략을 사용하는 것은 정보를 기억하기 쉽도록 만든다. 다시 말하면, 학습자가 학습하는 방법은 우리가 기억하게 되는 것을 결정짓는다.

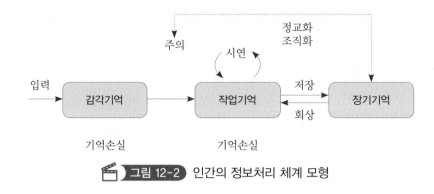

그림 12-2 인간의 정보처리 체계 모형

대부분의 심리학자들이 장기기억에 저장된 정보는 영원하고 믿고 있지만, 이것이 단점이 없다는 말은 아니다. 기억에서 자주 발생하는 문제는 다음과 같다.

• 기억의 한시성 또는 시간이 지남에 따라 약해지는 문제
• 방심하거나 주의집중을 안 해서 기억을 못하는 문제
• 기억에 저장되어 있는데 막혀서 인출이 안 되는 문제
• 버스 안에서 본 사람을 범행 장소에서 봤다고 잘못 기억하는 식의 기억 문제
• 가짜 기억 문제: 실제로 일어나지 않는 일을 일어났다고 믿고 기억하는 문제
• 편견 때문에 기억이 왜곡되는 경우
• 잊어버리고 싶은데 자꾸 기억이 나는 문제

또한 기계적 학습은 유의미 학습보다 기억의 효과성에서 떨어진다. 기억을 위한 다음의 일부 학습전략은 습득 및 이해를 증진시켜 준다.

표 12-4 효과적인 기억을 위한 학습전략의 예시

학습전략	예시	학습 행동
시연	"나는 용어 정의를 공부하기 위해 노트 카드를 사용해."	• 자료 베껴 쓰기 • 노트 필기 • 교재 줄긋기
정교화	"나는 새로운 개념을 이미 알고 있는 개념과 연관시키려고 노력해."	• 요약하기 • 노트 만들기 • 질문에 답하기

| 조직화 | "나는 교재를 읽을 때 설명과 예시들에서 주요한 요점을 분리시켜." | • 주요 아이디어를 선택하기
• 아웃라이닝
• 표상(지도) |

5) 정서의 자기조절

학습의 즐거움은 가장 최선의 학습 상황이다. 정서(emotion)는 기분이나 감정이라는 단어들과 비슷하게 쓰이며 긍정적 정서와 부정적 정서로 나누어 볼 수 있다. 학습과 관련된 긍정적 정서에는 성취감, 흥미 있음, 즐거움 등이 있고, 부정적 정서에는 귀찮음, 지루함, 짜증, 화 등이 있다. 정서는 우리의 정보처리 과정과 관련성이 있다. 긍정적 정서는 적극적인 학습 태도를 유발하고, 부정적 정서는 소극적인 학습 태도와 연관된다. 흥미나 성취감 또는 즐거움의 수준이 높은 학생은 자신이 하는 공부에 주의력이 높고, 자세한 지식 조직을 구축하는 경향성을 보인다. 단기적이 아니라 장기적인 학습을 하는 경우는 부정적 정서가 유발되어 학습에 어려움을 겪기 쉽다. 학습을 시작하는 초기에는 긍정적이었다고 할지라도 시간이 진행됨에 따라 또한 과제의 난이도가 높아질 때 부정적 정서를 경험하게 된다. 이러한 부정적 정서를 조절하여 학습 상황을 긍정적 정서로 이끌어 가는 노력이 요구된다.

제13장
학습의 실행력, 자기주도학습전략, 자기 결정학습전략

1. 학습의 실행력 키우기

머릿속으로 막연히 '공부해야지'와 '실제로 공부하는 것'은 차이가 있을 수 있다. 학습의 실행력(executive power)은 이 차이를 만들어 내는 학습전략이다. 학습의 실행력은 해야 할 학습 내용이 있을 때 적극적으로 행동으로 옮기는 것을 가리킨다. 실행력은 뇌 기반(brain-based) 전략으로 뇌의 전두엽이 성장할 때 함께 성장한다(Dawson & Guare, 2012). 학습에서의 실행력을 높이면 높일수록 자신의 바람과 목표에 제대로 도달할 수 있다.

1) '지금-여기' 전략

'하루 종일 공부해야지'라는 생각으로 도서관 자리에 앉아서 집중하기를 시작하는 것은 쉬운 일이 아니다. 오히려 '하루 종일 공부해야지'라는 생각 때문에 본격적인 몰입 상태에 들어가지 못하게 되는 경우가 허다하다. 따라서 학습을 시작할 때 몰입의 단계로 갈 수 있는 가장 최선의 전략은 '이 내용을 10분만 봐야지' 하며 자리에 앉는 것이다.

많은 학습자들이 계획만 세우고 제대로 실천하지 못한다. 학습할 내용에 대해 꼼꼼하게 계획을 세우지만 작심삼일로 끝나거나 다른 핑계를 대고 수행하지 못하는 학습자들에게는, 계획 직후 바로 "10분만 이 계획 시간대로 해 봐야지."라고 소리 내어 말하면서 지금 바로 실행하는 것이 구체적인 전략이 될 수 있다.

이와 같이 "10분만 이것을 해 봐야지." 하며 할 수 있는 실행력은 '지금-여기(here & now)'를 중시하는 현상학적 접근에서 출발한다. "옛날에 열심히 했었지" 또는 "미래에 열심히 할거야"가 아니라, 현재 내가 할 수 있는 행동과 마음에 집중함으로써 실천 가능도를 높이는 것이다.

2) 일단 시작했으면 계획했던 대로 계속 학습을 진행하라

학습을 시작하게 되면 여러 가지 방해꾼들이 생긴다. 여러 가지 이유나 난관이 생기더라도 계획했던 대로 계속 학습을 진행하라. 때로는 자기 자신을 통제해야 하고, 감정 조절이 필요하며, 학습과제나 내용에 주의집중을 하는 데만 초점을 맞추도록 의도화해야 한다. 보다 성숙한 학습자가 되어 갈수록 이러한 실행력의 수준도 높아질 것이다. 스스로 내면의 변화를 체크해 보라.

3) 융통성을 발휘하라

학습을 개시한 상태에서 새로운 사건 또는 정보가 유입되면 학습계획을 수정해야 할 경우가 있다. 융통성을 발휘하는 것은 새로운 상황에 대해 적응을 하면서 학습하는 것을 의미한다. 처음 계획했던 학습을 실행할 수 없는 상황에서 또 다른 대안의 학습계획을 세우고 실천하는 힘이 융통성을 발휘하는 전략이 된다.

2. 자기주도학습전략으로 창의적 학습의 통로 만들기

1) 자기주도학습의 개념

타율지향의 떠먹여 주는 것을 받아먹는 학습방법을 지양하고 스스로 학습하며 창의적이고 생산적인 인간상을 목표로 하는 자기주도학습(Self-Directed Learning: SDL)은 많은 학생들의 학습방법으로 활용되고 있다. 자기주도학습을 '학습자 안에서 불을 피우는 것'이라고도 표현하고 있으며(Pant, 2010), 21세기의 모든 학습은 자기주도학습이라고까지 표현하고 있다(Tobin, 2000).

자기주도학습은 초기에는 학습 프로젝트(learning project)나 자기계획학습(Self Planned Learning), 독립학습(Independent Learning)을 자기교수(Self-Teaching), 자율학습(autonomous learning), 자기-탐색 학습(self-exploration learning), 자기선도학습(self-initiated learning)의 여러 가지 이름으로 지칭되다가 노울즈(Knowles)에 와서 자기주도학습으로 정리되고 명명되어 왔다. 최근에 와서 교육현장에서 자기주도학습은 서로 다른 배경에서 발전되어 온 자기조절학습(Self-Regulated Learning), 자기결정학습(Self-Determination Learning)의 특징이나 구성요인을 포함하는 개념으로 발전되고 있다. 따라서 자습이나 독학의 개념으로 자기주도학습을 보는 것은 편협된 관점이라고 볼 수 있다.

논란이 분분한 자기주도의 학습의 개념을 명료화한 대표적인 학자인 Knowles (1975)는 『자기주도학습』이라는 책에서 자기주도학습이 필요한 이유를 다음과 같이 정리하고 있다. 첫째, 학습에서 솔선적인 자기주도적인 학습자는 교수의 발 아래에서 수동적으로 가르침을 기다리고 있는 사람보다 훨씬 더 많이 배우고, 효과적으로 학습할 수 있다. 둘째, 자기주도학습은 인간의 자연적인 심리 발달의 과정에 더 잘 부합된다. 태어날 때는 우리가 의존적으로 태어나지만, 점차 성장해 감에 따라 부모의 통제로부터 독립적이 될 심리적 필요성을 느끼게 된다는 점이다. 셋째, 현대의 교육적 발달에 나타나고 있는 새로운 교육과정의 출현, 열린 교실, 학위 없는 과정, 학습 자원 센터, 독립 연구, 비전통적인 학습 프로그램, 벽 없는 대학 등의 출현은 학습자가 자신의 학습에 훨씬 더 많은 주도성을 가져야 할 책임을 요구하고 있다.

자기주도학습은 개별 학습자가 학습의 주도권을 가지는 과정으로서 학습목표를 설정하고, 학습 자원을 확인하며, 중요한 학습전략을 선택하고, 학습 결과를 평가하는 일련의 과정을 수행하는 것을 가리킨다. 자기주도학습 관련 논의는 Tough(1971)의 자기교수방법에 대한 연구에서 시작했다. 그 후 자기주도학습은 Knowles(1975) 등을 거치면서 자기주도학습의 개념 및 이론적 고찰

(Brookfield, 1987; Calfarella & O'Donell, 1987; Long, 1991), 학습 주도성 측정 도구 개발(Guglielmino, 1977), 자기주도학습 준비도와 이들 학습자의 특성 등의 연구로 이어져 내려왔다(Wehmeyer et al., 2000).

한편, Long 등(2001)은 자기주도학습이 성인뿐만 아니라 모든 연령층의 학습자를 위한 학습방법으로 중요함을 제안했다. 최근의 자기주도학습 연구자들은 이를 학교교육의 중요한 목표로 받아들여야 함을 강조하고 있다(Wehmeyer et al., 2000). 자기주도학습과 전통적 학습과의 차이는 〈표 13-1〉 〈표 13-2〉와 같다.

표 13-1 전통적 학습과 자기주도학습의 기본 가정 차이

	전통적 학습	자기주도학습
학습자의 개념	의존적 개인	자기주도적 유기체
학습자 경험의 역할	사용된 것 이상 위에 구축됨	풍부한 학습의 자원
학습준비도	성숙수준에 의해 변화	삶의 과업, 문제로부터 발달
학습 지향성	교과 내용 중심	과업 또는 문제중심
동기	외적 보상과 벌	내적 자극, 호기심

출처: Knowles(1975, p. 60).

표 13-2 전통적 학습과 자기주도학습의 과정 요소

	전통적 학습	자기주도학습
학습분위기	• 권위지향적 · 경쟁적 판단적	- 상호 존중적 - 협력적 지지적
계획	• 주로 교사에 의해	- 참여적 의사결정에 의해
학습요구 진단	• 주로 교사에 의해	- 상호 평가에 의해
목표설정	• 주로 교사에 의해	- 상호 협상에 의해
학습계획의 설계	• 교과내용단원 • 교수요목 • 논리적 계열	- 준비도에 따라 계열화된 - 학습 프로젝트 - 학습계약

| 학습활동 | • 전달 기술
• 할당된 내용 읽기 | – 탐구 프로젝트
– 독립 연구
– 경험적 기술 |
| 평가 | • 주로 교사에 의해 | – 자신이 수집한 증거에 의한
– 상호 평가 |

출처: Knowles(1975, p. 60).

 자기주도학습에 대한 논의들 중 한 가지 경향은 자기주도학습자의 특성들을 밝힘으로써 자기주도학습의 본질을 이해하려는 시도들이다. 여러 연구자들은 성공적인 자기주도학습자라고 생각되는 사람들을 면접하거나 관찰함으로써 자기주도학습자의 인지적, 정의적 특성들을 찾아내려고 하였다. 대표적으로, Guglielmino(1977)는 고등학생, 대학생 및 성인을 대상으로 성인학습자가 학습에서 자기주도적인 태도를 선호하는 정도를 평가하기 위한 '자기주도 학습준비도검사(Self-Directed Learning Readiness Scale: SDLRS)'를 개발하였다. 그는 자기주도학습자가 갖는 특성을 다음과 같이 여덟 가지로 제시하였다.

1. 새로운 학습기회에 대한 개방성
 • 학습에 대한 높은 관심
 • 항상 학습하려는 태도
 • 학습에 대한 지적인 애정
 • 지식의 근원에 대한 탐구심
 • 애매모호함에 대한 인내심
 • 자신의 학습에 주어지는 비판의 수용과 사용능력
 • 학습에 대한 자신의 책임감 자각
2. 효율적인 학습자로서 자아개념
 • 자기학습에 대한 확신
 • 학습시간의 조직능력
 • 자기훈련을 위한 자율적인 학습
 • 강한 호기심을 인지
 • 활용할 수 있는 학습 자원에 대한 지식

3. 학습에서 주도성 및 독립성
   - 어려운 문제를 추구하는 태도
   - 학습에 대한 자신의 학습욕구 수용
   - 학습 경험 계획의 능동적인 참여선호
   - 혼자서 학습할 수 있는 자신의 능력에 대한 믿음
   - 학습에 대한 사랑
   - 만족할 정도의 읽고 이해하는 능력
   - 새로운 학습을 주도적으로 계획하여 시작하고 실행하는 능력
4. 학습에 대한 책임감
   - 자신의 지능을 평균 이상으로 지각
   - 관심 있는 주제에 대한 진지한 학습의지
   - 교육의 탐구적 기능에 대한 믿음
   - 적극적인 학습계획 욕구
   - 자신의 학습에 대한 책임을 받아들이는 의지
   - 자신의 학습진도 평가능력
5. 학습에 대한 애정/열정
   - 지속적으로 학습하는 사람을 존경함
   - 새로운 것에 대한 학습을 선호
   - 학습에 대한 강한 욕구
   - 체계적인 학문탐색과 질문을 좋아함
6. 미래 지향성
   - 평생 학습자라는 자아개념을 가지고 자신의 미래를 생각함
   - 어려운 상황을 문제가 아닌 도전으로 대처하는 능력
7. 창의성
   - 학습자의 창의성을 반영함
   - 새로운 방식의 문제해결 시도와 이에 따른 위험감수
   - 주제에 대한 다양한 접근법을 생각해 내는 능력
8. 문제해결력을 사용하는 능력
   - 학습에서의 위험, 애매함, 복잡함을 인내하는 능력
   - 학습문제를 해결하기 위해 학습기술 및 문제해결능력 사용

2) 구성주의와 자기주도학습 개념의 확장

일찍이 1960년 성인학습 분야를 중심으로 자기주도학습의 개념이 논의되기 시작한 반면, 1980년대 이후 학습이론에서는 자기조절학습, 자기결정학습 이론이 급격히 발달되어 왔다. 초기에는 인본주의적 관점에서 자기주도학습이 논의되다가 행동주의의 영향을 받은 실천방략들이 제안되고, 이후 교육에서 구성주의(constructivism)의 영향으로 자기주도학습의 개념에 대한 사회적 패러다임은 자기조절학습과 자기결정학습의 개념을 포함하는 새로운 국면으로 접어들게 되었다.

추상적인 언어를 중심으로 제공되는 교수 환경 속에 놓인 학습자의 경우에는, 앎의 사태로 그 스스로 뛰어들어 자신의 삶의 맥락과 분리되지 않은 앎의 맥락을 확보해 내기 위해서 단순한 참여나 실습이 아니라, 해당 사태로의 전폭적인 몰입과 그에 대한 실천과 반성, 그리고 각고의 노력이 필요하다. 앎의 사태로 스스로 뛰어듦으로써 학습자는 자신의 삶과 학습을 주도할 수 있는 방향으로 한 걸음 다가서게 된다. 무엇인가 제대로 학습하려면 어떻게 해야 하는지를 자신의 학습 경험을 통하여 나름대로 깨닫게 되며, 이러한 깨달음을 가진 학습자들은 학습 과정에서 해당 소재와 관련된 내용 혹은 지식만을 획득하지 않는다. 자기주도학습은 '반성 또는 성찰(reflection)'을 수반하고 있다. 반성은 학습자들이 수행하는 다양한 자기주도학습 활동들 가운데 하나라기보다는 학습 활동 전체에 관여하면서 학습의 전반적인 과정을 반성적인 색채로 물들이는 자기주도학습활동의 가장 커다란 특질(特質)이다. 반성은 학습자들이 자기주도적으로 무엇인가를 학습한다고 할 때, 그러한 다양한 학습 활동을 수행하는 방식이다. 바꾸어 말하면, 학습자가 수행하는 다양한 활동들이 자기주도학습의 실체를 형성하는 '무엇'이라면, 반성은 그러한 무엇에 작용하는 '어떻게'인 셈이다(배영주, 2005).

이러한 관점 변화에 힘입어 국내 연구자들도 새로운 자기주도학습에 대한 틀을 내놓기 시작했다. 자기조절학습의 개념을 포함시켜 홍기칠(2004)은 3영역 7개 요인, 16개 하위 세부요인의 자기주도학습력을 제안하였다. 즉, 인지적 영역,

> ### 학습자들의 자기주도학습의 과정에 대한 보고 사례
>
> #### 문제가 되는 성질
>
> "제대로 학습을 하려면 무조건 해 보려고만 할 것이 아니라, 다른 사람들의 것을 참조하면서 자신의 것에 반영하도록 노력해야 한다."
>
> "실력이 있는 사람들과 접하려고 노력하면서 그들로부터 자신의 한계를 뛰어넘을 수 있는 단서를 발견하려고 노력해야 한다."
>
> "교수자와 자신의 관계를 교육적인 관계로 보고 여기서 생기는 갈등이나 오해는 교육적으로 승화시켜야 한다."
>
> "자신의 현재 상태 혹은 부족한 부분을 드러내지 않고서는 절대로 새로운 발전이 올 수 없다."
>
> 〈출처: 배영주, 2003〉

행동적 영역, 동기적 영역으로 구분하고, 인지영역에는 문제해결력(기본학습능력, 인지전략: 시연, 정교화, 계획, 상위인지전략: 계획, 점검, 조절)과 창의성이 포함되고, 행동적 영역에는 자율성(행동통제, 학업시간 관리, 도움구하기)과 자기평가가 포함된다. 동기적 영역에는 개방성, 자아개념 및 자아효능감과 내재적 동기(숙달목적 지향, 성취가치)가 포함된다.

표 13-3 자기조절학습을 포함한 자기주도학습

	3 영역	7 요인	16 하위 세부요인	
자기 주도 학습	인지적 영역	문제해결력	기본학습능력	
			인지전략	시연
				정교화
				조직화
			상위인지전략	계획
				점검
				조절
		창의성	창의성	

자기 주도 학습	행동적 영역	자율성	행동통제
			도움 구하기
			학업시간 관리
		자기평가	자기평가
	동기적 영역	개방성	개방성
		자아개념 및 자아효능감	자아개념 및 자아효능감
		내재적 동기	숙달목적 지향성
			성취가치

출처: 홍기칠(2004).

이러한 접근과 유사하게 자기결정이론을 자기주도학습에 포함시키려는 시도들도 이어지고 있는 추세다. 자기결정이론(Self Determination Theory: SDT)은 Deci와 Ryan(1985, 2000), Ryan과 Connell(1989)을 중심으로 내재적 동기이론을 학습자의 자율성의 자기도식(self-schema) 개념에서 발달시켰다. 외재적 동기와 내재적 동기가 자율성(autonomy) 또는 자기결정성(self-determination)의 연속선상에 위치한다고 보았다. 이 연구자들은 외재적 동기의 개입이 있어도 자기결정성을 가질 수 있다고 보았다.

표 13-4 자기결정성과 동기유형

동기	무동기	외재적 동기			내재적 동기
자율성 조절의 종류	무조절	외적 조절	주입된 조절	동일시 조절	내재적 조절
인과소재	없음	외적	약간 외적	약간 내적	내적
관련 조절 과정	무의도 무가치 무능력 통제의 결여	외적 제한에 따름	자기통제 자아의 개입 내적인 보상 과 처벌	개인의 중요성을 의식함 가치를 둠	

출처: Ryan & Deci(2000, p. 29).

자기결정행동의 구성요소들로 제안되는 중요 특성들은 ① 선택결정 기술, ② 의사결정 기술, ③ 문제해결 기술, ④ 목표설정 및 성취 기술, ⑤ 독립, 위험 무릅쓰기 및 안전기술, ⑥ 자기관찰, 자기평가 및 자기강화 기술, ⑦ 자기교시 기술, ⑧ 자기권리 주장 및 리더십 기술, ⑨ 내적 통제소재, ⑩ 효능감 및 성과 기대에 대한 긍적적 귀인, ⑪ 자아인식, ⑫ 자기지식 등이 제안되어 활용되고 있다(조인수, 이응훈, 2008).

구성주의의 영향으로 인본주의 학습에 근간을 둔 자기주도학습은 새로운 방법론과 시각을 가질 수 있는 시점에 와 있다. 자기조절학습과 자기결정학습이론은 자기주도학습이론과 출발은 다르지만 공유하는 부분이 많고 교육실제에 시사하는 바가 많아서 보다 포괄적이고 현대적인 자기주도학습이론의 출현에 기여할 수 있을 것으로 보인다.

3) 학생의 자기주도성 수준에 따른 학습전략

학생들의 자기주도성의 수준을 고려하여 적절한 학습 활동이나 수업 참가 방법이 달라야 한다는 주장이 대두되었다. Grow(1991, 2011)는 다음과 같이 자기주도성의 수준이 가장 낮은 단계 1부터 가장 높은 단계 4까지를 구분하고 있다.

표 13-5 학습자의 자기주도성의 정도에 따른 수업전략

	학생	교사	예시
단계 1	의존적 학습자	• 권위자 • 코치	- 즉각적 피드백으로 코칭 - 훈련, 정보를 제공하는 수업 - 결손 보충과 저항 극복
단계 2	홍미를 보이는 학습자	• 동기유발자 • 가이드	- 영감을 불러일으키는 수업 - 안내되는 토의 - 목표설정과 학습전략
단계 3	참여적 학습자	• 촉진자	- 동등한 참여자인 교사에 의해 촉진되는 토의와 토론 - 세미나, 그룹프로젝트

| 단계 4 | 자기주도적 학습자 | • 컨설턴트
• 위임자 | – 인턴십, 논문작성, 개인연구
– 자기주도 스터디 그룹 |

출처: Grow(1991, 2011).

(1) 단계 1: 낮은 수준의 자기주도성 – 의존적 학습자

의존적(dependent) 학습자는 자기주도성이 아주 낮은 수준에 있는 학습자를 뜻한다. 따라서 의존적 학습자에게는 무엇을 해야 할지, 어떻게 그것을 하는지, 또 언제 해야 할지에 대해 명백한 방향을 제시하여야 한다. 의존적 학습자들은 교수들을 학생들이 무엇을 해야 하고 필요로 하는지를 다 아는 전문가로 생각한다. 그렇게 때문에 의존적 학습자들은 교육 시스템 내에서 수동적이며, 교수들이 그들을 공부하도록 '만들어' 줄 때 반응한다.

일부 학생들은 배우는 모든 '교과목'에 의존적인 경우도 있다. 또 일부 학생들은 단지 몇 개의 교과목에서만 의존적인 반응을 보이기도 한다. 때로는 체제적이고 전체적으로 운영되며, 훈련을 받아야 하거나 고정 교과를 마스터링하거나 전통을 전수하는 경우와 같은 특별 내용 영역인 경우에 의존적인 학생들이 탁월성을 보여 주기도 한다.

의존적인 학습자가 되는 것이 단점은 아니다. 그러나 심각한 제한(serious limitation)을 가지게 된다. 대부분의 학습자들은 새로운 주제에 처음 직면했을 때는 일시적으로 의존적일 수 있다. 그러나 이것이 장기간이 되면 적용력이나 효율성이 떨어지는 학습이 되고 만다.

이 수준의 학습자에게 학습전략은 '코칭(coaching)'으로, 교수는 학생들과 신뢰성(credibility) 및 권위(authority) 관계를 구축해야 한다. 목표와 달성 방법이 명백하게 제시되는 것이 좋다. 구체화된 과제 제시나 학생 반응에 즉각적 피드백을 제공하는 수업에 참가하여 학습하는 것이 좋다. 의존적 학습자에게는 선택(choice)을 하도록 하기보다는 교수와 의사소통(communication)을 분명히 하는 것이 좋다. 전문적인 교수를 찾아가서 수업을 받는 것이 의존적 학습자에게는 편하다. 이 단계의 학습자들은 교수들이 의사결정을 하고 이를 따르는 방식이 적합하다.

통찰 방법(insight method)은 단계 1에 대한 또 다른 접근 중의 하나인데, 학습 설계와 내용 면에서 학습자들 관여시키는 것을 필요로 한다. 학생들이 자신이 누구인지, 원하는 것은 무엇이고 무엇을 배우기를 목표로 하는지의 통찰을 가지고 시작하는 경우다. 이러한 학생의 경우에는 '목표설정(goal-setting)'과 같은 자신의 상황에 대한 '비판적 자각(critical awareness)'을 개발하면 좋다. 단계 1의 학습전략을 예로 들면, 교과 문제를 강조하는 형식적 수업, 구조화된 훈련, 구체화된 과제물, 반복 훈련, 집중 개별 튜터링 등이다.

(2) 단계 2: 보통 수준의 자기주도성 – 흥미를 보이는 학습자

이 단계의 학습자는 어느 정도의 흥미를 보이(Interested)거나 가지고 있다. 이 학습자들은 동기화하는 데 달려 있다. 이 학습자들은 목적하는 바가 인식될 때 과제물을 할 의지가 있다. 이 단계의 학습자들은 교수와의 개인적 상호작용에 정적으로 반응한다. 이 학습자들은 수업을 할 때 왜 이 과제가 중요하고 어떻게 과제를 해야 하는지 돕는 분명한 설명을 제공하는 것을 좋아한다. 가르치고 있는 것에서 분명한 결과를 보여 주는 것이 좋다. 동기화되고 격려받은 학생들은 자신의 학습을 계속해서 하려고 할 것이다. 교수와 학생 간 의사소통은 쌍방향적(two-way)인 것이 좋다. 교수가 설명할 때 학생들은 자신들의 반응과 관심사와 의사소통한다. 단계 2에서의 학습은 학습자의 흥미(interest)와 연계되어 있다.

단계 2의 학습전략을 예로 들면, 영감을 불러일으키는 수업을 듣기, 산업 훈련 프로그램에 참가하기, 교수가 이끄는 토의와 토론, 전문가에 의한 시연, 이어지는 인도된 실습, 예측가능한 결과를 가진 구조화된 프로젝트, 감독, 피드백을 격려하는 기회, 상호작용적 컴퓨터 기반 훈련, 상업 예술 및 설계 스튜디오의 구조화된 프로젝트, 상호작용이 많은 학습 등이다.

(3) 단계 3: 단계 2와 단계 3 중간 수준의 자기주도성 – 참여적 학습자

'참여적 혹은 관여적(involved) 학습자' 단계에서 학습자는 자신의 학습에 스스로 가담할 태세가 되어 있다. 이 단계에서 필요한 것은 그러한 학습자의 태도를 촉진시키는 것이다. 따라서 이러한 학습자들은 촉진해 주는(facilitating) 환경에서 공부가 잘된다. 교수가 학생과 함께 참여자가 되고, 학생의 의사결정을 존중하고, 많은 역할을 부여하며, 점차 독립적으로 학습해 나가도록 하는 학습을 선호한다. 참여적 학습자의 학습전략은 교수도 참여하는 세미나 수업, 토론, 그룹 프로젝트 등이 있다.

(4) 단계 4: 높은 자기주도성 – 자기주도적 학습자

자기주도적(self-directed) 학습자는 전문가의 도움을 받거나 혹은 받지 않고 자신의 목표(goals)와 기준(standards)을 세운다. 이 수준의 학습자들은 자신의 학습, 방향, 생산성에 책임이 있고, 책임감을 가지려고 한다. 그들은 시간 관리, 프로젝트 관리, 목표설정, 자기평가, 동료 비평, 정보수집, 교육자원의 사용 등을 할 수 있다. 단계 4의 학습자들은 자율적인 학습자들이다.

그러므로 이 학습자들에게는 도전적인 과제를 제공하고 스스로 수행하도록 모든 권한을 위임하는(delegating) 학습환경이 적합하다. 자기주도적 학습자들에게 적합한 학습전략은 학생들이 자신의 진전과정과 문제를 토론하고 차트화하도록 규칙적인 모임을 가지거나, 학생들이 서로 협동하고 책임을 지는 학습을 하고, 자기평가를 하는 방법이다. 인턴십, 도제, 여행, 숙련, 멘토링과 같은 장기적 학습 과정이 적절하다. 자기주도적 학습자에게는 역할 모델의 전기문(biographies)이 도움이 된다.

4) 학습계약

학습계약(learning contracts)은 학습자가 자신의 학습욕구와 필요성을 이해하여 무엇을 어떻게 학습할 것인가를 기술하는 학습 활동을 가리킨다. 학습의 계획, 실행, 평가 등 일련의 학습과정에서 학습자가 능동적으로 선택하고 참여하며 책임을 지고 스스로의 내적 변화를 도모하는 학습 활동으로 정의할 수 있다(Grow, 1991).

학습계약은 혼자서도 실시할 수 있으나, 일반적으로 두 사람 이상의 협의에 의해 성립된다. 학생은 학습계약을 통해 스스로 학습 활동을 계획하고 조절하며 학습하는 방법을 배워 나갈 수 있게 된다. 학교에서는 교수와 학생의 상호협력을 통해 학습계약이 개발되고 진행될 수 있다. 자기주도성이 높은 학습자인 경우는 자기 자신과 학습계약을 하고 자가 점검하는 방법을 활용한다. 학습계약을 실행하기 위해서는 [자료 13-1]과 같이 각 영역의 학습계약을 위한 학습요구와 목표를 미리 조사하여, 교사와 학생이 함께 [자료 13-2]와 같이 학습계약을 작성하는 것이 바람직하다.

[자료 13-1] 학습계약을 위한 학습요구와 목표 조사 사례: 영어 학습

TOEIC 학습요구와 목표 조사

이름: _____ 날짜: _____

● 다음 질문에 답하시오.

1. TOEIC 학습에 대한 장기적 목표는 무엇인가?

2. 이 목표에는 언제 도달할 수 있을 것으로 예상되는가?

3. 어떻게 장기적 목표를 가장 잘 성취할 수 있을 것이라고 생각하는가?

4. 단기적 목표는 무엇인가? (구체적으로 하나 혹은 몇 가지도 된다)

5. 단기적 목표를 도달하는 데 무엇이 도움이 되겠는가?

6. TOEIC 능력을 증진시키기 위해 도움이 될 것으로 생각되는 종류의 활동은 무엇인가?

출처: McGarrell(1996).

[자료 13-2] 학습계약 양식

학습계약 양식

이름: _____

교과 / 주제 / 영역: _____

교수명(본인인 경우 생략 가능): _____

학습계약 날짜: _____

학습목표	학습목표 달성을 위한 전략	예상되는 결과(물)	학습계약 완성날짜
1. _____ _____	1. _____ _____	1. _____ _____	1. _____ _____
2. _____ _____	2. _____ _____	2. _____ _____	2. _____ _____
3. _____ _____	3. _____ _____	3. _____ _____	3. _____ _____
4. _____ _____	4. _____ _____	4. _____ _____	4. _____ _____

　교수님의 도움을 얻어 학습계약을 진행하고 싶은 학생의 경우 [자료 13-3]과 같은 교수-학생 간 학습계약의 일반적인 단계를 밟을 수 있다.

[자료 13-3] 교수와 학생 간 학습계약의 일반적인 단계

학습계약 단계

1. 학생과 교수는 적절한 아이디어를 생각하고 토의한다.
2. 아이디어가 인정이 되면 제안서나 학습계약으로 쓴다.
3. 어드바이저나 지원 집단을 통해 학습계약을 검토한다.
4. 교수와 학습계약을 협상-부모, 가디언 등으로 대체할 수 있다.
5. 제안서나 학습계약의 이행; 만약 너무 쉽거나 너무 어렵거나 지겹다면 교수와 활동을 재협상한다.
6. 교수와 규칙적으로 만나고 과정을 토의한다.
7. 계약 완수를 보여 주고 성공을 축하한다.
8. 프로젝트를 평가하고, 증거를 모으며 포트폴리오를 평가한다.

출처: Gibbons(2002).

5) 학습 포트폴리오

　구성주의적 패러다임의 자기주도학습에서 빼놓을 수 없는 것이 학습 포트폴리오다. 학습의 과정과 결과를 모두 포함할 수 있을 뿐만 아니라 학생들의 반성적 혹은 성찰적 사고력도 심화시켜 줄 수 있는 학습 포트폴리오(learning portfolio)는 자기주도학습을 성공적으로 이끌 수 있는 좋은 도구다. 학습 포트폴리오에는 다음과 같은 내용들이 포함될 수 있다.

- 학교의 교육과정 및 관련 기타 교육과정을 포함하여 학생들이 교육받았던 내용에 대한 업데이트된 개요
- 학습과정과 결과에 대한 자기평가
- 학습자의 프로필 시트
- 해당 과제에 대해 교사로부터 받은 피드백
- 학습계약 및 최근 과제에 대한 견본

- 해당 학습이나 수업의 과정에서 학생들이 무엇을 성취해 내고자 하는가, 학교를 마칠 때 자신의 모습을 어디에서 발견할 것인가, 학생들을 고무시키고 동기를 부여해 주는 것은 무엇(누구)인가, 자신의 목표를 성취해 내기 위해 그들이 무엇을 해야 하는가와 같은 학생들의 목표 또는 바람
- 학생들이 지금까지 계발해 왔던 학업, 기술, 직업관련 기술에 대한 프로필
- 학생의 모든 자격에 대한 증명서(시험, 자격증 등의 복사본)
- 학교활동 이외의 경험에 대한 업데이트된 목록
- 자신의 학습에 대한 과거에서 현재까지에 이르는 개인적인 진술, 포지션 페이퍼(position paper), 이모든 정보들을 통합시켜 대략 500~1000단어로 기술한 내용—이 내용에서 가장 우선적으로 고려해야 할 사항: 장기적 목표, 바람, 과거의 경험과 현재의 학습 목표 간의 관계를 요약하여 진술

6) 자기주도학습과 경험의 창출 및 공부

경험(experience)은 학습의 통로이며 많은 역할을 하게 된다([그림 13-1] 참고). 경험에서 우리가 얼마나 많이 학습하는가는 그 풍부성과 그것을 지각하는 우리의 능력에 달려 있다. 일찍이 Kolb(1984)는 학습이란 경험의 변형을 통해 지식이 창출되는 과정이라고 했다(p. 38). 한편, 공부(study)는 질문에 대한 해답을 찾는 조직화된 추구라고 개념화할 수 있다. 학생들에 의해 수행되는 공부의 예시들을 [그림 13-2]에 제시했다.

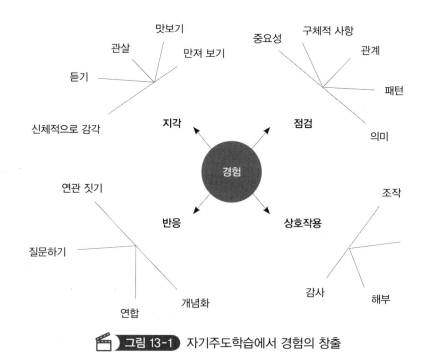

그림 13-1 자기주도학습에서 경험의 창출

출처: Gibbons(2002).

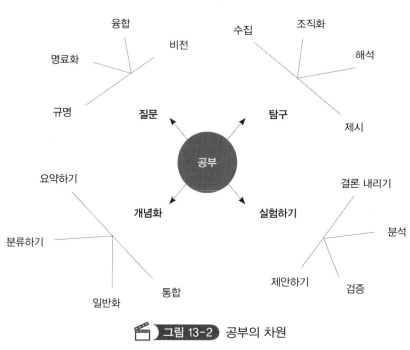

그림 13-2 공부의 차원

출처: Gibbons(2002).

7) 자기주도학습과 생산성

자기주도학습은 생산성(productivity)을 격려하는 학습이다. 생산적 활동 (productive activities)을 통하여 학생들은 자신의 장점과 흥미를 알고 발달시킬 수 있다([그림 13-3] 참고).

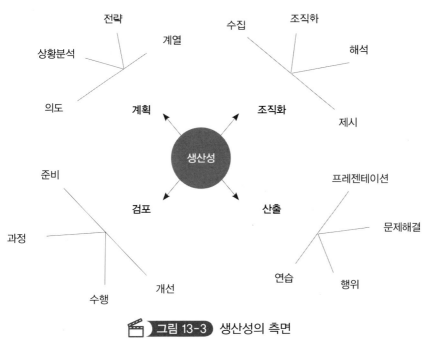

그림 13-3 생산성의 측면

출처: Gibbons(2002).

8) 형식 기관에서의 자기주도학습전략

학교와 같은 형식교육에서 '자기-공부 기술(self-study skills)'을 활용하여 자기주도학습을 촉진할 수 있다. 이 자기-공부 기술은 형식교육뿐만 아니라 비형식적 학습 상황에도 유용하다(Pant, 2010). 수업 전에는 능동적 읽기, 읽으면서 주요한 내용 표시하기, 노트 만들기, '알기 원하는 것'을 메모해 두기 등의 전략이 있다. 수업 중에는 교실 수업 중에 능동적으로 참여하기, 수업 전에 미리 어려운 개념을 예습하고 수업 참가하기, 책과 노트를 수업 중에 사용하면서 그 내용에 자기 자신이 관여하는 활동하기, 수업 전에 메모해 둔 '알기 원하는 것'에 대해 답을 찾기 등의 전략이 있다. 수업 후 전략으로는 수업이 끝난 직후에 노트 필기 검토하기, 책과 노트에 표시한 것을 훑어보기, 중요하다고 판단되거나 시험에 나올 만한 주제들에는 체크 표시하기, 시간이 있을 때는 수업시간에 다룬 장(chapter)의 마지막에 나오는 연습문제를 풀어 보기 등이 있다.

또한 스터디 그룹이나 학습동아리를 구성하여 활동한다. 주제는 스스로 또는 팀원과 협의하여 결정한다. 교재나 학습내용을 다룰 수 있는 책을 활용하여, 한 사람씩 돌아가면서 읽고 요약하여 발표하고 토론하는 것도 하나의 방법이다. 학습동아리에 참여한 모든 사람들이 참여자로서의 역할을 책임지고 담당하는 것이 필요하다.

자기주도적으로 계획하고 스케줄을 만드는 전략이다. 수업 전 준비, 과제물을 기한 내에 제출하기, 시험 준비, 학습동아리 활동 등의 활동에서 계획과 스케줄링은 기본적으로 요구된다. 이러한 활동에 능동적으로 참여한다. 매주 혹은 정기적인 시간을 계획한다. 학생들이 매주 자유롭게 쓸 수 있는 시간은 20여 시간 정도다. 이 시간을 보다 효과적으로 사용하는 것을 학습한다.

'우선순위 매기기' 활동을 습관화한다. 새로운 과제나 다른 활동들이 갑자기 산더미처럼 눈앞에 닥칠 수 있다. 이때 학생들은 우선순위를 설정하거나, 새로운 우선순위를 매기거나, 상황을 변화시킬 수 있는 방법을 배울 수 있다.

'미루기를 극복한다.' 오늘 할 일을 내일로 미루지 말라는 말이 있듯이, 미루는 습관은 학생들이 실행상황에서 가장 많이 보이는 문제행동이다. 복잡한 과제도 조금씩 접근하게 되면 기대하는 시점에 완성할 수 있다는 점을 학생들이 경험을 통해 깨닫도록 한다.

자기주도학습자는 '목표설정'의 전략을 활용한다. 자기 자신의 소중히 여기는 것, 또는 궁극에 가서 얻고 싶은 것들이 목표가 되도록 설정하라. 목표는 학생들을 끌어당기는 상호적 매력(reciprocal attraction)을 가지고 있다.

9) 비형식 기관에서의 자기주도학습전략

형식적 교육 이외에도 학생들은 '비형식적 학습(informal learning)'에 노출되어 있다. 오늘날의 환경은 매우 급속한 속도로 정보가 증가하고 있고 즉각적으로 이러한 이슈들을 완전히 이해하지 못한 채 수행해야 할 상황이 벌어지기도 한다. 포스트형식적교육(post-formal education) 환경에서 일할 때 비형식적 학습 기술(informal learning skills)은 형식적 학습환경에서보다 빠르게 정보를 획득하고 활용할 수 있도록 돕는다. 인류학자인 Karen Stehenson은 "경험은 지식의 최고의 교사다. 우리가 모든 것을 경험할 수 없기 때문에 다른 사람들의 경험들, 그리고 심지어 다른 사람들이 지식의 대리자 역할도 한다. '나는 내 친구들에게서 나의 지식을 저축했어.'라는 말이 나오는 것에서 보듯이, 사람들이 모여서 지식을 얻는 하나의 축이 형성되고 있다."라고 했다. 『연결주의: 디지털 시대의 학습이론(Connectivism: A Learning Theory for the Digital Age)』과『지식을 아는 것(Knowing Knowledge)』을 쓴 Geroge Siemens에 따르면, 학습은 '일관된 이야기(coherent narrative)'를 필요로 한다는 것이다. '연결(connectedness)'은 한 명의 학습자가 어떻게 다른 학습자 혹은 전문가가 연결하여 파편화된 학습 공간(fragmented learning space) 안에서 일관성을 창출하도록 돕는 것을 가리킨다. 위키스, 블로그, 이러닝 플랫폼과 같은 도구들은 효과적인 정보 질문 시스템이 의미 있도록 만드는 도구가 되고, 파편화된 정보에 사회적 오버레이를 제공한다. Siemens는 "우리 자신들(하나의 조직 혹은 하나의 데이터베이스 안에서) 밖에 존재하는 학습(행위가능한 지식)은 특별한 정보 세트를 연결시키는 데 초점이 맞추어지고, 그리고 학습 가능하도록 하는 연결은 우리의 현재 지식 상태 이상 중요하다"고 했다(Pant, 2010).

온라인 비형식적 학습(online informal learning)의 대표적인 전형은 위키디피아 페이지에서 주제를 찾아보는 것이다. 이러한 위키스(Wikis)뿐만 아니라 유튜브(YouTube)의 비디오, 구글(Google)의 전문가 페이지를 보는 것 등이 모두 해당된다. TED.com의 웹사이트나 MIT World for their video content 등도 유익하다. 사회적 미디어 학습 사이클은 [그림 13-4]와 같다.

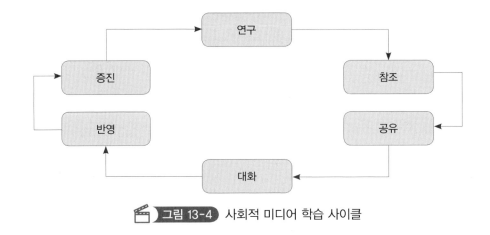

그림 13-4 사회적 미디어 학습 사이클

인식론적 게임(epistemic game)과 같은 내용의 게임들은 점차적으로 인기를 얻어 가고 있는 추세다. 인식론적 게임은 유의미한 학습 활동이 일어나는 게임으로 전문적 기술과 가치를 증진시켜 준다. iPhone, iPad, Android 폰에는 공부하고 싶은 주제를 다룬 앱(apps)들을 저장할 수 있다. 좋은 내용의 게임은 잘 활용하는 경우에 유용할 수 있다. PlayStation, DS, Wii and Xbox, Brain Training, Art Academy, My French Coach 등은 닌텐도 콘솔에서 가능한 주제들이다.

마지막으로 모바일 러닝(mobile learning)은 언제 어느 장소에서건 어떤 속도로도 가능한 학습이다. 스크린과 오디오 학습 모두 가능하다. 특히, 듣기 학습의 경우에 접근하기 쉽다.

10) 자기주도학습의 예술

자기주도학습은 '학습자 중심의 과정(learner-centered process)'이다. 호기심을 통한 학습, 자신의 학습을 계획하기, 자신의 학습에 대한 개별 관리, 자신의 학습 경험에 대해 평가하고 성찰하기, 자신의 학습에 대한 책임감 등을 포함한다. 자기주도학습은 학생들 스스로 자신의 학습 요구를 발견하고 규명하며, 학습스타일을 탐색하여 발달을 평가하는 것을 가리킨다. 성공적인 자기주도학습 결과와 연관된 7개의 주요한 요인들이 있다(Charlton, 2007).

- 학습에 대한 개방성(즐김, 열정, 동기)
- 자기 훈련 및 조직화
- 독립성
- 교육의 탐색적 본질을 즐김
- 이해를 돕기 위해 새로운 아이디어의 동화
- 계속적 증진을 위한 욕구
- 자신의 진행 중인 학습을 위해 책임지기

 자기주도학습은 개인차가 큰 각각의 예술이라고 표현할 수 있다. 이러한 개인차에도 불구하고 자기주도학습에는 크게 비판적 사고, 이해, 동기, 자기마스터링 등의 실제적 행위과정들이 있다(Gray, 2004).

- 비판적 사고
  - 개인적 영향의 근원을 알 수 있다.
  - 사실과 의견을 구분할 때 다른 사람들의 가정과 개인적 가정을 설명할 수 있다.
  - 여러 가지 관점을 고려할 수 있다.
  - 질문, 재평가, 열린 마음
  - 문제해결의 조정
- 이해
  - 초점을 장기적으로 유지하기
  - 방해가 적을 때 능동적으로 경청하기
  - 정확하고 객관적으로 구체적 사항을 관찰하기
  - 정보의 기억
  - 실제 생활이나 추상적 상황(예를 들면, 시험)에 학습된 것을 적용하기
- 동기
  - 개인적 가치를 명료화하기
  - 목표를 분명히 하기
  - 시간과 에너지의 지출에서 우선순위 결정하기
  - 자기동기화
  - 미루기와 방해를 관리하기

- 자기-마스터링
  - 자기자각(self-awareness)을 개발하기
  - 자기책임(self-responsible)적이 되기
  - 자신감을 가지기
  - 건강한 의식
  - 새로운 환경에 적응할 수 있기

자기주도학습에서 학습자는 '선택(choice)'의 과정을 겪게 된다. 선택은 우리에게 개인적 책임감(responsibility)을 가지도록 돕는다. '의식적 선택(conscious choices)'은 [그림 13-5]에 나타나는 과정으로 기술될 수 있다. 의존적 학습자에게 선택은 오히려 부담을 가중시킬 수 있다. 모든 학습자에게 이러한 의식적 선택을 강요하기보다는 자기주도학습을 수행하는 학생들을 대상으로 적절히 선택할 수 있는 기회를 제공하라.

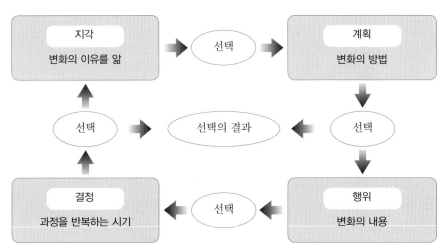

🎬 **그림 13-5** 선택과 자기변화의 과정

출처: Gray et al(2004).

학습자가 학습 과정에서 실수를 하거나 잘못된 선택을 한 것을 깨닫기 시작할 때, 자신의 학습에서 책임감을 지는 위험감수를 보다 더 할 수 있게 된다. 목표와 가치를 분명히 하는 것은 학습자 내부의 의사결정 과정을 이끌어 줄 수 있다.

이러한 선택을 자주 사용할수록 학습자는 자신의 의사결정에서 보다 더 자신감을 가질 수 있게 된다.

3. 자기결정학습전략으로 창의적 학습의 통로 만들기

자기결정(self-determination)은 자신의 환경에 따라 행동하고 환경을 통제하고자 하는 동기적 욕구다(Ryan & Deci, 2000). 자기결정의 기본 심리적 측면을 강조하는 사람들은 자율성, 유능성, 관계성에 대한 요구를 주요하게 꼽는다. 자기결정이론에 따르면, 인간은 선택권을 갖고 의사결정을 하는 것이 내재적으로 동기화되어 있기 때문에 의사결정에 대한 기회가 없다면 다른 모든 욕구가 충족된다 해도 만족하지 않는다. 자기결정이론 연구에서 강조하는 세 가지 내적인 심리 욕구는 유능성, 자율성, 관계성 욕구다(Ryan & Deci, 2000; 신종호 외 역, 2011).

그러나 개인의 삶의 질을 조망하여 보면, 자기결정은 자율성, 자기규칙, 심리적 역량, 자아실현 등의 하위 요소를 가진다. 자기결정된 행동은 우선 자율적으로 행동하고, 행동은 자기 규칙적이고, 자신이 직접 행동을 시작하고 일에 심리적 역량을 가지고 반응하며, 자아를 실현하는 방식으로 행동한다(조인수 외, 2008).

1) 자율성

자율성(autonomy)은 개인의 독립에 대한 욕구이며 자신의 요구에 따라 환경을 바꿀 수 있는 개인의 능력이다. 부모로부터 정서적으로 분리하여 자기 자신의 삶에 대해 개인적 통제 의식이 발달되고 개인적 가치 체계가 확립되어 성인 사회와 세계에 필요한 행동 수행을 해낼 수 있는 복합적인 능력이다.

선천적으로 인간에게 주어진 자율성이 성장하면서 잘 발달되지 못하면 내재적 동기가 감소되고 스트레스를 유발한다. 수동적인 일만 해야 하는 사람들의 경우, 자기 스스로 환경을 거의 통제할 수 없는 데서 스트레스를 받게 된다. 자율성은 자기중심적 또는 이기적인 행동이 아니라 외적 영향에도 불구하고 자기

보호, 가족 보호, 관리, 오락 및 여가 활동, 사회 및 직업 활동에서 내적으로 동기화하여 활동할 수 있는 능력이다.

이러한 자율성이 발달되기 위해서는 선택(choice)할 수 있는 기회를 가지는 방법이 있다. 또한 스스로 규칙과 절차를 만드는 과정에 참여하거나, 목표설정과 모니터링, 노력과 전략 사용 강조, 피드백 제공과 향상에 초점을 둔다. 자율성에 대한 지각 증진도 유익하다.

표 13-6 자기결정성을 증진시키는 프로그램 예

프로그램	설명	저자	출판사
선택 교육과정 (ChoiceMaker Curriculum)	세 가지 구성 분야 (1) 목표 선택 (2) 목표 표현 (3) 행동하기 각각의 분야는 2~4개의 교수 목표를 포함하며 6개의 전이 내용의 교수 목표도 포함. 측정 도구, 목표 선택, 자기주도 개별화 교육 프로그램(IEP), 행동하기가 포함된다. 프로그램은 교육적으로 알맞은 자기결정 규준과 관련된 전환 평가 도구를 포함한다. 수업목표 선택은 학생이 그들의 관심, 기술, 제한점과 하나 이상의 자기 선택 전환 영역을 아우르는 목표에 필요한 개인적인 정보와 기술을 학습할 수 있게 해 준다. 자기 주도 IEP 수업은 IEP 모임을 운영할 수 있는 리더십 기술을 학습할 수 있게 하고, 목표 선택을 통해 관심, 기술, 한계, 목표를 공개적으로 확인하게 해 줄 수 있다.	Martin & Marshall 1995	Sopris West Longmont, CO http://www.sopriswest.com

자기결정학습에서 목표는 결과를 성취하기 위해서 각각의 학생의 특정한 관

심, 능력, 필요에 기초해야 한다. 또한 목표는 성취 가능한 것이어야 한다. 측정 가능해야 하며, 시작 시간과 종료 시간이 있어야 한다. 목표는 예상되는 결과의 관점에서 정해져야 한다.

2) 자기규칙

자기규칙은 행동 결과의 바람직한 여부를 평가하고 필요할 경우엔 자신의 계획을 수정하고 어떻게 행동해야 하는가에 관한 결정을 할 상황에 대처하기 위한 반응목록과 자신의 환경을 자기가 확인할 수 있도록 해 주는 복잡한 반응체계다(Whitman, 1990). 자기규칙 행동은 자기모니터링, 자기교시, 자기평가 및 자기강화를 포함하는 자기 관리 전략들, 목표설정, 도달행동, 문제해결 행동, 관찰학습 전략을 포함하고 있다(조인수 외, 2008).

3) 심리적 역량

심리적 역량을 갖춘 방식으로 행동하는 사람은 ① 자신이 자기에게 중요한 환경(내적 통제 소재)에 대한 통제력을 지니고, ② 원하는 성과를 성취하는 데 필요한 자기효능감을 소유하고 있으며, ③ 자신이 이러한 기능을 적용하기를 선택하면 인지된 성과가 이루어질 것이라는(성과에 대한 기대) 믿음에 토대를 두고 그렇게 행동한다(조인수 외, 2008). 이러한 심리적 역량에 대한 설명 이외에도 최근 대두되고 있는 유능성과 관계성을 고려해 볼 수 있다. 유능성(competence)은 환경에서 효과적으로 기능하는 능력이다. 유능성 욕구는 왜 도전적이고 호기심을 유발하는 행동이 내재적으로 동기 부여를 하는지 설명하는 데 도움을 준다. 도전에 부딪치거나 새롭고 모순적인 경험을 해결하는 것은 능력이 향상되고 있다는 증거다. 대조적으로 사소한 과제를 하거나 답이 너무 뻔한 문제를 푸는 것은 능력에 대한 어떤 증거도 제공해 주지 않기 때문에 좀처럼 동기 부여가 되지 않는다. 관계성(relatedness)은 사회환경 속에서 다른 사람들과 연관되어 있다는 느낌으로 사랑과 존경받을 가치가 있다고 느낀다. 인정욕구(Need for approval)는 다른 사람에 의해 수용되고 긍정적으로 평가받고자 하는 욕구다. 우리는 모두 소속되어 있다는 느낌을 받기를 원한다. 관계성, 즉 사회환경 속에서 다른 사람과 연관되어 있다는 느낌, 사랑과 존경받을 가치가 있다는 느낌이 자기결정이론을 설명하는 세 번째 선천적 욕구다. 몇몇 연구자는 매슬로(1968, 1970)가 설명한 소속과 관계성을 유사한 개념으로 취급한다. "소속감(belongingness), 관계성(relatedness), 유대감(connectedness)과 같은 용어는 상호 대체 가능하게 사용된다." 또한 관계성 욕구는 다른 초기 동기 연구자들이 설명한 친애(affiliation)에 대한 욕구와 유사하다(신종호 외 역, 2011).

4) 자아실현

자기결정이 된 사람은 지식을 활용할 수 있는 방식으로 행동하기 위해 종합적이고 상당히 정확한 자신에 대한 지식과 자기의 장점과 약점을 이용한다. 즉, 자아를 실현하는 것이다. 자기지식과 자기이해는 자신의 환경에 대한 해석과 함께 경험을 통해서 형성되고 주용한 다른 강화 및 자기행동에 대한 귀인의 영향을 받는다(조인수 외, 2008). 자기결정을 향상시키는 지식, 기술, 신념을 획득하려면, 목표에 적합한 높은 질의 경험과 학습을 하는 것이 필요하다. 읽기 활동이 없는 학습은 예상할 수 없는 것처럼, 자기결정에 기여하는 중요 요소가 있는 학습 없이 더 많은 자기결정을 하는 데 필요한 지식과 기술을 학습하는 것은 예상하기 힘들다.

📋 **표 13-7** 자기결정성을 증진시키는 교육프로그램 예제

프로그램	설명	저자	출판사
자기결정성 증진 단계 (Steps to Self-Determination, 2nd ed.)	자기결정 모형에 기초 (1) 자기 자신 알기 (2) 자기 환경에 대해 알기 (3) 자기평가하기 (4) 계획하고 행동하기 (5) 성취와 학습을 경험하기 중학생과 고등학생에게 적당한 수준 Center for Self-Determination and Transition at Wayne State University 에서 이용 가능. 자기결정 단계는 경험에 기초하며, 모형에 제시된 기술과 지식을 얻도록 학생이 목표를 설정하고 일을 하도록 하게 한다. 교육과정은 다양한 일정으로 장애가 있는 학생이나 없는 학생들이 이용하도록 설계한다. 〈구체적인 내용〉 1. 꿈에 대한 가능성 열기 2. 나에게 중요한 것은 무엇인가? 3. 장기간 목표를 위한 선택 개발 4. 목표설정 5. 단기간 목표 선택 6. 단기간 목표 성취를 위한 단계 계획 7. 단계에서의 행동 계획 8. 첫 단계 실행하기 9. 창의적인 장벽 부수기 10. 친구로부터 도움 얻기 11. 자기결정의 여정 12. 적극적인 의사소통 1 13. 적극적인 의사소통 2 14. 협의하기 15. 갈등 해결 16. 앞으로 어떻게 하면 좋지?	Hoffman & Field (2006)	Pro-ED, INC. Austin, TX http://www.proedinc.com

제14장
사고와 창의적 문제해결력

    생각하고 해답을 찾아가는 비판적 사고(critical thinking)와 창의적 문제해결력 (creative problem solving)은 현대를 살아가는 데 점점 더 중요한 능력으로 여겨지고 있다. 비판적 사고는 분별력 있게 추론하는 지식, 기술, 태도의 총합체이다. 이러한 비판적 사고를 통해 무엇을 믿고 행하는 것을 결정할 수 있다. 질문을 제기하고 여러 관점들에서부터 깊이 있게 고려하고 당연시하던 생각에 대해 새롭게 바라볼 수 있는 사고의 과정 또는 그 최종 결과를 일컫는다. 일반적으로 비판적 사고란 다양한 관점들로부터 깊이 있게 고려하는 능력으로 여겨져서 반성적 사고와 동일하게 보기도 한다. 비판적 사고가 제대로 개발되지 않거나 제대로 활용되지 않으면, 학생들은 광대한 학문적인 과제에 접근하기 위한 출발점을 찾는 것에서 어려움을 느낄 수도 있을 것이다. 일반적으로 학생들은 자신이 직면해 있는 문제에서 근간이 되는 일반적인 구조를 규명해 내는 방법을 모르고 있는 것뿐만 아니라, 하나의 과제에서 다른 과제로 접근 방법을 바꿀 때 유사점과 차이점을 평가해 보는 경험도 하지 못한 경우가 많다. 창의적 문제해결력은 문명의 진화를 이끌어 온 본래적 인간의 속성으로 문제를 발견하여 가설을 세우고 질문을 내며 다양한 대안을 형성하고 여러 실험을 계획하여 검증하는 것뿐만 아니라, 느낌이나 아이디어를 생성하여 표현하고 작품이나 유익한 결과를 만들어 내는 우리의 능력이다.

1. 유사점, 연관성, 차이점

오늘날 여러 영역에서 이용되고 있는 기술들은 방대한 문제해결의 성과에 근간을 두고 있다. 이러한 방법들에 우리가 익숙해지면서 성장해 가는 것이다.

유사점 찾기

다음 20개 항목에서 번호를 만들어 모자 속에 넣어 두고 두 가지씩 뽑아 무작위로 짝지어서 유사점을 찾아보라. 예를 들면, 1번과 6번의 유사점은 무엇인가? 등이다. 터무니없는 아이디어도 받아들여질 수 있다.

야구방망이=1	핸드폰=2	기계=3	책=4	볼펜=5
가위=6	병원=7	주전자=8	포크=9	설탕=10
손목시계=11	아메바=12	하늘=13	달에 착륙=14	축구공=15
학과공부=16	바이올린=17	생일=18	전등=19	그네=20

여러 물품을 비교하고 가장 유사한 점을 찾아보는 것은 학문적인 사고 및 수많은 전문적인 영역에서 근간이 되는 기술이다. 이와 같이 무작위로 선택된 물품에서조차도 유사점을 발견해 낼 수 있다.

연관성 찾기

다음에서 무작위로 고른 두 가지를 결부시켜 문장을 제시하는 활동을 전개해 보자. 터무니없는 아이디어도 받아들여질 수 있다.

- ·· 때문에, 이 학과 공부는 달에 착륙하는 것과 같다.
- ·· 때문에, 병원은 기계와 같다.
- ·· 때문에, 생일은 설탕과 같다

연관성 찾기 활동이 이루어지면 '······때문에, 생일은 종이·로열티·책 등과 같다'에서와 같이 이전에 제시된 문장에서의 끝 부분을 대신할 다른 항목들을

제안해 보자. 지금 그들의 아이디어는 어떠한 것들인가? '은유'를 이용하여 아이디어를 표현하고 어떤 주제를 탐구하는 것이 진행될 것이다. 은유는 거의 항상 그 주제에 대한 유익하고도 특이한 관점이나 통찰력을 지니도록 이끌어 줄 수 있는 아이디어를 암시해 주며, 생각으로부터 자유로워지게 만든다. 개별적으로 '……때문에, 나에게 있어서 이 수업과정에서 공부를 하는 것은 ……와 같다'를 연습해 보자. 공부를 하는 것에 대한 자기만의 은유를 발견해 내고, '연관성을 찾기'에서 했던 것처럼 그 아이디어를 확장해 나간다. 처음부터 완벽한 것을 선택하고자 너무 오랜 시간을 보내지 말고 머릿속에 떠오르는 아이디어들은 무엇이든, 아니면 그들이 주변에서 흔히 볼 수 있는 것은 무엇이든 선택해도 좋다. '터무니없는' 답변들조차도 예상치 못했던 결실을 맺을 수 있다.

차이점 찾기

다음의 짝지어진 유사한 물품의 차이점으로 어떠한 것들이 있는가? 터무니없는 아이디어도 받아들여질 수 있다.

- 머그컵과 유리컵
- 벽시계와 손목시계
- 여자와 남자
- 캔음료와 병음료
- 달과 별
- 컴퓨터와 스마트폰

---

2. 아이디어 생성

여러 가지 아이디어로부터 더 전통적인 비판적 사고의 출발점인 제안이나 가설이 나오게 된다. 아이디어가 없다면 분석을 하기 위한 구체적인 유형물은 아무것도 없을 것이다. 아이디어를 어떻게 생성해 낼 수 있는지에 대하여 여러 가지 방법들을 생각해 보자. 어떤 연구를 시작하거나 새로운 문제에 접근하기 이전에, 아이디어를 생성해 내기 위해서는 어떤 유형의 기법을 이용할 수 있는가?

20세기에 들어와 창의적 아이디어를 생성해 내는 방법들이 나오게 되었다. 1939년에 BBDO(Batten Barton Durstine and Osborn) 광고회사의 부사장으로 있던 Osborn은 브레인스토밍(brainstorming)을 창시하여 아이디어를 내는 방법을 구안해 냈다. 브레인스토밍은 뇌에 폭풍을 일으킨다는 뜻으로, 아이디어를 내는 의도적인 과정이다.

브레인스토밍

개인 또는 집단을 이루어서 구체적인 문제에 대한 해결방안을 생각할 때 되도록 머릿속에 떠오르는 대로 아이디어를 내는 방법이다. 집단을 이루어서 브레인스토밍할 때는 사회자와 기록자를 두어 아이디어를 낸다. 다음 예시문제를 가지고 브레인스토밍해 보자.

사랑은 _____이다. 왜냐하면 _____.
교육은 _____이다. 왜냐하면 _____.

브레인스토밍을 이끄는 사회자 또는 촉진자는 네 가지 규칙을 사용해야 한다.
(1) 비판(criticism)을 없앤다. '된다, 안 된다'라는 판단적 평가는 금물이다.
(2) 자유스러운 분위기를 유지한다.
(3) 아이디어의 히치하이크(hitchhike)가 일어나도록 이끈다.
   히치하이크란 자전거에 편승하여 달린다는 의미로 다른 사람의 아이디어에 새로운 아이디어를 부가하는 방법이다.
(4) 양(quantity)을 추구한다. 아이디어는 많이 낼수록 좋다.

브레인스토밍은 이미 알려져 있는 것은 무엇인지, 이행되어야 하는 것은 무엇인지, 정보가 어디에서 발견될 것인지, 소스는 무엇인지 등을 포함하여 모든 가능한 아이디어 및 영감을 끄집어낼 때 활용할 수 있다.

패턴 노트 또는 마인드맵

패턴 노트 만들기나 마인드맵은 연상 과정으로서 하나의 항목이 또 다른 하나의 항목으로 이끌어 줄 수 있는 유익한 전략이다. 시각적인 구조는 뇌가 정보를 구성하는 방식을 따르게 되는데, 그것은 더 흥미로운 패턴 노트를 만들어 낼 수 있다.

브레인스토밍에서 생성되었던 정보를 큰 노트나 칠판에 패턴 노트로 조직해

보자. 브레인스토밍 활동을 하는 동안에 생성된 정보를 체계적으로 조직해 볼
수 있을 것이다.

질문 은행

정보 탐색을 촉진시켜 줄 수 있는 주요한 질문들을 생성해 낼 수 있도록 질문을
해 보자.

> 왜?
>
> 누가?
>
> 무엇을?
>
> 어디에?
>
> 어떻게?
>
> 언제?

충분한 시간 동안 질문 은행 활동을 하여 아이디어를 구체화하거나 정교화할 수
있을 뿐만 아니라 더 많은 아이디어를 생성해 낼 수도 있다.

질문 은행 활동은 개인의 정보 탐색을 촉진시켜 주고, 앞에서 선정된 논제에
대한 아이디어를 생성해 낼 수 있는 기반이 될 수 있다. 이러한 질문들을 사용하여
브레인스토밍과 패턴 노트를 한 논제에 대한 생각으로 체계적으로 조직해 보자.

자극물 활용

이미지 · 교재 · 음악 · 비디오 클립 · 일화 등을 제시해 보자. 브레인스토밍이나
패턴 노트 활동을 하는 동안에 논의되었던 주제와 자극물 사이에서 연상되는 것과
관련성을 더 찾아보자.

자극물의 다른 예로는 어떤 것들이 있는가? 더 창의적으로 학습하여 많은 아
이디어를 생성해 내도록 하기 위해서 자극제를 어떻게 활용할 수 있는가에 대해
물어보면서 활동을 진행한다.

> **연구와 독서**
>
> 주제에 대한 아이디어에 관련되거나 혹은 관련성이 있을 것으로 고려되는 자료를 검색하여 읽는다. 그것들을 읽음으로써 부차적으로 어떤 아이디어들이 생성되는가?
>
> 패턴 노트에 부차적으로 생성해 낸 아이디어를 첨가해 넣는다. 아이디어를 생성하고 개발해 낼 때 예비 조사는 필요한가?
>
> 새로운 아이디어를 생성해 내기 위해서 학생들이 정보를 얻을 수 있는 다른 예들을 질문해 보아라.

어떤 질문에 대한 답변을 알고 있다고 생각하는 경우, 더 나은 답변을 탐색해 보는 일은 거의 없다. 명확한 해답이나 머릿속에 제일 먼저 떠오른 좋은 해결책을 뛰어넘어 더 나은 해결책을 모색해 보는 것이 중요하다. 더 많은 대안을 고찰해 볼수록 가장 우수한 해결책을 얻을 수 있는 가능성은 훨씬 더 커질 것이다.

> **복수 해결책**
>
> '나는 한 가지 해결책을 생각해 내었다―지금 내가 세 가지 해결책을 더 생각해 내도록 해 달라.'

예를 들어, '가정용 벽돌의 용도는 무엇인가?'를 질문하고 답변을 구해 보자. 가정용 벽돌의 용도는 무엇인가라는 질문은 단 한 가지 용도만이 있음을 시사하는 것이며, 대부분 한 가지 답변만을 탐구할 가능성이 더 많을 것이다. 그러나 복수 해결책의 접근은 상황을 판이하게 바꾸어 놓을 수 있다. '가게 바깥에는 수많은 군중들과 머리에 양동이를 뒤집어쓴 남자가 한 명 있다. 그 이유를 명확하게 제시해 보라'라는 질문을 하고는, '다른 설명은 없을까?'라고 질문해 본다.

3. 분류와 조직

주제 또는 논제에 대하여 여러 가지 아이디어를 생성해 내었다면, 모아 왔던 정보를 조직하는 것에 대한 여러 단계들을 평가해 보는 것이 중요하다. 다음에 제시되는 활동들은 산재된 형식의 패턴으로부터 정보를 범주·위계·순서에 따라 재조직하는 기술을 도야하는 것이다. 이러한 기술들은 대부분의 학습과제나 학업에서 필수적이다.

패턴 찾기

다음에 제시된 단어 목록을 적어도 3개 그룹으로 나누어 보라. 하나의 그룹에 있는 항목들이 어떠한 공통점을 지니고 있는지를 라벨지에 기록한다. 공통점을 발견해 낼 때까지 그것들을 어떤 방식으로든 그룹 지을 수 있으며, 찾아낼 수 있는 패턴은 여러 가지가 있다. 각각 적어도 두 개 항목으로 이루어진 그룹을 3개 이상은 만들어 내어야 한다.

인도	코끼리	노란색	바다
흰색	개	스페인	애완동물
그린랜드	모래로 된	바쁜	고양이
휴일	독거미	태양	
얼음	터키	추운	

앞에 제시된 단어 목록을 적어도 3개 그룹으로 나누어 보자. 발견해 낸 패턴을 다른 사람들과 나누어 보고, 아이디어를 공유한다. 이러한 패턴을 아는 것은 사물들을 그룹 지어서 범주별로 분류하는 데 유용하다. 이러한 패턴을 찾아내는 기술은 우리가 더 빨리, 그리고 대개는 더 효과적으로 사고할 수 있도록 해 준다.

분류하기

우리가 일상적인 상황에서 동일한 종류로 나누어 구분하는 물품들을 제시해 보자. 여러 가지 물품들을 앞에 내어 두고 물체의 특성에 따라 종류별로 나누어 그룹 지어 보자.

자신들이 만든 그룹을 다른 사람들에게 보여 주고 그것들을 배열하기 위해 이

용했던 원리를 진술해 보자. 예를 들면, 색채, 길이 등이다. 분류하는 것에서 색채 · 길이 · 색조 · 형태 등과 같은 다른 기준도 있음을 제기한다. 마찬가지로, 정보를 조직하는 것에서는 일반적으로 단 한 가지 방법만 있는 것은 아니다. 물체 및 정보가 더 복잡할수록 배열하는 데 선택할 수 있는 방법은 더 많아질 수 있다.

이러한 활동 경험은 '개념 또는 개념 범주'에 대한 아이디어를 도입시키는 데 좋은 방법이 될 수 있다. 마치 '개념'이라는 단어가 본질적으로 어려운 것처럼, 학생들은 흔히 '개념'이라는 단어에 겁을 먹곤 한다.

개념 범주

다음 각 항목들을 범주별로 분류해 보자. 가능하다면 각 범주를 다른 색깔의 카드에 기록한다. 여러 집단에게 범주의 내용을 정의해 주는 명칭을 각 범주에 부여해 보라. 분류하기는 우리가 특성을 예측하는 것을 시작할 수 있도록 해 준다. 예를 들면, 우리가 어떤 항목에 대해서 알고 있는 것이 '동물'인지, '공산품'인지에 대한 것뿐이라고 할 때, 그에 대해서 다른 무엇을 예측할 수 있는지 질문해 보자.

야구방망이	핸드폰	기계	책	볼펜
가위	병원	주전자	포크	설탕
손목시계	아메바	하늘	달에 착륙	축구공
학과공부	바이올린	생일	전등	그네

개념은 단지 어떤 특정한 방식으로 유사한 항목들을 정신적으로 조직해 놓은 것일 뿐이다. 예를 들면, '식탁용 철물' '막대' '의자' 등은 개념 범주상에서 하나의 범주 안에 쓸 수도 있다. 어떤 대상물을 그룹 지어 범주별로 분류하는 능력이 학습에서 주요한 능력이다. 이 능력은 우리가 일반화하고, 이전에 학습했던 것을 기반으로 삼고, 의사소통하는 것 등을 훨씬 더 쉽게 할 수 있도록 해 준다.

'표제 및 요점'은 생성된 정보를 분류하거나 산재된 정보를 조직화하는 데 유용한 방법이다. 정보들을 표제 및 요점으로 묶는 경험은 글쓰기에서부터 다양한 비즈니스 상황의 일을 세련된 방식으로 처리할 수 있도록 돕는다.

표제 및 요점

다음 예시문을 읽고 글의 표제 또는 제목을 달아 보자.

표제 또는 제목: _____

"8세기의 이슬람 세계는 아시아와 유럽 사이에서 양쪽의 문화를 교류시키는 한편, 이를 자기 것으로 소화하여 세계문화 발달에 크게 이바지하였다. 특히 세계 여러 나라가 쓰는 아라비아 숫자는 그들이 남긴 가장 값진 문화 유산 중 하나이다. 이밖에도 akohol, alkali, sugar 등의 단어들도 근원이 아랍어에서 나온 말이다. 이슬람의 수도 바그다드는 인구 100만이 넘는 국제도시였다. 중세 유럽의 지식인들은 바그다드 유학을 큰 자랑거리로 여겼을 정도였다. 오늘날 중동 지방은 또 다시 세계의 주목의 대상이 되고 있다. 석유자원으로 세계 경제를 흔들고 있는데, 이는 8세기의 강대했던 이슬람 제국의 모습을 다시 보여 주는 듯하다.

표제를 다는 것을 범주 개념 활동과도 연결해 볼 수 있다. 이러한 활동은 다양한 수준이나 단계별로 정보가 조직될 수 있다는 사실을 제안해 준다. 여러 복잡한 정보에서 간단한 위계를 도출해 내거나, 패턴 노트 연습으로부터 여러 가지 예를 활용함으로써 개념 위계에 대한 아이디어를 도입시킨다면 표제나 요점 만들기 활동이 된다. 예를 들면, 위계에서 더 낮은 수준에 있는 정보는 더 구체적인 것이며, 일반적으로 덜 적용되는 것이다. 다른 수준에 있는 정보들 간의 차이점도 도출해 내면서 위계에서 더 아래쪽 부분으로부터 세부적인 사항들을 포함시킬 수 있는 있다면 표제나 요점 만들기 활동이 진행되고 있는 것이다.

4. 선택

우리는 정보를 선택하고 있다. 범주 개념과 연관되기는 하지만 일반적으로 여러 종류의 선택하기 활동이 존재하고 있다. 예를 들어, '의자'에 대한 정의를 내리는 특성에 대한 가장 짧은 목록을 생각해 내게 하라. 최소한 여기에서 완성된 목록은 탁자와 같은 다른 물체에 대해서는 적용될 수 없는 것이어야 하며, 모든 유형의 의자를 포함시킬 수 있는 것이어야 한다.

선택하기

선택은 기본적인 정보로부터 그 범주들의 경계가 정확히 어디에 있는지 명확하게 구분해 내는 데서 가능하다. 몇 가지 예제를 통해 선택 활동을 해 보도록 하자.

• (지금 장면에서) 의자인 것을 선택해 보라.
• 내가 3학년 때 할 학교에서의 활동을 선택해 보자.

일반적으로 사람들은 정보를 범주별로 분류하는 데 어려움을 겪을 때 자신이 실패하고 있다는 느낌을 받을 수도 있기 때문에 경계선에 대해서 생각해 보도록 하여 이러한 상황을 막을 수 있다.

5. 정교화 또는 부연하기

정교화하기 또는 부연하기는 가지고 있는 아이디어를 보다 실체를 가지도록 하며 거친 아이디어를 세련화시킬 수 있다. 어떤 프로젝트나 과제에 초점을 두고자 하는 주요한 영역에 대한 아이디어를 가지고 있다면, 우리는 예전에 가지고 있던 정보를 잘 다듬어야 할 것이다. 어떤 측면에서, 아이디어를 '생성해 내기 위해서' 이용했던 수많은 방법들을 여기에서 이용할 수 있다. 하지만 그것에 대해 세부적으로 초점을 두기 때문에, 그 과정은 단순히 아이디어를 생성해 내는 것과는 다소 차이가 날 수도 있다.

정교화 또는 부연하기

• 이미 이해하고 있는 사항들에 대해 부연하기
• 기술되어 있는 수준을 증진시키기
• 구체적인 예를 제시해 주는 것
• 개념 위계에서 아래쪽으로 더 낮은 곳에 있는 정보를 이용하는 것
• 왜 어떤 일이 일어나는가에 대한 설명을 첨가하는 것
• 논의된 사항이 지니는 참된 의미를 알아내는 것

---

6. 분석

'분석'이라는 말은 무언가를 그 구성요소로 세부적으로 나누어 보는 것 또는 어떤 주제를 여러 각도로 보면서 구체적으로 설명하는 것의 두 가지 중 한 가지다. 유사점과 차이점에 따라 내용을 분류하거나 설명할 수 있다.

> **분석**
>
> 유사한 주제로 된 두 장의 그림 또는 이미지(또는 에세이, 소설 등)를 앞에 두라. 이를 두고 두 개의 목록을 작성한다. 하나는 그 사진이 공통적으로 가지고 있는 요소에 대한 목록이고, 다른 하나는 다르다고 발견해 낸 요소에 대한 목록이 되게 하라.
>
> - 무언가를 그 구성요소로 세부적으로 분류하는 것
> - 어떤 주제를 여러 각도로 보면서 구체적으로 설명하는 것

특정 주제에 대해 '말하는 사람'의 모습을 담고 있는 짧은 비디오 클립을 보면서 각 사람이 이야기했던 사항들 중에서 가장 흥미로운 점들에 대한 목록을 작성해 보라. 두 사람이 지니고 있는 공통점은 무엇인가? 그들의 관점은 어떻게 다른가? 이러한 의견들을 확인하고 논의해 보기 위해서, 다시 비디오를 재생시켜 보는 것이 도움이 될 수 있다.

7. 단순화

학생들은 흔히 실제보다 학습이 훨씬 더 어려울 것이라고 예상하면서, 자신의 학습을 복잡하게 만드는 경향이 있다. 이러한 경우에 어떤 과제에서 고유한 패턴을 추출해내면서 불필요한 부분을 삭제해 보라. 미지의 사실을 기지의 사실로부터 추정하기도 도움이 될 것이다.

> ### 단순화
>
> 난해하게 보이는 과제를 보면서 그것을 세부적인 구성요소로 분류해 보자. 단순화를 위한 주요한 활동으로는 다음과 같은 것을 활용할 수 있다.
>
> • 유사점 찾기
> • 차이점 알아내기
> • 구성요소를 세부적으로 분석하기
> • 무언가에 대한 좋은 점과 나쁜 점 이야기하기
> • 어떤 선택이 가장 좋은 것인지 규명해 내기
> • 어떤 한 가지가 또 다른 한 가지를 유도해 내었던 방법 보여 주기
> • 어떤 현상이 왜 일어났는지 설명해 주기
> • 어떤 현상이 일어날 것인지 규명해 내기

단순화는 현재 보고 있는 정보의 뼈대를 추출해 내는 방법이다. 예를 들어, 동일한 하나의 과제를 수행하면서 두 가지 항목 사이에 차이점은 무엇인지, 그리고 그러한 차이점에서 좋은 점과 나쁜 점은 무엇인지를 규명해 내는 과정에서도 단순화가 가능하다. 또한 자신이 주장하고자 하는 내용을 이야기하는 가장 간단한 방법을 구안해 보는 것도 단순화를 통한 접근이다. 그 과제의 '구성요소'는 무엇인가? 어떤 문장을 작성하기보다는 '구(phrase)'나 '핵심어'를 이용하여 이 과정을 처리해 본다.

8. 일상의 문제와 철학의 문제

나이가 들어가면 갈수록 무언가를 선택하거나 입장을 분명히 해야 할 때가 온다. 가치를 고려하거나 판단하는 일도 빈번히 생긴다. 이러한 사고와 판단의 과정에서 '일상의 문제'와 '철학의 문제'를 분리시켜서 생각해 보자. 경우에 따라서는 일상의 문제에서 시작했지만 철학의 문제가 되는 경우도 많다. 일상과 철학 간의 경계를 정확하게 구분지을 수 없는 문제들도 많다. 그렇지만 얼마나 철학적인가 하는 수준이나 정도의 차이는 있을 수 있다. 일상과는 거리가 있는 것같

이 보이지만 생각할 여지가 많은 문제는 철학의 문제가 되고 우리의 생활과 직결되면서 관심을 모으는 것은 일상의 문제가 될 것이다(전명남 외, 2008).

일상의 문제와 철학의 문제

내가 관심을 기울이고 있는 '일상의 문제'와 '철학의 문제'에는 어떤 것이 있는가?

	예	나에게 있어
일상의 문제	• 오늘은 뭘 먹을까? • 주가는 얼마나 되지? • 물가는 어떤가? • 유명인의 신상에 대해 궁금하다. • 내가 응원하는 운동팀의 승부	- 게임 레벨을 올리는 것 - 새 핸드폰을 사는 것 - 부모님에게 어떻게 하면 용돈을 많이 탈 수 있을까? - 드라마 남녀 주인공의 사랑의 결말은? - 남보다 근사하게 보이기 위해 어떻게 할 것인가?
철학의 문제	• 사람이 사는 데 중요한 것은? • 나는 누구인가? • 왜 사는가? • 어떻게 세계가 창조되었는가? • 죽음 뒤에 또 다른 삶이 있는가?	- 공부는 왜 하는 것일까? - 나란 존재는 이 세상에 어떤 의미를 가지고 있을까? - 동물들은 영혼을 가지고 있을까? - 마음이란 것은 어떤 것에 가장 영향을 많이 받을까? - 어떻게 사는 것이 잘 사는 길일까?

---

9. 정보를 조직하기 위한 정신모형의 사용

1970년대 이후 인지과학 분야에서는 인간의 사고 과정을 기존의 형식논리가 아니라 비형식적인 추론 연구로 전환하게 되는데 이 과정에서 정신모형(mental model)이 논의되기 시작하였으며, 학자들은 이에 대해 다양한 정의를 내리기 시작했다. Norman(1983)과 Vander Veer(2000)에 따르면, 정신모형은 일반적으로 외적 세계와의 상호작용을 통해 형성한 내적 표상이다. Johnson-Laird(1983)는 사고활동을 전개할 때 의미론적 표상과 이미지 표상을 동원하여 형성한 내적 표상체계를 정신모형이라 규정하였다. Vosniadou(1994)는 정신모형을 물리적 세계에서 발생하는 상황을 예측하기 위해서 정신적으로 조작할 수 있는 역동적이고 생산적인 표상체계로 설명하였다(신종호, 신태섭, 이승희, 이경호, 박지연, 송상호, 2006). Johnson-Laird(1983)는 정신모형이 마음속에 적절히 표상된 상황의 기능적 구조로, 물체, 일의 상태, 사건의 연속, 세계의 존재 방식, 사회적이고 심리적인 행동 표현에서 중심이 되는 통합적 역할을 한다고 했다. 그에 따르면, 정신모형은 실제나 상상의 상황과 실제 상황에 표상을 제공하여 사람들의 지각과 행위를 매개한다는 것이다(전명남, 2013).

환경, 다른 사람들, 공학적 인조물 등과 상호작용할 때 인간은 수행을 이끄는 해석적인 표상을 개발한다. 이러한 표상은 정신모형, 도식−기저이며 또한 과제요구의 지각 및 과제수행을 포함한다. Norman(1983)은 정신모형에 관하여 다음과 같은 관찰을 하였다(p. 8).

- 정신모형은 불완전하다.
- 모형을 통제하는 사람들의 능력은 제한된다.
- 정신모형은 불안정하다.
- 정신모형은 경계가 굳어 있지 않다.
- 정신모형은 비과학적이다.
- 정신모형은 경제적이다.

일반적으로 현재의 '이것이 무엇을 의미하는가'에 대해서 사람들이 그들의 경험과 관련지어 부정확하고 부분적이며 특이한 이해를 하게 된다는 것이다. 부가적으로, 이러한 이해는 필수적으로 정확하기보다는 대부분에 있어서 공리적이다. Norman(1983)이 행위에서 정신모형을 간단히 묘사해 놓은 것을 보자. 그는 여러 가지 다른 버전의 소형 계산기를 사람들이 사용하는 것을 관찰하고는 계산기를 사용하는 방법을 알고 이해하는 데 의문을 가졌다.

내가 연구한(4개의 계산기를 가지고) 피험자 중 한 사람은 매우 조심성 있었다. 그녀의 정신모형은 그녀 자신의 한계와 그녀가 만들어 낼 실수의 유형에 관한 정보를 가지고 있는 듯했다. 그녀는 "나는 항상 불필요한 단계를 거치죠. 나는 결코 생략하는 법이 없어요."라고 말하였다. 그녀는 항상 문제를 시작하기 전에 계산기를 깨끗이하여 조심스러웠고 여러 번 분명하게 버튼을 눌렀다. 그녀는 계산기가 기억에서 저장하고 있을 때조차도 부분적인 결과를 따로 받아 적곤 했다(Norman, 1983, p. 8).

계산기에 관한 피험자의 정신모형을 기술하려는 시도를 하면서, Norman은 어떤 종류의 계산기에도 행위 자체가 기능적이기 때문에 대부분의 사람들이 과도하게 버튼을 분명히 누르는 규칙을 발달시키고 있는 것에 대해 곰곰이 생각하였다. 규칙은 일반화되어 일어나게끔 하고 그래서 다양한 상황에서 정신모형이 작동하도록 만든다. 어떤 것은 한 번 버튼을 누르는 것만으로 등록이 분명하게 되기 때문에 모형은 모든 계산기에는 맞지 않다는 것을 주목해 보자.

정신모형의 중요한 측면은 예측력이다. 즉, 정신모형은 추론을 하거나 추리를 하는 기초를 제공한다. 성인은 문제에 관한 정신모형을 구축할 수 없으면 추상적인 문제를 다루는 데 또한 어려움을 가진다. Johnson-Laird(1983)는 정신모형의 요구와 존재의 증거를 다음과 같이 나타내고 있다. 1905년의 코넌 도일 경의 『찰스 아우구스터스 밀버튼의 모험』으로부터 발췌한 내용에서 셜록 홈즈와 존 왓슨 박사가 런던에서 가장 나쁜 사람인 약탈자의 집을 강도질하기 위해 어떻게 시작하였는가가 설명되고 있다.

우리는 검은 실크로 얼굴을 가리고, 런던에서 가장 흉포한 인물 중 두 명을 골라 그들의 조용하고 음침한 집으로 들어가서 몰래 훔쳤다. 일종의 타일 베란다의 한쪽을 따라 여러 개의 창문과 2개의 문이 있었다. "저것이 그의 침실이다." 홈즈가 속삭였다. "이 문은 서재와 연결되어 있어. 그것이 우리에게 가장 적당할거야. 그러나 마찬가지로 잠겨 있으면 우리가 그 안에 들어가기 위해서 너무 큰 소리가 나게 되지. 여기를 돌아오자. 화실과 통하는 온실이 있어." 그 장소는 잠겨져 있었다. 그러나 홈즈는 유리를 원을 내어 제거하고는 안으로 손을 넣어 문을 열었다. 나중에 우리는 뒤쪽에 문을 닫았다. 그리고 우리는 법정의 눈으로 악한이 되었다. 온실의 두텁고 따스한 공기와 이국적인 식물의 풍부하고 숨막히는 향기가 우리 목으로 들어왔다. 그는 어둠 속에서 내 손을 꼭 쥐고 얼굴을 스치는 관목을 재빨리 지나가도록 이끌어 갔다. 홈즈는 조심스럽게 어둠 속에서 볼 수 있는 놀랄 만한 힘을 가지고 있었다. 나의 손은 여전히 그의 손에 잡혀 있었고 그는 문을 열었다. 우리가 시거담배 하나가 조금 전에 타들어 갔을 커다란 문안으로 들어가고 있다는 것을 나는 막연히 의식했다. 그는 가구들 사이의 통로를 감지하고 다른 문을 열고 우리 둘은 그 속에 들어갔다. 내 손에는 벽에 걸려 있는 여러 벌의 코트가 와 닿았다. 그리고는 내가 하나의 통로에 있다는 이해했다. 우리는 그것을 통과해 냈고, 그리고 홈즈는 오른손으로 매우 부드럽게 문을 열었다. 무언가 우리에게 달려들었으며 나는 너무 놀라서 입을 다물 수 없었다. 그러나 그것이 고양이었다는 것을 깨달았을 때 나는 웃을 수 있었다. 새로운 방안에는 불이 타오르고 있었고 다시 공기는 담배 연기로 가득 차 있었다. 홈즈는 발끝으로 들어가서 나에게 기다렸다가 따라 들어오라고 했다. 그리고 나서 문을 매우 부드럽게 열었다. 우리가 밀버튼의 서재에 있게 되자 더 위쪽으로 칸막이 커튼사이로 침실 입구가 보였다.

다행스러운 불이었다. 방은 불로 인해 빛나고 있었다. 문 가까이에서 나는 전기 스위치 하나가 어슴프레 빛나는 것이 보였다. 그러나 비록 그것이 안전했지만 불을 켜는 것이 불필요하였다. 벽난로 한쪽에 무거운 커튼이 기둥과 기둥 사이의 창문에 쳐져 있었다. 우리는 그 창문을 통해 밖을 보았다. 책상은 중심부에 놓여 있었고 빨간색 가죽 회전의자가 빛나고 있었다. 반대쪽에는 커다란 책장이 있었다. 꼭대기에는 아테네 여신의 대리석 흉상이 놓여 있었다. 한쪽 구석에는, 책장과 벽 사이에 번쩍이는 불빛을 뒤로하고 황동 손잡이가 빛나고 있는 큰 키의 녹색금고가 놓여 있었다.

처음 이 문장을 이해하기 위해 우리는 강도들, 어두운 방들을 살금살금 가는 것 등과 같은 적절한 도식을 활성화하게 된다. 셜록 홈즈와 친숙한 독자들은 그의 유명한 연역력에 관한 사전 지식을 활성화할 것이다. 그러나 이제 Johnson-Laird는 다음의 질문을 제안한다. 다음 페이지는 한쪽에 베란다가 있는 어떤 단순한 집이다.

홈즈와 왓슨이 베란다를 따라 간 길은 어느 쪽이었습니까 — 오른쪽에서 왼쪽? 아니면 왼쪽에서 오른쪽?

Johnson-Laird(1983)는 100명 중 한 명이 즉각적으로 이 질문에 대답한다고 했다. 질문을 마음에 새기고 문장을 다시 읽으면, 대부분의 사람들은 정확하게 답한다. 이것은 2개의 결론을 제시한다. ① 각각 다른 이해 수준이 되는 것으로 여겨지는데, 아마도 과제 요구조건에 의해 지배될 것이다. 즐거움으로 읽은 것은 문장 정보에 대해 단지 부분적인 표상에 그친다. ② 홈즈와 왓슨의 방향에 관해 필요한 추론을 하기 위해서, 혹자는 공간적인 배치에 대한 정신모형을 구축해야 한다.

Johnson-Laird(1988)는 사람들이 어둠 속에서 성공적으로 나아가기 위해서는 그들 자신의 집을 공간적 정신모형으로 가진다는 점을 지적했다. 자신의 부엌, 식당을 통해 눈을 속이고 걸어가는 것을 상상해 보라. 당신은 가구가 놓여 있는 정신적 그림을 가지기 때문에 거의 어려움 없이 해낼 수 있다. 이제 당신이 경고의 소리를 들었다고 가정해 보자. "조심해, 나는 탁자를 방 끝으로 옮겼어." 새로운 위치에 탁자를 옮긴 형태를 상상할 수 있기 때문에 당신은 여전히 그것을 피해서 갈 수 있다(Johnson-Laird, 1988, p. 99).

정신모형에 대한 다른 증거는 전문가−초심자 연구에서 발견된다. 몇 개의 연구가 도식−기저 처리를 지지하여 인용되었다. 이러한 전통에서 전문가는 초심자와는 달리 그들의 지식에서 영역구조가 각각 다른 방식으로 나타나는 것을 보여 준다(Chi, Glaser, & Rees, 1982). 문제를 해결하고자 시도할 때, 전문가와 초심자는 그들의 노력을 이끌고 나가는 데 있어서 각각 다른 정신모형을 구축한다.

연구자들은 각각 다른 방법론을 사용하여 다양한 주제 영역에서 사람들의 정신모형을 그려 내고자 하였다. 예를 들어, Hutchins(1983)의 연구는 현장관찰과 프로토콜 분석 절차를 사용하여 서양과 미크로네시아의 선원들의 정신모형을 비교하였다. diSessa(1983)는 인공적인 영역에서 현장 관찰을 채택하였다. 즉, 그는 물리학 학생들이 이상적인 뉴턴의 법칙을 이해하는 정도를 관찰하기 위하여 뉴턴식의 세계에 관한 자극을 피험자들에게 제시하였다. de Kleer와 Brown(1983)은 인간의 정신모형의 컴퓨터 시뮬레이션을 구축하는 연구자 중 대표자들이다. 그들은 전기회로분석에서 전문가의 지식에 관한 시뮬레이션을 생성하는 전문가회로시스템 분석자와의 상호작용에 의존하였다. 결국, McCloskey(1983)는 전문가와 초심자가 역학에 관련된 문제를 어떻게 해결하는가를 조사하는 실험실 실험을 수행하였다. 그러고 나서 그는 16세기에 역학에 관한 순수이론에서 발견된 역사적 차이를 그의 실험의 결과와 비교하였다(Norman, 1982, p. 14). 이러한 정신모형 연구들이 시사하는 것은 우리가 보다 조리가 있고, 사용할 만한 정신모형을 개발하는 것이 이해나 수행에 보다 유익하다는 점이다.

정신모형의 사용

카페테리아에 방문했을 때를 표상하는 정신모형을 묘사해 보라. 이러한 정신모형은 보통 카페테리아에서 나의 행동에 어떤 영향을 미치는가?

---

10. 창의적 문제해결력

장애가 있어 현재의 상태와 목표 상태가 서로 격차가 있을 때 문제(problem)가 존재한다. 창의적 문제해결의 기본 요령은 '시각의 다양화'와 '아이디어 생성의 최대화'다. 창의적 문제해결의 과정은 전통적인 문제해결에 대한 접근,

CPS(Creative Problem Solving)식 접근, 문제중심학습 접근 등에서 찾아볼 수 있다. 전통적 문제해결에 대한 접근으로 Bransford와 Stein(1984)은 IDEAL을 제안하고 있다.

표 14-1 IDEAL

문제해결의 과정	내용
I(Identifing Problem) 문제의 확인	잠재적 문제의 확인이다. 어떤 것이라도 '문제'로 인식되지 아니하면 해결을 위한 노력이 이루어지기 어렵다. 많은 사람들이 소극적이며 문제가 주어졌을 때만 문제의 해결을 시작한다. 그러나 문제일 가능성이 있는 문제, 즉 잠재적 문제를 발견해 내고 인식하는 것을 의미한다.
D(Defining Problem) 문제의 정의	앞 단계에서 문제가 있음을 알게 되었다면 이 단계는 문제가 어떠한 것인지를 파악하는 것이다. 문제를 정의하기 위해 문제 내용을 도표나 글 등으로 표상하는 것이 포함된다. 이러한 문제에 대한 표상에 따라 문제해결이 쉬울 수도 있고 어려워질 수도 있다.
E(Exploring Alternative Approach) 대안적 해결책의 탐색	문제해결을 위한 전략, 아이디어들을 가능한 대로 많이 생성하는 단계다. 생성해 낸 해결책들을 평가하고 그 가운데 가장 최선의 해결책을 선정한다.
A(Acting on a plan) 계획의 실천	선정한 문제해결 계획을 실제로 적용시켜서 해결해 낸다.
L(Looking at the effects) 효과의 검토	문제해결의 계획실천을 보고 얻어낸 결과를 들여다보며 문제의 정의와 문제해결 전략이 적절했는지 등을 검토한다.

창의적 문제해결과 과정과 방법에 대해서는 많은 연구들이 이어졌고, 그 단계를 구체화하게 되었다. CPS식 창의적 문제해결이 전형적인 예다. 최근에 가장 발전된 창의적 문제해결 모형을 기초로, 문제를 만나고 문제에 직면하는 '기회의 구성' '자료의 탐색' '문제의 골격 구성', 문제해결에 대한 '아이디어 생성' '해결책의 개발' '수용토대 구축'의 총 6단계를 제안해 볼 수 있다. 이 활동은 창의적 문제해결 팀을 구성하여 협력적으로 해결하는 것을 권한다(김영채, 1999; 전명남, 2013b; 전명남 외, 2010).

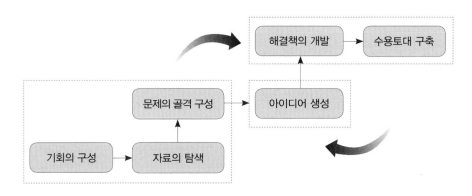

단계	주요 활동	전체흐름
1단계 기회의 구성	상황에서 기회의 인식 • 문제 상황 파악 • 광범위하면서 간결한 '기회' 진술 • 관심의 초점이 되는 '기회' 결정	문제의 구성
2단계 자료의 탐색	1단계의 '기회'에 관련된 정보, 질문, 인상, 관찰, 감정 등의 자료를 찾아내기	
3단계 문제의 골격 구성	기회를 구체화하여 해결할 문제를 만들기 • 문제의 진술 • 핵심 문제 결정	
4단계 아이디어 생성	3단계에서 진술한 문제의 해결 아이디어 생성 • 다양하고 독특한 해결 아이디어 생성 • 아이디어 분류와 선택	창의적 문제해결 아이디어 생성
5단계 해결책의 개발	해결 아이디어를 가장 유망한 해결책으로 개발 • 선택기준 만들기 • 유망한 해결 아이디어 결정하기	실행을 위한 계획
6단계 수용토대 구축	해결책을 성공적으로 실현하기 위한 계획 세우기 • 실행 과정의 확인 • 구체적인 실행 과정 계획	

 그림 14-1

출처: 전명남 외(2010).

기회의 구성

'기회의 구성' 단계는 문제를 발견하는 과정이라고도 볼 수 있으며, 불확실하고 애매한 상황에서 광범위한 도전과제를 인식하게 되는 과정이다. 상황이 넘을 수 없는 장벽이라기보다는 창의적 문제해결력을 발휘할 수 있는 하나의 기회라는 의미에서 '기회의 구성'이라고 한다. 다음의 '김 스마트'군의 고민에서 기회의 구성 활동을 해 보자.

김 스마트군의 고민

나는 21세기 한국의 청년 김 스마트다. 어릴 때부터 다른 사람들과 어울리기를 좋아하던 나는 다니는 대학은 물론 다른 대학까지 널리 알려져 있다. 그러나 대학 2학년 2학기가 된 지금은 내가 빛 좋은 개살구 같은 모양새같이 느껴진다. 최근에는 내가 대학 졸업 후에 도대체 무엇을 할 수 있는 사람인지 알 수 없어 잠을 잘 수가 없을 정도로 고민하고 있다. 또 다른 고민은 대학을 졸업하기 전에 결혼하고 싶은 여자 친구도 만들고 싶은데, 내가 좋아하는 여성은 나를 좋아하지 않고 내가 관심이 없는 여성은 가끔 미소를 나에게 보내 오고 있다. 이성문제조차도 빛 좋은 개살구인 것 같아 한숨이 푹푹 나오곤 한다.

대학에 입학한 후 하루도 쉬지 않고 서클활동과 친구들과의 교재에만 전념해 왔던 탓으로 전공은 물론 교양 성적은 5점 만점에 2.5대의 학점을 보이고 있어, 내가 12살 때 혼자가 되신 어머니가 아주 안쓰러워하고 있다. 어머니는 내가 경영학이라는 대학 전공이 마음에 안 드냐며 대학 공부에 걱정을 하시지만, 나는 전공 공부에서 잘하는 것은 아니어서 오히려 학과 활동만 열심히 해 왔다. 도서관에서 공부만 하는 친구들이 때로는 부럽기도 하지만, 성격상 그렇게 혼자 떨어져서 공부해 내는 스타일이 못 된다.

내가 살고 있는 K시에서는 2년 뒤에 전세계 대학생들이 물밀듯이 찾아오는 행사인 '세계 경영학과 청년 협회'를 개최할 예정이다. K시는 인근에 국제공항이 있고 바다에 접해 있으며 자연 호수도 많이 있으나, 도시오염이 심하여 바다와 호수가 오염에 시달리고 있다. K시에 있는 대학의 수는 10개이지만, 경영학과가 있는 대학은 5개밖에 되지 않는다. K시는 수입원이 거의 없기 때문에 한국의 다른 대도시에 비해 생활수준이 낮고 국제 행사가 열려도 지원을 거의 해 줄 수 없다. K시에서 성장하여 직장을 얻지 못하는 청년들은 여러 회사와 공장이 있는 가까운 인근 대도시인 B시로 옮겨 간다. K시에서는 B시에 있는 자동차 회사에 물품을 조달하는 부품업체들만 난립해 있는 상황이라, 이 회사들은 정상 급여를 주기 어려워 외국인 근로자들을 조달하여 운영하고 있다.

우리대학 경영학과 학과장 교수님이 어제 나를 학과실로 불렀다. "내가 2년 뒤에 열리는 세계 경영학과 청년 협회를 개최하는 책임 교수가 되었다네. 김 스마트군, 나는 이번 행사를 통해 우리 경영학과 학생들이 좋은 경험을 할 수 있도록 해 주고 싶네. 김 스마트군, 이 행사에 최소한 20개국 이상의 국제 학생들이 참여하도록 하고 행사를 잘 마치도록 만들고 싶은데 이 자네가 일을 좀 해 주면 좋겠네." 김 스마트군은 해 보겠다고 하였지만 고민이 앞섰다.

김 스마트군의 고민을 읽고 기회 진술문을 만들어 보자. 발견되는 기회 진술문을 훑어보면서 "……이면 황당하지 않을까?"로 우려하는 표현의 진술문은 색깔 있는 펜을 사용하여 그 옆에 "만약 ……을 하면 좋지 않을까?(좋겠다)"로 바꾸어 표현하여 가능한 기회를 더 찾아보도록 한다.

기회: 진술문(예시)
1. 김 스마트군이 행사를 진행하는 학생대표가 되면 좋지 않을까?
2. 대학 1, 2학년 때 공부를 열심히 해서 장학금을 받았으면 좋았을 텐데.
3. 김 스마트군이 경영학 공부를 좀 더 잘하면 좋지 않을까?
4. 김 스마트군이 마음에 드는 여자 친구를 만날 수 있게 되면 좋지 않을까?
…… 중략 ……
68. 학과장 교수님이 세계 경영학과 청년 협회 행사 이외에 다른 행사를 유치하면 좋지 않을까?
69. K시를 세계 경영학과 청년 협회만으로 세계적으로 소문나게 하면 황당하지 않을까?
…… 계속 ……

10. 창의적 문제해결력

하이라이팅 기법을 적용하여 창의적 문제해결력을 발휘할 만한 기회의 진술문 20~30개 정도를 선별해 보자. '하이라이팅(highlighting)'은 생성된 아이디어 가운데 괜찮다고 여겨지는 아이디어들을 골라낸 다음에 비슷하거나 공통적인 특징 또는 요소에 따라 하나의 묶음(culster)을 만드는 것으로, 이것을 핫스팟(hot spots)이라고도 한다.

하이라이팅 진행 절차

1. 생성된 아이디어에 순번이나 번호를 붙입니다.
2. 아이디어를 차례로 음미하며 읽어 보며 그럴듯하게 보이는 대안들을 선택해 냅니다. 이때 아이디어의 실현 가능성을 고려하지 않는 것이 중요합니다.
3. 핫스팟을 만들고 선택한 아이디어를 핫스팟 내용영역별로 분류해 냅니다.
4. 핫스팟을 검토하고 그 의미를 재진술합니다. 두 개 이상의 핫스팟을 조합해서 하나의 진술문으로 만들어도 됩니다.
5. 문제 시나리오의 요구를 가장 잘 충족시키는 것으로 판단되는 핫스팟을 선택합니다.

준거를 적용하여 최선의 것을 골라내 보자. 준거는 창의적 문제해결 집단 구성원의 합의를 통해 도출한다. 일반적으로 흥미, 영향력, 상상력 등의 준거를 기준으로 사용한다. 이에 부가하여 팀원이 결정한 준거 '중요성' '우선순위'(집단구성원의 합의에 따라 변경 가능)의 준거를 가지고 1점(거의 그렇지 않다)에서 5점(아주 그렇다)의 점수를 주어 최선의 기회 진술문을 골라내 보자.

하이라이팅된 진술문 번호	흥미	영향	상상력	중요성	우선 순위	총점	순위
1	+	+	−				
2	−	+	+				
3	+	−	+				
4	−	−	−				
5	+	+	+	4	5	9	2
6	−	+	+				

자료의 탐색

창의적 문제해결력의 과정에서 앞 단계인 '기회'에 관련된 상황을 더 정확하게 이해하기 위한 과정이다. 과제나 상황의 가장 중요하거나 관심 있는 요소들에 초점을 맞추어서 상황에 대해 알고 있는 것이 무엇인지, 무엇을 알 필요가 있는지, 알기를 원하는지를 집중적으로 사고하여야 한다. '김 스마트군의 고민'을 가지고 자료의 탐색 활동을 진행해 보자. 육하원칙에 따라 생성된 질문리스트를 가지고 '알고 있는 자료' '알 필요가 있는 자료' '알면 더 좋을 자료'를 기준으로 자료를 찾는다(@=누가? 무엇을? 언제? 왜? 어디서? 어떻게?).

@ (생성된 질문리스트)	알고 있는 자료	알 필요가 있는 자료	알면 더 좋을 자료

문제의 골격 구성

우리는 해결해야 할 문제뿐만 아니라 가능한 모든 문제를 제기해 보고 다양한 문제진술을 한 다음, 해결할 문제를 선택하는 과정을 거친다. '김 스마트군의 고민'에서 가능한 모든 문제를 제기해 보자. '어떤 방법으로 하면 ……' '어떻게……'를 사용하여 여러 가지 문제를 진술하는 것이 도움이 된다.

문제 생성 규칙
- 문제는 엉뚱하고 거친 것일수록, 독창적인 것일수록 좋다.
- 질보다는 양으로 가능한 많이 다양하게 문제를 진술한다.
- 어떻게 하면 좋은 여자 친구를 만날 수 있을까?
- 제시된 문제에 대해 판단 금지
- 이미 제시된 문제를 다시 조합하여 새로운 문제를 만든다.

문제 진술
- 어떤 방법으로 경제적 낭비를 줄일 수 있을까?
- 어떻게 하면 우리가 한국적인 대회를 개최할 수 있을까?
- 어떻게 하면 좋은 여자 친구를 만날 수 있을까?

문제 진술문을 가지고 다음 '동사'와 '목적'을 변경하여 '문제 진술을 매력적으로 만들기'를 한다.

문제 진술	동사	목적
어떻게 하면 K시민들이 잘살 수 있는 도시를 만들까?	- 즐겁게 살 수 있는 - 좋아할 수 있는 - 행복할 수 있는 - 아프지 않게 사는 - 돈을 많이 버는 ……	- 집 - 아파트 - 기숙사 - 학교 - 보금자리 - 생활공간 ……

➡ 어떻게 하면 K시민들이 활발하게 살 수 있는 생활공간을 만들까?
　어떻게 하면 K시민들이 안전하게 살 수 있는 아파트를 만들까?

'문제의 진술 선택하기'를 통해 상황에서의 문제를 해결하기 위한 최선의 문제를 찾는다. 어느 문제가 가장 중요한가? 어느 문제를 가장 우선순위에 두어야 할까? 어느 문제가 아이디어 생성을 가장 잘해 낼까? 등(팀원이 합의)이 평가 기준이 될 수 있다. 하이라이팅과 준거적용으로 최선의 문제를 찾아낸다.

문제 진술문

문제 진술문

아이디어 생성

창의적 문제해결력의 문제의 골격구성 단계에서 최종적으로 선정된 문제 진술문에 대한 해결 아이디어를 찾는 데서 시작한다. 브레인스토밍, 브레인라이팅,* 브레인드로잉** 등을 사용한다.

---

* 브레인스토밍을 손으로 쓰는 것을 가리킨다.

** 아이디어를 그림으로 표현하는 브레인스토밍 기법이다.

해결책의 개발

'해결책의 개발' 단계는 해결 아이디어를 유망한 해결책으로 바꾸는 단계이다. 적절하다고 생각되는 아이디어를 수정하고 개선하여 가능한 해결책으로 만든다. 따라서 유망한 해결 아이디어들을 분석하고 평가하며 보다 적절하게 개선한다. 해결 아이디어를 해결책으로 채택하기 위해 판단준거를 만든다. 판단준거의 생성은 상황에 따라 달라지며, 판단준거를 무엇으로 정하느냐에 따라 채택되는 해결책이 상당히 달라질 수 있다. 비용, 시간, 공간, 지지, 자원 등은 활용할 수 있는 범용적인 준거이다. 평가행렬법(evaluation matrix)은 제안된 여러 아이디어들을 미리 정해 놓은 평가준거를 기준으로 체계적으로 평가하기 위한 방법이다. 아이디어가 많이 제시되어 5, 4, 3, 2, 1, 혹은 +1, 0, −1 또는 10, 9, 8, 7, 6, 5, 4, 3, 2, 1을 선택한다. 이 방법을 활용할 때 주의할 점은 준거를 달리하면 결과가 달라진다는 점이다.

평가준거 / 아이디어	준거1	준거2	준거3	준거4	합계
1. ……					
2. ……					
3. ……					
4. ……					
5. ……					
6. ……					
7. ……					
8. ……					
9. ……					
10. ……					
11. ……					
……					

수용토대 구축

　창의적 문제해결의 단계를 거쳐 온 창의적 아이디어를 성공적으로 실행하는 데 초점을 맞춘다. 지금까지 우리는 '김 스마트군의 고민'에서 문제를 찾아내고 그 문제에 대한 아이디어를 내서 해결책을 개발해 냈다. 해결책을 개발한 다음에는 이 아이디어가 실제 영향력 있게 발휘될 수 있도록 하는 데 관심을 가져야 할 것이다.

　해결책을 수행하기 위한 실행계획을 생성한다. 히트와 핫스팟 과정을 통해 적절한 실행계획을 선별한다. 이 과정에서 조력자와 저항자에 대한 실행계획도 생성한다. 가능한 실행 내용을 앞뒤 선·후 또는 동시진행 단계로 구분한다. 지금 당장 할 수 있는 일의 계획(24시간 이내), 단기·중기·장기 계획으로 분류하고 조직한다.

창의적 문제해결을 위해서는 문제가 무엇인지에 대해 명료화하며, 그 내용이 간단하게 진술되어야 한다. 문제해결하기에서 유사한 문제 또는 전문적인 지식 영역을 찾아내는 것도 필요하다. 이는 해결책의 일부분을 제시해 줄 수 있을 만큼 충분히 유사한 것이면 좋다. 이 과정에서 두 가지 문제나 해결책 사이의 차이점을 파악해 내고, 상황마다 여러 가지 전략을 적용하고자 애쓰는 동안 이러한 차이점이 지니고 있는 의미를 파악해 내야 한다. 이외에 현재 무엇을 알고 있어야 하는지, 또는 도움을 구하기 위해서는 어디로 가야 할 것인지를 아는 것도 요구된다.

여러 가지 다양한 선택 사항들을 가능한 한 많이 생각해 낼 수 있는 기회를 가지며, 처음 선택한 사항에 대하여 안주하지 않는다. 각 해결책에 대한 장점 및 단점을 고찰하고 학업적인 문제뿐만 아니라 더 일반적으로 일상생활에서 이러한 기본적인 문제해결 모형이 지니는 가치에 대해서도 인식한다.

11. 문제중심학습, PBL

최근 '문제중심학습(problem based learning: PBL)'이 제안되어 학생들의 창의적 문제해결력을 증진시키는 데 활용되고 있다. 1960년대 중반에 McMaster 대학에서 Barrows가 제일 처음 PBL을 사용한 이래로, PBL은 "의학 사회에 작은 혁명을 일으켰고"(Albanese & Mitchell, 1993) 미국 뉴스앤월드에 의해서 의학 학회를 개관하는 이슈로 인용되었다. PBL은 현재 전 세계적으로 60개 이상의 의과대학에서뿐만 아니라 치과, 약학과, 안과, 간호학과 등의 수업에서도 활용되고 있다. 또한 대도시, 도시 외곽의 군, 시골 지역에 있는 고등학교와 중학교, 그리고 초등학교에 이르기까지 널리 활용되고 있다. 교사들은 일리노이주의 스프링필드에 있는 문제 기반 학습 협회, 일리노이주에 있는 문제 기반 학습 센터, 시카고에 있는 수학 & 과학 협회, 뉴욕의 Venture In Education에 있는 문제 기반 학습 센터문제 등에서 교육을 받고 있다.

PBL은 학생들이 중요한 학과 지식을 습득하는 것과 동시에 사고력과 문제해결력을 도야시키는 데 도움을 줄 수 있는 체계적인 방법이다. PBL은 학생들에게 더 큰 자유를 부여해 준다. 무엇보다도 PBL은 학생들의 생활과 연계되는 문제들뿐만 아니라 학생들이 필요한 정보를 찾아내고, 어떤 상황에 대해 충분히 생각하며, 문제를 해결하고 최종적인 발표를 이행하는 절차들을 통해서 능동적인 역할을 학생들에게 제공해 준다. 다음의 '달 야구' 문제를 가지고 PBL 활동을 전개해 보자(전명남 외, 2008). 일반적으로 PBL은 팀(team) 단위로 이루어지는데, 활동 전에 '팀 규칙(ground rule)'을 팀원이 함께 정하고 시작하는 것이 좋다. 각기다른 개성을 가진 팀원으로 구성되므로 PBL 활동에 도움이 될 만한 규칙 안을내고 정해서 진행한다. 팀 규칙의 예를 들면, '칭찬해 주기' '아이디어를 비판하지 말기' '아이디어를 한 가지 이상씩 내기' '말을 끼어들어나 자르지 않기' 등과같이 정한다.

달 야구

당신은 새로 창설된 달 야구 협회의 사절단으로 선출되었다. 최근 설립된 달 야구경기장에서 리그전(연맹전)을 열고자 한다. 당신을 달 야구 협회를 위해서 야구 경기의 어떠한 부분에 변화를 줄 것인가? 달 야구 경기가 지구상에서와는 다르게 운영되어야 한다는 것에 대한 과학적인 설명을 토대로 달 야구 규칙상의 변화를 기술하고 그 정당함을 입증하는 문서를 준비해야 할 것이다.

- 당신이 알고 있는 것은 무엇인가?
- 규칙 변화가 필요한지, 그리고 어떠한 규칙을 변경시킬 것인지를 판단하기 위해서 당신이 부차적으로 필요로 하는 정보는 무엇인가?

4~6명 정도씩 팀(team)을 이루어서 참고 자료를 많이 이용하여 달과 지구의특징을 탐구하도록 활동을 하도록 한다. 부차적으로 야구 규칙에 관한 조사도하고 팀 안에서 달 야구에서의 규칙이 지구상에서의 규칙과 같다면 어떤 일이일어날지 예상하며 가설을 세우도록 한다. 문제점이 있다면 그것을 해결하기 위해서 달 야구 경기가 지구상에서와는 다르게 운영되어야 한다는 것에 대한 과학적인 설명을 토대로 달 야구 규칙상의 변화를 기술하고 그 이유를 설명하도록하며, 자유로운 분위기 속에서 진행한다.

[ZZ] '달 야구'의 문제 시나리오를 가지고 다음 표를 작성해 봅시다.

사실(FACTS)	알아야 하는 것(IDEAS)	학습문제(Learning Issues)

'달 야구'의 문제 시나리오를 가지고 작성한 예

사실(FACTS)	알아야 하는 것(IDEAS)	학습문제(Learning Issues)
• 달의 중력이 지구의 1/6이다. • 공기가 없다. 대기가 없다. • 직구밖에 존재하지 않는다. • 지구상의 야구 규칙(도루, 타자/투수, 데드볼, 홈런에 대한 규칙, 스트라이크, 볼, 아웃 관정, 세이프, 참여 선수 수 등).	• 달에서 뛰면 원하는 지점으로 갈 수 있을까? • 달에서 뛰면 속도가 달라질까? • 달의 기온이 지구와 어떻게 다를까? • 달 야구 경기장의 환경이 지구 야구 경기장과 다를 것이다. • 야구공 회전(커브)이 있을까? • 슬라이딩을 공중부양 상태에서 할 것이다. • 도루가 떠 있어 발로 찍기 힘들 것이다. • 야구장에 잔디를 키울 수 있을까? • 돔구장을 설치해야 할 것이다. • 공에 센서를 달아 다시 돌아오게 해야 하지 않을까? • 1루, 2루 홈베이스를 공중에 달까? • 야구 관람을 위해 관광 우주선을 운영해야 하지 않을까? • 커브, 직구 등 투구 구질을 개발해야 할 것이다. • 중력에 맞게 모든 야구용품의 무게를 맞추어야 할 것이다. • 인공 중력장을 만들어야 할 것이다. • 공에 맞는 순간 또는 홈런, 베이스 밟기 등을 센서로 알려주어야 하지 않을까?	• 달의 중력으로 인해 달에서 뛰는 속도(또는 공이 날아가는 속도)가 빨라질까? 홈런의 수가 증가할까, 타율이 높아질까? • 달의 중력으로 인해 경기장 크기를 어떻게 정할까? • 달의 중력과 공기를 고려하여 경기 규칙을 어떻게 정할까(타율, 홈런, 투수교체, 아웃 카운트 등)? • 경기 관람객에게 안전장치가 필요할까? • 글러브 두께는 어떻게 할까? • 돔 구장 건축 방법은? • 특정 거리를 갔다가 돌아오는 센서의 작동 거리는? • 편리한 우주 유니폼 제작은 어떻게 할까? • 공이 자유낙하할 수 있는 센서를 개발할 수 있을까?

학습문제를 중심으로 '정보수집 방법' '역할 분담(팀으로 PBL을 수행하는 경우)' 등의 과정을 통해 가능한 해결책을 탐색하거나 '새로운 학습문제'를 구안해 볼 수도 있다. 새로운 학습문제에서도 '정보수집 방법'과 '역할 분담'을 통해 가능한 해결책을 찾는다. 마지막으로 채택할 만한 해결책을 기술한다.

[문제] '달 야구'의 문제 시나리오를 가지고 다음 표를 작성해 봅시다.

가능한 해결책	새로운 학습문제

채택할 만한 해결책은?

PBL 문제 예제 14-1

'대학에서 공부를 해 볼 필요가 있다?!' 대학 4년 나의 학습력 키우기

대학생활에는 자유롭고 활기찬 시간이 많다. 부모님과 학교 선생님이 시키는 대로 하는 수동적인 자세에서 스스로 판단하고 실행하는 일을 결정하는 능동적인 자세로 배워 나가는 시기라고 한다. 이러한 능력을 위해서는 많은 독서와 대화와 체험을 가지라고 하는데 나는 실제로 하고 있는 것이 없다.

대학 1학년 때는 주로 교양교육을 받게 되는데, 이러한 교육을 통해 신입생들은 학문의 범위를 넓혀 가면서 풍부한 지식을 쌓게 되며 세상을 보는 깊은 눈을 가지게 된다고 한다. 교양교육에서의 평가방법은 고등학교의 객관식 시험이 아닌 논술형 시험답안지로 서술과 리포트 작성을 경험하게 된다. 교양교육은 모든 영역의 학문, 모든 수준의 사고, 모든 형태의 삶의 방식, 모든 지역의 문화를 포용하고 통합한다는 점에서 포괄적인 교육이라고 할 수 있다. 학생들은 인문, 사회, 자연과학을 넘나드는 교양교육을 통해서 사물과 사건을 다양한 각도에서 바라보는 능력을 기르게 되며, 새로운 변화를 유연하게 받아들이고 나와 다른 의견을 수용할 수 있는 적응력 있는 사고 능력을 기르게 된다.

대학 2학년부터는 전공교육을 통해서 관심 있는 전문분야에 대한 깊이 있는 지식과 태도를 익히게 된다. 또한 학문이 발전하고 계속해서 새로운 지식이 생성되는 현실에서는 관심분야를 포괄하는 다양한 분야에서 전문인으로서의 기초를 닦을 수 있도록 하는 노력들이 요구된다. 고등학교 때까지 받아 온 교육의 대부분이 남들이 이미 만들어 놓은 것을 이해하고 답습하는 것이라면, 대학에서의 공부는 수많은 참고자료를 찾아보면서 새로운 지식을 나의 것으로 정리하여 만드는 작업을 하게 되는데, 이러한 공부는 이제까지 해 보지 못한 새로운 지적 활동이다. 때로는 어려운 보고서를 끝내고 느끼는 지적 성취감에 스스로 대견스럽기도 하고, 아무리 해도 답이 보이지 않는 학문의 바다에서 한없이 작은 자신을 발견하기도 한다. 다른 전공의 수업을 들어보고 자신이 알지 못하는 영역에 대해 공부해 보는 것은 사고의 폭을 넓히는 데 도움이 된다.

나는 대학 신입생이다. 변화하는 세상에 대응하기 위해서는 연계전공, 복수전공 등을 통해서 폭넓은 전문 전공지식을 습득하고 싶다. 그런데 나는 이러한 것에 대해 알고 있는 것이 하나도 없다. 또한 스터디 그룹을 만들어 함께 책을 읽고 토론해 보는 좋은 경험도 쌓고 싶다. 그런데 내 성격은 적극적이라기보다는 수동형에 가깝다. 다른 친구에게 내 의사를 표현하는 것도 어려운 편이다. 내 의사표현은커녕 친구들과 함께 하는 일에 참가한 적이 없어 고등학교 때는 아이들이 거의 나를 왕따처럼 대하는 수준이었다. 내가 대학 4학년 동안 할 수 있는 공부의 길을 만들도록 스스로를 도와 보자.

PBL 문제 예제 14-2

대학공부에 동기를 가지고 지속시킬 수 있을까?

야스퍼스(Jaspers)는 일찍이 "대학은 지상에서 가장 아름다운 것"이라고 예찬했고, 어떤 이는 "대학은 지혜의 광장이요, 기회의 바다"라고 했다. 그런데 신입생인 나는 대학에서 배우는 상당 부분의 내용이 어렵기만 했다. 학기 초반부에는 두꺼운 책과 때로 원서로 듣는 수업은 원서가 주는 중압감에 시달려야만 했다. 대학에서 자주 보이는 현학적 용어가 수업 중에 출현하면 주눅이 들지 않을 수 없었다. 원서로 된 책이나 두꺼운 전공 서적은 아무리 열심히 읽어도 책 5쪽을 소화하지 못한 채 수업에 들어갈 수밖에 없는 지진아였다. 고작 내가 할 수 있는 일이란 교수님의 눈길을 피하며 강의실의 '고개 숙인 남자(여자)'가 되는 일이었다. 이런 대학생활의 스트레스를 풀어 보겠다고 어줍지 않은 '방황'이 시작되었다. 술, 담배, 이성에 맛들이며 지진아라는 열등감에서 벗어나 보고자 했다.

학교 공부가 어렵기만 하고 공부할 생각이 들지 않고 공부 중압감에 시달리는 나의 학습동기를 일으키고 지속시킬 수 있는 방법은 세상에 없는 것 같다. 경험도 없고 아는 것도 없는 신입생인 나를 도와줄 수 있을까?

제15장

마음의 스위치를 조절하는 방법

　성장할수록 가족과 사회에서는 어른(adult)이라는 꼬리표를 달아 준다. 대학생의 경우는 완전한 어른으로 대우해 준다. 초·중·고 시절에는 한없이 되고 싶었던 대학생이 막상 되었을 때 갖게 되는 무게는 실로 말할 수 없이 무겁다. 청소년 시기는 내가 어디서 와서 현재에 어떠하며 어디로 가고 있는가에 대한 '정체감(identity)'을 확립하는 시기이기도 하지만, 많은 학생들이 심리적 유예인 '모라토리엄(moratorium)'을 겪기도 한다. 모라토리엄은 독일의 심리학자인 에릭슨(E. H. Erikson) 처음 사용한 용어로서, 정신적으로나 신체적인 면에서 성인의 몫을 다 할 수 있으면서도 사회의 성인으로서의 책임과 의무를 짊어지려 하지 않는 젊은 층의 정체감 유예를 지시하는 말이다. 학창 시절이 학생들의 내·외적 변화가 가장 큰 시기라고 할 정도로 학교생활 속에서 실로 다양한 동료들과 사회인들을 만나면서 학생들은 큰 성장통을 겪는다.

'내 마음의 스위치를 조절하는 전략'의 중요성

학업성취가 높은 대학생들은 스스로 자신의 학문적 수행을 통제할 수 있음을 보고했다. 그들은 스스로 동기 부여를 하거나 노력하고 주의를 집중할 수 있도록 동기화하고 있음을 발견할 수 있었다. 이는 보다 덜 성공적인 학생들이 자신의 능력에 부정적인 지각과 동기부족, 학습전략 이행의 부족 등을 보이는 것과 대조적이다(Schunk & Zimmerman, 1994). 또한 Alderman(1999)이 언급한 실패를 다루는 능력과 방해에 대한 탄력성(resiliency)을 보여 주는 수행도 보고하였다.

성공 경험이 계속되면⋯⋯ 자기애를 경험하게 돼요⋯⋯ 자기애가 생기게 되면 좀 힘든 경우나 유혹이 생겼을 때도 "이러면 안 돼."라고 하면서 자기애의 경험을 지키기 위해서라도 자신이 계획한 일을 지키게 돼요(여학생 l).

⋯⋯계획했던 일들을 하고 나면 그 자체로 보상이 되는 거 같거든요⋯⋯ 성취감 같은 거⋯⋯ 할 때까지는 귀찮은데 하면 좋은⋯⋯ 공부를 하거나 책을 읽거나 그 자체로⋯⋯ 그런데 성취감이란 것을 한 번 느끼면요. 그게 중독 비슷해서 맛을 한 번 알게 되면 나중에 힘들어도 그걸 생각하면서 지금은 힘들지만 나중에는 좋아지게 된다라는 걸 알게 되거든요. 이 경험은 자기가 해 봐야지 아는 거지 남이 아무리 설명해 주어도 모르잖아요. 자기가 그런 경험을 갖고 있는 게 중요한 것 같아요. 한 번이라도 성공해 보는 경험⋯⋯ (남학생 3)

⋯⋯공부가 잘 안 될 때는 기분을 좋게 만들려고 하죠. ⋯⋯공부 안 되면 피아노도 치고⋯⋯ 재미있게 즐기면서 공부하려고 해요(여학생 l).   〈출처: 전명남, 2003c〉

1. 가장 소중한 자기 자신을 돌보라

대학생활에서 마음의 필수 영양소는 '긍정적 정서'이다. 부정적인 경험은 긍정적인 경험보다 강하게 지각되고 오래 기억되며 더 면밀하게 분석된다. 분노나 공포와 같은 부정적 정서는 우리 삶에 존재하는 위험 요소에 초점을 맞추도록 주의와 지각 체계를 변화시키고 신체적 반응과 동반하여 위험 상황에서 대처하도록 돕는다. 이에 반해 긍정적 정서의 경우 그 정의와 구분이 아직 섬세하지 않다. 원하는 결과를 성취하여 기쁜 상태, 사람들과 시간을 보내며 즐거운 상태, 어떤 일에 빠져 재미를 느끼는 상태들 간에는 미묘한 차이가 있다.

그러나 이러한 긍정적 정서가 인간의 삶의 질을 향상시키는 데 핵심적인 역할을 한다는 것이 밝혀지고 있다. 긍정적 정서는 쾌락적 가치를 넘어 인간의 성장과 번영에 핵심적인 기능을 한다는 증거들이 제시되고 있다. 긍정적 정서는 부정적 정서를 느낄 때의 심혈관 활성화를 기본 수준으로 빠르게 회복시키는 등 스트레스로 인한 역기능적 상태를 회복시키고, 사람들의 생각과 행동의 폭을 넓히며, 개인이 탄력적으로 환경에 대처하도록 돕고, 호혜적인 대인 간 상호작용을 촉진한다. 이렇듯 긍정적 정서가 신체적 회복을 돕고 인지체계를 유연하고 효율적이게 하는 단기적 효과부터, 사회적 유대를 강화하고 인지정서적 자원을 축적하게 하는 장기적 효과까지 갖는다는 생각들이 공유되고 있다(최혜연, 2012). 긍정적 정서는 좌절, 질투, 패배의식과 같은 상황에서 스스로 정서 조절의 스위치를 돌림으로써 얻어질 수 있다. 자신의 정서 스위치를 조절해 보자.

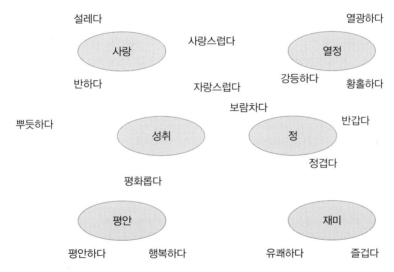

그림 15-1 일상생활에서 학생들이 가지는 긍정적 정서는 개인 내적으로 또한 사회에 효과적으로 대처하도록 돕는다.

2. 정서지능 높이기

정서지능 혹은 정서지수(Emotional Quotient: EQ)는 기존의 지능지수(Intelligence Quotient: IQ)와는 대비되는 말이며, 감정과 느낌 그리고 기분을 통제하고 조절할 줄 아는 능력을 말한다. 정서지능이라는 용어는 1990년 미국 예일 대학교의 심리학 교수인 Salovey와 뉴햄프셔 대학의 Mayer가 처음 사용하였다. 그들은 정서지능을 "자신과 타인의 정서를 평가하고 표현할 줄 아는 능력, 자신과 타인의 정서를 효과적으로 조절할 줄 아는 능력, 그리고 자신의 삶을 계획하고 성취하기 위해서 정서를 이용하여 활용할 줄 아는 능력이다."라고 정의 내렸다.

학자들의 정서지능에 대한 그 외의 정의들

문용린(1997)은 이성 능력인 사고 능력, 즉 기억력, 계산력, 추리력 등을 발휘하게 하거나 또는 그런 능력을 억압하고 제한하기도 하는 감성능력이라고 했다. 머리가 좋은 것과 실질적인 삶과 연관되는 의지와 감정은 서로 다른 능력이라고 구분하면서 이렇게 다른 능력을 종합하고 조화시켜 발휘하게 하는 능력이 곧 정서지능이라 정의 내리고 있다.

김언주(1997)에 따르면, 정서는 자신을 동기화하는 능력, 곤경에 처해서도 신념을 밀고 나가는 능력, 충동을 절제하는 능력, 만족감을 지연시킬 수 있는 능력, 자신의 기분을 조절할 수 있는 능력, 절망 속에서도 생각할 수 있는 능력, 감정을 이입하는 능력, 희망을 가지는 능력 등을 가리킨다.

인간을 파악하려는 노력들 중에 IQ는 지금까지 대표적으로 거론되어 온 개념이다. 그러나 IQ가 인간의 성공을 예언한다는 규칙에는 많은 예외가 있어 왔으며, IQ의 비판 속에서 거론된 EQ가 삶의 과정에서 개인 간의 변산도(變散度, variability)를 얼마나 설명해 줄 것인가는 현재로서는 아무도 모른다. 하지만 EQ는 IQ보다 성공의 예언력이 높을 것이며 IQ는 교육이나 경험에 의해 별로 증진시킬 수 없는 데 반하여 EQ는 얼마든지 교육을 통해 개선시킬 수 있다(김언주, 1997)는 기대를 받고 있다. 미국에서 Salovey & Mayer(1990)가 「Emotional Intelligence」라는 제목으로 논문을 쓰고 난 뒤, Goleman(1995)이 「Emotional Intelligence」를 저술함으로써 전 세계적으로 EQ에 대한 관심을 불러 모았다. 정서지능이라는 한국말은 미국의 Goleman(1995)의 EQ를 번역한 황태호(1996)나 독일의 Märtin & BöeckM의 책을 우리말로 옮긴 홍명희(1996)에 의해 모두 '감성지능'으로 소개되고 사용되어 왔으나, 문용린(1997)의 책에서는 '정서지능'으로 사용되고 있다.

Salovey & Mayer(1990)는 정서지능에 대한 자신들의 정의에 입각해서 정서지능의 구성요소를 [그림 15-1]과 같이 규정하였다. 이 그림을 통해서 알 수 있듯이 정서지능에는 필수적인 3가지 구성요소가 있다. 이를테면, 자신과 타인의 정서를 평가하고 표현하는 능력, 자신과 타인의 정서를 조절하는 능력, 그리고 사고나 추론, 문제해결, 창의성 등에서 정서를 적응적으로 사용하는 능력이다. 즉, 자신이나 타인의 정서를 이해하고 표현할 수 있는 능력, 자신과 타인의 정서를 조절할 줄 이는 능력, 그러한 정서를 적절하게 활용할 줄 아는 능력을 모두 갖춘 사람이 정서지능이 높은 사람이라는 것이다.

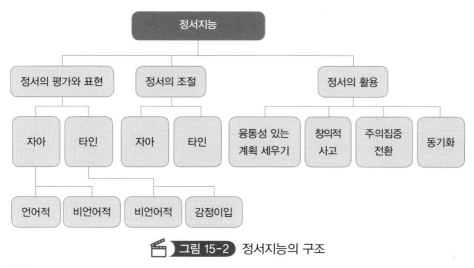

그림 15-2 정서지능의 구조

출처: Salovey & Mayer(1989, 1990. p. 190).

첫째, 정서를 평가하고 표현하는 능력(Appraisal and Expression of Emotion)이란 감정, 기분, 정서 등을 정확하게 알아차리고 표현하고 반응하는 것을 말한다. 자신의 정서에 대해서 말로(언어적) 또는 표정이나 몸짓 등으로(비언어적) 인식하고 표현할 줄 아는 능력뿐만 아니라, 타인의 정서에 대해 표정에 나타난 미묘한 감정(비언어적)이나 감정이입을 통해서 인식하고 표현할 수 있는 능력도 포함된다. 자신과 타인의 정서를 정확하게 알고 있다면 상대방과 공감할 수 있다. 그럼으로써 타인을 배려하고 헤아릴 줄 아는 친사회적 행동으로 이어지게 된다.

둘째, 정서 조절 능력(Regulation of Emotion)이란 자신과 타인의 감정, 기분, 정서 등을 사회적으로 적절하게 적응할 수 있게끔 통제하고 조절하는 능력을 말한다. 이는 학교나 사회, 조직에서 '대인관계 기술이 뛰어난 사람' '적응을 잘하는 사람'이라는 평가를 받는 이들이 갖추고 있는 능력이다. 이 능력에는 자신의 기분을 유쾌하고 즐겁게 유지·지속시키면서 불쾌하고 우울한 기분을 효과적으로 조절할 수 있는 능력과, 타인의 기분과 감정을 조절하고 바꿀 수 있는 능력이 포함된다. 이 능력을 갖춘 사람들은 대인관계를 원활히 하기 위해서 타인의 기분을 불쾌하게 하는 말과 행동을 쉽게 억제하고 통제할 수 있다.

셋째, 정서 활용 능력(Utilizing Emotional Intelligence)이란 자신의 정서로 융통성 있는 계획을 세우고, 창의적 사고, 주의집중의 전환, 동기화를 이용해 생산적인 활동의 효과를 증진시킬 수 있는 것을 말한다. 누구나 자신의 기분에 따라 과제 수행이나 일의 추진에 영향을 받는다. 불쾌하고 짜증이 나 있을 때는 무슨 일을 하건 제대로 될 리가 없다. 정서 활용 능력은 이처럼 일을 처리하거나 미래의 계획을 세워서 그 계획을 실행해 나가는 데 자신의 기분과 정서를 활용할 줄 아는 것이다. 실제로 Salovey 박사의 한 실험을 살펴보면, 사람들은 우울하고 차분한 기분을 느낄 때 세부적이고 꼼꼼한 일을 하는 데 도움이 되고, 유쾌하고 즐거운 기분을 느낄 때는 새롭고 창의적인 일을 하는 데 도움이 된다고 한다. 정서 활용 능력이 뛰어난 사람은 이와 같은 사실을 잘 파악하고 있어서 자신의 일 성격에 따라 자신의 기분을 바꿀 수 있다. 또한 정서 활용 능력에는 어려운 과제나 문제에 부딪치게 되었을 때 난관을 무릅쓰고 계속 노력할 수 있는 능력도 포함된다. 이를테면, 집중력, 만족지연능력, 낙관성 등을 말한다.

한편, Salovey와 Mayer(1990)의 정서지능 개념은 Salovey 교수가 Gardner 교수의 인간적 지능을 포함시키면서 다섯 가지 영역으로 분류했다. 즉, 자신의 정서를 알기, 정서를 조절하기, 자기 자신을 동기화시키기, 다른 사람의 정서를 인식하기, 대인관계기술이다(문용린, 1997; Goleman, 1995).

첫째, 자기인식(self awareness)은 '너 자신을 알라'라는 말이다. 다양하게 변화하는 정서들 사이에서 순간순간의 감정을 모니터하여 자기반성적 생각을 유지시키는 것이다(Goleman, 1995). 자기인식이 중요한 이유는 '내가 지금 느끼는 것은 분노, 수치심, 슬픔 등이다'와 같이 자신의 내적인 감정상태를 인식해야만 자기 감정을 통제할 수 있기 때문이다. 자기인식은 자아모델(self model)과도 연관되는 말이며 이는 자아정체감(self identity)과 통한다. 자기인식은 개인의 내적 상태에 대한 지속적인 주의집중이라고도 할 수 있다. Mayer는 사람들이 자신의 정서에 주의집중하거나 정서 다루기에서 사람마다 다른 태도를 보이는 것을 발견하고 다음의 유형으로 구분하였다(문용린, 1997).

먼저, 자기인식형(self-awareness type)이다. 자신이 가지고 있는 기분을 인식하는 유형으로서 정서 생활을 다루는 능력이 세련되고 정교화되어 있다. 이 유형에 속하는 사람들은 자신의 한계에 대해 확실히 알고 있으며 심리적으로 건강하고 인생에 대해 긍정적인 견해를 가지고 있다.

그 다음으로, 몰두형(Engulfed type)이다. 자신이 느끼는 감정에 압도당하여 그 감정에 휩싸이는 유형이다. 자신이 압도당하고 있는 기분에서 벗어나고자 노력하지 않으며 자신의 정서 생활에 대한 통제력이 없다.

마지막으로, 수용형(Accepting type)이다. 자신이 느끼는 감정이 무엇인지 인식하고 그대로 수용하는 유형이다. 나쁜 기분을 느낄지라도 그것에서 벗어나고자 노력하는 것이 아니라 그대로 받아들이고 유지한다. 만성적인 우울증 환자에게서 찾아볼 수 있는 유형이다.

둘째, 정서를 조절하기(regulation of emotion)다. 긍정적 감정과 부정적 감정을 상황이나 시기에 적절하게 다루는 능력이다. 특히, 부정적 감정이 일어나는 경우에도 상황에 고려하여 생각하고 행동할 수 있는 것을 말한다. 정서를 조절하는 것은 자신과 다른 사람의 마음을 읽고 적응적으로 바꾸어 줄 수 있는 것을 가리킨다.

셋째, 자기동기화(self-motivation)는 어려움을 무릅쓰고 계속 노력할 수 있는 정서지능 능력이다. 여기에는 집중력, 만족지연 능력, 낙관성 등이 포함된다. 이 중에서 만족지연 능력은 정서지능을 발견하게 했던 다음의 유명한 마시멜로 실험에서 쉽게 이해할 수 있을 것이다.

마시멜로와 만족지연 능력

　미국 스탠포드 대학의 Mischel(1990)은 4세 아동을 대상으로 정서지능 가운데 특별히 '만족을 지연하는' 능력을 측정했다. Mischel 박사는 실험에 앞서 미러 3시간 정도로 공복인 아이들에게 말랑말랑하고 달콤한 마시멜로를 한 봉지씩 나눠 주며 이렇게 말했다. "자, 너희들은 이걸 지금 먹을 수도 있고, 30분 후에 먹을 수도 있어. 그런데 30분 후에 먹으면 상으로 1봉지씩을 더 줄거야." 그러자 아이들은 두 가지 부류로 나뉘었다. 곧바로 먹어 버리는 아이와 먹고 싶은 욕구를 참으며 견디는 아이, 어떤 아이는 나중에 두 봉지 먹느니 지금 한 봉지 먹고 말겠다는 태도로 그냥 먹었고, 어떤 아이는 10분을 끙끙대고 참다가 더 이상 못 참겠는지 허겁지겁 입 속에 넣었다. 그리고 어떤 아이는 마침내 30분을 다 채우고 과자 한 봉지를 더 받을 수 있었다. 또한 먹고 싶은 욕구를 참는 방법도 아이들마다 다르게 나타났다. 어떤 아이는 노래를 불렀다. 어떤 아이는 애써 잠을 청하며 먹고 싶은 욕구를 다스렸고, 어떤 아이는 맛있는 마시멜로를 보지 않으려고 눈을 감고 있었다. 또 어떤 아이는 먹고 싶은 마음을 참을 수 있게 해 달라고 하나님께 도움을 청하는 기도를 했다. 10년 후, 그들이 10대가 되었을 때 마시멜로를 먹고 싶은 유혹을 이기지 못한 아이들과 먹고 싶은 유혹을 참으며 만족을 지연시킨 아이들의 모습은 너무도 달랐다. 먹고 싶은 유혹에 극복당한 아이들은 작은 일에도 쉽게 좌절하고 고집을 잘 부리며 친구가 없는 외톨이가 되어 있었다. 이들의 고집은 소신이 결여된 그야말로 고집을 위한 고집이었다. 자연히 그들은 스트레스를 많이 받았고, 겁도 많았으며, 새로운 자신의 모습이나 더 나은 삶을 위해 도전하려는 의지도 보이지 않았다. 그러나 먹고 싶은 욕구를 이겨 낸 이른바 만족을 지연시키는 능력이 있었던 아이들은 긍정적인 가치관을 가지고 있었다. 그들은 부모와 친구, 이웃들과 잘 어울렸다. 그들의 눈과 귀는 늘 열려 있었고, 자신을 향상시킬 수 있는 것들을 잘 분별하였으며, 사람들과 조화를 이루며 살 줄도 알았고 타인의 평판도 좋았다. 아이들의 고등학교 성적도 조사해 보았다. 오래 참은 아이일수록 학교 성적이 좋고 학교에서 인기가 있으며 여러 면으로 학교에서 우등생이었다. 만족지연 능력의 결과를 더 분명하게 보이는 사실은 SAT(Scholarstic Aptitude Test: 학력적성검사; 미국 청소년의 경우 대학에 들어갈 때 치르는 시험)에서의 차이다. 기다리지 못하고 마시멜로를 먹은 아이들과 30분을 참았다가 먹은 아이들의 평균점수가 210점이나 차이가 났다. Mischel의 실험에서도 알 수 있듯이 네 살 때 마시멜로에 대한 유혹을 잘 참아 냈던 아이들은 청소년이 되었을 때 사회적으로 더 유능하였다. 인성적으로 훌륭했고 자기주장이 확실했으며 삶의 좌절도 잘 극복했다. 스트레스를 받는 상황에서 잘 견디어 냈으며 퇴행이나 위축된 행동이 적었다. 또한 삶의 어려움에 봉착했을 때 포기하기보다는 정면으로 도전하는 경향을 보였다. 그들은 자기신뢰적이며 자신감이 넘쳤고 독립적이며 일을 해 나가는 과정에서 주도적이었다(Goleman, 1995; 문용린, 1997).

낙관성도 자기동기화를 위한 요소 가운데 매우 중요한 비중을 차지한다. 정서 지능의 관점에서 보면 희망을 가지고 있다는 것은 어려운 도전이나 장애에 대해 불안해 하거나 패배주의에 빠지지 않고 희망을 포기하지 않는다는 뜻이다. 정서 지능이 높은 사람들은 열정과 기쁨으로 스스로를 동기화하며 자신의 목표를 달성하는 데 필요한 방법들을 쉽게 이끌어 낸다. 또한 어려운 상황에서도 잘될 것이라는 긍정적인 생각으로 자신감을 잃지 않으며 어려운 과제는 자신이 다룰 수 있는 작은 과제로 나누어 해결할 줄 안다. 낙관적인 태도와 비관적인 태도의 특징을 살펴보면, 낙관적인 사람은 실패를 변화될 수 있는 것으로 보고 다음에는 꼭 성공할 것이라고 확신한다. 반면에 비관적인 사람은 그 실패를 자신의 탓으로 돌릴 뿐더러 변화되지 않는 지속적이고 영구적인 것으로 여긴다. 사람이 비관적으로 될 때는 매우 부정적인 정서 상태인 우울감에 사로잡힌다. 사실 우울은 단순한 감정 상태가 아니다. 특정한 사고방식의 결과다. 사람이 우울이라는 정서에 빠지게 되면 우선 불안해지고 더욱 비관적이 된다. 삶의 목표를 향해 자신의 정서를 긍정적으로 동기화할 줄 아는 사람은 이미 사회적으로 성공했다고 말할 수 있다. 이들에게는 어떤 난관에 부딪쳐도 뚫고 나갈 확고한 자기 의지가 있기 때문이다(문용린, 1997).

넷째, 다른 사람의 정서를 인식하기는 감정이입을 의미하는데, 쉽게 생각하면 남의 입장이 되어 볼 줄 안다는 것을 의미한다. 공감(共感)이라고도 하며 이는 타인의 생각이나 느낌을 대리적으로 느끼는 능력으로 자신의 정서 경험에 대한 인식에서 출발한다. 자신이 몹시 배가 고파서 고통스러웠던 경험을 통해 타인의 입장에 감정이입하여 남의 배고픔도 느끼게 된다.

마지막으로, 대인관계 기술에서 정서지능의 의미는 대인지능이라고도 할 수 있다. 대인지능은 다른 사람의 반응 방식에 맞추어 자신의 감정을 표현할 줄 아는 것을 의미한다. 타인과 집단의 요구 알기, 긴장과 갈등 해결하기, 개인들의 감정을 읽고 대응하기, 감정에 적절히 대응하는 행동하기의 과정을 거쳐 대인관계 기술은 단계적으로 발전하게 된다.

3. 인간관계

현재로서는 아직 심리학자들이 대인관계에 영향을 미치는 역학(dynamics)에 대해 충분히 파악하지 못하고 있다. 그러나 동기와 목표가 가끔 좌절되고 이러한 좌절은 불안을 초래하며, 그와 같은 불안에 대비해서 방어기제를 발달시킨다는 것은 명백한 사실이다. 생활은 욕구좌절로 가득 차 있다. 학생들이 다른 사람들과의 경쟁에서 항상 승리자가 될 수는 없는 것이다. 성공을 성취할 때도 가끔 그 성공은 다른 동료의 손실로 얻어지는 수가 있고 그로 인해서 그의 증오감이나 질투심을 사게 된다. 오늘날처럼 복잡한 세상에서는 아무도 완전하게 독립해서 혼자 존재할 수 없다. 서로 의존하고 있는 사람들은 서로 행동을 통제하고 서로의 요구를 거부할 수 있는 힘을 갖고 있다. 그래서 한 개인의 독립성은 다른 사람에 대한 의존성에 의해서 제한되고 있다. 생활은 충동에 대한 저항으로 시작된다. 어떤 사람이 우리에게 무언가를 간섭하거나, 기다리게 하거나, 혹은 신랄한 비판을 하기도 한다. 결과적으로 서로 공격적이 되거나 적대감을 갖게 된다. 그러나 때로는 보복할 여유가 없어서 우리의 공격성은 억제되고 적대감이 남아 있게 된다. 그와 같은 해결되지 않은 충동으로부터 초래되는 욕구좌절은 개인적 생활의 부분으로 용납되어야만 한다.

욕구좌절의 결과는 불안이다. 심리학자들은 불안을 막연하면서도 지속적인 우려, 혹은 근심의 일반적인 상태로 정의하고 있다. 우리가 욕구좌절을 당하고, 이에 반응할 때 반드시 불안을 경험하게 된다. 정서적 불안은 불행감을 느끼게 하며, 불행은 욕구좌절을 더욱 증가시킨다. 결과적으로 욕구좌절, 불안 그리고 불행은 불가피하게 꼬리를 물고 계속되는 악순환이 이루어진다. 그래서 불안으로 초래된 불행감을 어떻게 다룰 것인가 하는 것이 대인관계에서 중요한 문제가 되는 것이다.

의식적으로 혹은 무의식적으로 우리는 여러 가지 방어기제를 통해서 그러한 악순환을 깨뜨리고 불안을 감소시키려고 한다. 가장 일반적인 주요 다섯 가지 방어기제로서 합리화, 투사, 대상화, 환상 그리고 퇴행을 들 수 있다. '합리화'는 불안에 대해서 가장 일반적으로 사용되는 방어기제다. 예를 들면, 학생들은 자신의 성적이 좋지 못하거나 낙제점수의 결과를 공부할 충분한 시간이 없어서라든가 혹은 시험 문제가 엉터리여서 그렇게 되었다고 합리화한다. 그와 같은 변명은 학자금을 준 부모 등에게는 일반적으로 충분히 받아들여질 수 있는 것으로 들리기 때문에 자신의 결심에 대한 비난을 피할 수 있어서 불안을 감소시키는 데 유용하다.

'투사'는 자신의 행동에 대한 비난을 다른 사람에게 뒤집어씌우는 것이다. 예를 들면, 컨닝을 하다 잡힌 어떤 학생이 다른 학생들도 기회만 있으면 모두가 컨닝을 한다고 주장하는 경우다. 여기에서는 스스로 비난을 받아들이는 대신에 자신의 행동에 대한 책임을 다른 것에 전가시킴으로써 불안이 감소된다.

'대상화'는 자신의 적대감정에 대한 용납될 수 없는 출구를 용납될 수 있는 것으로 치환하는 것을 말한다. 예컨대, 어떤 학생이 역사시험에 낙제를 해서 그의 선생님과 다투었는데 기숙사에 돌아와서 같은 방의 동료에게 화풀이를 하는 것이다. 그것으로 말미암아 그의 적대감이 비교적 안전한 대상에게 표출이 되어 불안이 감소된다.

'환상'은 백일몽이라고도 하며, 이것 역시 자신의 욕구좌절을 처리하는 데 널리 사용하는 방법의 하나다. 예를 들면, 우리에게 있을 수 있는 모든 일들에 대한 공상에 빠지는 것은 우리가 난처한 사회적인 상황에 처해 있을 때 우리로 하여금 보다 안정감을 느끼게 한다. 환상은 가끔 대인관계에서 부적절함에 대한 보상으로 이용된다. 그러나 적응의 한 형태로서 환상은 건설적인 행동으로 취해지는 것이 드물다. 그렇기 때문에 보통 개인의 기본적 갈등이 해결되지 못한 채 남게 된다.

'퇴행'은 보다 어린 시절의 부적당한 행동으로 후퇴하는 것을 말한다. 응석부림, 샐쭉해지는 것 혹은 우는 것은 욕구좌절에 대한 반응으로서 성인의 반응이라기보다 오히려 어린애의 반응이라 할 수 있다. 그와 같은 퇴행적 행동은 비록 그것이 하나의 출구를 마련해 주어 불안의 감소에는 도움이 된다 할지라도 갈등의 해소에는 거의 도움을 주지 못한다.

이상의 것들이나 또는 다른 방어기제의 사용은 불안으로부터 해방될 수 있는 만족스러운 방향을 제시해 주지 못하며, 또한 불안을 일으키게 하는 욕구좌절을 해소시켜 주는 것도 아니다. 비록 그러한 방어기제들이 불안을 감소시킬 수 있는 편리한 방법을 제공해 주기는 하지만 실제로 그와 같은 과정이 욕구좌절을 일으키는 원인인 환경적인 방해물들이나 개인적 부적절감이나 동기의 갈등에는 거의 혹은 전혀 영향력을 갖지 못한다. 정신적으로 건강한 사람은 방어기제에 의존하는 대신에 자신의 동기를 이해하여 욕구좌절을 감소시킬 수 있도록 적응하려고 노력해야만 한다.

인간의 대부분의 욕구좌절은 다른 사람들과의 상호관계에서 오는 것이므로, 우리는 자신의 대인관계를 개선함으로써 불안한 상황을 피할 수 있고 통제할 수 있다. 좋은 인간관계를 위해서 보다 적극적인 태도를 가지고 욕구좌절에 대처해 나가는 방법을 발견해 나가야 한다. 다음은 욕구좌절에 대처하는 몇 가지 방법들이다.

'사소한 일로 근심하지 마라.' 즉, 보통 있을 수 있는 일상생활의 작은 불편마다 큰 문젯거리로 확대시키지 마라. 대신 미미한 마찰이나 실패도 생활의 부분이며, 대부분의 욕구좌절은 순간적이고 대수롭지 않은 사건에서 온다는 사실을 인식하라.

'서둘지 말고 침착히 처신하라.' 이와 같은 처신은 때때로 일이 잘못되어 갈 때 잠시 동안 그러한 상황에서 벗어날 수 있게 해 준다. 자신의 감정을 억압하지 마라. 마음이 좀 더 가다듬어질 때 당면한 문제를 처리할 수 있도록 충분한 시간적 여유를 가져 감정의 평형을 회복하라. 영화 관람에 몰두한다든가, 짧은 여행을 하든가, 혹은 어떤 문제로부터 숨을 돌릴 수 있게 하는 데 충분하고 적절한 일은 무엇이든지 하는 것이 현실적이고 건전한 것이다.

'타인의 입장에서 자신을 보라.' 문제를 자신의 편에서만 생각하지 마라. 대신에 다른 사람의 입장에서 자신의 문제를 보려고 노력하고 기꺼이 그들의 해석이 타당하다는 것을 인식하도록 하라. 한 번 여러분이 타인의 입장을 이해하고 서로 존경하게 되면 자신의 견해 차이에 따른 문제의 화해는 보다 쉽게 이루어진다.

'자신의 욕구좌절을 은폐하지 마라.' 어떤 일이 자신을 괴롭힐 때 믿을 수 있는 사람에게 그 괴로움을 털어놓아라. 타인에게 문제를 털어놓는 것은 자신의 불안을 감소시켜 준다. 왜냐하면 그것은 문제를 보다 분명하게 인식할 수 있게 해 주고 해결방안을 찾을 수 있게 해 주기 때문이다.

대학생의 경우 사회적 적응문제와 그 성질은 대학 내의 기숙사에서 생활하는가 혹은 대학 밖의 집에서 통학을 하는가에 따라 크게 달라지게 된다. 어느 경우든 간에 여러분의 사회적 적응의 효율성은 의심할 여지도 없이 여러분의 학업 적응의 효율성에 영향을 미치게 된다. 대부분의 대학 신입생들이 갖는 인성적, 사회적 적응문제는 다음 네 가지의 영역 중 하나에 속한다. ① 자기 의존성과 독립성의 발달, ② 같은 방을 사용하는 한 사람 혹은 그 이상의 동료들과의 바람직한 대인관계의 형성문제, ③ 집단생활에서 야기되는 문제의 효과적인 수습, ④ 엑스트라 커리큘럼 활동의 참여.

기숙사생은 자신의 살림살이나 의복의 관리에 자신이 전적으로 책임을 지고 있다. 또한 자기와 같은 방을 사용하는 동료들 간에 종교, 음주, 성(性), 청결, 공부, 그리고 기타의 많은 여러 가지 활동에 관해서 서로 매우 다른 태도를 가지고 있음을 발견할 수 있을 것이다. 그리고 역시 집단생활에 성공적으로 적응하려면 기숙사 규칙들이나 규제들을 용납해야만 한다.

마지막으로 학생들은 곧 다양하고도 많은 흥미 있는 엑스트라 커리큘럼 활동들이 대체로 자신의 공부에 어쩔 수 없는 방해물로 작용하고 있음을 알게 될 것이다. 다음의 제안들을 따르면, 학교생활에서 당면하는 문제들을 처리하고 또 적응해 가는 데 도움이 될 것이다.

'동료들을 동등하게 대하라'. 명령을 하지 말고 부당한 호의나 요구를 강요하지 말라.

'동료들의 사적인 권리를 존중하라.' 사적인 일을 캐려 들지 말고 청하지 않을 땐 그의 활동에 끼어들려고 하지 마라.

'가능한 한 절대로 빌리는 것을 삼가라.' 룸메이트들에게 돈이나 옷, 그리고 귀중품 등을 빌리지 마라.

'친구 또는 동료를 개심시키거나 교정하려고 하지 마라.' 그가 자신의 표준에 맞추기를 기대하거나, 자신의 신념을 받아들일 것으로 기대하지 마라.

'잡일들을 서로 적당하게 의논하여 분담하라.' 동료가 뒤치다꺼리를 해 주리라고 기대하지 마라.

'모든 사람에게 상냥하게 대하도록 신중히 노력하라.' 위축되거나, 일반적인 예의를 잊어버리지 마라.

'늘 있는 불편은 불평 없이 받아들여라.' 중요하지 않은 사소한 문제로 계속 골치를 썩이지 마라.

'약속은 틀림없이 지키라.' 약속을 깨뜨리거나 언약을 어기지 마라.

'공부를 하려고 하는 다른 사람들의 노고를 알아주라.' 방해가 될 일이나 불필요한 잡음은 내지 않도록 하라.

'엑스트라 커리큘럼 활동의 참여를 제한하라.' 소속된 명예만을 위한 엑스트라 커리큘럼 활동은 될 수 있는 대로 피하라.

'신중하게 선택한 한두 개의 엑스트라 커리큘럼활동에는 성실히 참여하라.' 한 번 가입했다면 그 구성원으로서의 책임과 의무를 게을리하지 마라.

'현실적인 예산 내에서 계획하고 생활하라.' 자주 부모님께 용돈을 요구함으로써 여러분이 자립하고 있지 못하다는 사실을 나타내지 마라.

'사교활동이 학업에 지장이 될 때 "아니요."라고 거부할 줄 아는 태도를 배우라.' 시간을 잘못 사용해서 밀린 일거리를 쌓아 두지 않도록 하라.

캠퍼스 밖의 집에서 생활하면서 통학하는 학생들에게 예상되는 대부분의 인성적, 사회적 문제들을 다음 두 가지 주요 영역으로서 분류해 볼 수 있다. ① 모든 학생활동에 거의 참여하는 학생으로서 자랑스러운 학교의식을 가지는 것, ② 자기 가족 내에서 계속 생겨나는 여러 가지 생활문제에 적응하는 것이다.

자기 집에서 생활하는 경우, 통학하는 데 꽤 많은 시간이 낭비됨을 발견할 것이다. 대학시설의 이용과 과외활동의 참여문제는 자신이 캠퍼스 내에서 보낼 수 있는 시간의 정도에 따라 제한을 받는다. 교통비를 충당하는데 도움이 될 공동통학제나 시간제 부직은 그 상황을 더욱 복잡하게 할 수 있다. 사실 캠퍼스 바깥에서 통학하는 학생이 가지는 큰 문제는 대학생활에 흠뻑 젖어들 수 없다는 것이다. 캠퍼스 내에서 친구를 사귀고 사회활동에 참여하기보다는 여러분의 우정이나 사회생활이 대학 바깥사회로 향하게 되기 쉽다. 더구나 가족활동에의 참여나 가정문제에 관한 관심은 여러분이 가정에서 살고 있는 동안에는 가질 수밖에 없는 것이다.

다음의 제안들은 캠퍼스 밖에서 통학하는 학생들이 갖게 될 문제들에 적용하는 데 도움을 줄 것이다.

'자신의 수업시간을 분산하라.' 캠퍼스에서 생활하는 시간을 줄이기 위하여 수업시간을 어떤 며칠로 집중시키지 마라. 캠퍼스 바깥에서 자유 시간을 보내게 되어 대학활동에 참여할 수 없게 된다.

'캠퍼스 내에서 새로운 친구들을 사귀도록 성실히 노력하라.' 모든 기회에 친구를 사귀는 데 주도적인 태도를 취하여 많은 친구 사귀기를 주저하지 마라.

'한 가지 혹은 둘 이상의 엑스트라 커리큘럼 활동에 가입하여 전적으로 참여하라.' 대학 내 사회생활에 관여하는 것을 회피하기 위한 구실을 찾는 일은 하지 마라.

'가능한 한 도서관을 많이 이용하라.' 꼭 그렇게 해야 할 경우를 제외하고는 과제를 집에 가서 한다는 생각을 버리고 도서관에서 하라.

'캠피스 내에서 될 수 있는 대로 식사하는 시간을 많이 기져리.' 대학의 식당은 사람들을 만날 수 있는 가장 좋은 곳이다. 대화를 시작하는 것을 두려워하지 마라.

'학생회관에서 무엇이 진행되고 있는가를 알아보라.' 다양하고 많은 활동들이 여러분을 놀라게 할 것이다. 그러나 자신이 먼저 첫발을 들여놓아야 된다는 사실을 기억하라. 혼자 앉아 있거나 같이 참여하도록 권할 때까지 기다리지 마라.

'개인적으로 통학하기 때문에 겪게 되는 문제들을 가족과 함께 의논하라.' 또한 지나치게 가족문제에 관여하는 것이 원인이 되어 성적이 떨어지지 않도록 하라.

캠퍼스 내에서 생활하든, 혹은 밖에서 통학하든 여러분은 곧 대학에서 교수−학생 관계가 고등학교에서 보통 경험한 것과는 매우 다르다는 사실을 발견하게 될 것이다. 또한 자신을 돌봐 줄 수 있는 사람을 학교 안에 적어도 한 명 알고 있는 것은 유익하다. 수업을 해 주는 교수, 혹은 다른 강사, 학사지도사, 선배이든 관계없이 누구든 좋다. 스스로 이러한 관계에서 주도적이 되어야 하며 가치롭도록 만들어라. 대학교수들은 여러분이 최선을 다할 것을 더욱 요구하고 변명이나 구실에는 크게 관용을 보여 주지 않을 것이다. 다시 말하면, 교수들은 여러분이 충분히 책임질 수 있는 성인처럼 행동하도록 기대할 것이다. 그래서 많은 대학교수들은 여러분이 처음으로 대화를 나누고자 할때 초연하고 매정한 것같이 보일지도 모른다. 학생들이 조력을 필요로 할 때 교수들은 학생에게 그 책임을 돌릴 수도 있다. 그러나 진심으로는 학생들을 돕는 데 관심을 갖고 있다.

다음에 제시하는 방법들은 모든 과목담당 교수들과 적극적인 관계를 맺을 수 있도록 도와줄 것이다.

'수업이 시작되면 미리 자기 자리에서 수업시작 준비를 하라.' 그리고 지각을 해서 다른 사람들의 눈에 드러나지 않게 하라.

'모든 수업활동에 주의를 기울이고 관심을 가져라.' 강의시간에 졸거나 공상하는 행동으로 교수를 모욕하지 마라.

'학습 토의에서 교수가 바라는 것이 무엇인지 파악하라.' 무익한 질문이나 초점 없는 사소한 문제로 강의 시간을 낭비하는 일이 없도록 하라.

'과제는 가능한 한 깔끔하게 정성들여 하라.' 과제물을 지저분하고 경솔하게 하여 별로 관심이 없다는 인상을 주지 않도록 하라.

'교수가 제공하는 구두 혹은 서면의 교정지도 내용을 받아들이고 반영한다.' 기분이 상하고 인상이 좋지 않다고 해서 개인적으로 비평을 하지 마라.

'교수에 대해서 자기 나름의 관점을 갖도록 하라.' 다른 학생들의 관점에 따라서 자신의 판단에 지나치게 영향을 받지 않도록 하라.

'교수에게 도움을 청할 때 변명을 하거나 아첨하는 태도는 피하라.' 교수가 그럴듯한 거짓말에 속아 넘어갈 것이라는 어리석은 생각은 하지 마라.

'자신의 실수나 잘못에 대해서는 전적으로 비난을 감수하라.' 여러분이 교수에게 책임을 전가시키려고 할 때 어느 누구도 실제로 여러분이 하는 말을 그대로 곧이듣고 있다고 생각하지 마라.

여러분이 대학생활을 성공적으로 마칠 것인가? 혹은 실패할 것인가? 여러분 자신만이 이 물음에 답을 줄 수 있다. 여러분이 그 해답을 찾으면서 자신의 대인관계가 의심할 여지없이 대학생활의 결과에 영향을 미칠 것이라는 점을 명심하라. 이러한 점에서 대학생활은 생활 그 자체가 매우 중요한 것이다.

4. 마음의 스위치를 조절한다

하루도 쉬지 않고 밀려오는 자신의 충동과 외부로부터의 유해한 유혹들로부터 자유로운 학생은 아무도 없다. 대학생활은 자유롭다. 중고등학교 시절과 달리 담임교수나 부모님의 간섭도 줄어든다. 그만큼 책임져야 할 일도 많아지고 『시지포스의 신화』의 인물처럼 하나의 고민을 해결하면 또 다른 고민이 밀려온다.

대학에 재학하고 있는 학생 1,696명에게 입학한 후 가장 큰 고민이 무엇인지에 대하여 조사해 보았다. 대학생의 3대 고민은 진로문제, 학교공부, 인간관계로 나타났다. 구체적인 결과를 보면, 진로문제에 52.2%로 가장 많은 응답을 보였으며, 다음으로 학교공부와 인간관계에 16.7%, 학비문제에 5.4%, 이성교제에 5.4%, 숙식문제에 0.9%의 응답이 나타났다. 학년별로 살펴보면, 학년이 높아질수록 진로문제로 고민하는 비중이 높아지고 있다. 반면, 저학년은 고학년에 비해 진로보다는 학교공부나 인간관계를 더 많이 고민하고 있음을 알 수 있다.

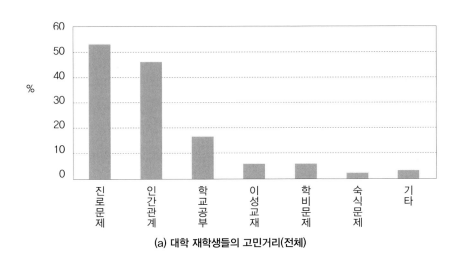

(a) 대학 재학생들의 고민거리(전체)

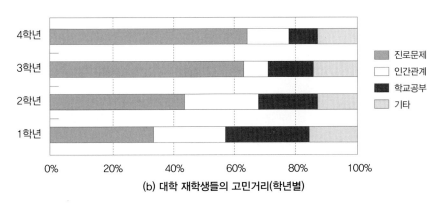

(b) 대학 재학생들의 고민거리(학년별)

그림 15-3 대학 재학생들의 고민거리

출처: 전명남(2003).

진로문제, 학교공부, 인간관계, 학비문제, 이성교제, 숙식 등의 문제를 대부분의 학생들이 경험하고 있으며, 이 고민의 무게를 견뎌 내지 못하고 많은 학생들이 학사경고, 컴퓨터 중독, 자살, 성격장애 등으로 힘들어 하고 있다. 학업스트레스가 나 혼자만의 고민이라고 생각하고 있는데 같은 고민을 하고 있는 대학생들이 상당수다.

대학 학창 시절, 유쾌한 정서와 불쾌한 정서 간의 균형을 이루는 정서 조절, 기분 조절의 스위치를 자기 스스로의 통제 안에 두라. 자신의 느낌을 자각하고 이해하며 수용하고 충동적인 행동을 통제하고 불쾌한 정서를 경험할 때, 원하는 목표를 향해 행동하며 상황에 맞게 적절한 전략을 사용할 수 있어야 할 것이다.

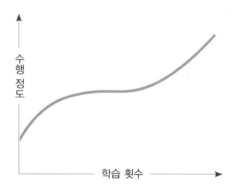

학습은 누적적이고 지속적인 과정이다. 학습을 할 때 선택하고 노력하며 지속하는 동기조절이 필요하다.

그림 15-4 학습고원(learning plateau)

또한 학습을 할 때 '선택하고' '노력하며' '지속하는' 것을 증가시키는 마음의 스위치를 자신의 내부에 두라. 낯선 경험에 열려 있되, 필요할 때는 "No!"라고 말할 수 있어야 할 것이다. 대학 졸업 시까지 공부는 노력이 드는 과정이다. 흥미가 없는 지루한 학습과제를 할 수도 있고, 너무 어려울 수도 있으며, 반복적이거나 중요하지 않은 것으로 보이는 과제나 자료를 학습하도록 요구받을 수도 있다. 이러한 상황에서 자기 스스로 학습과제를 공부하는 것이 가치롭고 유용하며 중요하다고 생각하고 시험과 과제에 대해 좋은 성적을 얻기 위한 노력을 하며, 자신의 공부에 대한 스스로의 보상을 하고, 환경에서 공부를 방해하는 요인을 제거하고, 가능한 한 많이 배우고 유능해지며, 재미 없는 과제를 즐겁고 흥미롭게 만들려는 마음의 스위치를 조절하는 것이 필요하다.

5. 정서 조절은 기본적인 학습전략이다

인간의 뇌는 학습과 기억의 중심이라고 알려져 왔다. 그러나 뇌는 우리는 생각뿐만 아니라 정서(emotion)에도 관여된다. 뇌의 여러 구조 중에서 변연계, 전두엽, 뇌간과 같은 기관은 정서 면에서 하나의 역할을 하고 있다. 우리가 언급한 대로 변연계, 편도, 뇌줄기 등은 스트레스, 공포, 우울과 같은 부정적 정서가 생길 때 지배적인 특징을 보인다고 밝혀지고 있다.

최근의 연구자들은 정서적으로 많이 개입된 사건은 가장 강력한 기억을 생성해 낸다고 밝혀내고 있다. 기억의 흐름이 지속적인가를 기억해 보라. 정서적으로 저장된 기억들은 강력할 뿐만 아니라 생각 속에서 갑작스럽게 떠올려지기도 한다. 학교생활에서 지도교수님과 며칠 전에 불쾌한 상호작용이 있었다면, 여러분은 그것을 생각하는 것을 멈출 수가 없을 것이다. 부정적 기억(negative memory)은 이렇게 강력한 방식으로 약호화되는 것으로 보인다.

연구자들은 정서(emotion)와 기분(mood)을 강도와 지속기간 면에서 구분하고 있다. 기분은 보다 오래 지속되며, 정서는 보다 짧은 강도의 집중적 에피소드로 이루어져 있다. 예를 들면, 한 학생이 학기말 시험에 대해 화가 나 있다면 그 화는 보통 짧은 기간에 사라진다. 학생이 나쁜 기분에 있을 때 이러한 느낌들은 하루 종일 지속될 수 있다. 그러나 여기에서는 기분과 정서 간의 차이를 두지 않고, '정서'라는 용어에 두 가지 개념을 모두 포함시키고자 한다.

학업적 정서(academic emotion)는 학생들의 학습과 성취에 영향을 미친다. 긍정적 정서는 자기조절을 지지해 주지만, 부정적 정서는 보다 수동적 행동을 이끈다. 예를 들면, 학습의 즐거움, 희망, 자신감과 같은 긍정적 정서는 높은 성취를 예측한다. 그러나 불안, 지겨움, 화, 부끄러움, 우울과 같은 부정적 정서는 보다 낮은 성취를 예측한다(Pekrun, 2009; Pekrun et al., 2002).

학생들의 정신건강 문제에서 가장 많이 나온 여덟 가지 요인은 다음과 같다.

- 스트레스
- 잠 곤란
- 불안

- 감기/플루(유행병)/목 아픔
- 인터넷 사용/컴퓨터 게임
- 일(work)
- 문제가 있는 친구 혹은 가족 구성원 걱정
- 우울

이 여덟 가지 중에서 다섯 가지는 어떤 방식으로든 정서와 관련되어 있다. 스트레스, 잠 곤란, 불안, 친구 혹은 가족 구성원 걱정, 우울 등이다.

학업적 수행에서 정서의 역할은 무엇인가? 부정적 정서는 수정될 수 있는가? 학생들이 쓴 학습일지를 읽어 보면, 긍정적 정서(예를 들면, 즐거움, 희망, 기쁨, 만족, 프라이드, 안도감)와 부정적 정서(예를 들면, 지겨움, 희망 없음, 불안, 실망 및 부끄러움) 둘 다를 찾아낸다. 학생들은 대학에 입학하여 느끼는 프라이드, 장기간 목표에 대해 몰두하기, 혹은 처음 룸메이트와 만나서 어울린 신난 얘기 등의 긍정적 정서를 보여 준다. 이외에도 첫 번째 퀴즈에서 좋은 학점을 받은 것, 혹은 새로운 친구와의 만남에서 느낀 만족감, 좋은 데이트를 하게 된 것 등이다. 불행하게도, 우리는 또한 부정적 정서를 표현한 학습일지를 읽어볼 수 있다. 여기에서 한 학생의 학습일지에 쓰인 부정적 정서의 한 예를 읽을 수 있다.

> "대학 과학 수업을 시작하기 전에, 나는 과학을 잘한다고 생각했다. 교수님은 고등학교 때 2주만에 받는 것보다 한 강좌에서 보다 많은 자료를 주셨다. 내가 얼마나 많이 공부하는가와 시험에서 얻는 성적 간에는 어떤 관계도 없어 보인다. 나는 점점 바보가 되어 가고 있다. 나는 부모님께 무엇을 말해야 할지 알지 못한다. 부모님은 나에게 너무 실망하실 것이다."

이 학생은 부끄러움을 경험하고 있다. 그는 좋은 학점을 받지 않게 되는 것뿐만 아니라, 시험에서 낮은 점수를 받는 것을 일으키는 사건에 대해 거의 통제하지 못한다고 느끼고 있다. 일부 학생들은 자신의 학습전략 사용을 통해 적응하고 부끄러운 감정을 극복할 수 있다. 그러나 다른 일부 학생들은 역경에 직면해서 불구가 된 것같이 느낀다. 이러한 상황은 성장의 마음 태세(growth mindset)

대 고착된 마음 태세(fixed mindset)와 관련될 수 있다.

성장의 마음 태세와 고착된 마음 태세

발달을 추구하는 성장의 마음 태세와 고착된 마음 태세를 대비해 볼 수 있다(정명진 역, 2011; Dweck, 2006). 고착된 마음 태세의 일례로 나온 이야기를 소개한다. 고착된 마음 태세의 대표적인 사례로 던랩을 들 수 있다. "선빔의 CEO 앨버트 던랩은 '회사가 존재하는 이유는 1달러라도 돈을 버는 것'이라고 정의하고, 주주(stakeholders)의 만족이 성공의 지표가 아니라, 주주배당이 그 지표다."라고 했다. 그리고 선빔의 공장 2/3을 매각하고 12,000명을 해고했다. 회사의 주가가 너무 오르는 바람에 M&A에 실패하고 그는 행복한 은퇴를 못하게 됐다. 그리고 2년도 안 되어 그는 회사에서 짤리고 회사는 망하였다. "전기톱 앨버트 던랩"이라고 실패한 CEO로 자주 나오는 사람이다. 이 사람과 대비된 인물은 GE 회장 잭 웰치다. 잭 웰치는 주로 경청하고 육성하는 데 초점을 두었고 현장에 가면 늘 직원들의 얘기를 듣고 그 과정을 학습의 과정으로 받아들였다고 한다. 전형적인 성장의 마음 태세다. 즉, 성공하는 사람들은 고난과 역경, 실패를 통해 배우고 성장하기를 좋아한다는 것이다. 성공하는 사람들은 실패나 시련 등에 성장 지향적으로 반응하는 태세를 취하며, 끊임없이 도전하고 노력해 걸림돌을 이겨냈다는 것이다. 반대로 안정 지향적으로 반응하는 태세를 지닌 사람들은 어떤 일에 실패했을 때 자신의 힘으로는 어쩔 수 없는 일이라며 체념해 버리고 능력에 대한 믿음을 잃어버린다고 한다. 그들은 이전의 성공을 과소평가하고 실패를 부풀린다. 실패를 두려워하고 효과적인 전략마저 파기해 버리는 것이다. 그러고는 "아직 준비가 부족해. 과연 이게 될까?" 또는 "능력이 모자란 것 같아. 이건 나랑 맞지 않아."라며 한숨을 쉬고 포기해 버리고 만다. 성장 지향적 태도를 지닌 사람들은 실패를 능력에 대한 도전으로 여기지 않는다. 그들에게 실패는 새로운 것을 배울 기회일 뿐이다. 그들은 새로운 성공 전략을 찾는 데 관심을 갖는다. 실패하면 아직 그에 맞는 전략을 찾지 못했음을 깨닫고 다음에는 어떤 전략을 쓸지 고민한다. 즉, 그들은 포기라는 단어와 개념을 전혀 모르는 사람처럼 끈기 있게, 성공할 때까지 도전의 문을 두드리는 것이다(출처: www.SBSCNBC.co.kr).

또한 자신의 말 또는 셀프톡(self-talk)은 개인의 정서와 행동에 영향을 미친다. 부정적인 셀프톡을 긍정적인 셀프톡으로 변화시키는 연습을 통해 자신의 행동을 변화시키는 방법을 활용할 수도 있다.

표 15-1 부정적인 셀프톡(self-talk)

패턴	특징	좋아하는 표현	셀프-톡의 예시
걱정	가장 나쁜 상황을 상상	"만약 …… 라면"	"…… 내가 지명되면 난 결코 그 질문에 답할 수 없을거야."
비판	자신의 행동을 판단하거나 평가, 단점과 제한점을 지적	"바보 같아!"	"학기말 과제는 다른 논문이나 도서관 자료를 더 찾아봐야 돼."
희생	무력감 또는 희망 없음을 느낌	"나는 할 수 없어……" "난 결코 할 수 없을거야."	"나는 오늘 더 하기에는 너무 피로해."
완벽주의	자신의 노력은 충분히 좋지 않다고 말함	"난 …… 해야 해." "내가 …… 할 수 있었더라면"	"나는 공부하는 데 시간이 들어. 나는 공부 더 해야 돼."

정서는 사건과 경험에 의해 영향을 받는다. 학생들은 부정적인 경험을 통해 자신의 학업이나 생활에 도움이 되지 않는 비합리적인 생각(irrational thinking)에 빠져서 나오지 못하는 경우가 많다. 비합리적 사고의 패턴이 잘 발생하게 되며 이는 학생들에게 부정적 정서는 물론이고 학업에의 적응을 방해하게 된다. 이때 합리적 정서적 치료(rational emotive therapy)는 적절히 활용될 수 있다. 걱정하는 사람, 비판하는 사람, 희생자, 완벽주의자 패턴으로 인해 계속적으로 부정적 정서에 빠져 있는 학생들에게 어떻게 논박해 주면 긍정적 정서로 변화될 수 있을까? 〈표 15-2〉로 연습해 보자.

📽 표 15-2 부정적 셀프톡에서 긍정적 셀프톡으로 바꾸기

패턴	좋아하는 표현	부정적 셀프–톡의 예시	논박	긍정적 셀프–톡의 예시
걱정	"만약 …… 라면"	"…… 내가 지명되면 난 결코 그 질문에 답할 수 없을거야."	(예제) 지명되었을 때 항상 답을 못하기만 했었는지 기억해 보렴!	(예제) 때로는 지명되었을 때 답을 해낼 수 있어서 기뻤던 적도 있었지.
비판	"바보 같아!"	"학기말 과제는 다른 논문이나 도서관 자료를 더 찾아봐야 돼."		
희생	"나는 할 수 없어 ……" "난 결코 할 수 없을거야."	"나는 오늘 더 하기엔 너무 피로해."		
완벽주의	"난 …… 해야 해." "내가 …… 할 수 있었더라면"	"나는 공부하는 데 시간이 들어. 나는 공부 더 해야 돼."		

    공부를 지속하다가 부딪치는 어려움 중의 하나는 '지겨움(boredom)'이다. 지겨움에 대처하는 학생들의 전략 체계는 크게 접근 대처와 회피 대처로 나누어 볼 수 있다. 자신이 주로 접근 대처를 하는지, 아니면 회피 대처를 하는지 점검해 보자.

📽 표 15-3 지겨움에 대처하는 학생들의 전략 체계 분류

대처 유형	접근 대처	회피 대처
인지적	사고는 상황 지각을 각각 달리 변화시킨다.	그밖에 무언가에 대한 생각은 상황과 연관되어 있다.
행동적	상황을 변화시키기 위해 행동을 취한다.	상황과 연관되지 않은 행동을 취한다.

참고문헌

강혜원(2008). 학업에 대한 성패귀인, 자기효능 및 내적동기와 대학생활 적응의 관계. 교육심리연구, 12, 2, 85-107.

권대훈(1990). 시험에 대한 자기효능이 학업성적과 시험 불안에 미치는 영향, 안동대학교, 학생지도연구, 11, 21-31.

권대훈(2006). 교육심리학의 이론과 실제. 학지사.

김경희(1995). 정서란 무엇인가. 서울: 민음사.

김경희(1997). 한국 아동의 정서에 관한 심리학적 연구, 한국심리학회지, 10, 1, 43-56.

김계영(2006). 청소년을 위한 서양문학사. 두리미디어.

김동일(1999). 인지학습의 교육적 적용: 학습장애아동을 위한 초인지전략 교수. 인천교육대학교 교육논총, 16, 187-206.

김동일(2005). 학업상담을 위한 학습전략 프로그램. 서울: 학지사.

김미숙, 유효현, 전미란, 박춘성(2007). 영재 리더십 프로그램. 한국교육개발원.

김병희(1991). 대학교육에서의 이해의 문제(정호표 편저). 대학과 대학교육. 교육과학사.

김상희 외(2007). 분석과 비판의 기초-읽기와 쓰기. 가톨릭대학교 출판부.

김아영(2002). 자기결정성 이론에 따른 학습동기 유형 분류체계의 타당성. 교육심리연구, 16, 4, 169-187.

김아영(2010a). 자기결정이론과 현장 적용 연구. 교육심리연구, 24, 3, 583-609.

김아영(2010b). 학업동기: 이론, 연구와 적용. 서울: 학지사.

김아영 외 공역(2001). 교육심리학. 서울: 학문사.

김아영, 이명희, 전혜원, 이다솜, 임인혜(2007). 청소년이 지각하는 유능감 및 관계성과 비행 간의 종단적 관계 분석. 교육심리연구, 21, 4, 945-967.

김아영, 차정은, 이다솜, 임인혜, 탁하얀, 송윤아(2008). 부모의 자율성 지지가 초등학생의 자기조절학습효능감에 미치는 영향: 자기결정동기의 매개효과. 한국교육, 35,

4, 3-24.

김언주(1997). 감성 지능의 의미와 측정. 교육진흥, 9, 3, 165-174.

김영진(2003). 아동·청소년 지도자를 위한 학습상담연구. 양서원.

김영채(1990a). 학업수행과 결합되어 있는 동기 및 학습전략 변인. 계명행동과학연구, 3, 1, 15-38.

김영채(1990b). 학습과 사고의 전략. 서울: 교육과학사.

김영채(1999). 창의적 문제해결: 창의력의 이론, 개발과 수업. 서울: 교육과학사.

김영채(2005). 생각하는 독서. 박영사.

김영채(1989). 학습의욕 및 학습습관의 진단. 대학생활연구. 한양대 학생생활연구소, 7, 161-188.

김옥분, 안도희(2010). 청소년의 학문적 미성취에 영향을 주는 요인: 학업 관련 태도 및 성취 목적을 중심으로. 청소년학연구, 17, 5, 25-47.

김용옥(2008). 몰입 이렇게 하라. 물푸레.

김원식, 김성일(2005). 과제에 대한 선택권이 과제흥미를 증진시키는가?: 과제구체성과 지각된 유능감 효과. 교육심리연구, 19, 2, 353-369.

김은영(2008). 여자대학생의 학업성취도에 따른 동기조절전략 연구. 교육심리연구, 22, 1, 111-127.

김은주(2007). 부모자녀관계와 자기결정성요인들이 대학신입생들의 학교생활만족도에 미치는 영향. 교육심리연구, 21, 3, 539-555.

김은주·김민규(2011). 청소년들의 유능성과 관계성 및 내재동기가 공부시간에 미치는 영향에 대한 종단연구. 교육심리연구, 25, 2, 345-365.

김주환(2011). 회복탄력성, 시련을 행운으로 바꾸는 유쾌한 비밀. 위즈덤하우스.

김진욱, 장성수, 이지연(2006). 지각된 학급의 평가환경 및 개인의 능력관련 신념과 성취 목표와의 관계: 매개효과와 조절효과를 중심으로. 교육심리연구, 20(1), 219-242.

김현진, 김현진(2011). 한국 대학생들의 자기조절동기, 학업정서 및 인지적 자기조절 학습전략 사용 간의 경로 탐색 연구. 교육심리연구, 25, 3, 693-716.

다치바나 다카시(2001). 나는 이런 책을 읽어 왔다. 청어람 미디어.

류형선(2013). 수·과학영재선발을 위한 회복탄력성의 활용 가능성. 창의력교육연구, 13, 3, 91-106.

문용린(1997). EQ가 높으면 성공이 보인다. 서울: 글이랑.

문은식, 강승호(2005). 고등학생의 심리적 안녕에 관련되는 사회·동기적 변인들의 구조적 분석.

박권생, 손기준 역(1991). 여섯가지 사고모−de Bono의 사고개발기법. 서울: 교육과학사.

박병기, 정기수, 김선미, 이종욱(2005). 자기조절 학습의 복합적 측정도구 개발과 타당
　　　화 : 동기조절 척도의 통합을 중심으로. 교육심리연구, 19, 2, 455−476.

박승호(2003). 자기조절학습의 발달을 위한 동기적 요인의 역할. 교육심리연구, 17, 1, 55−
　　　70.

박혜숙, 전명남(2011). 한국인 대학생과 중국인 유학생의 학업성취도에 미치는 학업적
　　　효능감, 동기조절전략, 성별의 관계 비교. 고려대학교 교육문제연구소 교육문제연구,
　　　41, 149−176.

박희병(1998). 선인들의 공부법. 창작과 비평사.

배영주(2003). 성인의 자기주도학습 과정에 대한 사례 연구. 서울대학교 박사학위논문.

배영주(2005). 자기주도학습과 구성주의. 원미사.

변창진(1995a). 학습기술검사, 실시요강. 중앙교육진흥연구소.

변창진(1995b). 학습기술검사, 국민학교 고학년 학생용. 중앙교육진흥연구소.

변창진(1995c). 학습기술검사, 중학생용. 중앙교육진흥연구소.

변창진(1995d). 학습기술검사, 고등학생용. 중앙교육진흥연구소.

변창진(1995e). 중앙교육 학습기술검사 보조자료. 중앙교육진흥연구소.

사오노 나나미(2001). 르네상스를 만든 사람들. 한길사.

소연희(2007). 학습자 동기 특성 변인들이 고등학생들의 주관적 안녕감에 미치는 영향−
　　　성취 목표 지향성, 자기효능감, 자기결정성, 학습동기 및 학업성취를 중심으로.
　　　교육심리연구, 21, 4, 1007−1028.

손병환(1991). 대학생의 서어클활동. 대학과 대학교육(정호표 편저). 교육과학사.

송수지(2007). 미성취 영재를 위한 인지・정서적 교육개입 프로그램 개발. 정서・행동장
　　　애연구, 23, 3, 301−326.

신우철, 김민규, 김주환(2009). 회복탄력성 검사 지수의 개발 및 타당도 검증. 한국청소년
　　　연구, 20, 4, 105−131.

신종호, 김동민, 김정섭, 김종백, 도승이, 김지현, 서영석 역(2011). 교육심리학: 교육실제
　　　를 보는 창, 제8판(Eggen, P., & Kauchak, D., Allyn & Bacon, 2010).

신종호, 신태섭, 이승희, 이경호, 박지연, 송상호(2006). 정신모형 수업이 원운동 정신모
　　　형 변화에 미치는 효과. 아시아교육연구, 7(1), 163−187.

안도희, 박귀화, 정재우(2008). 자율성 지지, 기본적 욕구 및 심리적 안녕감 간의 관계.
　　　청소년학연구, 15, 5, 315−338.

안진희 역(2011). 회복탄력성이 높은 사람들의 비밀(불안과 스트레스를 이겨내는 마음

의 힘). 이마고.

유경임(2006). 초등학교 학생의 주의집중력에 영향을 미치는 요인분석. 경인교육대학교 교육대학원 석사학위논문.

유임하(2004). 동서양 고전 읽기와 글쓰기. 어진소리.

이명경(2013). 집중력 교육의 이론과 실제. 한국집중력센터.

이명희, 김아영(2008). 자기결정성이론에 근거한 한국형 기본 심리 욕구 척도 개발 및 타당화. 한국심리학회지: 사회 및 성격, 22, 4, 157-174.

이민희(2009). 자기결정이론을 토대로 한 학습상담 전략 탐색. 한국심리학회지: 상담 및 심리치료, 21, 3, 703-721.

이민희, 정태연(2008). 자기결정이론을 토대로 한 학습동기 경로 모형 검증. 한국심리학회지: 사회문제, 14, 1, 77-99.

이수란, 손영우(2013). 무엇이 뛰어난 학업성취를 예측하는가?-신중하게 계획된 연습과 투지(Grit). 한국심리학회지: 학교, 10, 3, 349-366.

이수진(2009). 대학생이 지각하는 사회유대감과 자율성이 학교생활적응과 주관적 안녕감에 미치는 영향: 정서적 적응을 매개로. 한국심리학회지: 학교, 6, 2, 229-248.

이수진(2011). 지각된 자율성, 관계성, 유능감과 대학생활에서의 학업성취, 정서적 적응과 주관적 안녕감과의 관계. 교육심리연구, 25, 4, 903-926.

이장호, 이관용 역(1982). 카운셀링과 심리치료의 이론과 실제. 서울: 대한 교과서 주식회사.

이재규, 김종운, 김현진, 박혜숙, 백미숙, 송재홍, 신을진, 유형근, 이명경, 이자영, 전명남(2013). 학습상담. 학지사.

장휘숙(1994). 자기효능성의 특성에 관한 관련연구의 개관. 한국심리학회지: 발달, 6, 2, 16-28.

전경문, 박현주, 노태희(2005). 군집분석을 이용한 학생들의 성취 목적 양식 조사. 한국과학교육학회지, 25(3), 321-326.

전명남(2003a). 연세대학교 학습지 특성 조사 연구. 연세대학교 교육개발센터.

전명남(2003b). 또래 튜터링 학습방법의 실과 허. 한국교육심리학회 연차학술대회 자료집. 135-150.

전명남(2003c). 높은 학업성취 대학생의 학습전략과 수행 분석. 교육심리연구, 17, 4, 69-89.

전명남(2004a). Kolb-McCarthy 학습유형에 따른 심층학습의 차이. 교육심리연구, 18, 4, 279-292.

전명남(2004b). 학습전략 업그레이드. 연세대학교출판부.

전명남(2006a). Jung의 심리적 기능에 기초한 교수스타일의 구분과 그 적용가능성에 대한 탐색적 연구. 계명대학교 사회과학연구소, 교육학연구, 22, 1, 107-125.

전명남(2006b). 토의식 교수법, 토론식 학습법. 대구: 계명대학교 출판부.

전명남(2007a). 질문·발표·토의능력 기르기(손연아, 이석열, 이은화, 이희원, 장상필, 전명남, 조용개 공저). 성공적인 대학생활을 위한 학습전략. 학지사.

전명남(2007b). 효율적인 시간 관리(손연아, 이석열, 이은화, 이희원, 장상필, 전명남, 조용개 공저). 성공적인 대학생활을 위한 학습전략 포트폴리오. 학지사.

전명남(2008a). 대학학습심리. 도서출판 태림.

전명남(2008b). 윌리엄 앤 메리 대학의 인문사회영재 교육 사례. 한국영재교육학회 춘계학술대회 자료집.

전명남(2012). 상상과 창의성 개발: 상상공학과 창의공학. 대구한의대출판부.

전명남(2013a). 발표와 토론을 위한 성공스피치와 리더십. 창지사.

전명남(2013b). 학습 팀을 활용한 대학 수업에서 팀 공유정신모형 척도의 타당화. 교육심리연구, 27, 4, 935-960.

전명남(2014). 팀 학습행동과 팀 효과성의 관계에서 팀 공유정신모형의 매개 효과. 산업교육연구, 28, 1, 93-122.

전명남 외(2005). Effects of on-line community assisted small group peer tutoring on university students' learning strategies. *Educational Technology International*, 6, 2, 101-111.

전명남(2006). Effects of school-wide small group learning community on university students' satisfaction and academic achievements. *Inha university, Asia's Educational Miracles*.

전명남(2007). 학교 전체 소집단 학습커뮤니티 활동이 대학생들의 학업성취도에 미치는 효과. 한국교육심리학회 2007년도 제1차 학술대회 발표논문집, 15-19.

전명남, 권대훈, 박혜숙(2010a). 창의적 문제해결력 프로그램: 기초. 한국교육개발원.

전명남, 권대훈, 박혜숙(2010b). 창의적 문제해결력 프로그램: 심화. 한국교육개발원

전명남, 박혜숙(2012a). 온라인 커뮤니티 보조의 팀 학습이 대학생들의 학업성취도와 공유된 정신모형에 미치는 효과. 한국콘텐츠학회논문지, 12, 5, 541-552.

전명남, 박혜숙(2012b). 대학생용 동기조절전략 척도의 타당화. 경희대학교 사회과학연구원. 사회과학연구, 38, 2, 23-46.

전명남, 신수정, 강현석, 조철기(2008b). 인문사회 영재교육 교수학습 자료: 나도 방송작가. 한국교육개발원.

전명남, 신수정, 강현석, 조철기(2008c). 인문사회 영재교육 교수학습 자료: 두 얼굴을 한 문명. 한국교육개발원.

전명남, 신수정, 강현석, 조철기(2008d). 인문사회 영재교육 교수학습 자료: 문명 사회의 새로운 출구. 한국교육개발원.

전명남, 신수정, 강현석, 조철기(2008e). 인문사회 영재교육 교수학습 자료: 문화의 숨은 뿌리. 한국교육개발원.

전명남, 신수정, 강현석, 조철기(2008f). 인문사회 영재교육 교수학습 자료: 사회, 문화의 지평을 넓히다. 한국교육개발원.

전명남, 신수정, 강현석, 조철기(2008g). 인문사회 영재교육 교수학습 자료: 우리가 살아가는 사회. 한국교육개발원.

전명남, 신수정, 강현석, 조철기(2008h). 인문사회 영재교육 교수학습 자료: 위대한 탄생. 한국교육개발원.

전명남, 신수정, 강현석, 조철기(2008i). 인문사회 영재교육 교수학습 자료: 이야기 나라. 한국교육개발원.

전명남, 신수정, 강현석, 조철기(2008j). 인문사회 영재교육 교수학습 자료: 인간과 정치의 만남. 한국교육개발원.

전명남, 신수정, 강현석, 조철기(2008k). 인문사회 영재교육 교수학습 자료: 지구가 아파요. 한국교육개발원.

전명남, 신수정, 강현석, 조철기(2008l). 인문사회 영재교육 교수학습 자료: 책은 내 친구. 한국교육개발원.

전명남, 신수정, 강현석, 조철기(2008m). 인문사회 영재교육 교수학습 자료: 학문의 숨은 뿌리. 한국교육개발원.

전명남, 신수정, 강현석, 조철기(2008n). 인문사회 영재교육과정. 한국교육개발원.

전성연, 최병인(1999). 학습동기. 학지사.

전성희, 신미, 유미숙(2011). 청소년의 자기결정성에 영향을 주는 요인들. 청소년학연구, 18, 1, 275-296.

전헌선, 윤정륜, 손기준, 이우언(1990). 학습과 사고의 전략 훈련지침서. 교육과학사.

정명진 역(2011). 성공의 새로운 심리학. 서울: 부글북스.

정종진 역(2012). 학습코칭: 학습부진아 지도를 위한 220가지 전략. 시그마프레스.

조선희, 전명남(1998). 유아의 비판적 사고를 촉진하는 질문에 대한 탐색적 연구: QFCT의 활용가능성에 대한 유치원 교사의 지각과 5세 유아의 직접적 반응을 중심으로. 미래유아교육학회지, 5, 2, 249-270.

조인수, 이웅훈 역(2008). 지적 발달장애인을 위한 자기결정 교수방략. 대구대학교출판부.

조한익, 권혜연(2010). 청소년의 자기결정성 학습동기와 학업성취와의 관계. 청소년학연구, 17, 47-68.

정창우, 한예민 역(2012). 스탠포드대 인생특강, 목적으로 가는 길. 무엇을 위해 살 것인가?

찰스 나우어트(2002). 휴머니즘과 르네상스 유럽 문화. 혜안.

최해연(2012). 한국의 대학생과 직장인이 경험하는 긍정정서의 구조. 한국심리학회지: 사회 및 성격, 26, 4, 73-88.

최희철, 황매향, 김연진(2009). 아동의 부모에 대한 관계성과 안녕(well-being) 사이의 자기회귀 교차지연 효과 검증. 교육심리연구, 23, 3, 561-579.

페어 올젠(1999). 소피의 세계 논술연습노트. 현암사.

한국교육심리센터(1997). EQ 향상을 돕는 프로그램[함께하기]-초등학생용. 대한교과서.

허경철(1991). Bandura의 자기효능감 발달이론과 자주성 함양을 위한 교수-학습방법. 한국교육, 18, 33-55.

허경철 외(1989). 사고력 신장을 위한 프로그램 개발 연구. 서울: 한국교육개발원.

홍기칠(2004). 구성주의적 자기주도학습을 위한 학습력 분석과 학습모형 개발. 교육심리연구, 18, 1, 75-98.

홍명희(1996). EQ: 감성지능개발 학습법. 서울: 해냄(Märtin & Böeck의 책 번역)

홍은숙(2006). 탄력성의 개념적 이해와 교육적 방안. 특수교육학연구, 41, 2, 45-47.

황태호 역(1996). 감성지능(Goldman, 1995). 서울: 비전코리아.

히로나카 헤이스케(2001). 학문의 즐거움. 김영사.

Alderman, M. K. (1999). *Motivation for achievement: Possibilities for teaching and learning.* Mahwah, NJ: Lawrence Erlbaum Associates.

Allen, V. L., & Feldman, R. S. (1973). Learning through tutoring: low achieving children as tutors. *Journal of Experimental Education, 42,* 1-5.

Ames, C. (1992). Classrooms: Goals, structures, and student motivation. *Journal of Educational Psychology, 84*(3), 261-271.

Anderson, B., & Simpson, M. Program-wide online group interaction: Developing a social infrastructure.

Anderson, G., Boud, D., & Sampson, J. (2004). *Learning Contracts: A practical guide.* Routledge Falmer.

Annis, L. F. (1983). The process and effects of peer tutoring. *Human Learning, 2,* 39-47.

Arreaga-Mayer, C. (1998). Increasing active student responding and improving academic performance through classwide peer tutoring. *Intervention in School and Clinic, 34*, 89–94.

Atkinson, J. W., & Feather, N. T. (1980). *A theory of achievement motivation*. New York: John Wiley.

Baker, R., McNeil, O. V., & Siryk, B.(1985). Expectations and reality in freshman adjustment to college. *Journal of Counseling Psychology, 32*, 94–103.

Bandura, A. (1977a). *Social Learning Theory, Englewood Cliffs*, New Jersey,: Prrrentice-Hall, 160–165.

Bandura, A. (1977b). Self-efficacy: Toward a Unifying Theory of Behavioral change. *Psychological Reiew, 84*, 2, 191–215.

Bandura, A. (1982). Self-efficacy Mechanism in Human Agency, *American Psychology, 37*, 2, 122–147.

Bandura, A. (1989). Regulation of Cognitive Process Through Perceived Self-efficacy, *Developmental Psychology, 25*, 5, 729–735.

Bandura, A. (1993). Perceving Self-Efficacy in Cognitive Delopment and Functioning, *Educational Psychology, 28*, 2, 117–148.

Bandura, A., Adams, N. E., Hardy, A. B., & Howells, G. G. (1980). Test of the Generality of Self-efficacy Theory. *Cognitive Therapy and Reserch, 4*, 39–66.

Bandura, A., & Cervone, D. (1983). Self-evaluative and Self-efficacy Mechanisms Governing the Motivational Effects of Goal systems. *Journal of Personality and Social Psychology, 45*, 5, 1017–1028.

Bannister, D., & Fransella, F. (1980). *Inquiring man: The Psychology of Personal Constructs*. Penguin Books.

Barbetta, P. M., Miller, A. D., Peters, M. T., Heron, T. E., & Cochran, L. L. (1991). Tugmate: A cross-age tutoring program to teach sight vocabulary. *Education and Treatment of Children, 14*, 19–37.

Barkley, R. A. (2006). *Attention Deficit Hyperactivity Disorder: A handbook for diagnosis and treatment* (3rd ed.). New York: Guilford Press.

Barrington, B. L., & Hendricks, B. (1989). Differentiating characteristics of high school graduates, dropouts, and nongraduates. *Journal of Educational Research, 82*, 309–319.

Beauchamp, L., Darst, P. W., & thompson, L. P. (1990). Academic learning time as an indication of quality high school physical education. *Journal of Physical Education, Recreation & Dance, 61*, 1, 92−95.

Beime-Smith, M. (1989). A systematic approach for teaching note-taking skills to students with mild handicaps. *Academic Therapy, 24*, 425−437.

Benware, C., & Deci, E. L. (1984). The quality of learning with an active versus passive motivational set. *American Educational Research Journal, 21*, 755−766.

Berelson, B., & Steiner, G. A. (1964). *Human Behavior* .New York: Harcourt, Brace & World.

Berry, J. M., West, R. L., & Dennehey, D. Reliability and Validity of the Memory Self-efficacy Questionnaire. *Developmental Psychology, 25*, 5, 701−713.

Bierman, K. L., & Furman, W. (1981). Effects of role and assignment rationale on attitudes formed during peer tutoring. *Journal of Educational Psychology, 73*, 33−40.

Block, J., & Kremen, A. M. (1996). IQ and ego-resiliency: Conceptual and empirical connections and separateness. *Journal of Personality and Social Psychology, 70*, 349−361.

Blowers, S., Ramsey, P., Merriman, C., & Grooms, J. (2003). Patterns of peer tutoring in nursing. *Journal of Nursing Education, 42*, 204−211.

Borkovec, T. D. (1978). Self-efficacy: Cause or Reflection of Behavioral Change. In Rachman, S. (Eds.), Advances in Behavior. *Research and Therapy*. Oxford: Pergamon Press.

Borkowski, J. G., Weying, & Carr (1988). Effects of attributional retraining on strategy-based reading comprehension in learning-disabled students. *Journal of Educational Psychology, 80*, 1, 46−53.

Bossert, S. T. (1988). Cooperative activities in the classroom. *Review of Research in Education, 15*(1988−1989), 225−250.

Bower, G. H., & Hilgard, E. R. (1981). *Theories of learning.* New Jersey: Prentice-Hall.

Bransford, J., & Stein, B. (1984). *The IDEAL Problem Solver: A guide for improving thinking, learning, and creativity.* New York: W.H. Freeman.

342
참고문헌

Britton, B. K., & Tessor, A. (1991). Effects of time management practices on college grades. *Journal of Educational Psychology, 83*, 3, 405−410.

Brody, E. B., Hatfield, B. D., & Spalding, T. W. Generalization of Sport Skill, *Journal of Sport & Exercise Psychology, 1988*, 10, 32−44.

Brookfield, S. (1986). *Understanding and facilitating adult learning.* San Francisco, CA: Jossey-Bass.

Brookfield, S. D. (1987). *Developing Critical Thinkers: Challenging Adults to Explore Alternative Ways of Thinking Acting.* Milton Keynes: Open University Press.

Brown, I. J., & Inouye, D. K. (1978). Learned Helplessness through Modeling: The Role of Perceived similary in competence, *Journal of Personality and Social Psychology, 36, 900−908.*

Bruffee, K. A. (1992). *A short course in writing*(3rd ed.). New York: HarperCollins.

Carrier, C. A. (1983). Notetaking research: Implications for the classroom. *Journal of Instructional Development, 6*, 3, 19−25.

Carroll, D. (1965). A quantitative test of upperextremity function. *Journal of Chronic Disability, 18, 479.*

Charlton, R. (Ed.). (2007). *Learning to consult.* Radcliffe.

Cheung, C., & Kwok, S. (1998). Activities and academic achievement among college students. *The Journal of Genetic Psychology, 159*, 2, 147−162.

Chi, M. T. H., Glaser, R., & Rees, E. (1982). Expertise in problem solving.

Collier, G. (1983). *The management of peer-group learning: Syndicate methods in higher education.* SRHE: Guilford.

Condry, J. (1977). Enemies of exploration: Self-initiated versus other-initiated learning. *Journal of Personality and Social Psychology, 35*, 459−477.

Cottrell, S. (1999). *The Study Skills Handbook.* Basingstoke: Macmillan.

Cottrell, S. (2001). *Teaching Study Skills and Supporting Learning.* Basingstoke: Palgrave.

Covington, M. V. (1992). *Making the grade: A self-worth perspective on motivation and school reform.* New York: Cambridge Univ. Press.

Covington, M.V., & Roberts, B.W. (1994). Self-worth and college achievement: Motivational and personality correlates. In P.R. Pintrich., D.R. Brown., & C.E. Weinstein (Eds.). *Student motivation, cognition, and learning: Essays in honor of Wilbert J. McKeachie.* Hillsdale, NJ: Erlbaum.

Cox, J., & Daniel, N. (1983a, November/December). *Identification: Special problems and special populations,* G/C/T, 54-61.

Cross, K. P.(1999). *Learning is about making connections.* Mission Viejo, CA: League for Innovation in the Community College.

d'Ailly, H. (2004). The role of choice in children's learning: A distinctive cultural and gender difference in efficacy, interest, and effort. *Canadian Journal of Behavioral Science, 36,* 17-29.

Daniel, J., & Roberts, S. (1999). Changing needs; changing study patterns. In Thorne, E (Ed.). *Universities in the Future.* Office of Science and Technology, Department of Trade and Industry, HMSO.

Dansereau, D. F. (1978). The development of a learning strategy curriculum. In H. F. O'Neil, Jr.(Ed.). *Learning strategies.* New York: Academic Press.

Dansereau, D. F., Collins, K. W., McDonald, B. A., Holley, C. C. D., Garland, J., Diekhoff, F., & Evans, S. H. (1979). Development and evaluation of a learning strategy training program. *Journal of Educational Psychology, 71,* 64-73.

Davids, A. (1966). Psychological characteristics of high school, male and female potential scientists in comparison with academic underachievers. *Psychology in the Schools, 3,* 1, 79-87.

Davis, T. M., & Murrell, P. H. (1993). A structural model of perceived academic, personal, and vocational gains related to college: Student responsibility. *Research in Higher Education, 34,* 267-289.

Dawson, P., & Guare, R. (2012). *Smart but scattered.* The Guildford Press.

de Kleer, J., & Brown, J.S. (1983). Assumptions and Ambiguities in Mechanistic Mental Models. In Gentner, G. and Collins, A. Ed. *Mental Model* (pp.155-190). Hillsdale, NJ: Erlbaum.

Deci E. L., & Ryan, R. M. (2000). The "What" and "Why" of goal pursuits' human needs and the self-determination of behavior. *Psychological Inquiry, 11,* 319-338.

Deci, E. L., & Ryan, R. M. (1985). *Intrinsic motivation and self-determination in human behavior.* New York: Plenum.

Dembo, M. H., & Seli, H. (2013). *Motivation and learning strategies for college success: A focus on self-regulated learning* (4th ed.), Routledge.

Devine, T. G. (1987). *Teaching study skills: A guide for teachers.* Boston, MA: Allyn & Bacon.

diSessa, A. A. (1983). Phenomenology and the Evolution of Intuition. In D. Genter & A. L. Stevens (Eds.), *Mental Models*(pp. 15–33). Hillsdale, NJ: Lawrence Erlbaum Associates.

DiVesta, F. J., & Gray, S. G. (1972). Listening and notetaking. *Journal of Educational Psychology, 64,* 278–287.

Duckworth, A. L., Kirby, T. A., Tsukayama, E., Berstein, H., & Ericsson, K. A. (2011). Deliberate practice spells success: Why Grittier Competitors Triumph at the National Spelling Bee. *Social Psychological and Personality Science, 2,* 174–181.

Duncker, K. (1945). On problem solving. *Psychological Monographs, 58,* 5, I–113.

Dweck, K. (2006). *Mindset: The new psychology of success.* NY: Random House.

Earley, P. E, Connely, T., & Ekegren, G. (1989). Goals, Strategy Development and Task Performance: Some Limits on the Efficacy of Goal Setting, *Journal of Applied Psychology, 74,* 24–33.

Easterbrook, J. A. (1959). The effect of emotion on utilization and the organization of behavior. *Psychology Review, 66,* 183–201.

Eccles, J., Adler, T., & Meece, J. (1984). Sex differences in achievement: A test of alternate theories. *Journal of Personality and Social Psychology, 46,* 1, 26–43.

Elias, M. J., & Clabby, J. (1992). *Building Social Problem Solving Skills: Guidelines from a School-Based Program*, San Francisco: Jossey-Bass.

Elias, M. J., & Weissberg, R. P. (1990). School-Based Social Competence Promotion as a Primary Prevention Strategy: A Tale of Two Projects, Prevention in *Human Services. 7,* 1, 177–200.

Elias, M. J., Gara, M. A., Schuyler, T. F., Banden-Muller, & Sayette, M. A. (1991). The Promotion of Social Competence: Longitudinal Study of a Preventive School-Based Program, *American Journal of Orthopsychiatry, 61,* 409–417.

Elliot, A. J., & McGregor, H. (2001). A 2x2 achievement goal framework. *Journal of Personality and Social Psychology, 80,* 501–519.

Ellis, S., & Rogoff, B. (1982). The Strategies and Efficacy of Child versus Adult

Teachers. *Child Development, 1982*, 730−735.

Eng, T. H., Li, V. L., & Julaihi, N. H. (2010). The relationships between students' underachievement in mathematics courses and influencing factors. *Procedia Social and Behavioral Sciences 8*, 134−141.

Ennis, R. H. (1984). Problems in testing informal logic, critical thinking reasoning ability. *Informal Logic, 6*, 1, 3−9.

Ennis, R. H. (1989). Critical thinking and subject specificity: Clarification and needed research. *Educational Researcher, 18*, 3, 4−10.

Erickson, K. A., Krampe, R. T., & Tesch-Romer, C. (1993). The role of deliberate practice in the acquisition of expert performance. *Psychological Review, 100*, 363−496.

Fantuzzo, J. W., Davis, G. Y., & Ginsburg, M. D. (1995). Effects of parent involvement in isolation or in combination with peer tutoring on self-concept and mathematics achievement. *Journal of Educational Psychology, 87*, 272−281.

Fantuzzo, J. W., Dimeff, L. A., & Fox, S. L. (1989). Reciprocal peer tutoring: Amultirnodal assessment of effectiveness with college students. *Teaching of Psychology. 16*, 133−135.

Fantuzzo, J. W., Polite, K., & Grayson, N. (1990). An evaluation of reciprocal peer tutoring across elementary school settings. *The Journal of School Psychology, 28*, 309−323.

Fantuzzo, J. W., King, J. A., & Heller, L. R. (1992). Effects of reciprocal peer tutoring on mathematics and school adjustment. *Journal of Educational Psychology, 84*, 331−339.

Feltz, D. L. (1982). Path Analysis of the Causal Elements in Bandura's Theory of Self-efficacy and an Anxity-Based Model of Avoidence Behavior, *Journal of Personality and Social Psychology, 42*, 4, 764−781.

Ferrari, J. R., Johnson, J. L., McKown, W. G., & Associates. (1995). *Procrastination and task avoidance: Theory, research, and treatment.* New York: Plenum Press.

Festinger, L. A. (1954). Theory of Social Comparison Process. *Human Relations, 7*, 117−140.

Fisher, C., Maliave, R., & Filby, N. N. (1979). Improving teaching by increasing, "Academic learning time". *Educational Leadership, 37*, 1, 52−54.

Fisher, J. D., Nadler, A., & Whitcher-Alagna, S. (1982). Recipient reactions to aid. *Psychological Bulletin, 91*, 27−54.

Forman, E. A., & Cazden, C. B. (1985). Exploring Vygotskian perspectives in education: the cognitive value of peer interaction. In J. V. Wertsch (Ed.). *Culture, communication and cognition: Vygotskian perspectives*, Cambridge: Cambridge University Press.

Forsyth, D., & McMillan, J. (1991). Practical proposals for motivating students. In R. J. Menges & M. D. Svinicki (Eds.). *College teaching: From theory to practice.* New Directions for Teaching and Learning. no. 45, San Francisco: Jossey-Bass.

Frender, G. (1990). *Learning to learn: Strengthening study skills and brain power.* Nashville, Tennessee: Incentive Publications, Inc.

Fulton, R. D. (1989). *Critical thinking in adulthood. A paper submitted to the Kellog Center for Adult Learning Research.* Montana State University.

Gall, M. D., Gall, J. P., Jacobsen, D. R., & Bullock, T. L. (1990). *Tools for learning.* Alexandria. VA: Association for Supervision and Curriculum Development.

Garavalia, L. S., & Gredler, M. E. (2002). Prior achievement, aptitude, and use of learning strategies as predictors of college student achievement. *College Student Journal, 36*, 4, 616−625.

Gibbons, M. (2002). *The self-directed learning handbook: Challenging adolescent students to excel.* Jossey-Bass.

Gillam, A., Callaway, S., & Wikoff, K. H. (1994). The role of authority and the authority of roles in peer writing tutorials. *Journal of Teaching Writing, 12*, 2, 161−198.

Goffman, E. (1956). *The Presentation of Self in Everyday Life.* New York: Doubleday.

Goldschmid, B., & Goldschmid, M. L. (1976). Peer teaching in higher education: a review, *Higher Education, 5*, 9−33.

Goleman, D. (1995). *Emotional Intelligence*, New York: Bantam Books.

Good, T. L., & Brophy, J. E. (1990). *Educational psychology: A realistic approach.* 4th ed. New York: Longman.

Gray, E. (2004). *Conscious choices: A model for self-directed learning.* New Jersey: Pearson Education Inc., Prentice Hall.

Greenwood, C. R., Carta, J. L., & Hall, V. (1988). The use of peer tutoring strategies in classroom management and educational instruction. *School Psychology Review, 17,* 258–275.

Griffin, B. W., & Griffin, M. M. (1997). The effects of reciprocal peer tutoring on graduate students' achievement, test anxiety, and academic self-efficacy. *The Journal of Experimental Education, 65,* 197–209.

Grow, G. O. (1991). Teaching learners to be self–directed: A stage approach. *Adult Education Quarterly, 41,* 3, 125–149.

Guglielmino, L. M. (1977). Development of the Self-Directed Learning Readiness Scale. Unpublished doctoral dissertation, University of Georgia. Dissertation. Abstracts International. 38(11a): 6467.

Hadwin, A. F. (1996). Study strategies have meager support: A review with recommendations for implementation. *The Journal of Higher Education, 67,* 6, 692–715.

Hawkins, J. D. et al. (1992). *Communities that care.* San Francisco: Jossey Bass.

Haycock, L. A., McCarthy, P., & Skay, C. L. (1998). Procrastination in college students: The role of self efficacy and anxiety. *Journal of Counseling and Development, 76,* 317–324.

Heider, F. (1958). *The Psychology of Interpersonal Relations.* NY: Wiley, 1958.

Hilgard, G. H., & Bower, E. R. (1975). *Theories of learning.* Englewood Cliffs.

Hillman, S. J. (1984). *Contributions to Achievement: The Role of Expectation and Self-efficacy in Students, Teachers, and Principals,* New Orleans: Paper Presented at the Annual Meeting of the Amerkcan Educational Research Association, April. (Eric Document Reproduction Service, No. Ed 247 290)

Hillman, S. J. (1986). Measuring Self-efficacy: Preliminary Steps in the Development of a Multi-dimensional Instrument. Paper Presented at the Annual meeting of the American Educational Research Association.

Hoover, J. J. & Patton, J. R. (1995). *Teaching students with learning problems to use study skills: A teacher's guide.* Austin, TX: PRO-ED.

Hurd, S. (1999). Developing skills for the 21st century: lesson from autonomy in language learning. *New Academic, 8*, 1, 3−7.

Hutchins, E. (1983). Understanding micronesian navigation. In Gentner D, Stevens AL (4 eds.) *Mental Models*. Erlbaum, Hillsdale, NJ, 191−225.

Izard, C. E. (1991). *The psychology of emotions*. New York: Plenum.

Jenkins, J. J. (1979). Four points to remember: A tetrahedral model of memory experiments. In L. S. Cermak & F. I. M. Craik (Eds.). *Levels of processing in human memory*. Hillsdale. NJ: Lawrence Erlbaum.

Jenkins, J., & Jenkins, L. (1985). Peer tutoring in elementary and secondary programs. *Focus on Exceptional Children, 17*, 3−12.

Jensen, E. (1998). Teaching with the Brain in mind. ASCD.

John, J. L., & McNamara, L. P. (1980). The SQ3R study technique: A forgotten research target. *Journal of Reading, 23*, 705−708.

Johnson, D. W., & Johnson, F. P. (2003). *Joining together. Group theory and group skills*(8th ed). Boston: Allyn & Bacon.

Johnson, D. W. G. , Maruyama, R. T., Johonson, D., Nelson, D., & Skon, L.(1981). Effects of cooperative competitive, and individualistic goal structures on achievement. *Psychological Bulletin, 89*, 47−62.

Johnson-Laird, P. N. (1983). *Mental model: Toward a cognitive science of language, inference and consciousness*. Cambridge: Cambridge University Press.

Johnson-Laird, P. N. (1988). *The Computer and the Mind. An Introduction to Cognitive Science*. London: Fontana.

Jones, B. F. (1988). Text learning strategy instruction: Guidelines from theory and practice. In Weinstein, C. E. & Goet, E. T., & Alexander, P. A. (Eds.), *Learning and study strategies*. SanDiego, California: Academic Press.

Jones, C. H., Slate, J. R., & Marini, I. (1995). Locus of control, social interdependence, academic preparation, age, study time, and the study skills of college students. *Research in the Schools, 2*, 1, 55−62.

Jones, J. M., & Safrit, R. D. (1994). Developing critical thinking skills in adult learners through innovative distance learning. Paper presented at the International Conference on the Practice of Adult Education and Social Development(Jinan, China, April 13−18.

Joyce, B., & Showers, B. (1995). *Student achievement through staff development:*

Fundamentals of school renewal (2nd ed.). New York: Longman.

Kachgal, M. M., Hansen, S., & Nutter, K. J. (2001). Academic Procrastination Pervention/Intervention: Strategies and Recommendations. *Journal of Developmental Education, 25*, 1, 14−24.

Kellerman, H. (1983). An epigenetic theory of emotions in early development. In R. Plutchik & H. Kellerman(Eds.), *Emotion: Theory, Research, and experience*(Vol. 2). New York: Academic Press.

Kelley, H. H. (1955). *The psychology of personal constructs*, vols 1 & 2, New York: Norton.

Kiewra, K. A., DuBois, N. F., Christian, D., McShane, A., Meyerhoffer, M., Roskelley, D. (1991). Note-taking functions and techniques. *Journal of Educational Psychology, 83*, 2, 240−245.

King, A. (1994). Guiding knowledge construction in the classroom: Effects of teaching children how to question and how to explain. *American Educational Research Journal, 31*, 338−368.

King, L. (1994). *How to talk to anyone, anytime, anywhere: The secretes of good communication.* Three Rivers Press.

Kirby, J. R. (Ed.). (1984). *Cognitive strategies and educational performance.* Florida: Academic Press.

Knowles, M. (1984). *The adult learner: a neglected species.* 3rd ed. Houston, Texas: Gulf Publishing.

Knowles, M. S. (1975). *Self-directed learning: A guide for learners and teachers,* Prentice Hall, Englewood Cliffs, New Jersey.

Knowles, M. S., & Associates (1986). *Using learning contracts.* San Francisco, CA: Jossey-Bass.

Kolb, D. A. (1984). *Experiential learning: Experience as the source of learning and development.* Upper Saddle River, N. J.: Prentice Hall.

Kolb, D. A. (2007). *Kolb learning style inventory.* Haygroup.

Kulp, R. (1999). "Effective Collaboration in Corporate Learning: Ten Best Practices for Curriculum Owners, Developers and Instructors", IBM Learning Services, IBM Business Machines Corporation.

Lave, J. (1999). http://tip.psychology.org.lave.html.

Lawless, C. (2000). Using learning activities in mathematics :workload and study time. *Studies in Higher Education. 25*, 1, 97−111.

Lew, M., Mesch, D., Johnson, D. W., & Johnson, R. (1986). Positive interdependence, academic and collaborative skills group contingencies, and isolated students. *American Educational Research Journal, 23*, 476−488.

Little, D. (1991). *Learner autonomy 1. Definitions, issues, and problems*. Dublin Authentik.

Long, H. B. (1991). College student's self-directed learning readiness and educational achievement. In H. B. Long, & Associates. *Self-directed learning: Consensus & conflict.* Oklahoma: Oklahoma Research Center for Continuing Professional and Higher Education of the University of Oklahoma.

Long, H. B. (2001). A multi-variable theory of self-direction in learning. In H. B. Long (Ed.), *Self-directed learning and the information age*. Motorola University Press.

MacCarthy, C. L. (1992). *Why be critical? On the justification of Critical Thinking,* Philosophy of Education.

Magolda, M. B., & Rogers, J. L. (1987). Peer tutoring: Collaborating to enhance intellectual development. *The College Student Journal, 21*, 288−296.

Mann, A. F. (1994). College peer tutoring journals: Maps of development. *Journal of College Student Development, 35*, 3, 164−169.

Marks-Beale, A. (1994). *Study skills: The tools for active learning.* Delmar Pub. Inc.

Maslow, A. H. (1954). *Motivation and personality*(1st ed.). New York: Longman.

Maslow, A. H. (1970). *Motivation and personality*(3rd ed.). New York: Longman.

Mayer, R. E. (1988). Learning strategies: An overview. In C. E. Weinstein, E. T. Goetz & P. A. Alexander (Eds.), *Learning and study strategies: Issues in assessement, instruction, and evaluation.* San Diego, CA: Academic.

McCarthy, J. J., & McCarthy, J. E. (1969). *Learning abilities.* Boston: Allyn and Bacon.

McComb, B. L., & Marzano, R. J. (1990). Putting the self in self-regulated learning. The self as agent in integrating skill and will. *Educational Psychologist, 25*, 6, 51−69.

McCormick, S., & Cooper, J. O. (1991). Can SQ3R facilitate secondary learning disabled students' literal comprehension of expository text? Three experiments. *Reading Psychology, 12*, 239-271.

McCune, S. K., Guglielmino, L. M., & Garcia, G. (1990). Adult self-direction in learning: A preliminary meta-analytic investigation of research using the self-directed learning readiness scale. In Long, H. B., & Assoicates, eds, Advanceds in self directed learning research. Norman, Okla: Oklahoma Research Center for Continuing Professional and Higher Education. University of Oklahoma.

McGarrell, H. M. (1996). Self-directed learning contracts to individualized language learning in the classroom. *Foreign Language Annals, 29*, 3, 495-508.

McKay, R. (1978). Effectiveness of learning: the place of study. In D. Warren Piper (Ed.). *The efficiency and effectiveness of teaching in higher education,* London: University of London Institute of Education. 86-94.

McKeachie, W. J. (1988). The need for study strategy training. In C. E. Weinstein, E. T. Goetz, & P. A. Alexander (Eds.), *Learning and study strategies: issues in assessment, instruction, and evaluation.* New York: Academic Press Inc., 3-9.

McNair, S. (1996). Putting learners at the centre — reflections from the guidance and learner autonomy in higher education programme. Higher Education and Employment Division,

Meece, J. L., Eccles, J., Kaczala, C. M., Goff, S. B., & Futterman, R. (1982). Sex difference in Math Achievement: Toward a Model of Academic Choice, *Psychological Bulletin, 91*, 324-348.

Mischel, W., & Peake, P. K. (1990). Predicting Adolescent Cognitive and Self-regulatory Competencies From Preschool Delay of Gratification, *Developmental Psychology, 26*, 6, 978-986.

Mitchell, K. R. (1974). Characteristics associated with underachievement: Targets for treatment. *Australian Psychogist, 9*, 3, 19-4.

Montague, M. (1992). The effects of cognitive and metacognitive instruction on the mathematical problem solving of middle school students with learning disabilities. *Journal of Learning Disabilities, 25.*

Multon, K. D., Brown, S. D., & Lent, R. W. (1991). Relation of self-efficacy Beliefs to Academic outcomes: A Meta-Analytic Investigation, *Journal of Counseling Psychology , 38*, 1, 30-38.

Nadler, A., & Fisher, J. D. (1986). The role of threat to self-esteem and perceived control in recipient reactions to help: Theory development and empirical validation. In L. Berkowitz (Ed.). *Advances in experimental social psychology*, *19*, San Diego, CA: Academic Press. 81–123.

Newcomb, T. M., & Wilson, E. K. (Eds). (1966). *College peer groups : problems and prospects for research*, Chicago : Aldine.

Newman, D. (1989). Is a student model necessary? Apprenticeship as a model for ITS. *Proceedings of the 4th AI & Education Conference. Amsterdam, The Netherlands: IOS*. 177–184.

Nicholls, J. G. (1979). Development of Perception of Own Attainment and Causal Attribution for Success and Failure in Reading. *Journal of Educational Psychology, 71*, 94–99.

Norman, D. A. (1982). *Learning and Memory*. San Francisco: Freeman

Norman, D. A. (1983). Some observation on mental models. In D. Gentner & A. L. Stevens (Eds.), *Mental models*. Hillsdale, NJ: Erlbaum.

O'Donnell, J. M. (1987). Self–directed learning: A critical paradigm revisited. *Adult Education Quarterly, 37*, 199–211.

Odell, S. J. (1990). *Mentor teacher programs*. Washington, DC: National Education Association.

O'Donnell, A. M., & King, A. (1999). *Cognitive perspectives on peer learning*. Mahwah, New Jersey: Lawrence Erlbaum Associates, Pub.

O'Neil, H. F., Jr., & Spielberger, C. D. (1979). *Cognitive and affective learning strategies*. New York: Academic Press.

Onwuegbuzie, A, J., Slate, J. R., & Schwartz, R. A. (2001). Role of study skills in graguate–level educational research courses. *The Journal of Educational Research, 94,* 4, 238–246.

Orfield, G., Losen, D., Wald, J., & Swanson, C. B. (2004). *Loising our future: How minority youth are being left behind by the graduation rate crisis*. Cambridge, MA: The Civil Rights Project at Harvard University.

Pant, A. (2010). *Fire up the learner within: The art of self-directed learning*. Timeless Lifeskills Limited.

Paris, S. G., & Byrnes, G. M. (1989). The constructivist approach to self-regulation and learning in the classroom. In B. J. Zimmerman & D. H. Schunk (Eds.), *Self-regulated learning and academic achievement: Theory, research and practice*(pp. 169-200). New York: Springer-Verlag.

Pask, G. (1975). *Conversation, cognition, and learning.* New York : Elsevier.

Pekrun, R. et al. (2002). Academic emotions in students' self regulated learning and achievement: A program of quantitative and qualitative research. *Educational Psychologist, 37,* 91-106.

Pekrun, R., & Linnenbink-Garcia, L. (2012). Academic emotions and student engagement. In S. L. Christenson, A. L. Reschly, & C. Wylie (Eds.), *Handbook of research on student engagement* (pp. 259-282). New York, NY: Springer.

Pekrun, R., Elliot, A. J., & Maier, M. A. (2009). Achievement goalsand achievement emotions: Testing a model of their joint relations with academic performance. *Journal of Educational Psychology, 101,* 115-135.

Perry, W. G., Jr. (1970). *Forms of Intellectual and Ethical Development in the College Years: A Scheme.* New York: Holt, Rinehart, and Winston.

Peters, R. S. (1980). 윤리학과 교육(이홍우 역), 서울: 교육과학사.

Peverly, S. T., & Brobst, K. E. (2003). College adults are not good at self-regulation: A study on the relationship of self-regulation, note taking, and test taking. *Journal of Educational Psychology, 95,* 2, 335-346.

Piaget, J. (1971). *Science of education and the psychology of the child,* trans. D. Coltman, London: Longman.

Pintrich, P. R., & Schunk, D. H. (1996). *Motivation in education.* Englewood Cliffs. NJ: Prentice-Hall.

Pintrich, P. R. (1988). A process-oriented view of student motivation. In J. Stark & L. Mets (Eds.), *Improving teaching and learning through research: New directions for instructional research.* (Vol. 57, 65-79), San Francisco: Jossey-Bass.

Pintrich, P. R., & de Groot, E. V. (1990). Motivation and self-regulated learning components of classroom academic performance. *Journal of Educational Psychology, 82,* 33-40.

Pintrich, P. R., McKeachie, W. J., Smith, D. A. F., Doljanac, R., Lin, Y., Naveh-Benjamin, M., Crooks, T., & Karabenick, S. (1988). Motivated strategies for learning questionnaire(MSLQ-Revised 1/21/88). National Center for Research to Improve Postsecondary Teaching and Learning. The University of Michigan(Winter). Research Reports funded by Grant Number OERI-86-0010 from the Office of Educational Research and Improvement(OERI).

Pintrich, P. R., Smith, D. A. F., Garcia, T., & McKeachie, W. J. (1993). Reliability and predictive validity of the motivated strategies for learning questionnaire (MSLQ). *Educational and Psychological Measurement, 93*, 53, 801-816.

Pintrich, P. R., Smith, D. A. F., Garcia, T., & McKeachie, W. J. (1991). A manual for the use of the motivated strategies for learning questionnaire(MSLQ). Ann Arbor. MI: The University of Michigan. National Center for Research to Improve Post Secondary Teaching and Learning.

Pressley, M. (2000). What should comprehension instruction be the instruction of? In M. I., Kamil, P. B. Mosenthat, P. D. Pearson, & R. Barr (Eds.), *Handbook of reading research*. Vol. 3, pp. 545-563. Mahwah. NJ: Erlbaum.

Ring, S., & Sheets, R. A. (1991). Student development and metacognition: foundations for tutor training. *Journal of Developmental Education*, Fall, 15, 1, 30-32.

Roberts, V. C. (1994). *Tutor resource manual: tutoring students in the community college.* Arrowhead Community Colleges, Virginia, Minnesota, ED document 304, 227.

Rogers, C. R. (1951). *Client-centered therapy: Its current practice implication and theory.* Boston: Houghton Mifflin, Inc.

Rogers, C. R. (1969). *Freedom to learn.* Columbus, Ohio: Charles E. Merrill Publishing Company.

Rogers, C. R. (1977). *Carl Rogers on personal power: Inner strength & its revolutionary.* Delacorte Press.

Ross, M. G. (1976). *The university — The anatomy of academe.* New York: McGraw-Hill.

Russel, J. A., Fernăndez, J. M., Manstead, A. S. R., & Wellenkamp, J. C. (Eds.). (1995). *Everyday Conception of Emotion: An Introduction to the Psychology, Anthropology and Linguistics of Emotion*, Dordrecht: Kluwer Academic Pub.

Ryan, R. M., & Connell, J. P. (1989). Perceived locus of causality and internalization.

Examining reasons for acting in two domains. *Journal of Personality and Social Psychology, 57*, 5, 749–761.

Ryan, R. M., & Deci, E. L. (2000). Self-determination theory and the facilitation of intrinsic motivation, social development, and well-being. *American Psychologist, 55*, 68–78.

Sahakian, W. S. (1976). *Introduction to the psychology of learning.* Chicago: Rand McNally College Pub. Co.

Salovey, P., & Mayer, J. (1990). Emotional Intelligence, *Imagination, Cognition, and Personality. 9*, 185–211.

Sansone, C., & Thoman, D.B. (2005). Interest as the missing motivator in self-regulation. *European Psychologist, 10*, 175–186.

Saunders, D., & Kingdon, R. (1998). Peer tutoring and peer assisted student support: five models within a new university. *Mentoring and Tutoring, 5*, 3, 3–13.

Schunck, D. H. (1982). Effects of Effort Attributional Feedback on Children's Perceived Self-Efficacy and Achievement, *Journal of Educational Psychology, 74*, 4, 548–556.

Schunk, D. H. (1986). Verbalization and Children's Self-regulated Learning, *Contemporary Educational Psycholoy, 11*, 347–369.

Schunk, D. H. (1989a). Self-efficacy and Cognitive Achievement, *Journal of Learning disability, 22*, 1, 14–22.

Schunk, D. H. (1989b). Social Cognitive Theory and Self-regulated Learning, In B.J. Zimmerman & D. H. Schunk (EDS.), *Self-regulated Learning and Academic Achievement: Theory, Research, and Practice,* New York: Springer, 83–110.

Schunk, D. H. (1990). Goal Setting and Self-Efficacy During Self-Regulated Learning, *Educational Psychology, 25*, 1, 71–86.

Schunk, D. H., & Zimmerman, B. (1994). *Self-regulation of learning and performance: Issues and educational applications.* Hillsdale, NJ: Erlbaum.

Schunk, D. H. (1985). The Self-efficacy Perspective on Achievement Behavior, *Educational Psychologist, 19*, 307–317.

Schwinger, M., Steinmayr, R., & Spinath, B. (2009). How do motivational regulation strategies affect achievement: Mediated by effort management and moderated by intelligence. *Learning and Individual Differences, 19*, 621–627.

Scriven, R. C. (1985). Critical for survival. *National Forum. 65*, 1, 43–46.

Seifert, E. H., & Beck, J. J., Jr. (1984). Relationships between task time and learning gains in secondary schools. *Journal of Educational Research, 78*, 5–10.

Shanahan, M., Pedretti, E., DCoito, I., & Baker, L. (2011). Exploring the responnses of underrepresented students in science to an elementary classroom outreach program. *School Science and Mathematics, 111*, 4, 131–142.

Skinner, E., Furrer, C., Marchand, G., & Kindermann, T. (2008).Engagement and Disaffection in the Classroom: Part of a Larger Motivational Dynamic? *Journal of Educational Psychology, 100*(4), 765–781.

Slavin R. E. (2003). *Educational Psychology: Theory and Parctice*. MA: Allyn & Bacon.

Slavin, R. E. (1985). An introduction to cooperative learning research. In R. Slavin, S., Sharan, S., Kagan, R., Hertz-Lazarowitz, C., Webb and R. Schmuck (Eds.), *Learning to cooperate, cooperating to learn*. New York and London : Plenum Press.

Smith, R. G. (1997). Integrating computer-based instruction and peer tutoring. *Intervention in School and Clinic, 33*, 1, 65–69.

Sternberg, S. (Ed.). (1988). *Advances in the psychology of Human Intelligence* (Vol.1, pp. 7–75). Hillsdale. NJ: Erlbaum.

Stipek, D. J., & Weisz, J. R. (1981). Perceived personal control and academic achievement.. *Review Educational Research, 51*, 107–137.

Stone, K. F., & Dillehunt, H. Q. (1978). *Self Science: The subject is me* (Santa Monica: Goodyear Pub.

Swanson, H. (1994). Strategy instruction: Overview of principles and procedures for effective use. *Learning Disability Quarterly, 12*, 3–12.

Tobin, D. R. (2000). *All learning is self–directed: How organizations can support and encourage independent learning.* ASTD Press.

Topping, K. J. (1996). The effectiveness of peer tutoring in further and higher education: A topology and review of the literature. *Higher Education, 32*, 321–345.

Tough, A. (1971). *The adult learning projects.* Toronto: Ontario Institute for studies in Education.

Tuckman, B. W. (1998). Using tests as an incentive to motivate procrastinators to study. *The Journal of Experimental Education, 66*, 2, 141−147.

Uguroglu, M. E., & Walberg, H. J. (1979). Motivation and achievement: A quantitative.

Vander Veer, G. (2000). Mental models of incidental human-machine interaction [www]. Facult of Sciences, Vrije Universiteit, Amsterdam, The Netherlands.

Vosniadou, S. (1994). Capturing and modeling the process of conceptual change. *Learning and Instruction, 4*, 45−69.

Vygotsky, L. S. (1962). *Thought and language.* Cambridge, MA: MIT Press.

Vygotsky, L. S. (1978). *Mind in society: The development of higher psychological processes.* Cambrige, MA: MIT Press.

Wallace, G., & Kauffman, J. M. (1986). *Teaching children with learning and behavior problems.* Upper Saddle River, NJ: Merrill.

Webb, N. M. (1992). Testing a theoretical model of student interaction and learning in small groups. In R. Hertz-Lazarowitz and N. Miller (Eds.). *Interaction in cooperative groups.* Cambridge: Cambridge University Press.

Webb, N. M., & Palincsar, A. S. (1996). Group processes in the classroom. D. Berliners & R. Calfee (Eds.), *Handbook of educational psychology.* New York. Macmillan, 841−875.

Wehmeyer, M. L., Palmer, S. B., Agran, M., Mithaug, D. E., & Martin, J. E. (2000). Promoting causal agency: The self-determined model of instruction. *Exceptional Children, 66*, 439−453.

Weiner, B. (1977). An Attributional Approach for educational psychology, *Review of Educational Research, 4*, 179−208.

Weiner, B. A. (1979). A Theory of Motivation for some classroom experience. *Journal of Educational Psychology, 71*, 3−25.

Weiner, B. A. (1984). Principles for a Theory of Student Motivation and Their Application within an Attributional Framework. In Ames, R., & Ames, C. (Ed.), *Research on Motivation in Education,* vol. 1, chapter. 1, Orlando: Academic Press, Inc.

Weinstein, C. E., & Mayer, R. E. (1986). The teaching of learning strategies. In M. Wittrock, (Ed.), *Handbook of research on teaching.* New York: Macmillan. 315−327.

Wellesley College(2003−2004). *Public speaking program.* Training manual.

Wellman, B. (1995). Lay referral networks: Using conventional medicine and alternative therapies for low back pain. *Sociology of Health Care, 12,* 213−238.

Wellman, B., & Nazer, N. (1995). Does what goes around come around? Specific exchange in personal community networks. Presented to the International Social Network Conference, London, July.

Wittrock, M. C., (Ed.). (1977). *The Human Brain.* Englewood Cliffs. NJ: Prentice.

Wolters, C. A. (1998). Self-regulated learning and college students' regulation of motivation, *Journal of Educational Psychology, 90,* 224−235.

Wolters, C. A. (2003). Regulation of motivation: Evaluating an underemphasized aspect of self-regulated learning, *Educational Psychologist, 38,* 189−205.

Wolters, C. A. (2010). Understanding and predicting the self-regulation of motivation in college students. International Conference on Educational Research, Seoul National University, October 1.

Wolters, C. A., & Pintrich, P. R. (1998). Contextual differences in student motivation and self-regulated learning in mathematics English, and social studies classrooms. *Instructional Science, 26,* 27−47.

Wolters, C. A., & Rosenthal, H. (2000). The relation between students' motivational beliefs and their use of motivational regulation strategies, *International Journal of Educational Research, 33,* 801−820.

Wolters, C. A., Pintrich, P. R., & Karabenick, S. A. (2003). Assessing academic self-regulated learning. Paper prepared for the Conference on Indicators of Positive Development: Definitions, Measures, and Prospective Validity Sponsored by Child Trends, National Institutes of Health, March 2003 (Revised April 2003).

Wood, D. (2001). Scaffolding, contingent tutoring and computer-supported learning. *International Journal of Artifical Intelligence in Education, 12,* 280−292.

Woolfolk, A. (2001). *Educational Psychology*(8th ed.). Englewood Cliffs, N. J.: Prentice-Hall.

Wundt, W. (1905). Grungziige der physiologischen Pshchologies(Vol.3). Leipzig, GDR: Engelman.

Zimmerman, B. J., & Martinez-Pons, M. (1988). Construct validation of a strategy model of student self-regulated learning. *Journal of Educational Psychology, 80,* 284−290.

Zimmerman, B. J., & Martinez-Pons, M. (1986). Development of a structured interview for assessing student use of self-regulated learning strategies. *American Educational Research Journal, 23,* 4, 614−628.

Zimmerman, B. J. (1989a). A Social Cognitive View of Self-regulated Academic Learning, *Journal of Educational Psychology, 81,* 329−339.

Zimmerman, B. J. (1989b). *Models of Self-regualted Learning and Academic Learning and Academic Achievement: Theory, Research, and Practice.* New York: Springer, 1−25.

Zimmerman, B. J. (1994). Dimensions of academic self-regulation: A conceptual framework for education. In D. H. Schunk & B. J. Zimmerman (Eds.), *Self-regulation of learning and performance: Issues and educational applications*(pp. 3−21). Hillsdale, NJ: Erlbaum.

Zimmerman, B. J. (1998). Academic studying and the development of personal skill: A self-regulatory perspective. *Educational Psychologist, 33,* 73−86.

Zimmerman, B. J., & Martinez-Pons, M. (1990). Student Difference in Self-regulated Learning: Relating Grade, Sex, and Giftedness to Self-efficacy and strategy Use, *Journal of Educational Psychology, 82,* 1, 51−59.

Zimmerman, B. J., Bonner, S., & Kovach, R. (1996). *Developing self-regulated learners: Beyond achievement to self-efficacy.* Washington, DC: American Psychological Association.

Zimmerman, B. J., Greenberg, D., & Weinstein, C. E. (1994). Self-regulating academic study time: A strategy approach. In D. H. Schunk & B. J. Zimmerman (Eds.), *Self-regulation of learning and performance: Issues and educational applications* (pp. 181−199). Hillsdale, NJ: Lawrence Erlbaum Associates.

Zuriff, G. E. (2003). A method for measuring student study time and preliminary results. *College Student Journal, 37,* 1, 72−78.

http://blog.daum.net/wordair/8709015

360
참고문헌

http://encykorea.aks.ac.kr/Contents/Index?contents_id=E0047289

http://my.dreamwiz.com/garoan

http://www.agora.co.kr/

http://www.artnstudy.com

http://www.iartedu.com/history/west/

http://www.kpec.or.kr/

http://www.proedinc.com

http://www.readread.or.kr

http://www.researchpress.com

http://www.sopriswest.com

찾아보기

내용

저자 소개 ☺ **전명남**   mjun@dhu.ac.kr
Jun   **주요 연구 관심사** 학습심리, 창의성 개발, 학습컨설팅, 학습상담, 심리 상담 및 치료
Myongnam **전공** 교육학(교육심리 및 상담)
             학습컨설턴트 전문가(수련감독)

         현 대구한의대학교 교수
             한국교육심리학회 이사
             한국창의력교육학회 이사
             한국놀이치료사협회 이사
             한국진로코칭학회 이사
         전 연세대학교 교육개발센터(Center for Teaching and Learning) 학습지원부장
             한국학술진흥재단 post-doc.
             Harvard University의 Study Skills 과정 수료
         학회지원 한국 토랜스 한국본부 창의력 Future Problem Solving Program 연구위원
         대학지원 영진 영 · 유아창의성 개발 연구소 프로그램 개발 공동연구진
         정부지원 교수-학생 능력 개발 프로그램 개발 공동연구진
             창의적 문제해결력 프로그램 개발 연구책임자
             인문사회 영재교육 프로그램 개발 연구책임자
             창의경영학교 프로그램 개발 공동연구진
             창의인재 육성을 위한 창의인재 평가방법 국제비교연구 공동연구진
             경찰청 비행청소년 상담

         학습전략 관련 국내 주요 활동
         2003년 3월-2005년 3월. 연세대학교 학습기술(Study Skills) 프로그램 개발 · 운영
         2003년 3월-2005년 3월. 연세대학교 독수리 튜터링(Eagles Tutoring) 개발 · 운영
         2003년 3월-2005년 3월. 연세대학교 학습전략 미니 및 집중 워크숍 개발 · 운영
         2005년 4월-2007년 2월. 계명대학교 Study Skills Up 프로그램 개발 · 운영
         2005년 4월-2007년 2월. 계명대학교 학습 커뮤니티(Learning Community) 프로그램 개발 · 운영
         2008년 3월-2011년 2월. 열린 사이버 대학교 학습상담, 학습심리 원격강의
         2009년 6월-2009년 9월 경기도 교육청 교사 대상 학습부진 관련 교육
         2011년 3월-2014년 1월. 대구한의대학교 학습법 및 유관 프로그램 개발 · 운영
         2011년 3월-2014년 1월. 대구한의대학교 학습 서클(Learning Circle) 프로그램 개발 · 운영
         2011년 12월-2012년 12월. 학습 컨설턴트 1급, 2급 자격과정 교육
         2014년 7월-2014년 1월. 대구 · 경북 교사 대상 학습상담 교육

학습전략
LEARNING
TO
LEARN

2015년 3월 20일 1판 1쇄 발행
2016년 2월 25일 1판 2쇄 발행

지은이 • 전 명 남
펴낸이 • 김 진 환
펴낸곳 • (주)**학지사**

      04031 서울특별시 마포구 양화로 15길 20 마인드월드빌딩 5층

대표전화 • 02) 330-5114   팩스 • 02) 324-2345

등록번호 • 제313-2006-000265호

홈페이지 • http://www.hakjisa.co.kr
페이스북 • https://www.facebook.com/hakjisa

ISBN 978-89-997-0177-1 93370

정가 **17,000**원

저자와의 협약으로 인지는 생략합니다.
파본은 구입처에서 교환하여 드립니다.

인터넷 학술논문원문서비스 **뉴논문** www.newnonmun.com

이 도서의 국립중앙도서관 출판시도서목록(CIP)은 서지정보유통지원시스템
홈페이지(http://seoji.nl.go.kr)와 국가자료공동목록시스템(http://www.nl.go.kr/kolisnet)
에서 이용하실 수 있습니다.
(CIP제어번호: CIP2015005263)